国家精品课程教材

邮政业务与管理

赵栓亮　陈军须　张瑞凤　周晓燕　编著

天津大学出版社
TIANJIN UNIVERSITY PRESS

内 容 简 介

本书根据高等职业院校人才培养的特点和要求，结合邮政行业发展的最新动态，以理论为基础、以掌握职业技能为目标、以工作应用为主旨构建内容体系，具有一定的创新性和较强的实践性。

全书按照邮政企业现行的业务模块及邮政管理的发展现状分为4篇：邮政基础、邮务类业务、速递物流业务、国际邮政业务，共分16章内容，涵盖了各类邮政业务及其管理的基本知识和业务操作技能。

本书各章后面分别安排有思考题、阅读材料、实践项目设计、案例分析等，方便学生和教师使用。

本教材充分吸纳了近年来理论和实践研究的成果，具有体系完整、内容全面、理论联系实际、深入浅出的特点。可作为邮电院校邮政类相关专业的教材以及邮政员工的培训教材，也可供从事邮政技术、邮政管理工作的人员参考。

图书在版编目(CIP)数据

邮政业务与管理/赵栓亮编著;陈军须,张瑞凤,周晓燕编. —天津：天津大学出版社,2010.8（2022.1重印）

国家精品课程教材

ISBN 978-7-5618-3655-2

Ⅰ.①邮… Ⅱ.①赵… ②陈… ③张… ④周… Ⅲ.①邮政业务—高等学校—教材②邮政管理—高等学校—教材 Ⅳ.①F61

中国版本图书馆CIP数据核字(2010)第155272号

出版发行 天津大学出版社
地　　址 天津市卫津路92号天津大学内(邮编:300072)
电　　话 发行部:022-27403647
网　　址 www.tjupress.com.cn
印　　刷 天津泰宇印务有限公司
经　　销 全国各地新华书店
开　　本 169mm×239mm
印　　张 22
字　　数 456千
版　　次 2010年8月第1版
印　　次 2022年1月第11次
印　　数 32 001-36 000
定　　价 39.00元

前　　言

邮政是一个传统行业，有着悠久的历史，随着科学技术的发展以及社会经济的变化，邮政行业正在发生着深刻变革：邮政的管理体制向多元化发展，邮政现代经营理念和经营方式正在形成，邮政新技术的应用层出不穷，邮政向社会提供的服务——邮政业务，正处在调整和探索期，花样繁多的业务种类使人们对邮政“刮目相看”。

石家庄邮电职业技术学院从1984年开设“邮政业务与管理”课程，2003年，该课程被评为河北省高职院校精品课程，2007年，又被评为国家级精品课程。在20多年的教学实践中，该课程教学内容不断丰富，教材也在不断更新。该教材本着如实反映邮政行业最新发展动态的宗旨，根据高等职业院校人才培养目标，以“应用”为主旨构建内容体系，主要涉及邮政业务运营与管理方面的基础理论和基本技能。

近些年，我国高等职业教育教学理念和教学模式发生了巨大变革，以就业为导向，重视学生的职业素质和职业技能的培养已成为高等职业教育发展的基本方向。石家庄邮电职业技术学院在邮政类专业教学改革方面进行了长期探索和实践，“计算机与邮政通信”、“邮政通信管理”等专业被确定为国家或省级试点专业。“邮政业务与管理”作为这些专业的核心课程，教学内容和教学方法都进行了较大改革。在教学改革实践中该课程形成了适应本课程特点的“理论内容重学生研讨创新，实践教学重技能培养，理论与实践重紧密衔接”的教学模式，教学中注重邮政企业营业、投递等岗位所需的能力培养，强调学生实践技能，同时与邮政相关岗位的国家职业技能鉴定要求相结合；教学方法突出综合能力的培养，在考核上采用理论教学与实践教学综合评定，要求有一定实践项目的考核。

本次编写的《邮政业务与管理》教材希望把近年来该课程在教学改革中的成果反映出来，使这本教材成为该课程教学过程的指导书。一方面，教材要包括最新的邮政业务与管理的理论和我国邮政业务发展的实践，强调内容新颖；另一方面，要提供教学的设计方案和学生学习的指南。基于以上思路，本教材的编写内容突出了在掌握一定理论基础上的职业能力的培养，采用如下编写体系：在介绍具体的业务处理和管理之前，首先介绍相关的背景和基础知识，再介绍具体的业务处理过程和运营管理，每一章视情况分别安排了思考题、案例分析、阅读材料、实践项目等相关内容，为教学活动的组织提供了一个基本框架。每章的思考题学生可用于理解和复习教材中重要的知识点，培养学生的思考和解决问题的能力；有阅读材料的，则用来扩展学生的知识面，为课堂讨论提供参考，学生也可自己选择学习材料；各章都有的实践项目是为教师设计实践教学提供参考，教师可根据实际情况，进行修改或重新设计实践项目。

由于本教材的内容较为丰富，授课对象较广，针对邮政类专业和非邮政专业，教师在使用本教材时，内容上可按难易程度酌情取舍。教师在备课过程中要充分体现本书的意图，同时要结合专业特点和学年情况以及学生考取邮政通信类职业资格证书的需求，对内容进行适当的调整，帮助学生掌握所学知识和技能，以达到更好的教学效果。

本教材是以赵栓亮、邢迎春编著的《邮政业务与管理》(科学出版社 2005 年出版)为基础进行修改的。修改的内容主要包括近年来邮政发展的新形势、新变化，邮政规章制度和经营政策的调整等方面，同时增加了案例。本次修改，第一章由赵栓亮负责，第三章、第六章、第十一章、第十三章由陈军须负责，第二章、第八章、第十章、第十二章、第十五章、第十六章由张瑞凤负责，第四章、第五章、第七章、第九章、第十四章由周晓燕负责。

本教材在编写过程中得到了石家庄邮电职业技术学院的院领导和教务处、邮政通信管理系等部门的大力支持和帮助，“邮政业务与管理”课程组的其他主讲教师对教材的编写也提供了许多具体帮助和建议，在此向他们表示衷心的感谢。

本教材的编写是教学改革实践的一种尝试，在教材的使用过程中会发现这样或那样的问题，我们真诚希望读者提出宝贵意见，以便继续进行修改。

编　者

2010 年 5 月

目　录

Contents

第一篇　邮政基础

第二篇　邮务类业务

第四篇　国际邮政业务

第一篇

邮政基础

第一章 什么是邮政

从这一章开始，我们走进邮政领域。你将了解邮政的起源、邮政的历史沿革，认识邮政在人类社会发展进程中的作用，理解邮政的特点，在了解当前邮政改革与发展现状的基础上，思考邮政的发展趋势。总之，要了解邮政是什么？

第一节 从邮政的沿革认识邮政

什么是邮政？什么是邮电？什么是电信？这些在生活中常用的词汇，我们可能还有一些模糊的认识。为搞清楚这些概念，有必要了解邮政的起源及发展历程。

邮政源于人们通信的需要，是起源最早、历史上使用最广泛的一种通信方式。随着社会的发展，科学技术的进步，邮政在通信领域的地位受到了挑战，同时，在其他领域邮政的内涵也在发生很大变化。

在距今6 000多年前的母系氏族社会，就出现了原始的通信方式，在出土的母系氏族社会大量的石制生产工具和陶制品等生产用具上，绘有形状规则的符号。这些符号是原始人传递信息和记事用的符号。原始人们采用了“以物示意”的联络方式，即人们通过传递一些能表示一定含义的物品起到交流思想感情和信息的作用。这种联络方式在我国云南某些还处在原始公社阶段的景颇、载瓦等少数民族部落一直保留到解放前夕。如送辣椒表示遇到困难，而送穿了孔的结晶盐块则表示困难已解决；在青年男女之间则通过传递各种树叶，谈情说爱。

原始公社后期到奴隶社会初期，由于生产力的发展和剩余产品的出现，逐渐产生了阶级和国家。原始公社群体之间及奴隶主国家之间为了争夺土地和奴隶而不断发生争斗和战争，因而产生了对远距离通信联络的需要。原始的声、光联络便逐渐出现了，人们开始利用鼓声和火光传递战争信息和命令，这就是早期的“击鼓报警”和“烽火报信”。

原始社会的通信方法和手段主要是“形”与“声”两类。如“以物示意”、“大声喊叫”和“打手势”等。在这一阶段的通信特点是方式简单、速度慢、内容不完整、范围小等。

随着人类的进步、国家的出现和文字的使用，有组织的通信逐步形成。世界各国的邮政发展历程不一，但总体上可划分为3个阶段，即古代邮驿阶段、传统邮政阶段和现代邮政阶段。

一、古代邮驿

（一）邮驿的发展历程

世界各国古代都有邮驿组织，其中埃及、希腊、亚述、波斯、罗马和中国等文明古国都曾为古代邮驿的发展作出过重要贡献。

埃及在公元前20世纪前后就建立了传令组织。公元前11世纪，古希腊进入奴隶社会后，为了与同盟城市或敌对城市保持联系，在每个城市都安排有“送信者”。送信者根据当地传递路途较短和多山的特点，送信时多为步行。后来又设立了“驿站”，每个驿站都备有马匹。

公元前10世纪，亚述帝国为确保与外界的通信联系，修建了四通八达的驿道。

公元前558年—公元前529年居鲁士三世统治波斯时期，由于国土辽阔，使者步行经常误事，改用骑马送信。罗马恺撒大帝继承了波斯的邮驿制度，信使骑马或乘马车，邮驿成为当时军事和行政机构的组成部分。

公元750年—公元1258年间，阿拉伯帝国阿巴斯王朝为加强中央统治，设置了邮驿管理机构，在广修驿道的同时，设置的驿站达900多处。

日本在“大化革新”时期，曾仿效中国唐代的邮驿制度设置驿站。明治四年，随着近代邮政的开办，日本邮驿逐渐退出历史舞台。

中国在距今3 000多年前的殷商时期，就出现了有组织的通信活动。到西周时候，我国已经有了比较完整的邮驿制度。一方面，保持着烽火报警（按约定信号通报紧急军情）、击鼓传声的通信方式；另一方面，建立了完善的邮驿组织，为后来历代王朝的邮驿发展奠定了基础。周王朝为了维护天下宗主的地位，把“候宫驿之设”看成是“所赖于布政施会”，作为政府行政之助的重要手段，建立了以西周首都丰镐为中心的邮传网络，联络中央与各诸侯国的邮传组织已具雏形。在这个时期，各种不同的传递方式有了不同的名称。比如：以车传递称作“传”，这是一种轻车快传；还有一种车传称为“驲（读 rì）”，主要是在边境上传书的机构，人们叫它为“邮”。另有一种叫做“徒”的，则为急行步传，让善于快跑的人传递公函或信息，有点类似古希腊马拉松的菲迪皮茨。大体上，西周时单骑传书还不多，一般为车传。

春秋战国时期，由于战争频繁，社会动荡，“政令攻战自诸侯出”，周王室与各诸侯国之间的邮驿通信，难以保持原来的状况。但各诸侯国之间矛盾错综复杂，时战时合，信使往返、军报传递较前更多更快，促进了邮驿通信组织的发展。据考证，春秋时期的邮传已“北通燕蓟，南通楚吴，西抵关中，东达齐鲁”。有步递、传车、传骑等通信手段；采取派遣专差、专使传送，全程往返或接力传递信息等通信方法。

秦统一中国后，为保证诏书遍行海内而广修驿道。实行书同文、车同轨，为邮驿的发展提供了有利条件。据汉人贾山追述秦“为驰道于天下，东穷燕齐，南尽吴楚，江湖之一，濒海之观毕至”，驰道两侧设置邮亭。在开创统一的邮驿制度方面，秦朝也有不世之功。秦朝的邮驿统一了称呼，把“遽〔jù 巨〕”、“驲”、“置”等不同名目一概统一规定为“邮”。从此，“邮”便成为通信系统的专有名词。在邮传方式上，秦时大都采用接力传递文书的办法，由政府规定固定的路线，由负责邮递的人员一站一站接力传递下去。为了保证公文和书信的及时、迅速而准确的到达，秦王朝制定了中国第一部有关通信的法令——《行书律》，对公文的传递呈报、登记手续、人员奖惩、驿马饲养等都作了具体的规定，对后世影响颇大。秦朝的《行书律》规定：文书可分为两大类，一类为急行文书，另一类是普通文书。急行文书包括皇帝诏书，必须立即传达，不能有片刻稽留。普通文书也规定当日送出，不许积压。

汉承秦制，邮驿制度不断完善，尤其重视邮亭建设，每10里设一个邮亭，30里设一邮置。汉武帝使张骞通西域，邮亭邮置不断扩充，通信速度加快，紧急信件一昼夜可传送300多里。“立屯田于膏腴之野，列邮置于要害之路，驰命走驿，不绝于时月”(《后汉书·西域传》)，真实地记载了当时邮驿发展的情景。

魏晋南北朝时期，出现了群雄割据的纷争局面。随着社会生产的发展，邮驿通信不断发展，邮驿制度不断完善，出现了中国历史上第一部邮驿专门法规——《邮驿令》。

隋唐时期，邮驿盛极一时，空前繁荣。隋唐邮传事业发达的标志之一是驿的数量的增多。隋唐继续执行南北朝时的驿传合一的制度，“驿”代替了以往所有的“邮”、“亭”、“传”。唐朝的驿站遍布全国。当时的官邮线路以京城长安为中心，向四方辐射，直达边境地区，大致是30里一站，全国共有驿站1 600多处。据《大唐六典》记载，驿站包括水驿、陆驿和水陆兼办3种，专门从事驿务的人员共有20 000多人，其中驿夫17 000人。这是一支很庞大的邮政队伍。唐朝的驿，拥有马匹也很多，一般大一点的都亭驿，配备马75匹；诸道的驿，配马少则8匹，多的达到60匹。邮驿的行程也有明文规定，如陆驿规定马每天走70里，驴50里，车30里。各级官吏使用车马多少，也有一定的限制。唐朝驿传相当准确、迅速。遇有紧急事情，骑马一天能跑300里以上。公元755年，安禄山在范阳(今北京一带)起兵反唐。当时唐玄宗正在华清宫(今陕西临潼县境)，离范阳约有3 000里路程。6天之后唐玄宗就接到了这个消息。可见，当时邮驿的组织和速度已达到很高的水平。驿的任务包罗万象，既负责国家公文书信的传递，又传达紧急军事情报，还兼管迎送官员、平息叛乱、追捕罪犯、灾区慰抚和押送犯人等，有时还管理贡品运输和其他小件物品的运输。

宋代邮驿规模不如唐朝，但较以往有两大变革：一是为传递军令设立了急递铺，每铺设铺长1人，铺兵10人，传递紧急公文日行可达四五百里；一是驿卒由民夫改为军卒担任。嘉佑年间(公元1056年—公元1063年)，还编有《嘉佑驿令》共三卷七十四条，邮驿规章制度则比唐朝进一步完善。

元朝邮传在蒙古地区称“站赤”，在汉地称驿站，全国有驿站(站赤)1 496处。元代急递铺成为常设通信机构，每铺设兵5人，由铺司负责。英宗时每10个急递铺设一邮长，大都(今北京)设总急递铺领所，设提领3名。为了确保高度机密文书的传递，忽必烈还创建了海青驿，作为他的专用驿站。首先从大都至济南，设海青驿8所，随后在各路设置海青驿，急递铺的军事性质较宋时下降。

明朝邮驿隶属于兵部车驾司，各行省由布政使和按察使兼管驿站，按察使下有驿传道为全省驿传主管长官，各州县有驿丞为地方驿传主管人员。京师驿传机构有会同馆，各地设水马驿、递运所。急递铺每铺设有铺司一人，铺兵若干人。铺兵传送普通公文时昼夜行300里,传送紧急文书时昼夜行600里。明代《大明律》中专列了《兵律·邮驿门》,规定用严刑峻法治理邮驿,延误公文传递者要严加治罪。

清代邮驿在明代基础上有所改革与创新,在康熙、雍正、乾隆三朝百余年间发展到高峰。由2 000个驿站、70 000多名驿夫、14 000多个递铺、40 000多名铺兵组成的清代邮驿组织,规模庞大、网路纵横、四通八达。《大清律例·兵律》有邮驿律十八条,后增至三十五条,比明代更为严密和完备。清代末年,随着清王朝的日益没落和邮政的兴起,古代的邮驿逐渐衰落。

(二)古代邮驿的相关概念

1. 邮驿

邮驿是国家出现后专门为政府传送公文和传递军情而设置的国家通信机构。在以上介绍中可以看出,中国的邮驿源远流长,在封建社会时,中国的邮驿在世界上已居于前列。

2. 驿站

古代负责传递公文、转运官方物资及供应来往官员食宿的机构。埃及在有组织的通信建立后逐步设立驿站。我国的驿站始于周代,称为传舍,以后历代有不同的名称,如邮亭、邮置、递铺等,元代称为站赤,后来统称为驿站。

3. 驿符

驿符是古代管理和使用邮驿的一种凭证。周秦时期驿符为“节”或“传”,两汉时期由中央对使用邮传的使者发放木制的封传,“传”长一尺五寸,由御史大夫加封,凭“传”以供应车马,决定事物的缓急和车马的等级。另一种“传”是一种红色织物,供一般使用者使用。隋朝时期发驿遣使发给银牌,以后演变为纸券。传符盖上相当级别的印方能有效,有的注明该件公文的时速要求。

4. 泥封

古代对简书用一种特制的黏土在捆扎处进行加封的方式,是古代邮驿封发公文书信的一种重要方式。泥封始于周代的战国时期。汉代泥封已广泛使用,发文官署除加盖官印外,还盖有邮寄部门的印章,注明传舍名称及收发日期,管理制度十分严格。

5. 驿使

驿使是邮驿传递文书的人。驿使有的是朝廷差遣的传书专使,有的则是专司传送文书的人员。

(三)古代邮驿的特征

纵观古代邮驿的发展历程,各国有异,我国的各个朝代也各有特色,但包含着邮驿的一些共同特点。

(1)通信是古代邮驿的根本功能。无论是古埃及还是中国各个朝代,通信的需要是产生古代邮驿最主要的原因。我国各个朝代邮驿的组织管理、邮驿规模各不相同,尽管邮驿也负责迎送过往官员和接待使臣,提供车马住宿,但其基本功能是通信。

(2)官办是古代邮驿最根本的组织管理形式。从周代邮驿这个我国最早的通信组织到清代邮驿,历代邮驿都是传递公文和军情的国家通信组织,从中央到各地区都由官方来管理,邮驿是国家机构的一部分。

(3)服务而且仅限于国家政权是邮驿的本质。古代邮驿建立的根本目的是为国家统治者维护政权服务。这从其传递的是公文和军情就可以看出。古代邮驿不为公众提供通信服务。

二、传统邮政

邮政作为对社会普遍开放的、以传递信函为主的官方通信机构,始于17世纪的欧洲。可以说邮政起源有两个:一是古代邮驿;二是私人寄递组织。

(一)邮政的产生和邮政的第一次改革

从邮驿的发展历史可以看出,邮驿是专为官府服务的,民间通信只能是靠托人捎带或派人专送。但随着社会经济、文化的发展和教育的普及,人们的相互书信来往增多,促使一些教会、大学、城市和商业组织设置各自独立的邮递组织。法国巴黎大学在13世纪初开办了专门为学生寄递信件和送款的邮递组织,这也是世界上最早的私营寄递组织。后来,私营的寄递组织发展很快,有的寄递组织持续了几百年。如15世纪由塔克西斯家族经营的私营寄递组织,到16世纪中叶其邮路网络几乎伸展到欧洲的大部分地区,有邮递人员2万名,是世界上最大的私营寄递机构,存在了300多年。

传统邮政的形成经历了这样一个过程。法国于公元1477年建立了皇家邮政。英国于公元1516年委派邮政局局长,组建了邮政通信网。但这些官办邮政起初不为公众服务,直到公元1600年前后才开始合法地传送私人信件。英国于公元1635年,法国于公元1672年宣告邮政由国家专营。私营的寄递组织被国家邮政所取代。

奠定传统邮政基础的是邮政的第一次改革。公元1840年,英国政府采纳了罗兰·希尔(图1-1)在《邮政改革:其重要性与现实性》一书中的观点,对邮政进行了改革,我们可称为邮政的第一次改革。其主要内容包括:实施均一资费制;采用邮资预付和发行邮票;重申邮政由国家专营,业务向所有用户开放。当年发行了人类历史上的第一套邮票——黑便士邮票(图1-2)。罗兰·希尔的邮政改革思想很快在世界许多国家传播并接受。罗兰·希尔的邮政改革思想之所以能够风靡世界,与当时的西欧和北美开始了工业革命密不可分。工业革命极大促进了社会经济的发展和人们生活方式的改变,社会化大生产、经济文化的联系和国际交往,都需要高效、安全、方便的邮政通信服务,特别是现代交通工具火车、汽车、轮船和飞机的发明与使用为现代邮政的发展提供了物质技术基础,因而大大推进了各国建立和普及邮政的进程。

这一改革是世界邮政史上的一个里程碑,它明确了传统邮政的基本特征,为后来各国邮政确立了一个基本运作模式。

图 1－1　罗兰·希尔

图 1－2　世界第一枚邮票“黑便士”

（二）我国邮政的创立及发展历程

我国邮政创立前，私人寄递组织得到了迅速发展。我国的私人寄递组织主要有传递民间的书信、物品、办理汇票的民信局，以及专营海外华侨信件、汇款的侨批局。民信局始创于明代永乐年间（公元 1403 年—公元 1424 年）。清朝末年，民信局发展到几千家，在一定程度上缓解了民间通信问题。民信局邮资的收取标准，由各信局自定，一般由寄件人和收件人各付一半，一封平件按路程远近收费不等。有时可以议定按年收费。如遇紧急信件，可将信封烧去一角或插鸡毛一片，以示火急，并格外增加资费。民信局服务周到，手续简便，对重要客户和大宗业务还可以给予更多的优惠，但由于其经营分散的特点，在 1896 年清代国家邮政官局成立后，无法与邮政官局竞争，加上官方对民信局业务的限制，使民信局的经营逐步走向衰落，1928 年，当时的南京国民政府召开交通工作会议通过决议，“民信局应于民国十九年（1930 年）一律废止”。到 1935 年 1 月 1 日全部停办。侨批局在 19 世纪初逐步发展起来。1934 年，侨批局已发展到 322 处，分局 2 363 处。侨批局服务周到，受到侨胞及其家属的信任。侨批局一直保留下来，解放后，有的纳入邮局的委代办机构。

在我国邮政产生前，外国在我国开设了邮局。鸦片战争以后，清朝统治阶级腐败无能，帝国列强纷纷入侵，并在中国设立所谓的“客邮”。“客邮”是帝国主义国家在中国领土上强行设置的外国邮局。中国邮政实质是在帝国主义官办“客邮”和商办“书信馆”的直接操纵下建立起来的。英国首先于 1842 年 4 月 25 日在我国开办邮局，直属英国邮政总局领导。此后，法、美、日、德、俄等国纷纷效法，相继在我国设立邮局，到第一次世界大战期间，列强在中国各地开办邮局更加泛滥。各国在华邮局、野战邮局、代办所等多达 340 余处，不仅在沿海沿江通商口岸，而且到内地和边疆。这些各国自设的邮局，不受中国政府的管辖，各自执行本国邮章，使用本国邮票，却加盖中国地名的邮戳，也发行了少量的特制邮票。“客邮”实为侵略产物。

1878 年 3 月，清政府批准兼办“海关邮政”的海关总税务司在天津、北京、烟台、牛庄、上海5处试办邮政，开始收寄公众邮件并于当年6月由天津华洋书信馆在上海印刷了中国第一套“大龙邮票”且公开发行，揭开了中国邮政的序幕。

1. 海关邮政

海关邮政包括海关兼办邮政和海关试办邮政。鸦片战争以后，帝国列强纷纷在华设立驻华使馆，因清政府无力承担各使馆往来文件的传递事宜，遂于1866年达成协议，由英国人赫德担任总督的中国海关总税务司兼办此事，这就是“海关兼办邮政”。1878年3月经李鸿章同意，赫德委派德璀林在天津等5处仿照西欧方式由海关试办邮政，开始收寄中、外公众邮件，这就是“海关试办邮政”。这一时期中国官方公文、报纸仍由驿站传递，而中国商人和民众不信任海关仍向民信局交寄邮件，所以形成了邮驿、海关邮政、民信局和客邮并存的局面。

2. 大清邮政

由于多种寄递组织的存在，致使海关邮政生存艰难，于是南洋大臣刘坤一、北洋大臣李鸿章及赫德等人出于不同的目的，纷纷上书清廷，要求尽快正式开办国家邮政。1896年总理衙门根据张之洞建议与赫德所提出的邮章，奏清光绪皇帝批准，于当年3月20日开办“大清邮政”，这标志着中国邮政诞生。

但是，官办大清邮政的建立，并未能抑制“客邮”的泛滥。因为大清邮政仍无能力传递国际邮件，须经“客邮”经转才能寄达外国。因而大清邮政又与各国“客邮”签定互换章程，等于承认了“客邮”的合法地位，使之更加猖狂，公然收寄国内商民包裹，并大肆走私漏税。中国政府虽有照会，但各国均置若罔闻。另一方面，“大清邮政”却与“民信局”展开竞争，凭借其官办特权，采取行政手段阻止民信局与轮船公司接触，要民信局到邮政官局登记挂号，并把信件总包交邮政官局转交带运，还采取总包加价和私运罚金等手段限制民信局。同时官办邮局也采取扩大业务、改善服务，甚至不顾邮差疾苦一再采用增加投递频次等竞争手段排挤民信局，终使延续500年的民信局于1909年以失败告终。

经过3 000多年演变的古代邮驿，也因积弊严重、贪污腐化和效率低下而失去存在的意义，因而在多次“裁驿归邮”的倡议中日渐衰落，终于在1912年5月经北洋政府批准裁撤各处全部驿站。

从1896年清政府正式批准开办国家邮政起，直到1906年成立邮传部，邮政才脱离海关归邮传部，又几经周折，直到1911年邮传部才正式接管了海关邮政，英人赫德离职返英，法人帛黎又当上邮政总办，中国邮政大权仍在外国人手中。

3. 中华邮政

孙中山领导的辛亥革命于1911年推翻了清朝统治，结束了中国2 000多年的封建君主专制制度，建立了中华民国，并诞生了“中华邮政”。但是，邮政大权仍然操纵在法人帛黎之手。自“大清邮政”开始，我国邮政职工为从英法代理人手中夺回邮政主权进行了长期不懈的斗争，直到“中华邮政”时期，先后经过20多年的曲折和斗争，于1922年2月1日在太平洋会议上，才通过撤销外国在华“客邮”的议案，除日本设在我国东北旅大及南满铁路沿线邮局和英国设在西藏的邮局外，其他“客邮”多于当年年底撤销。

中华邮政在总结历史经验的基础上，引入西方邮政管理制度，注意改善经营管理，使中华邮政能在北洋军阀连年混战期间扭亏为盈，有所发展。中华邮政在人事管理上采用考试晋级制度，强调“选贤任能、信赏必罚、终身事业”；在各生产环节明确职责，核定定额，并实行考试录用新工和新工训练、试用制度，使职工晋级与工资收入相结合；在财务管理上，中华邮政实行高度集中和视察检查制度；劳动管理上制定严格的纪律考核奖惩制度；在业务经营体制上，实行总局集中垂直领导，现业局则按规模大小和业务多少分等，但相互之间业务往来关系一律平等。各局局长都经办具体业务和行政业务，均不脱产。邮区划分以行政区划为基础并结合通信需要和效益合理布局。中华邮政时期经办的业务种类较多，范围较广；在邮运上利用火车、汽车、轮船、飞机、兽力车和自行车等各种工具。为了便于管理、统一要求，先后制定了“邮政纲要”、“邮政条例”，并于 1935 年 7 月 5 日颁布《邮政法》，使邮政法制进一步完善。

4. 赤色邮政与中华苏维埃邮政

1927 年在中国共产党领导下建立了中国工农红军，首先开辟了井岗山革命根据地，并建立了中华苏维埃政权。为了适应革命斗争需要，各根据地都成立了“递步哨”、“传山哨”等通信联络组织。依靠广大群众，利用各种方式，监视敌人动向，传递军事情报，并且在根据地及国民党统治区建立交通站，传递消息、护送干部、运送物资。在此基础上，1928 年首先在湘赣边区工农民主政府正式成立了“赤色邮政”，并于 1929 年发行了邮票。1930 年在江西吉安成立赣西南邮政总局，1931 年迁往兴国，改名为江西省邮务总局。1932 年赤色邮政经过整顿改名为“中华苏维埃邮政”，并建立统一制度，发展为军邮和民用两种形式的通信组织。中央设立邮政总局，各苏区省设邮务管理局，以下设县邮局和邮站，统一使用中央苏区发行的邮票。在抗日战争期间，各根据地邮政组织以交通站形式继续做通信和交通向导工作，并在敌占区坚持斗争，在敌人封锁情况下千方百计完成通信任务。

在解放战争期间，邮政职工提出“一切为了前线”，“解放军打到那里，邮政就通到那里”的战斗口号，组织随军邮政支援战争。在各野战军设军邮总局，军以下兵团、纵队和师团中，分别设军邮分局、支局和交通站，组成一个完整的军邮通信系统，为解放战争的指挥联络、传递信息以及战士和家人通信作出巨大贡献。

5. 中华人民共和国邮政

1949 年 10 月 1 日中华人民共和国成立，同年 11 月 1 日成立中华人民共和国邮电部，主管全国邮政和电信工作。1950 年 1 月 1 日邮电部邮政总局成立。除台湾和港澳地区外全国建立了各级邮政机构。

在三年恢复时期，主要是恢复和发展邮政通信事业，如接管和改造官僚资本主义企业，对侨批局实行独立经营，自负盈亏，使之逐步成为国营邮政的委托代办机构。

1953 年以后，邮电部加强了邮电事业的建设，提高了业务和技术水平。如加强了以北京为中心的全国邮政网的建设,建立邮电科研、教育和工业基地;建立新的企业管理制度。

1998年邮电体制进行了改革,实现了邮电分营。分营之后,邮政成为国民经济体系的一个部分开始独立运营。邮电分营使邮政职工有了自我经营发展的意识,调动了积极性;分营有利于邮政职工整体素质的提高,有利于邮政向集约化经营发展,为邮政网现代化创造了条件,特别是中心局体制建设和邮政综合网建设。

至此,中国邮政开始了由传统邮政向现代邮政转型。

(三)传统邮政的特点

自英国第一次邮政改革到20世纪80年代,世界大多数国家邮政尽管有各种各样的变化,但保持了传统邮政的基本运作模式和特点。传统邮政具有的主要特征是:①实行国家专营,组织统一的邮政网路;②向社会公众开放,设立固定营业点,定时开门营业收寄公众邮件;③实行统一的资费制度,并有明确标准和使用邮资凭证;④业务范围比较广泛,组织管理严格统一;⑤邮件寄递有了固定路线和班期,并开始采用比较先进的交通工具。

三、现代邮政

(一)现代邮政形成

多数国家的邮政长期以来保持其传统的运作。邮政一般都与电信结合在一起,作为国家政府的职能部门,管理和经营本国的邮电通信。直到20世纪70年代初,一些国家开始进行改革,如澳大利亚、新西兰、新加坡、瑞典、芬兰等国,改革的核心在于改革邮政的管理体制。特别是20世纪80年代,以英国邮政脱离政府序列、组建国家邮政公司为开端,拉开了邮政领域实行政企分开的改革序幕。进入20世纪90年代以后,邮政领域的改革更是如火如荼,改革成为邮政领域的主旋律。这是世界邮政的第二次改革,是一个从传统邮政向现代邮政发展的时代。

20世纪80年代以来,通信技术和计算机技术取得飞速发展,对信息传递时限提出了更高要求,加之国际互联网和计算机的迅速普及、电信通信的蓬勃发展和电子邮件的悄然兴起,相当一部分原本属于邮政通信的业务被这些现代通信方式所替代。面对这种局面,邮政如果仍然"我行我素",不进行体制改革和机制转换,必然会陷入生存危机。

随着经济全球化的浪潮,像UPS、DHL、TNT、FedEx等跨国私营运递公司纷纷进入邮政市场,邮政部门遇到前所未有的竞争。这些跨国公司凭借强大的实力和灵活的机制,为用户提供比邮政更为可靠快捷和方便周到的服务,在有盈利的快递市场夺走了相当一部分原本属于邮政部门的市场份额。邮政如果一味地坚持"官办",依赖政府,无所作为,必将处于被动地位。

长期以来,邮政被非盈利性、公益性服务部门的性质所限,依靠政府支持,缺乏经营活力,对于市场需求的响应迟缓,许多国家邮政处于亏损经营。一方面是邮政的亏损,另一方面社会又要求作为基础设施的邮政承担普遍服务的义务。在这种情况下,改革是邮政的唯一出路,也是邮政取得生存发展的机遇。

进入 21 世纪,世界邮政的改革已取得了初步成效。新的邮政运作模式基本形成,已经步入现代邮政时代。

(二)现代邮政的特征

尽管世界各国邮政改革的进程不一,改革的深度不同,但我们从众多邮政改革国家中可描绘出现代邮政的轮廓及基本特征:①邮电分营;②政企分开,邮政独立运营;③邮政市场逐步开放,缩小邮政的专营范围;④强调多种形式的普遍服务义务的履行;⑤传统邮政业务与现代技术结合。

(三)我国的现代邮政发展

1998 年以后尽管我国邮政实现了独立运营,但由于邮政仍是“政企合一”,这与国家管理体制改革不相适应。为保证邮政的发展,邮政的管理体制必须进行进一步的改革。2005 年 7 月 20 日国务院常务会议批准了邮政体制改革方案。邮政体制改革的基本思路是:实行政企分开,加强政府监管,完善市场机制,保障普遍服务和特殊服务,确保通信安全;改革邮政主业和邮政储蓄管理体制,促进向现代邮政业方向发展。重新组建国家邮政局,作为国家邮政监管机构;组建中国邮政集团公司,经营各类邮政业务;加快成立邮政储蓄银行,实现金融业务规范化经营。通过改革,建立政府依法监管、企业自主经营的邮政体制,进一步促进我国邮政事业的健康发展。

第二节　邮政的概念、特点和社会定位

在了解邮政的发展历史之后,我们再来认识邮政的概念及其变化。

一、邮政的概念和特点

(一)邮政的概念

人们对邮政的概念可从多个角度认识。

(1)从行业的角度,传统邮政是国家开办并直接管理的、利用运输工具以传递实物载体信息为主的通信行业。

(2)从发挥的社会作用来看,传统邮政是人们进行政治、经济、科学、文化、教育等活动和人们联系交往的公用性基础设施。

(3)从提供的服务来看,传统邮政是以实物为载体传递信息的一种通信方式。

随着邮政改革的深入,邮政的内涵已发生了很大变化。在一些改革的国家,邮政已不再是国家直接管理,邮政已成为一个公司进行经营。另一方面,邮政业务也发生了重大变化,邮政开始从事诸如物流、邮购等业务。

我们给出邮政的定义:邮政是利用遍布世界各地的寄递网络,向社会提供传递实物载体信息、传递物品以及其他相关服务的行业。

这个概念体现了邮政是一个服务行业,邮政的主体业务是寄递服务。而其他服务是利用邮政网络优势和便利而提供的。邮政向社会提供通信服务,但这种通信服务的一个重要特点是信息以实物为载体。

（二）邮政的特点

邮政有以下特点。

（1）邮政服务对象的广泛性。邮政的服务对象是整个社会，包括政府、企业等组织，也包括每一位公民。

（2）邮政生产过程与消费过程的同一性。所谓邮政的生产过程也就是为用户服务的全过程。邮政服务内容是以寄递服务为主的相关服务，这种服务的特点是邮政的生产过程也就是用户的使用过程。

（3）全程全网联合作业。从邮政定义中可以看出，邮政提供的服务是基于邮政网络，要完成邮政全程生产过程，需要有两个或以上的邮政企业或部门协作配合才能提供完整的服务。全程全网联合作业是邮政最为突出的生产特点。

我们要区分邮电和邮政。邮电是在邮政与电信合一体制下对邮政和电信两专业的总称，而电信是利用有线电、无线电、光或其他电磁系统，对符号、信号、文字、图像、声音或任何性质的信息的传输、发射或信号接受。这与邮政在信息的传输方式上有着根本的区别。长期以来，邮政和电信是合一管理，这就容易造成人们对邮电和邮政的混淆。

二、邮政与社会的关系

古代邮政的服务对象主要是统治者，业务比较单纯，虽然组织和规章也都很严密，但由于受历史条件的限制，传递的主要是政令和军令。新中国成立前，中国邮政在夹缝中畸形发育，奠定了我国邮政的基础。从 1840 年开始，发展到 1949 年，全国邮局数量已达到 26 000 多处，邮路总长度为 70 万千米，邮政汽车有 467 辆。这说明社会对邮政是非常需要的。新中国成立之后，邮政可以说有了新生，发展速度之快，规章制度和管理工作之完善，现代化水平之高，都超过了以往。邮政是随着经济的发展和人类的进步而发展的。

邮政与社会的关系：①邮政是社会进步和发展的基础设施之一；②邮政的发展与社会的经济、政治紧紧相扣，与国家、社会这条大船同命运共呼吸；③邮政具有雄厚广阔的资源和市场，邮政具有强大的生命力；④邮政有自己发展的内在规律，这个规律是不可违抗的，我们只能顺应这个规律。

三、邮政在市场经济中的地位和作用

社会主义市场经济的建立和发展，在我国是一场深刻的变革和革命，必然影响到社会的各个角落。这种社会变革对邮政提出了新的更高的要求，现在许多邮政新业务的开办都是市场经济发展带来的必然结果。

邮政在社会主义市场经济中的地位和作用表现在以下几方面。

（1）社会主义邮政要为党和政府服务，传达政令。社会主义邮政具有为党政机关服务的特殊使命。

（2）邮政要为社会提供普遍服务。普遍服务是指保证提供使顾客在全国任何地方都能寄发或收到物品和信件的普遍邮政服务。邮政普遍服务是建立在人们基本权利原则上的一种政府行为，每个公民都有权利享受邮政通信服务。公用邮政部门有承担邮政普遍服务的义务。

(3)邮政是社会主义市场经济信息流的重要通道。社会主义市场经济需要大量的信息交流,邮政作为传递信息的通道仍然保持着社会主义市场经济信息流的大动脉的地位。社会主义市场经济的建立要求信息流通要快、信息反映要及时、信息量要大,这些信息有一部分是通过邮政这个渠道传递的。

(4)邮政是社会主义市场经济商品流的通道。随着时间的推移,这种大通道作用越来越突出。商品流通很可能是邮政应重点开拓的新领域,而且这个领域潜力很大。今后,邮政部门应想办法满足社会主义市场经济商品流通的需要,提供优质服务。

(5)邮政是社会主义市场经济货币流通的重要渠道。在劳动力流动的情况下,邮政的货币流通量越来越大。邮政汇兑业务和邮政储蓄业务近年来有了大的发展,邮政部门承担的货币流通任务会越来越大。

(6)邮政仍然是沟通世界各个角落的桥梁。市场经济条件下,商品经济的交流是没有国界的。在这种情况下,邮政担负着沟通世界各个角落的重任。

从邮政的作用我们可以看到邮政在社会主义市场经济中的地位,即邮政为社会主义市场经济的建立和发展提供基础条件,促进社会主义市场经济的发育和发展。可以说,社会主义市场经济离不开邮政,尤其是市场经济越发达,对邮政的要求就越高,希望也就越多。反过来,市场经济的发展也促进了邮政事业的发展和壮大。

四、邮政的任务

邮政的作用和地位决定了邮政应当承担的任务,邮政的任务体现在以下方面。

(1)以明确的服务观念,为满足党政机关、团体、厂矿企业、各类公司和广大居民用户对邮政服务的需要,向各类用户提供方便及时的邮政服务,为社会发展作贡献。从现代邮政面临的形势以及自身的发展需要,邮政企业提供的服务也在转型,主要体现在从主要服务民用向服务商业变化,从传统的主要以手工操作,向电子化、自动化服务发展。

(2)以坚定的质量意识和质量第一观念,严格执行邮政法规,确保通信质量,用优良的邮政通信服务满足广大用户的多种需求。尽管服务的内容、对象和服务的形式有所变化,但质量是决定邮政生存发展的重要基础。

(3)改善经营管理,提高经济效益。要在提高企业素质与活力上下功夫,在提高社会效益的同时,通过完善经营机制、改善经营管理、创造最佳经济效益,不断提高企业和部门的积累能力、应变能力和自我发展能力。

可见,邮政的根本任务就是以优质、高效、低耗的邮政服务,保证党政机关和社会各类用户的需要。一方面通过邮政迅速传递信息、提供服务,促进社会生产进程,节约社会劳动时间,为我国经济建设、社会发展作贡献;另一方面通过系统优化和改善管理,提高劳动效率,创造出良好的企业经济效益。

第三节　邮政的改革与发展

对于绝大多数国家来说,邮政服务是最基本、最普遍的服务,在一些欠发达的地区甚至是唯一服务于全体民众的通信手段。它还是商业和企业最重要的通信媒体之一。可靠快速的通信方式是迅速、成功地发展全球化贸易、工业和服务的关键，在现代社会中，邮政领域的发展是很重要的。

一、挑战与机遇

邮政作为人类社会主要的通信方式之一，由社会需要而产生，又为社会服务，并随着社会需求的增长变化而变化。为人类生存发展和社会进步作出了历史的贡献。邮政发展到今天，它的含义、内容和人们对它的理解与传统的观念相比，已产生了很大的变化。现代邮政的作用远不是“家书报平安”，也不是“除了送信、就是送报”。保守落后的为小农经济服务的小邮政观念也一去不复返了。现代邮政在国民经济中的地位和作用及其对社会发展和居民生活的重要贡献，决定了它必须按照商品经济规律和改革开放方针，确立为政治、经济、科学文化等各行业全方位服务的大市场观念；要有开拓创新、通信为本、广泛经营和以竞争求发展的观念；也就是要从全网效能和全社会效益出发，重新思考、重新设计和确定社会化大生产的大邮政观念。

但是，邮政所经办的众多业务，除了专营的“国务院规定范围内的信件寄递业务”以外，其他业务都属于竞争性业务，都会受到交通运输、铁路、银行、新闻出版、商业服务等行业和个体经营者的挑战；即使法定的由邮政经营的信件业务，也受到电信通信等方式的竞争和挑战。这些都给邮政业务经营和发展造成许多困难，在这些竞争和挑战面前，邮政唯一的出路就是改革。

20 世纪 80 年代以来，随着微电子技术、计算机技术和通信网络技术等高技术群的迅猛发展，信息化浪潮迅速席卷全球，成为继工业革命后的又一次技术革命。信息技术渗透到世界每个角落，冲击着社会经济各领域，对传统经济产业和企业产生了深远影响。邮政企业作为典型的传统通信产业，更是直接面临着信息化带来的复杂影响。信息技术的快速发展给世界各国邮政带来了严峻挑战，也注入了新的发展机遇。

面临的挑战主要是信息技术发展导致很多现代信息通信手段、通信方式出现，如电话、传真、电子邮件、网络即时通讯等，改变了人们信息消费的方式，对信息的传递、交换的需求正在向多元化、高层次方向发生重要转变；先进通信产品成为信函的强力替代品，严重地侵蚀了以寄递书信信函为主的传统邮政通信产品市场。

一项调查显示：“手机短信是普通人向亲朋好友问候和祝福的最常用方式(68.3%)，其他方式依次是打电话(19.7%)、QQ 和 MSN 等即时通讯工具(8.8%)、电子邮件(2.8%)，而传统的写信方式仅有 0.5% 的人还在用。”

现代通讯技术的发展给传统邮政带来了巨大的机遇。邮政传统业务借助信息化实现服务升级，主要体现在：在生产作业各环节广泛应用信息技术，创新作业方法、手段和流程，提高邮件处理质量和时限，加快邮件传递速度；通过建立邮件跟踪查询系统，实现邮件动态跟踪查询，使用户及时掌握邮件状态；开发建立邮政电子汇兑系统，实现邮政汇兑实时到账，使邮政汇兑速度有了质的飞跃；应用电子邮政技术建立网上邮局，用户足不出户即能享受邮政服务。

信息技术发展给邮政带来了巨大的发展空间。可从以下方面分析。

一是商函市场。信息化是邮政商业信函发展的主要驱动因素之一。信息化最本质的东西就是信息技术和信息装备渗透到社会的各个方面，影响到社会的各个角落。如电话、手机的推广使用，使人们产生了电话费、手机费账单寄递需求；货币电子化使刷银行卡消费成为时尚，产生了银行账单、保险费、水电费、供暖费、煤气费等与老百姓生活密切相关的消费单据寄递需求；现代信息技术为我们建立强大的用户信息数据库提供了技术基础。

二是邮政金融业务。目前世界上约有 70 个国家和地区的邮政开办了金融业务。日本的邮政金融业务已经有百余年的发展历史，在日本，邮政储蓄有"第二财政预算"的美称，日本邮政储蓄的居民使用率居日本所有银行首位。信息技术及计算机技术的广泛应用，已成为邮政金融服务发展的强大推力。首先，信息技术作为金融创新的核心动力创新了大量的金融产品和金融服务，丰富了邮政金融服务内容；其次，在信息技术运用到邮政金融领域之前，各营业机构都是使用手工操作，业务处理和信息传递速度极为缓慢，业务开展的范围也因此受到一定程度的限制，信息技术在该领域广泛应用后，这种现象大为改观；第三，应用信息技术的金融服务的最大特点是与传统营业网点相比，具有投入人员少、资金划拨快、营业场地虚拟等特征。客户在自己家中就可以通过电话、计算机、网络等工具直接进行交易，也降低了客户的交易成本。由于现代信息技术的广泛应用，邮政金融服务朝着市场反映敏捷化、精确化、个性化的方向发展，为客户提供量身定做的个性化综合性金融服务。使邮政金融服务实现服务手段、内容多样化，为客户提供高水准的金融服务。

三是邮政代理市场。邮政可以借助信息技术手段冲破原来各自分立的产业壁垒，建成综合业务代理平台，为社会提供代收水、电、燃气、电话等公共事业费，代发养老金、办理交纳税收，代售飞机票、演出票，发放驾照等多种代理服务。现在福建、湖南建成了缴费一站通系统。信息技术为邮政向现代化连锁经营企业转型提供了技术基础。代理保险业务发展平稳，在同业间市场占有率达 22%。

四是电子商务物流。自 20 世纪 90 年代在科技领先、经济发达国家中悄然兴起的电子商务，在短短十几年间，就快速发展成为滚滚而来的浪潮，呈现出席卷全球之势，足以证明电子商务代表世界贸易发展的方向，具有强大的生命力。然而缺乏完善的物流链支撑也一直是阻碍和制约电子商务发展的瓶颈之一。通过电子商务达成的商贸交易，可以通过网络数据解决商品流通过程中的商流、信息流、货币流，但却无法解决物流问题，如果没有物流环节，就不能实现商品实体的转移，不能完成商品交换。因此，强大的现代化物流体系是电子商务成败的关键。邮政发展电子商务物流独具优势：邮政是一个极其庞大、无所不至、相互交织、规章一致、标准统一、由多点到一点、再由一点到多点的物流网，邮政遍及千家万户的实物传递网的基础决定了它已经是 BtoC 物流交易模式的优势企业 。

二、世界邮政改革的方向

(一)企业改革及其运作模式

企业改革主要是指企业自身更注重以商业化为导向而实施的改革项目,商业化是指在邮政实体中引进市场经营原则,公司化是需要对邮政进行立法改革,使邮政受私营公司的法律要求支配,这种改革是使邮政发展变化的有效办法。

1. 企业改革的方向

一是商业化。越来越多的国家认识到使邮政走向商业化经营的重要性,商业化就是在邮政经营管理中采用市场原则,因此,一些重要的方面如财务、会计、战略规划、市场营销应在邮政管理中加强,对担任重要职务的人员应进行培训,还可以从私营企业中聘用一些有经验的人才或者将某些管理职能签约授权给邮政之外的人员在一定时期内行使,为的是加快吸引外部经验的过程,并保证这一过程的有效性。而一些改革完全是在各国邮政的内部进行的。采取商业化步骤的权限应在政府部门或法人公司的立法中详细说明或批准,然而,有限责任公司具有企业法人的所有权力,通常有实施大多数改革措施的自由。

商业化不必非要公司化,即使没有立法改变对邮政实施公司化,邮政仍然可以做许多事情来提高服务质量,树立以市场需求为导向的观念,争取财政上的自给自足。

政策方面的变化,例如,市场放开、建立独立的管理机构,或邮政公司化,影响了邮政运营的环境,而商业化使邮政集中在这些政策允许的范围内提高邮政服务水平,因此,邮政公司化和商业化所采取的步骤都可称为企业改革。

二是公司化。公司化是赋予邮政独立的法律地位、使邮政与私营公司受同样的法律要求支配的过程,因此,邮政公司需遵循标准化的商业法和税法、会计标准、劳动力法等,更重要的是,要清楚地区分邮政的所有权和管理责任,使得邮政更不易受政府的影响,这种过程通过使邮政免受非商业化的压力和限制,而在一定程度上加强了邮政的经营自主权,它还确定了政府作为企业所有者的作用,公司化是商业化过程的重要步骤。

公司化将官方管理的问题转化为公司管理的问题,为了根据市场原则经营邮政,有必要在政府与邮政企业之间签定明确的协议,没有这种规章,管理人员和资源分配决策就不能反映商业市场的实际情况。

2. 世界邮政企业的运作模式

各国邮政改革后的运作模式主要有如下 3 种。

一是公共企业模式。允许邮政经济独立,可以根据市场竞争的压力进行资源利用的有效管理。在经营和维护方面有自己的自主权,并努力按照商业公司的方式来经营,邮政企业承担着众多的社会义务和责任。邮政企业是名义上的法人,不是真正意义上的法人。国家对邮政承担着无限责任。美国、澳大利亚、印度的邮政改革就是这样一种情况。从近年来的情况看,公共企业依然是一些国家邮政的改革方向或存在状态。

二是国有独资公司模式。它是国家出资并授权有关机构或者授权投资的部门作为代表,以股东的身份对邮政企业进行监督管理。国家由无限责任变为有限责任,邮政企业由名义上的法人变为实际的法人,这是与公共企业的重要区别。加拿大、英国等国邮政运作方式是国有独资公司。

三是股份有限公司模式。股份有限公司是邮政企业化运作的另一方式。股份有限公司的成立,意味着政府部门或公共企业的解散,其财产转移到一个按公司法经营的法人实体上。公司部分归政府所有,政府对公司行使有限的监督权,也给公司强加了一定的义务。邮政股份有限公司有较高的管理权和灵活性。荷兰邮政、德国邮政等都采取这种方式。

(二)规章制度改革

企业改革确实使邮政有一定程度的受益,除此之外,还进一步对规章制度和机构进行改革。规章制度改革对邮政领域来说主要应针对:①垄断权限范围和邮政的独占经营权;②邮政领域内部的竞争机构;③适当的组织机构以便确保公共服务的正常进行(例如:调控业务资费、质量和范围)。许多决策是由竞争问题引发的,例如为保持竞争力,如何组织邮政以及采取何种体制机构以提高效率、促进改革。

规章制度与机构改革(尤其是所有权问题)有着很密切的关系,如果邮政仍然由政府所有,为了保证邮政不滥用特权,政府要实行控制。这些控制通常不允许邮政办合资企业,或不允许邮政与其竞争者有一样的商业自由度和进入金融市场的权力。因为这一原因,英国邮政眼睁睁地看着竞争者进攻其核心业务,但作为公共服务性企业,政府对其行为有限制,它不能反抗。因此,准备开始邮政改革的国家应在考虑规章制度改革的同时要考虑机构改革。

(三)机构改革

邮政的组织机构是邮政以具有竞争性的费用成本提供高质量服务的关键。从别的领域的改革来看,企业改革如果引入了私营企业的管理人员、投资人员和金融专家,甚至成为邮政的股东,这样会更可行和更有效。

世界银行以及其他的一些经验清楚地表明,如要在不改变所有权的情况下,公共企业的改革不让私营企业介入,要使公共企业商业化取得成功是非常困难的。

(四)技术改革

目前的邮政业务主要基于实物传递,邮件以实物形式收寄、运输和投递。几乎在所有的国家,邮政业务的总成本中劳动力成本占60% ~85%,如此高的劳动力含量对于提供邮政服务,尤其是考虑到成本和服务水平,是一种客观的限制。对多数经营效率高的国家邮政来说,一类商业函件仅能次日投递,尽管这种邮递速度面临着电子通信迅速创新和发展的挑战,而这对于一个主要是依靠手工作业的系统来说已经是相当快的速度。

今天,在相当数量的国家,即使是在发展中国家,电信领域也已经进入了改革,利用电子通信作为商业交流手段一般都能够支付得起。在发展中国家,由于硬件和连接费用高,电子通信系统一般由大的商业公司拥有。然而,在发展中国家,一些“中间”业务商在中心城市迅速涌现(例如提供传真、电子邮件和其他电子通信服务的小单位)。对传统邮政业务市场所作的周密调查清楚地表明,传统邮政面临的问题比意识到的还严峻。多数邮件为商业邮件(约为85%),几乎所有的国家都如此,包括发展中国家。另外,由于商业市场对邮件的服务标准和可靠性更为重视,因此,来自其他通信媒体的竞争威胁在商业邮件方面表现最为突出。

在初始阶段,邮政可采取被动的或是主动的方式。被动方式是一个逐步发展的方式;换句话说,邮政部门可以在继续提供传统业务的同时,开展一些边缘业务。另一方面,采取主动方式就是意识到了迅速采取行动的必要性,通过发展混合信息业务适应电子通信技术的发展。在这方面,邮政有4种战略选择:少量参与、积极开展、发展现代信息处理网、独家经营。最重要的策略是邮政在其服务中采用通信技术,否则,变化的市场和市场经济将使得邮政不能够提供真正的普遍服务。

邮政部门应该牢记的是邮政部门已经具有了一定的竞争力,邮件要送到每家每户,就必须有一个强大的投递网,在少数几家具有这种投递能力的机构中,邮政也许是佼佼者,因此,邮政可以有这样一种选择:基于这种优势,成为整个通信市场的重要赛手;或者维护原状,使得邮政网络的利用率越来越低,最后,邮政成为继续发展的通信革命的牺牲品。

三、我国邮政的发展方向

(一)我国邮政的改革进程

在20世纪90年代后,由于技术进步、市场变化、政策调整使中国邮政外部环境发生了很大变化,再加上邮政政企合一的经营管理体制不能适应国民经济迅速向市场经济体制转变的大环境,邮政机构设置照政府机构模式套设,以及经营机制、财务核算体制不适应市场化,服务官僚作风严重,对市场竞争反应冷漠等诸多内部原因,邮政逐渐面临巨大的困难。全国邮政业务经营性亏损逐年增加,市场占有率逐年下降,人才匮乏,邮政改革势在必行。从1998年实行邮政、电信分开经营开始,10年间,中国邮政的经营管理体制经历了邮电分营、政企分开、内部重组3个阶段的改革。

第一阶段:邮电分营

1998年,国务院对邮电经营管理体制进行改革,改革原有的邮政、电信由邮电局统一经营的模式,实行邮政、电信分开经营。把邮电局拆分为相互独立的邮政局和电信公司,邮政开始独立运营,成为国民经济的一个独立部门。这次改革后的邮政经营管理体制仍保留政企合一模式。

第二阶段:政企分开

自从中国加入WTO以后,中国各行各业加大了改革力度。作为国民经济重要环节和社会基础公用企业,如何深化中国邮政的改革,使其更好地适应社会主义市场经济要求,已提到国家的议事日程上。

2005年7月20日,国务院第99次常务会议听取了国家发改委关于邮政体制改革方案的汇报,并批准了该方案。这次会议确定了邮政体制改革的基本思路是:实行政企分开,加强政府监管,完善市场机制,保障普遍服务和特殊服务,确保通信安全;改革邮政主业和邮政储蓄管理体制,促进向现代邮政业方向发展。重新组建国家邮政局,作为国家邮政监管机构;组建中国邮政集团公司,经营各类邮政业务;加快成立邮政储蓄银行,实现金融业务规范化经营。

2006年8月28日,国务院《关于组建中国邮政集团公司有关问题的批复》中:一是原则同意《中国邮政集团公司组建方案》和《中国邮政集团公司章程》;二是在原国家邮政局所属的经营性资产和部分企事业单位基础上,依照《全民所有制工业企业法》组建中国邮政集团公司;三是暂由财政部代表国务院履行出资人职责;四是邮政集团进行国家授权投资机构和国家控股公司的试点;五是同意将各省(区、市)邮政局和原国家邮政局直属单位的经营性净资产划作为中国邮政集团公司的国有资本;六是邮政集团的财务关系在财政部单列;七是实行合并报表制度,其所属全资企业和分支机构由集团公司集中汇总缴纳所得税;八是根据国家有关规定,承担邮政普遍服务义务,受国家委托,承担机要通信业务、义务兵通信等特殊服务;九是邮政集团组建后,国务院及有关部门对邮政企业的原有扶持政策继续执行;十是邮政集团组建后,要根据国家产业政策,调整业务结构,优化邮政网络,实行内部重组,增强市场竞争力,提高投资效益和经济效益。

2007年1月29日,中国邮政集团公司正式挂牌,注册资金为800亿元。到2007年9月4日西藏自治区邮政公司挂牌,全国31个省(区、市)邮政公司都正式完成政企分开改革。至此,酝酿数载的中国邮政政企分开工作完成,邮政成为一个崭新的兼营邮递业和金融业的大型国有企业。

第三阶段:邮政内部重组

邮政政企分开改革后,中国邮政集团公司按照国家对邮政改革的总体要求,积极深化内部重组改革。主要是邮政储蓄银行改革和邮政速递物流专业化经营改革。

首先是邮政储蓄银行改革。与中国邮政政企分开改革同步,中国邮政金融经营体制改革也随改革的大潮进行。1997年1月,人民银行向国务院上报了《关于邮政储蓄汇兑管理体制改革的请示》,开启邮政储蓄体制改革进程。3月,国务院第144次总理办公会议原则同意人民银行关于邮政储蓄体制改革的请示,并确定人民银行会同国务院有关部门研究实施方案。在此后的两年中,人民银行、国家邮政局、财政部、国家计委、国家税务总局等部门对邮储改革问题进行了反复认真的研究。1999年5月,人民银行上报的《中国邮政储蓄银行章程》获得国务院批准。

2000年以后,邮储体制改革工作与转存款政策的调整紧密相关。人民银行等部门始终以调整转存款政策为主要方式,推进邮储体制改革。

2005年8月19日国务院下发了关于邮政体制改革的文件,明确提出要按照金融行业的改革方向,加快组建由中国邮政集团公司控股的邮政储蓄银行。2006年6月22日,银监会批准《中国邮政储蓄银行筹建方案》;同年12月31日,银监会批准中国邮政储蓄银行开业申请。2007 年 3 月 20 日，中国邮政储蓄银行正式挂牌。在原国家邮政局邮政储汇局的基础上改组成立中国邮政储蓄银行，由财政部进行财务监管和国有资产管理，在财政部单独开立账户，业务范围以零售业务和中间业务为主，面向普通大众，特别是为城市社区和广大农村提供基础金融服务。至此，以 36 000 多个营业网点的庞大规模，以国内营业网点最多的金融机构身份，中国邮政储蓄银行以全新的面貌正式跻身银行业，开始实现独立运行。

2009 年，邮政金融改革进一步深化。邮储银行进一步健全了组织管理体系，积极创造向全功能商业银行转型的条件，并为全面提升邮储银行整体实力夯实了基础。根据银监会关于规范邮储银行代理网点的要求，制定了代理网点管理暂行办法实施细则，通过逐级签订代理协议，明确了双方各级机构在代理网点管理上的具体要求。落实中央服务“三农”的号召，共同抓好二类网点的业务发展，已初步确定了 3 000 多个二类支行开办信贷业务，目前已有 500 多个二类支行开办了这项业务。邮银协调机制不断完善，加强联系，定期沟通，及时解决现实工作中存在的问题。集团公司进一步加强了对代理金融业务的指导工作，成立了代理业务部，各省公司也都成立了代理业务部，在促进代理金融业务的良好发展方面已经开始发挥积极作用。

2009 年 9 月 9 日，经保监会批准，中邮人寿保险股份有限公司正式成立，邮政金融业务品种进一步丰富，促进邮政金融业务的多元化发展。目前，已经设计出了特色突出的产品体系，集中开发了实用先进的信息系统。

其次是速递物流专业化改革。速递物流是市场化程度高、竞争激烈的业务。随着我国经济的持续增长和经济增长方式的转变，带来了旺盛的速递物流服务需求。特别是对品质较高的速递服务和一体化合同物流服务的需求，将在较长一段时期内高速增长，邮政速递物流面临难得的战略机遇期。但从整体看，邮政速递物流面临着与国际国内快递物流企业的竞争日益激烈的巨大压力。特别是从我国 2005 年底对外资开放快递服务市场以来，外资快递物流企业进入中国市场的步伐明显加快，力度明显加大，对邮政速递物流而言，竞争在加剧、压力在加大、危机在加重、忧患在加深。只有加快推进速递物流改革，才能适应市场变化和需求，进一步增强企业的竞争能力。但是原有的主要依托邮政大网的经营模式已严重制约了邮政速递物流业务的做大做强。

国务院下发的《邮政体制改革方案》(国发〔2005〕27 号)明确提出了改革邮政主业的要求，鼓励中国邮政集团公司根据现代邮政业发展需要，对企业进行重组，组建物流、速递、电子商务等专业公司，实行专业经营。在《邮政法》修订的过程中，国家法律相关主管部门和一些社会舆论也提出了“混业经营”问题。新《邮政法》规定竞争性业务与普遍服务业务分业经营，以法律形式确立了邮政速递物流专业经营的改革目标。2008 年 8 月以来，国务院主管领导多次对邮政工作作重要指示，明确要求邮政深化改革，做大做强邮政速递物流业务。

中国邮政拥有实物流、信息流和资金流“三流合一”的独特优势，是我国快递服务的主渠道和合同物流的重要渠道，因此要顺应速递物流业的发展规律，加快专业化经营步伐,满足国家经济和社会发展的需要。自2007年以来,中国邮政不断加大速递物流改革力度,逐步深化速递物流改革。

中国邮政集团公司按照国务院主管领导"以战略思维和世界眼光谋划未来"的指示精神,进一步明确了邮政速递物流的发展目标,即:邮政速递物流要发展成为国内领先、国际先进的快递物流综合服务运营商。邮政速递物流业务收入要努力保持20%以上的较快增长速度,确保到2011年达到270亿元,实现"四年翻番",力争在2010年实现"三年翻番"。

2007年4月中国邮政集团公司出台了《关于推进速递重点城市市县一体化专业经营的指导意见》,拉开邮政速递专业化改革的序幕。到2008年6月底全国包括116个重点城市在内的194个城市邮政部门实施了速递专业化经营,初步构建了责任主体明确、网络架构清晰、资源配置灵活、市场反应灵敏的市、县一体化运营体系。全国有12个省(区、市)邮政部门还在市、县一体化的基础上,进一步实施了省、市、县一体化改革,提高了速递业务的竞争实力。

2008年底,中国邮政集团公司决定按照"业务整合,专业经营;代理结算,利益共享;合理兼职,双向考核"的改革思路,从邮政速递物流两大专业总部整合和邮政速递物流省、市、县一体化专业经营改革入手,推进邮政速递物流专业化经营。

到2009年,邮政速递物流改革取得突破性进展,基本完成了全国各省(区、市)的速递物流省、市、县一体化专业经营和速递物流专业总部整合,以及速递物流专业股份制改造准备和独立运营准备等工作。

(二)我国邮政发展现状和特点

我国邮政顺应历史潮流和我国社会经济发展的需要,近些年进行了多个层面的改革,取得了显著成绩。特别是1999年1月,中国邮电完成了"邮电分营"工作,在邮政改革中走出重要的一步,开始作为国民经济体系的一个部分独立运营。分营后,中国邮政克服普遍服务成本高、基础设施薄弱等困难,很好地履行了邮政普遍服务义务,而且,邮政业务的经营思路在不断的探索中日渐清晰,经济效益稳步提高,管理水平、服务质量明显改善。用科学的发展观审视分营后的中国邮政发展,我们可以看到,中国邮政发展具有以下突出特点。

1. 中国邮政在市场经济的环境下独立生存和发展能力得到了培养和锻炼

分营后,中国邮政在激烈的市场竞争和复杂的环境中进行了独立经营的初步尝试。分营前,"邮电合一"的管理体制,"以电补邮"的政策,使邮政经营始终处于附属和次要的地位,经营没有压力也没有动力。分营后,中国邮政被推到了市场的前沿。经过5年艰难的市场洗礼,在整个中国邮政内部,以客户为导向的现代市场营销观念正在逐步地建立起来,各级邮政企业已经能够在分析市场环境的基础上,主动开发新型业务,抓住本地区的市场机会,大力度地进行营销活动。邮政经营者的经营管理理念和经营管理方式不断得到更新,新的管理方式在邮政企业得到广泛应用。中国邮政初步具备了在市场经济环境下独立生存和发展的能力。

2. 中国邮政对自己在新时期的使命和定位有了新的认识

邮政是一个传统的行业，长期政府管理使邮政有了很浓的行政色彩，在邮政的职工中形成了很强的行政管理意识。分营后的经营实践，邮政企业理性地分析其在社会的定位，客观地分析其提供的服务性质。一味强调政府赋予的职能观点正在改变，对邮政企业经营的业务有了新的认识，普遍服务类业务与竞争性业务得以区分，这使得新时期的邮政使命和定位逐步清晰，为邮政企业的体制改革和制定发展战略提供了思想基础。

3. 中国邮政的业务发展从盲目的多元化战略正在转向基于自己核心竞争能力的业务发展战略

分营后，邮政业务创新的活力得以爆发，花样繁多的业务在邮政企业中进行了尝试，如鲜花礼仪业务、邮政商店、配送等。据不完全统计，一个地市邮政企业开展的业务就有40多种。但随着经营深入，邮政企业发现有些业务不是自己擅长的业务，开始研究和分析自己的核心竞争能力，研究由此能够支撑的核心业务，“四业并举”战略提法的不断修正，反映了中国邮政在不断地探索其核心业务体系。

4. 战略合作的思想逐步形成，并在一些领域得到了初步实践

独立经营的中国邮政，其经营思路逐步打开。开始从拓展国际国内业务、扩大市场份额、拓展生存空间的角度探讨与其他企业合作发展的战略，合作包括在邮政、速递、物流等领域与邮政公司和非邮政公司的合作。从2000年1月1日开始，中国邮政EMS与荷兰TNT邮政集团（TPG）合作开发了中国速递国际快件业务；作为卡哈拉邮政的成员国，中国邮政积极参与其合作前期准备和具体的运行管理；2001年2月中国邮政与中国联通签署战略合作框架协议。邮政利用网点代办联通各项业务，双方业务平台及支撑系统实行互联，互为大客户并优先使用对方业务。2004年与中国联通继续结成战略合作伙伴，并通过市场开拓、业务代理、技术开发、资源共享等实现邮政与联通的全面合作。中国邮政已在多个领域进行着战略合作尝试。

5. 及时捕捉发展改革的机遇，积极推动邮政体制改革和机制创新

中国邮政在发展进程中，不断研究和分析我国社会经济环境，分析我国经济发展的政策，及时捕捉邮政改革发展的机遇。充分利用“三农”政策，在农村积极开展“三农”有关的业务；利用我国西部开发政策，大力发展西部邮政；利用国家有关“主辅分离”政策，加快邮政企业主辅分离的进程；按照中央关于加快邮政政企分开的改革步伐的要求，积极推进邮政体制改革；积极参与邮政法的修改工作，为邮政体制改革创造良好的法律条件。

可以看出，21世纪初，正是中国邮政发展战略逐步形成期，也是中国邮政在市场经济环境下对业务经营的探索期，是传统邮政向现代邮政的转型期。

（三）中国邮政改革的方向

中国邮政要持续发展，就要有适应市场需求的产品和服务，就要有一个与外在环境和企业实际相适应的清晰的发展战略，有一个支撑和实施战略的组织体系。

1. 建立以人为本,全面、协调的可持续发展战略体系

要树立和落实科学发展观,进一步完善中国邮政发展战略,逐步建立中国邮政战略体系,加强战略管理的理念,提高战略管理水平。中国邮政首先要对外部环境进行全面分析,要搞清楚行业的环境、整个国家宏观方面的形势变化以及国际邮政行业的发展状态,要认清自己,准确分析和定位自己的核心竞争能力,要使中国邮政的发展战略与其实力、核心竞争能力相匹配。中国邮政要形成自己的战略体系,首先领导要重视,因为战略管理是企业高层最重要的管理活动,只有上层推动,才能把工作落到实处;其次要上下沟通,目标统一,各单位各部门制定战略,要以实现中国邮政总体发展战略为目标,以中国邮政的整体发展战略为指导。

2. 建立和完善与现代企业制度相适应的运营机制和组织体系

在一定意义上讲,战略就是变革。中国邮政发展战略的根本问题是缺乏实施战略管理的组织机构、体制和机制。邮政内部仍然是传统企业的运作机制,它不适用建立完善的战略管理系统。因此必须对现有体制进行改革,建立起现代企业制度,研究制定统筹兼顾的政策和规划,合理调整和完善相关管理措施,从投资计划、财务管理、营销策划、资费管理等方面采取有利于企业科学发展的政策措施。在新的体制下,中国邮政要协调好各方面的资源,确保战略的实施。企业的发展战略不是单方面的事情,它需要各方面资源的合理分配。企业的各部门决不可为了本部门的利益而不顾整个企业的持续发展能力构建。只有给予企业发展战略必要的物质和人力资源,使企业各部门协调配合好,企业发展战略的实施才能得到保证。

3. 创新企业经营考核制度,实现企业从粗放型发展向集约型发展的转型

改革邮政企业发展模式,是以人为本的需要,是增强企业竞争力、实现企业可持续发展的需要。按科学发展观的要求,不仅要使企业可持续发展,还要提高企业员工的收入水平。粗放的发展,是高消耗的发展,必然导致过度向企业资源索取,因此,必须切实推进中国邮政经营增长方式的根本转变。建立符合科学发展观的经济增长方式,就是建立速度与结构、质量、效益相统一的增长方式。要用可持续发展的要求衡量业绩,既要看收入是否增长,又要看收入效益水平是否合理,更要看到收入增幅背后潜在的风险和问题。要建立科学合理的业绩考核机制,这是实现企业从粗放型发展向集约型发展转型的关键。

4. 建立价值创新战略理念,实施价值创新战略,实现顾客价值创新

价值创新战略不是基于对竞争对手分析基础上的竞争战略,而是基于对顾客价值分析基础上的战略。传统邮政业务在现代技术和现代管理的冲击下,面临着经营的困难,邮政企业要生存、要发展,产品和服务创新是关键。要研究新时期顾客需求的变化和特征,要对顾客进行价值属性创新分析,根据价值属性分析的结论来进行服务属性定位。确定企业基于价值创新的业务定位,实现企业新的发展。要重组发展优势项目,做专、做强、做大核心业务,培育核心竞争力,提高企业整体素质和经济效益。

5. 坚持以人为本,实施"人才兴邮"发展战略

人力资源是第一资源,要实现企业可持续发展战略,人力资源战略是对企业可持

续发展战略的重要支撑。与其他同类行业相比，邮政企业人力资源整体水平不高。要坚持科学的发展观，就要实施“人才兴邮”战略，努力造就邮政企业一大批的高素质生产者和管理者，建设规模宏大、结构合理、素质较高的人才队伍，开创人才辈出、人尽其才的新局面。通过继续加强三支队伍建设，从根本上改变企业人力资源的状况，为企业发展创造良好条件。

6. 调整和优化邮政业务结构是邮政发展战略的核心

要区别不同业务性质，制定业务发展战略。对于普遍服务性业务，要努力提高服务质量，确保公民的普遍服务得到落实。对于机要通信、义务兵邮件等特殊服务，要按照业务特点严格执行质量安全标准，以服务好党和政府为己任。对于竞争业务，要完全按照市场运作机制，在明确中国邮政核心竞争能力的基础上制定和实施其发展战略。邮政业务结构不是一成不变的，要根据外部环境的变化，适时调整和优化邮政业务结构，以保证中国邮政向社会提供适宜的业务。

7. 加大战略合作领域，加快战略合作步伐，建立有效的国内国际战略联盟

国外一些邮政专家预测全球邮政领域在未来几年邮政行业内重组、整合是一大趋势，今后几年，将只有六七家大型邮政公司完全占有整个邮政市场。这些大型邮政公司都由各个邮政公司联合或合并组成，并且大多实施了全球经营战略。且不说这种预测是否准确，就企业间合作、结成联盟而言，确已存在于现实的邮政领域。中国邮政要生存、要发展，必须进一步扩大合作的空间，实施合作战略。要加快现已进行的合作项目步伐，同时，寻求更广泛的合作领域。根据合作内容与领域不同，采取不同的战略联盟形式，包括契约性协议、股权参与、合资经营等。通过建立有效的国内国际战略联盟，确保在日趋激烈的市场中实现可持续发展。

阅读材料

欧洲放松邮政管制与德国邮政的改革

政府放松对邮政行业的管制是邮政改革的一个重要因素。在放松政府对邮政行业管制方面，欧洲走在世界邮政改革前列。1980 年开始，由于通信技术和运输技术的持续进步，邮政的全国一体性和功能单一性特质越来越受到影响。20 世纪 80 年代中期，私营的递送公司在欧洲和美国出现，邮政被置于与其他配送形式进行竞争的位置。为应对传统的国家邮政市场发生的变化，并为 1992 年计划的欧共体统一市场作准备，欧洲委员会在 1988 年末开始综合考察投递服务行业。其结果是 1992 年 6 月发表了《邮政绿皮书》，指出：“成员国中邮政服务在质量和效率方面差别很大，而且由于过宽的公共行业垄断带来某些缺陷。不同国家邮政服务的差别和较差的条件造成一种‘边境效应’，阻碍了向欧洲共同市场目标的发展进步。”

欧洲邮政放松管制进程：1992 年 6 月发表的《邮政绿皮书》，建议对邮政垄断划出最低保护范围，使跨境邮政服务和商函业务自由化，建立独立的邮政管制机构；1997 年 12 月，欧盟采用了邮政服务 1997/67 号指令。要求实行有所限制的欧盟统一邮政服务；2000 年 3 月，欧洲议会里斯本特别会议正式通过了“里斯本战略”。欧

洲议会要求欧委会从2000年底开始消除邮政服务壁垒、加速邮政服务的自由化；2002年6月，欧洲议会采用了2002/39号指令，将邮政专营范围定义为低于100 g的或邮资低于基本资费3倍以下的信件业务；2006年此限制降低为50 g或2.5倍。并且，规定2009年1月1日实现国内邮政服务全面市场自由化。但现在看来很难实现。市场全面开放时间至少要到2011年。荷兰和德国邮政已在2008年放开邮政市场。

长期以来，邮政被非赢利性、公益性服务部门的性质所限，依靠政府支持，缺乏经营活力，对于市场需求的响应迟缓，许多国家邮政处于亏损经营。一方面是邮政的亏损，另一方面社会又要求作为基础设施的邮政承担普遍服务的义务。在这种情况下，改革是邮政的唯一出路，也是邮政取得生存发展的机遇。

1. 德国改革的实例分析

首先看德国邮政改革背景。20世纪80年代中期，欧盟在推进本地区经济货币一体化过程中，提出1992年建成欧洲内部大市场，为实现这一阶段性目标，欧盟要求各成员国按期拆除包括邮政和电信领域在内的各种市场壁垒，以实现区内商品、货物、资本和劳务要素的自由流动。为此，欧盟还确定了各成员国兑现和取消各种与行政垄断有关的指令。德国作为当时推动欧盟经济一体化浪潮的主要倡导国，正是在欧盟经济一体化的大背景下，开始对整个邮政电信体制作了改革准备。另外，20世纪80年代末期，东德政权发生剧变，东、西德统一。对原东部地区的邮政进行市场化改造、体制并轨的改革自然而然地成为当时邮政体制改革一揽子考虑的范畴。

其次分析德国邮政改革动力。打破行政垄断，逐步放开市场。长期以来，德国邮政一直为政府专营垄断，邮电部是政府系统中一个公务员数量和国有资产十分庞大的公营部门。在几十年的经营管理过程中，不但体制僵化、缺少活力、服务和效益不高，而且每年的行政和管理成本支出居高不下，成为联邦财政的主要负担之一。

因此，随着欧洲内部统一大市场计划的实施和各国竞相开放本国专营垄断市场的趋势下，德国政府内部也面临这一压力。加上两德统一、财政压力和这一领域存在的管理僵化状态，德政府和公众对此已形成基本共识，与其固守垄断专营，不如早日开放。

2. 德国邮政改革的四个阶段

第一阶段：进行重组和减亏阶段（1990年—1997年），主要改革内容是机构拆分，组建3家独立经营的公司。具体做法是把原先隶属于政府行政系列的邮电部拆分为德国邮政、德国邮政银行和德国电信3家公司。从经营范围看，德国邮政公司主要经营4个方面的业务：普通信函业务、邮政快件服务、物流服务和管理、融资服务。在开始政企分离时，完全国有的德国邮政每年亏损达到4亿欧元之巨，而且服务态度极差，在社会上作为没有效率的公用事业案例而招致多方批评。重组后，德国邮政通过积极组织和业务重组，实施了各种降低成本和进行改革的转型项目，安排和分流了10万名员工。1997年德国邮政第一次出现了两位数15亿欧元的赢利，为进入第二阶段打下了基础。

第二阶段：购并转型和全球扩展阶段（1998年—2000年），德国邮政许多重大的行动是在这三年完成的。在2000年的整体上市中，德国联邦政府出售了25%的股权资产，获得了丰厚的回报；1998年动用7亿美元收购了快递巨头敦豪公司(DHL)25%股权，并逐步通过增持控制了DHL股权，以此为平台打建全球物流业务；这个阶段前后，一共购并了不同地区和不同业务的公司达30多家(包括AirExpress、Danzas等著名品牌)。至此，德国邮政完成了全球布局和服务产品结构的调整，这个后起之秀开始直接挑战联合包裹服务公司(UPS)和联邦快递公司(FedEx)这两大巨头的全球地位。

第三阶段：实现合并和整合后的阶段(2001年—2005年)。购并使得德国邮政从30万名员工成长为拥有50万名员工和超过500亿美元营业额的全球最大物流公司。2005年，德国邮政股份集团公司的利润达到30亿欧元，标志着第三阶段整合任务的完成，业务增长重新回到了议事日程上。2005年底，德国邮政耗资5亿多欧元购并了英国物流巨头英运物流有限公司(Exel LLC)。2006年9月，获得了英国国家卫生服务管理署(NHS)下属医院未来10年中320亿欧元的采购和配送业务(包括5万多种品类)。这意味着德国邮政开始了转型战略。

第四阶段：从竞争激烈的物流业务向利润更高的全球采购和外包服务领域转型，率先占据重要的制高点，成为行业规则的制定者。

思　考　题

1. 邮政发展经历了几个阶段？
2. 邮政的特点是什么？
3. 分析古代邮驿与传统邮政的异同。
4. 现代邮政的特征是什么？
5. 如何认识当前的世界邮政改革？

实践项目

1. 观察与调查。3～5人一组，到附近邮政营业局所，进行实地观察与调查，时间不少于2 h。观察和调查内容包括营业厅的布置、经营的业务、营业员的服务态度、顾客对邮政的看法等。调查方式包括自己作为用户实际感受邮政服务、对客户的随机访谈等。每组写出一份调查报告。

2. 小组讨论。以自身经历谈对邮政的认识，5年前和现在的变化，并对邮政未来进行大胆的预测。

第二章　邮政业务管理基础

我们知道，信件的寄递是邮政业务，邮政还有哪些业务呢？作为向社会提供的服务，邮政业务是怎样分类的？邮政业务的资费是如何确定的？在办理邮政业务时都有哪些规定？这些问题，我们在本章进行讨论。

第一节　邮政业务的概念

一个生产企业向社会提供的是有形的产品，如汽车生产厂家向社会提供汽车产品，食品厂向社会提供食品。一个服务型企业向社会提供的是服务产品，如旅馆向旅客提供住宿服务，咨询公司向社会提供咨询服务，这是它们的产品。我们要问，邮政部门向社会提供的是什么？

一、邮政业务的定义

邮政业务是邮政部门为社会各行各业和人民群众提供各种产品和服务的总称。这些服务以寄递类业务为主体，同时利用邮政网络优势，提供多种服务。

邮政业务是邮政部门向社会提供的一类产品。这类产品的主体部分是无形的服务，如函件业务，就是一种为用户提供的寄递服务。也有部分的有形产品，如集邮品。

我国《邮政法》第十四条规定，邮政企业经营的业务主要有：邮件寄递；邮政汇兑、邮政储蓄；邮票发行以及集邮票品制作、销售；国内报刊、图书等出版物发行；国家规定的其他业务。

邮政业务随着社会需求的变化而发展，总的要求是能够适应社会不断增长的数量和种类的需求。邮政部门需要不断调整业务结构，特别是在我国发展社会主义市场经济的形势下，邮政要开发一些新业务，改进或取消一些不适应社会需要的业务，以满足市场经济带来的各种新的需要。

二、邮政业务的种类

邮政部门通过邮政企业经办邮政业务，满足整个社会对邮政的需要。邮政部门经办的业务很多，人们可以根据不同需要对其进行分类。

（一）按业务的性质分类

按业务性质邮政业务可分为函件业务、包件业务、特快专递业务、现代物流业务、储汇业务、报刊发行业务、集邮业务、机要通信业务、信息和代理业务。其中函件业务、包件业务、储汇业务中的汇兑业务、报刊发行业务四类业务开办时间较早，被称为邮政的四大传统业务。

1. 函件业务

是收寄和传递各类函件的业务。函件包括信函、明信片、邮简、邮送广告、印刷品和盲人读物。其中信件(信函和明信片)的寄递为邮政的专营业务。函件业务属通信性质,且数量很大,在邮政通信业务中占主要地位,是中国邮政最重要的核心业务。

2. 包件业务

是办理寄递包裹的业务。包括民用包裹业务和商品包裹业务。前者是寄递个人生活小件物品和机关、企业、团体等单位的零星物品;后者则是寄递工厂、企业、集体及个体户交寄的以赢利为目的大宗商品。

包件业务是物品的运送和寄递,按其性质而言,属于运输业务。

函件业务和包件业务合在一起,统称邮件业务。

3. 特快专递业务

是邮政部门为适应社会上紧急传递信息和物品的需要开办的一项业务,该业务在现代社会发展很快,竞争也比较激烈。特快专递业务有国际特快专递业务和国内特快专递业务之分,按其性质而言,属于商业性业务。

4. 现代物流业务

是近年来我国邮政根据物流行业的发展,结合自身的资源和优势,向社会提供的物流服务。邮政的现代物流业务包括一体化合同物流、货运代理、中邮快货和分销配送等业务。

5. 储汇业务

包括储蓄业务和汇兑业务。

(1)邮政储蓄业务包括活期储蓄、定期储蓄、定活两便、本地通兑及异地存取等。

(2)汇兑业务就是收受寄送和兑付汇款的业务。它是依赖信息传递而存在的一项银行业务。汇兑业务的作用在于沟通异地之间的经济往来,在完成款项的收付转移中方便用户,避免现金的携带和运送。

储汇业务属于金融业务,邮政企业也在发展其他金融业务,如金融中间业务。

6. 报刊发行业务

是经营发行报刊社定期出版的报纸和杂志的业务。邮局经办发行业务,主要采取订阅和零售两种方式。而不论采取何种方式,均为商业性质。由于报刊本身含有大量的信息,又使报刊发行业务带有传播信息的通信性质。

7. 集邮业务

是专门从事出售集邮邮票和集邮用品以及组织指导公众开展集邮活动的业务。它不属于通信业务范围,而具有商业性质。集邮业务是邮政增加自身积累的重要来源之一,也是丰富人民生活、陶冶情趣和建设精神文明的一个方面。

8. 机要通信业务

是专门传递党和国家的机要文件和机要刊物的业务。由于它具有机密性强和要求高的特点,此项业务由邮政部门设置专门机构和专职人员办理,并另订寄递办法,与一般邮件业务分开处理。机要通信业务是具有通信性质的一项特种业务。

9. 信息和代理业务

是邮政在新形势下适应社会信息化需要和市场需求,整合、归集自身优势资源,主动开发市场、服务社会的一种新型业务。现已形成了以代理代办业务为基础，信息增值业务为重点、电子商务业务为发展方向的业务。主要包括航空机票代理业务、代收代缴业务、短信业务、"自邮一族"项目、"邮乐中国"网站等业务。

（二）按市场竞争情况分类

按市场竞争情况邮政业务可分为专营类业务和竞争性业务。

1. 专营类业务

法律赋予邮政企业对某些特定业务享有排他性经营权力，如信件的寄递业务，但随着体制改革的不断进行，专营业务的范围也在不断缩小。

2. 竞争性业务

是指邮政企业按照市场机制的原则和其他企业参与竞争的业务，如速递业务、物流业务、金融业务等。

（三）按邮政行业承担的社会功能分类

邮政业务可分为邮政普遍服务、邮政特殊服务和商业性服务。

1. 邮政普遍服务

指邮政企业按照国家规定的业务范围、服务标准和资费标准，为中华人民共和国境内所有用户持续提供的邮政服务。主要包括信件、单件重量（此处并本书其他各处出现的"重量"，实为"质量"，但按行业习惯均称"重量"。——编者注）不超过 5 kg 的印刷品、单件重量不超过 10 kg 的包裹的寄递服务以及邮政汇兑服务。

2. 特殊服务

指邮政企业按照国家规定办理的机要通信、国家规定的报刊发行，以及义务兵平常信函、盲人读物和革命烈士遗物的免费寄递等服务的总称。

3. 商业性服务

指邮政企业按照国家规定开办的商业性竞争业务，主要包括特快专递业务、现代物流业务、储蓄业务、集邮业务、信息和代理业务等。

（四）按业务板块分类

我国邮政业务划分为三大板块，即邮务类业务、速递物流类业务和金融类业务。

1. 邮务类业务

主要包括函件业务、包件业务、信息和代理业务、报刊发行业务、集邮业务、机要通信业务等。

2. 速递物流类业务

主要包括特快专递业务和现代物流业务。

3. 金融类业务

主要包括储蓄业务、汇兑业务和保险业务等。

由上可见，邮政部门经办的业务名目繁多、复杂多样，既有属于通信性质的，也有不属于通信性质范围的，它涉及千家万户，关系到国计民生。

第二节 邮件的分类理论

邮件是指通过邮政企业寄递的信件、包裹、汇款通知、报刊和其他印刷品等的总称。邮件寄递业务是邮政的主体业务之一，对邮件进行研究可以了解和认识邮政的实质。本节讨论邮件的分类方法。

邮件不同的分类方法反映了不同的经营目标和经营思想。传统的分类方式，基本是以内件性质为基础，现代邮政更趋向于按时限分类。

按邮件性质和内容分类，有利于了解社会用户使用邮政的情况，反映用邮水平、业务结构和业务量，并且给邮政的统计核算和组织管理提供必要条件。但是，只按邮件性质和内容分类，不能反映用户的某些特殊需要。如不便于区分对时限的不同要求，也不利于发挥邮政网路的潜在能力，容易造成快慢不分、轻重不分，该快的快不了，不需要很快的反倒快了。可见，仅仅按性质和内容分类并确定处理和发运顺序、组织通信过程已不适应客观发展的需要。国外普遍按照用户要求的寄递时限进行分类和组织寄递过程，并实行不同时限不同资费标准，从而满足用户不同层次的需要。20 世纪 80 年代以来，我国邮政部门借鉴国外经验，并根据我国情况和管理需要，在原有按性质和内容分类基础上，吸收采用按寄递时限进行分类的方法以及其他方法，对邮件分类方法作进一步改革和完善，以满足经营管理的需要。

一、我国邮件分类方法

邮件由于内件性质不同，寄递时间要求不同，所寄递的地区范围不同，以及在处理、传递过程中的要求不同等原因，需要对其划分为不同的种类，以便对不同邮件的准寄内容、全程时限、重量尺寸限度、封装要求及处理传递方法等作出不同的规定。

（一）邮件按寄递地区分为国内邮件和国际邮件

国内邮件是中华人民共和国境内用户相互寄递的邮件。国内邮件按寄递区域分为本埠邮件和外埠邮件。本埠邮件的寄递区域，指地级以上城市以市属城区（不包括市辖县和飞地）区内及区际互寄为范围；县（含县级市）以县境（不含飞地）内互寄为范围。外埠邮件指寄递区域超出上述范围的邮件。另外，若县政府与地级市政府驻地同在一个城区的，在城区范围内互寄的为本埠邮件，超出城区范围的为外埠邮件。

国际邮件是中华人民共和国境内用户与其他国家或地区用户相互寄递，以及其他国家或地区间用户相互寄递但通过中国境内经转的邮件。

（二）邮件按内件性质分为函件和包件

函件又可分为国内函件和国际函件。国内函件包括信函、明信片、邮简、印刷品、盲人读物、邮送广告等。

国际函件包括信函、明信片、航空邮简、印刷品、盲人读物和小包。

包件可分为国内包件和国际包件。国内包件包括包裹和快递包裹。国际包件包括普通包裹、脆弱包裹和保价包裹。

(三)邮件按运输方式分为水陆路邮件和航空邮件

在国际邮件中,还有空运水陆路邮件。空运水陆路邮件是指利用国际航班剩余运力运输,在原寄国和寄达国国内按水陆路邮件处理的邮件。

(四)邮件按处理手续分为平常邮件和给据邮件

平常邮件是指收寄时不给收据,处理时不登记,投递时不需收件人签收,不接受查询,非邮政企业故意或重大过失造成损失也不承担赔偿责任的邮件。

给据邮件是指收寄时给收据,处理时进行登记,投递时需收件人签收,并接受寄件人查询及承担赔偿责任的邮件。

(五)邮件按邮局所负的赔偿责任分为保价邮件和非保价邮件

保价邮件是寄件人按规定交付保价费,邮政企业对该邮件的丢失、损毁、内件短少承担相应赔偿责任的邮件。

非保价邮件指交寄时不报明邮件保价金额,也不交纳保价费,在邮件运递过程中发生丢失、短少、损毁时,邮政企业只负担规定限度的补偿责任。

(六)邮件按传递时限分为普通邮件和特快专递邮件

普通邮件是按照一般时限规定传递处理的邮件,包括普通函件、普通包裹。

特快专递邮件是以最快速度传递并通过专门组织收寄、处理、运输和投递的邮件,包括特快专递函件、特快专递包裹。

在国际邮件中还有全球优先函件。全球优先函件是指在各个环节加快处理,在规定时限内到达的一种平常限时国际邮件,全程运递时限不超过 7 天。需窗口收寄,寄递时使用带有业务标志的专用信封。

二、邮件分类方法的改革

邮件的分类随着社会经济的发展,也在发生着变化。如为保证信函次日投递率有一个较高的水平,可把邮件分为快递邮件和普通邮件,其中快递邮件中包括信函。

中国邮政集团公司为适应社会主义市场经济发展不断探索和制定新的邮件分类方法。新的邮件分类方法将按照方便用户用邮、便于发展业务、有利于内部生产(简化手续)、适应新技术的原则进行。

第三节　邮件的规格标准与禁限寄规定

邮件的规格标准,包括准寄范围、封面书写、重量尺寸、封装要求等。规定规格标准的目的是为了适应传递过程中处理邮件的场地、设备等的实际需要,保证邮件能迅速、准确、安全地传递。

一、准寄范围

(一)准寄范围的概念与制定原则

各类邮件的准寄范围是指按照规定准许在邮件中装寄的内容。

规定邮件的准寄范围,可以合理区分不同种类邮件的性质、据以制定不同种类邮件的重量、尺寸限度、资费标准、处理规则,以及确定不同种类邮件在处理、传递过程中的发运顺序等。规定邮件准寄范围的依据和原则是:①要与我国的政治、经济文化和社会发展水平相适应;②最大限度地满足我国经济建设和人民群众通信的需要;③要以邮政业务的经营政策和邮政资费政策为主要依据。

(二)函件准寄范围

1. 信函

准寄书面通信;各种公文、合同;各类单据、报表(空白报表除外)、票据、有价证券(如未使用的邮票,带邮资的封、片、卡)等;各种事务性通知;各类稿件;各类证件;其他适于邮寄的物品和文字载体,只要符合信函规定的重量、尺寸限度和封装规格,寄件人愿意按信函资费标准交付邮费的,也可以作信函交寄。

2. 明信片

明信片由邮局发行,供通信使用。县以上邮政企业经省邮政公司批准,可以印制发行带有"中国邮政"字样的明信片;其他单位可以印制符合中国邮政集团公司规定的规格标准的明信片,但不得带有"中国邮政"字样。只有中国邮政集团公司印制的明信片可以印邮票图案,表示邮费。明信片上不可以附寄任何物品,装入信封的明信片应作信函交寄。

3. 邮简

邮简是信封和信纸连在一起,折叠后将各边封合,形成信封状,按信函交寄的一种函件业务。邮简由邮局发行,其他机关、企业、团体如因工作需要,在征得所在省邮政公司批准后可以依式仿制自用,但纸张大小、薄厚及其他规格必须符合通信行业标准。

4. 印刷品

除规定按信函寄递以外的各种书籍、报纸、期刊、教材、目录及各种印刷的图文资料,均可作为印刷品交寄。

5. 盲人读物

盲人所用凸出点痕的书籍、刊物、信函和文件都可作盲人读物寄递,但不包括盲人使用的特种纸张。

6. 邮送广告

由邮政部门按广告客户要求投递至指定区域、指定用户群、无具体名址、经广告主管部门认定符合规定的印刷广告及广告宣传品。

7. 义务兵免费信件

以现役义务兵从部队发寄私人通信内容的(主要指寄给其家里的家信和寄给其亲友的私人信件,不包括寄给各单位的非私人通信内容的信件,如稿件、订购单、评选票、知识竞赛答卷、函授作业、课本及试卷等)每件重量不超过 20 g 的国内平常信函或明信片为限。

二、邮件的封面书写

为保证邮件准确、迅速地传递到收件人手中,必须对封面书写提出统一要求。

(1)使用的笔和颜色要求。要求使用毛笔、钢笔或圆珠笔,不得用铅笔;要用黑色或蓝色,不得用红色,以保证清晰好认。

(2)格式。一律横向书写,必须将寄达详细地址从左向右写在上方偏左,中间一行写收信人姓名,下面偏右写寄件人地址姓名。

(3)印刷品、盲人读物封面左上角应加注“印刷品”和“盲人读物”字样。

(4)要求填写邮政编码。

三、邮件的重量、尺寸限度与封装办法

(一)邮件的重量、尺寸限度

邮件的重量、尺寸限度,是邮政部门对各类邮件的单件重量和体积所规定的最大或最小限度,超过或不合规定限度的,邮政局、所不予收寄。规定邮件重量、尺寸限度的原因是:①生产过程中保证工作人员身体健康的要求;②满足邮政生产场地的面积、技术设备的条件、运输工具和容器负荷的要求;③区别邮件的类别;④保证邮件安全的需要;⑤邮政业务经营政策的需要。

重量尺寸限度根据邮政经营和社会发展等需要可作一些调整变化。

(二)封装办法

规定封装办法的目的是为保证邮件完整无损,防止寄递过程中发生散失、损毁,同时易于处理等。邮件的封装主要包括信函的封装、印刷品的封装、盲人读物的封装以及包裹的封装等。

四、邮件禁限寄规定

为贯彻执行国家有关政策法令以维护社会安定和文明,同时也为了邮件的安全,以保护寄件人的利益,对于一些物品必须禁寄或限寄。

(一)禁寄与限寄的概念

禁寄物品是指不能作为邮件寄递的物品。如易燃、易爆物品等。

限寄物品是指允许在限定数量或限制条件范围内寄递的物品。如限寄香烟的数量。

(二)禁寄物品

2007 年国家邮政局印发的《禁寄物品指导目录及处理办法》中规定的禁止寄递的物品如下所列。

(1)各类武器、弹药。如枪支、子弹、炮弹、手榴弹、地雷、炸弹等。

(2)各类易爆炸性物品。如雷管、炸药、火药、鞭炮等。

(3)各类易燃烧性物品,包括液体、气体和固体。如汽油、煤油、桐油、酒精、生漆、柴油、气雾剂、气体打火机、瓦斯气瓶、磷、硫磺、火柴等。

(4)各类易腐蚀性物品。如火硫酸、盐酸、硝酸、有机溶剂、农药、双氧水、危险化学品等。

(5)各类放射性元素及容器。如铀、钴、镭、钚等。

(6)各类烈性毒药。如铊、氰化物、砒霜等。

(7)各类麻醉药物。如鸦片(包括罂粟壳、花、苞、叶)、吗啡、可卡因、海洛因、大麻、冰毒、麻黄素及其他制品等。

(8)各类生化制品和传染性物品。如炭疽、危险性病菌、医药用废弃物等。

(9)各种危害国家安全和社会政治稳定以及淫秽的出版物、宣传品、印刷品等。

(10)各种妨害公共卫生的物品。如尸骨、动物器官、肢体、未经硝制的兽皮、未经药制的兽骨等。

(11)国家法律、法规、行政规章明令禁止流通、寄递或进出境的物品,如国家秘密文件和资料、国家货币及伪造的货币和有价证券、仿真武器、管制刀具、珍贵文物、濒危野生动物及其制品等。

(12)包装不妥,可能危害人身安全、污染或者损毁其他寄递件、设备的物品等。

(13)各寄达国(地区)禁止寄递进口的物品等。

(14)其他禁止寄递的物品。

危险化学品一律不准收寄。对液体类化工产品原则上不予收寄,其他类化工产品可由省(区、市)公司指定的局、所收寄,非指定的局、所不得收寄。其他类化学品必须请寄件人提供国家认定的具有化学品检测资质的部门出具的确非危险品的鉴定证明方准予邮寄。遇有对物品性质不能识别的,应请寄件人提供市(地)级以上化工检验部门出具的确非危险物品或妨害公共卫生物品的鉴定证明及按该产品属性由相关的公安、防疫、消防部门出具的在正常作业条件下,确保安全生产的鉴定证明后,方准予收寄。化工类产品严禁上门揽收,对异地交寄的不得收寄;对大宗交寄的化工产品一律不执行自封免验内件收寄。

寄件人匿报、错报邮件内件名称,违章夹寄禁寄物品,造成危害人身安全,污染、损毁其他邮件、设备的,由寄件人担负各项损失的赔偿责任,情节严重的,还应报请司法机关依法追究刑事责任。

(三)特准交寄的物品

下列物品,符合规定条件,可通过邮件交寄。

(1)罂粟。罂粟壳、花、苞、叶都含有毒素,如经省市卫生部门的核准取得"转运证"的,可以收寄。

(2)麻醉药品。供应机构向使用单位邮寄麻醉药品时必须一律在相关包裹详情单上加盖"麻醉药品专用章"并交验盖有"麻醉药品专用章"的发票,到指定邮局交寄。邮局验视发票并在发票背面加盖日戳后当即将发票退还交寄单位。

(3)外币和"人民币精装册"。中国人民银行寄给国内各地中国银行或中国银行之间在国内互寄,可作"保价信函"或"保价包裹"寄递,其他单位或个人不予收寄。收寄局收寄时,邮寄单位要出具自封证明函,按自封规定处理。投递局对该类邮件只投通知单到局领取,凭邮件完好、封志完好投交。凡银行单位或个人要求将人民币精装册邮寄出境,经验关后,邮局可按国际保价信函或国际保价包裹的规定收寄处理。各地人民银行(包括中国银行)之间在国内互寄的少量外钞和外国铸币(硬币)可分别作

“保价信函”或“保价包裹”收寄处理。

(4)三棱刮刀。机械加工用的三棱刮刀,确因需要必须邮寄时,邮局可凭寄件单位出具的邮寄证明收寄。收寄时在包单上注明“凭寄件单位证明收寄”字样。证明书应附在收据存根上存查。

(5)猎枪、汽枪。需要邮寄猎枪、汽枪的应凭收件人单位所在地的县、市以上公安机关发给的《运输证》收寄。

(6)蜜蜂、蚕种、水蛭可以通融收寄。

(四)限寄物品

(1)邮寄卷烟、雪茄烟每件以2条(400支)为限(二者合寄时亦限2条)。

(2)邮寄烟丝、烟叶每次均各以5 kg为限,两种合寄时不得超过10 kg;每人每次限寄一件,不准一次多件或多次交寄。

(五)寄递服务企业对禁寄物品的处理办法

2007年国家邮政局印发的《禁寄物品指导目录及处理办法》中规定寄递服务企业发现禁寄物品时应作如下处理。

(1)企业发现各类武器、弹药等物品,应立即通知公安部门处理,疏散人员,维护现场。同时通报国家安全机关。

(2)企业发现各类放射性物品、生化制品、麻醉药物、传染性物品和烈性毒药,应立即通知防化及公安部门按应急预案处理。同时通报国家安全机关。

(3)企业发现各类易燃易爆等危险物品,收寄环节发现的,不予收寄;经转环节发现的,应停止转发;投递环节发现的,不予投递。对危险品要隔离存放。对其中易发生危害的危险品,应通知公安部门,同时通报国家安全机关,采取措施进行销毁。需要消除污染的,应报请卫生防疫部门处理。其他危险品,可通知寄件人限期领回。对内件中的其他非危险品,应当整理重封,随附证明发寄或通知收件人到投递环节领取。

(4)企业发现各种危害国家安全和社会政治稳定以及淫秽的出版物、宣传品、印刷品,应及时通知公安、国家安全和新闻出版部门处理。

(5)企业发现妨害公共卫生的物品和容易腐烂的物品,应视情况通知寄件人限期领回,无法通知寄件人领回的可就地销毁。

(6)企业对包装不妥,可能危害人身安全,污染或损毁其他寄递物品和设备的物品,收寄环节发现后,应通知寄件人限期领回。经转或投递中发现的,应根据具体情况妥善处理。

(7)企业发现禁止进出境的物品,应移交海关处理。

(8)其他情形,可通知相关政府监管部门处理。

我们指出,禁寄和限寄物品不是一成不变的,随着社会、经济文化的发展,以及运递条件的改进,有关规定也要进行相应的修改,以适应新的形势。

第四节　邮政资费与邮资凭证

一、邮政资费

(一)邮政资费的概念

邮政资费是邮政向社会提供的服务——邮政产品的价格。与其他物质产品一样,邮政产品价格应该体现邮政产品的价值,每项邮政业务的资费标准,就是用户用以购买该项邮政服务的商品交换价格。其资费收入就是邮政企业联合作业为用户提供传递信息或物品的完整服务所获得的劳动补偿,同时反映市场的供求关系。

(二)邮政资费的类别

邮政资费的类别,按性质和作用分为以下两大类。

1. 政府定价

主要指邮政普遍服务业务资费、邮政企业专营业务资费、机要通信资费以及国家规定报刊的发行资费实行政府定价,资费标准由国务院价格主管部门会同国务院财政部门、国家邮政管理部门制定。

2. 市场定价

除政府定价之外,邮政企业的其他业务资费实行市场调节价,由邮政企业自主确定资费标准。

(三)邮政资费政策

传统邮政在世界多数国家采取国家经营并实行统一管理和低资费政策,以保证公民的通信自由权利。新中国成立以前,我国邮政经历了清朝时期由海关试办的"自定"资费到"大清邮政"正式开办后的"法定"资费的变化过程。新中国邮政的邮资长期以来没有变化,其基础是在1949年12月27日政务院财经委员会规定"平信20 g以小米12两(旧制每斤16两)为标准,于物价涨落20%至25%时一次调整之。"当时平信20 g以内的基本资费按旧币核定为300元,1950年1月10日调整为500元,2月1日又调为800元。1953年币制改革,800元改为8分。当年7月份,平信又分为"本埠"与"外埠",本埠资费为外埠资费的一半,即平信每20 g或其零数外埠8分,本埠4分。这一标准近40年未变,一直到1990年7月31日,邮政基本资费与其他资费才进行了一次较大幅度的调整,其后,于1996年、1999年、2004年、2006年又分别进行了调整。

制定各类邮件资费考虑的因素:国家价格水平;国家财政收入;用户合理负担;企业成本核算和积累资金需要;方便用户;便利资费管理;简化计费手续。

各类邮件的资费政策如下。

(1)函件采用均一资费制。均一邮资是对用户交寄一定重量范围内的邮件,不分邮程远近,实行同一标准计收费用。信函采用较高资费政策;印刷品采用低资费政策;盲人读物采用免费政策。

(2)包裹采用分区计费、一区一费制。用户交寄邮件,实行按运递里程递增收取费用标准。具体办法是将全国按行政区和经济联系划分为200多个计费区,分别制订不同的包裹资费标准。每一计费区规定一个中心代表局,并规定区内各局资费与中心局资费相同。

(3)国内特快邮件目前采用首重均一资费、续重分区计费的制度,资费标准由中国邮政集团公司制定并公布实行。

(四)邮政资费的核定

邮政资费的核定,首先要考虑邮政经营体制,不同的经营性质应采取不同的资费政策。我国邮政在社会主义市场经济理论的指导下,实行企业化经营,就应按照价值规律和商品经济理论考虑邮资政策。其次要结合邮政行业的性质特征以及国家经济发展方针和价格政策,因此,在具体确定邮政资费标准时的依据主要有两点:一是国家政治、经济发展状况及邮政市场供求关系;二是邮政服务的价值消耗和利税水平。

按《邮政法》规定,制定邮政普遍服务业务资费标准和邮政企业专营业务资费标准,应当听取邮政企业、用户和其他有关方面的意见。邮政企业应当根据国务院价格主管部门、国务院财政部门和国务院邮政管理部门的要求,提供准确、完备的业务成本数据和其他有关资料。

邮政企业的其他业务资费实行市场调节价,资费标准由邮政企业自主确定。

国际邮件资费则按照国际惯例结合各国情况核定,一般在国际公认资费基础上作适当调整,但增加不得超过100%,减少不得低于70%。我国原则上按减少20%核定国际邮件资费,并随着国际邮资的变动即时进行调整。

二、邮资凭证

(一)邮资凭证概念

邮资凭证作为邮件纳费标志,包括邮票,印在邮资信封、邮资明信片、邮资邮简上的邮票图案、邮资机打印的邮资符志。国内特快专递邮件资费采用交付现金和总付邮费两种方式。在邮件上加盖或在特快专递邮件详情单上打印带有“EMS”字样的特快专递邮件收寄日戳,以示已交纳邮费。

使用邮资凭证是邮政通信全程全网联合作业特征的需要。在邮票未诞生以前,邮政部门为用户寄信往往采取向收件人收取邮资的办法,常遇到许多困难,传递交接都十分不便。自从1840年英国根据罗兰·希尔建议印制发行邮票以来,收寄时在邮件上粘贴邮票给邮件寄递带来了许多方便。

(二)邮资凭证的印制和使用

在我国,邮资凭证由中国邮政集团公司授权邮票厂统一印制,邮票总公司统一发行,各地邮局统一出售,其他任何单位和个人均不得仿制,更不得伪造。用户正确使用邮资凭证、交纳邮政资费,是邮政业务收入的主要来源,必须严格按标准使用,尽力杜绝一切错收、漏收资费现象。邮票是主要的邮资凭证,其使用要严格管理,应该按照统一规定的发行日期出售或者停售。下列邮票不得作纳付邮资使用,否则应作欠资处理:①经国务院邮政管理部门批准停止使用的邮票;②污染、残缺或者褪色、变色,难以辨认的邮票;③已经盖销或划销的邮票;④故意在邮票表面涂抹胶水、浆糊、粘贴透明胶带或剪贴拼补、伪造的邮票;⑤从邮资信封、邮资明信片、邮资邮简、邮资信卡上剪下的邮资图案;⑥外国邮票及港、澳、台邮票;⑦畸形邮票(如倒印、折痕、漏齿、复齿等)。

封面上贴用涂抹胶水、浆糊、粘贴透明胶带或剪贴拼补、伪造的邮票,邮局不予发寄,通知寄件人限期撤回,并处以应付邮资10倍的罚款,所罚款项上缴国库。无法通知寄件人或逾期不办理撤回手续的,保管期满作为无着邮件处理。

三、邮资纳付方式

现阶段表示邮资纳付的方式主要有两种:一是在邮件上粘贴(或印制)邮资凭证;二是收取现金,给付收据。

机关、企事业单位和群众团体交寄大宗邮件,可使用"邮资总付"办法,但仅适用于国内互寄邮件。包括寄件人总付邮资和收件人总付邮资两种,适用于特定情况。

寄件人总付邮资是机关大户交寄大宗邮件时,汇总向邮局交付邮资,不必逐件粘贴邮票以简化收寄处理手续。总付邮资又有"整付整寄"与"整付零寄"之分,前者为每次交寄时,汇总付清当批邮件全部邮资;后者是用户可预先以支票或现金预交一定数额的邮资,交寄邮件时,逐次扣减,月底结算。总付邮资的计算仍应按资费标准逐件计费和汇总;如果交寄数量过大,不便逐件称重计费时,可采用总算重量计算后再按件数加收半个计费单位资费的收费办法。若属挂号仍按件加收挂号费。

个人交寄的平挂信件一般由寄件人在邮件上粘贴邮票;保价函件及各类包裹交寄,由寄件人直接付现金。

四、邮件特准免费寄递的规定

免费邮件种类和寄递条件由国家邮政主管部门规定。特准免费寄递邮件包括:邮政公事、烈士遗物、盲人读物按平常函件交寄、义务兵免费信件。

五、欠资邮件处理

对于没有按规定付足邮资的邮件称为欠资邮件。欠资邮件的处理有两种方法:一是退交寄件人补足邮费;二是按"欠资邮件"向收件人收取两倍的欠资。无法通知寄件人或者逾期不办理补交资费手续的,保管期满一个月后作无着邮件处理。

第五节　邮政业务单式

一、基本概念

(1)邮政业务单式:指在寄递邮件的全过程中使用的各种收据、详情单、清单、路单、标签、袋牌、专用信封等。

(2)清单:登列邮件号码、封发局名、接收局名、邮件类别及其他规定项目并随邮件封入邮件袋、套内的一种业务单式。

(3)路单:登注邮件总包的邮件号码、原寄局(封发局)名、接收局名、邮件数量和类别、专袋名称等内容的一种业务单式。

(4)详情单:用于详细记录邮件原始收寄信息的单据。

(5)查单:邮局受理寄件人申请查询后或邮政内部封发、邮运等环节发生差错,为查询邮件下落而填写的业务单式。

(6)验单:邮政局所及邮件押运、转运、封发等工种之间在邮件交接、开拆分拣、封发处理过程中发现差错、违章或不符合规定等情况、问题时相互验知,以判明责任,改进工作而缮发的一种业务单式。

(7)复验单:受验单位向缮发验单单位答复进口验单内容的一种业务单式。

(8)袋牌:固定在邮件容器上表示邮件种类的标志牌的总称。

二、邮政业务单式的作用

(1)为保证各类邮件安全、准确传递办理交接手续。如路单、清单等。

(2)向用户出具证明和通知。如各种收据、详情单、通知单等。

(3)是统计邮政业务量和检查邮政业务质量的依据。通过业务单式汇总业务量,检查邮件丢失、损坏等情况。

(4)区别各种不同的邮件,以便在处理过程中区别对待。如各种袋牌、标签等。

三、邮政业务单式的分类

可以从不同方面对邮政业务单式进行分类,如单式的性质、单式被使用的寄递过程的不同阶段等。以下我们从寄递过程的不同阶段来分类。

国内邮政业务单式可分为以下几种。

(一)收寄单式

各种收据(如国内挂号函件收据,国内挂号印刷品收据,预付邮费收据等)、各种详情单(如国内普通包裹详情单、国内快递包裹详情单、国内特快专递详情单等)、各种清单(如交寄大宗挂号函件清单,保价邮件内件清单,收寄挂号函件登记清单等)、总付邮费结算单等。

(二)封发单式

各种封发清单和封发总清单(封发邮件清单、封发包裹清单、封发保价邮件清单、封发邮件总清单等),各种邮件套签(挂号信件套签、平挂合封套签等),各种袋牌(无单平信袋牌、无单平刷袋牌、挂号信函袋牌、红杯袋牌、红杯水袋牌等)。

(三)运输(包括转运)单式

各种路单(收发邮件路单,收发航空、汽车、轮船邮件路单,寄发航空、汽车、轮船邮件总路单等),各种计划表(邮运时间表,出口快递邮件发运计划表,邮件发运计划表,干线邮件发运量计划表,邮车运量计划表等),违章超装、拒收邮件通知单,违章超装、拒收邮件情况汇总表,快递邮件分路单专套等。

(四)投递单式

各种投递清单(投递邮件清单,投递大宗邮件清单,寄递无着邮件清单,再投给据邮件清单等),各种通知单(领取邮件通知单,邮件催领单,领取欠资邮件通知单,通知便条),各种批条(改退批条,住宅楼房邮件转退批条等),收据(欠资费收据,接收交回给据邮件收据),登记簿(接收处理无着平常邮件登记簿,邮政专用信箱登记簿)等。

(五)检查使用的单式

开箱试片、包裹重量抽查登记簿。

(六)其他部分单式

邮件查单、验单、复验单、撤回或更改通知书、邮袋清单、归垫邮件赔偿款通知等。

四、业务单式的印制

各种业务单式由各省(自治区、直辖市)邮政公司负责按照全国统一式样、颜色和纸质要求印制,其中一些还须按照规定尺寸印制,如国内挂号函件收据、包裹条码袋牌、红杯或红杯水袋牌等,另外一些可根据各省(自治区、直辖市)公司情况适当变动。

邮政业务单式不是一成不变的,随着业务种类的变化,计算机在邮政上的应用,业务单式也会作相应的调整。

第六节　邮政法律法规与规章制度

邮政法律、法规和规章制度是国家邮政部门据以组织管理和经营邮政事业、用户据以使用邮政业务以及有关方面据以调整邮政企业与社会关系的规范性文件。为了办好各项邮政业务,邮政部门必须遵照《邮政法》和《邮政法实施细则》的规定和要求,制订各种业务规章制度,依法办邮。

一、邮政法律法规与规章制度的重要性

邮政法律、法规与规章制度在邮政为用户服务的过程中,在邮政业务经营过程中,以及在邮政组织管理中,都有着十分重要的作用。

(1)邮政法律、法规是邮政开办业务的准则和依据,是规范邮政企业与社会关系的基础。

(2)邮政业务规章制度,体现了《邮政法》和《邮政法实施细则》的精神和邮政业务的方针政策。

(3)规章制度是实行系统化管理的手段。

(4)由于邮政生产过程和消费过程不可分割的特点,对邮政企业和广大用户所提出的相互配合、共同搞好寄递信息的要求,也是要在遵循和执行邮政业务规章制度的基础上才能达成。

由此可见,邮政业务规章制度是邮政业务管理所必不可少的准则和依据。

二、邮政法律法规和业务规章的形成

我国的邮政法规起源于商周,公元前221年—公元前207年秦始皇统一中国后,逐步形成了较健全的邮驿法规,即颁布邮驿律令。1975年湖北省云梦县睡虎地墓葬中发现的秦代竹简中,就有《行书律》的残简,这是我国发现最早的一部“邮政法规”。这部邮驿法规明确规定了传递文书的种类、时间要求、登记手续、人员条件、生活待遇、机构管理以及奖惩办法等。汉朝把邮驿法令规定在《厩律》之中。魏晋南北朝时期的《邮驿令》是我国历史上第一部独立的邮驿法规。此后的历代王朝都效法先朝,制定有各个朝代的邮驿法令。辛亥革命成功后,于1921年10月12日公布实施《中华民国邮政条例》,1935年7月5日国民政府公布了《中华民国邮政法》。

中华人民共和国成立后,1949年11月1日邮电部成立。当年12月召开了第一次全国邮政会议。会议确定“规章手续制度,均由全国总局筹划和规定。”1950年1月1

日邮政总局成立,着手进行我国邮政业务规章的建立工作。1952 年即以《邮政业务丛书》形式,由邮政总局颁布实施的邮政业务规章。从 1952 年至 1986 年间,我国邮政先后制定了一系列有关邮政业务方面的规章、规定、规则及暂行办法等法规性和规范性文件。1986 年 12 月 2 日,第六届全国人民代表大会常务委员会第十八次会议,审议通过了《中华人民共和国邮政法》并于 1987 年 1 月 1 日起施行。1990 年 11 月 12 日,国务院以第 65 号令发布了《中华人民共和国邮政法实施细则》,自发布之日起施行。根据《中华人民共和国邮政法》和《中华人民共和国邮政法实施细则》,原邮电部组织整理和修订以往历年颁布的各种业务规章。各省、市、自治区的人民代表大会及其常务委员会或各省、市、自治区的人民政府,先后制定了有关保护邮政通信发展的地方性法规、地方政府规章及其他规范性文件。从此,中国邮政法规的建设日臻完善。

1987 年《中华人民共和国邮政法》颁布实施以来,对保护通信自由和通信秘密,保障邮政工作的正常进行,促进邮政事业发展发挥了积极作用。但随着我国社会主义市场经济的发展,特别是我国加入世界贸易组织以来,邮政市场竞争日益加剧,邮政业发展和政府监管面临新的形势,传统的政企合一的邮政管理体制已不能适应市场经济需要。2005 年 8 月,国务院通过《邮政体制改革方案》,启动了邮政体制改革,通过实行政企分开,加强政府监管,完善市场机制,从机制和制度上保障邮政普遍服务和特殊服务,确保通信安全。而根据政企合一体制制定的《中华人民共和国邮政法》,已经明显不适应改革和发展的需要,《邮政体制改革方案》明确提出要抓紧修改《中华人民共和国邮政法》,以保障邮政体制改革的顺利实施。历经多次修改和完善,2009 年 4 月 24 日新的《中华人民共和国邮政法》由中华人民共和国第十一届全国人民代表大会常务委员会第八次会议修订通过,自 2009 年 10 月 1 日起正式施行。

2009 年新的《邮政法》与 1986 年《邮政法》相比,由于立法环境发生了很大的变化,因此在内容上也有较大的改变。

(1)明确规定了政企分开后邮政管理部门的监督管理职责。根据《邮政体制改革方案》,国家邮政局和各省、自治区、直辖市邮政局已经按照政企分开的原则重新组建。为保障重新组建后的邮政管理部门依法履行职责,切实加强政府监管,新《邮政法》明确规定:国家邮政管理部门负责全国邮政市场的监督管理工作;省、自治区、直辖市邮政管理机构在国家邮政管理部门的领导下,负责本行政区域邮政市场的监督管理工作。邮政管理部门实施监督管理,遵循公开、公平、公正以及鼓励竞争、促进发展的原则(第四条)。同时,新《邮政法》增加了"监督检查"一章(第七章),对邮政管理部门依法进行监督检查时可以采取的措施、应当遵守的要求以及有关单位和个人配合监督检查的义务等作了明确规定。

(2)较为全面地增加规定了保障邮政普遍服务的制度和措施。新《邮政法》明确规定,国家保障中华人民共和国境内的邮政普遍服务,并从 4 个方面规定了保障邮政普遍服务的制度和措施:①规定邮政企业承担提供邮政普遍服务的义务,明确了邮政普遍服务的承担主体,规定各级政府都有义务支持邮政企业提供普遍服务(第二条第一款);②规定邮政普遍服务的业务范围,包括信件、单件重量不超过 5 kg 的印刷品、单件重量不超过 10 kg 的包裹的寄递以及邮政汇兑，并明确规定未经邮政管理部门批准，邮政企业不得停止办理或者限制办理邮政普遍服务业务（第十五条第一款、第三款）；③在原则规定邮政企业应当加强服务质量管理，为用户提供迅速、准确、方便、安全服务的同时，从邮政企业的营业时间、投递邮件的频次以及寄递邮件的时限和服务规范等角度，对邮政普遍服务的质量保障作出了规定，并授权国家邮政管理部门制定邮政普遍服务监督管理的具体办法（第五条、第十五条第三款、第十九条、第二十条）；④规定了支持邮政普遍服务、增强邮政普遍服务能力的具体措施。包括：邮政设施方面（第八条第一款、第二款，第九条第一款，第十二条）、财力支持方面（第十六条、第十七条）、提供工作便利方面（第二十八条第二款），同时为充分调动和发挥地方的积极性，规定地方各级人民政府及有关部门应当采取措施，支持邮政企业提供邮政普遍服务；省、自治区、直辖市应当根据本地区的实际情况，制定支持邮政企业提供邮政普遍服务的具体办法（第二条、第八十六条）。

（3）确立了快递业务经营许可制度，严格快递业务市场准入。新《邮政法》根据《邮政体制改革方案》关于“对快递等邮政业务实行市场准入制度”的规定，并借鉴其他国家的做法，增加了“快递业务”一章（第六章），明确规定：未经许可，任何单位和个人不得经营快递业务，外商不得投资经营信件的国内快递业务（第五十一条）。同时，从法人资格、服务能力、内部规章制度、业务操作规范、安全保障能力以及管理人员的守法记录等方面，明确规定了申请快递业务经营许可证应当具备的条件，并规定了申请和审批的程序以及经营快递业务的行为规范。

（4）补充、完善了安全监管的制度和措施。针对当前经营信件以及包裹、印刷品等物品快递业务的主体多元化，安全监管难度加大，现有安全监管机制覆盖不到位甚至出现空白的实际情况，新《邮政法》从 6 个方面补充、完善了加强安全监管、确保邮政通信与信息安全的制度、措施：①明确规定邮政管理部门、公安机关、国家安全机关和海关应当互相配合，建立、健全安全保障机制，加强对邮政通信与信息安全的监督管理，确保邮政通信与信息安全（第七条）；②规定邮政企业的邮件处理场所和快递企业的快件处理场所的设计和建设应当符合国家安全机关和海关依法履行职责的要求（第十一条、第五十九条）；③规定邮政管理部门在审查快递业务经营许可证申请时，应当考虑国家安全等因素，并征求有关部门的意见（第五十三条第三款）；④规定邮政企业、快递企业应当建立并严格执行收件验视制度（第二十五条、第五十九条）；⑤规定因国家安全或者追查刑事犯罪需要，国家安全机关、公安机关有权依法查验、扣留有关邮件、快件，要求邮政企业、快递企业及其有关人员提供用户使用邮政服务或者快递服务的信息。邮政企业、快递企业以及有关单位应当配合，并对有关情况予以保密（第三十六条、第五十九条）；⑥规定任何单位和个人不得利用邮件、快件传播含有危害国家安全内容的物品（第三十七条、第五十九条）。

（5）修改了邮政业务资费的制定机制。按照现行邮政法的规定，邮政业务的基本资费由国务院物价主管部门制定，报国务院批准；非基本资费由国务院邮政主管部门制定。根据《邮政体制改革方案》关于改革邮政业务价格形成机制的有关规定，新《邮政法》将邮政企业的业务资费分政府定价和市场定价两种情况作了规定，即：邮政普遍服务业务资费、邮政企业专营业务资费、机要通信资费以及国家规定报刊的发行资费实行政府定价，资费标准由国务院价格主管部门会同国务院财政部门、国家邮政管理部门制定；邮政企业的其他业务资费实行市场调节价，由邮政企业自主确定资费标准（第三十九条）。

（6）完善了有关法律责任的规定。新《邮政法》将现行邮政法“罚则”一章修改为“法律责任”（第八章），并从3个方面作了完善：①对这次邮政法修改中增加规定的邮政企业、快递企业以及其他单位和个人的有关行为规范，如未经批准擅自停止办理邮政普遍服务和特殊服务业务、未取得许可经营快递业务等，相应规定了法律责任；②明确赋予邮政管理部门对违法行为的行政处罚权；③对现行邮政法及其实施细则已经规定了处罚的违法行为，进一步加大了处罚力度。

此外，新《邮政法》还对现行邮政法作了其他一些修改，如在邮政企业的经营范围中增加了邮票发行业务（第十四条第三项）；增加了邮政企业办理义务兵通信、国家机要通信等特殊服务的有关规定（第十五条第二款）；适当提高了邮政普遍服务范围内邮件损失的赔偿限额（第四十七条）等。

三、我国的邮政法规体系

（一）我国的邮政法规体系

我国的邮政法规体系以《中华人民共和国邮政法》为纲领性文件，并根据该法律制定有一系列的其他法规。我国邮政法规体系包含有以下具体法规。

（1）《中华人民共和国邮政法》。

（2）《中华人民共和国邮政法实施细则》。

（3）地方权力机构制定的邮政通信发展的地方性法规、地方政府规章及其他规范性文件。

（4）《邮政业务使用规则》。

（5）《国内邮件处理规则》。

（6）《国际邮件处理规则》。

（7）《国内邮政汇兑业务处理规则》。

（8）《国际邮政汇兑业务处理规则》。

（9）《邮政储蓄业务处理规则》。

（10）《报刊发行业务处理规则》。

（11）《国内特快专递业务处理规则》。

（12）《国际特快专递业务处理规则》。

（13）《邮政业务视察规则》。

（14）有关邮政业务规定、通知、通令。

（二）我国邮政法规体系的地位

《中华人民共和国邮政法》是根据《中华人民共和国宪法》制定的。宪法是国家的根本大法，所有国家法律、法规都是根据宪法制定的。宪法明确规定保护公民的通信自由和通信秘密，保护国家、集体的财产所有权和公民的合法收入、储蓄、房屋和其他合法财产的所有权，以及保护公民私有财产的继承权等，邮政法都相应地作了贯彻实施的规定。

民法、民事诉讼法、刑法、刑事诉讼法、行政诉讼法、经济合同法以及其他若干专业法等，都在不同程度上作出对邮政法实施提供支持的规定，当邮政法以经济手段或一定行政手段无法调整某种社会关系时，就能运用这些法律予以调整。如果发生侵犯公民通信权利或破坏邮政通信行为时，可依靠刑法、刑事诉讼法或治安管理处罚条例予以制裁。发生用户违法案件引起邮政企业损失时，则用民事法规予以追究民事责任等。因而，邮政法与其他法律、法规紧密结合，就可以发挥法律的整体作用，切实保障邮政通信工作的正常进行。

四、邮政业务规章制度的制定、修订和改革

邮政业务规章制度是邮政实行业务管理和生产管理的重要手段，要求各方面严格执行和落实规章制度，是邮政管理的重要方面。为使邮政业务规章制度能够起到生产工作制度化和管理规范化的作用，首先要订好业务规章制度。这就需要考虑使所订的规章制度应该符合科学性、合理性、系统性、可行性、原则性与灵活性相结合的要求。

根据上述要求制定的邮政业务规章制度，应该具有连续性和相对稳定性，在若干年或一定时期内都能适用。但是，情况总是在不断变化，规章制度订得再好，也不可能一成不变，永远适用，尤其是在目前处于国家经济体制改革时期，情况的变化又快又大。所以，为了适应城乡改革和社会主义市场经济发展的形势，原有业务规章制度必须根据实际情况和客观要求进行修订和改革。

修订和改革邮政业务规章制度，必须遵循正确的业务指导思想，并按一定的原则进行。修订和改革邮政业务规章制度的主要原则是：要以法律为据，法制一致；要以市场为导向，以客户为中心；注重调查研究，解决问题；走群众路线，集思广益；适应发展，有利经营。

思　考　题

1. 邮政经营的主要业务是什么？
2. 按时限对邮件分类和按内件性质对邮件分类，分别反映了怎样的经营思想？
3. 邮政业务以后的发展趋势是什么？
4. 邮资凭证有哪些？
5. 禁寄与限寄的物品有哪些？
6. 我国邮政法规体系包含哪些具体法规？

◆ 案例分析

案例一：一把钥匙两样寄，小梁小李谁有理

这天营业员小梁当班。一用户交寄一封挂号信，内有一枚硬物。用户解释说是一个外地亲戚落下的一把钥匙，要寄回去。小梁告诉用户，钥匙是不能按信函交寄的，因为信函是机械化分拣，里面不能夹寄非纸片性物品，如要交寄只能装入纸箱按包裹来

寄。用户犹豫不决,寄一把小小的钥匙也要买一个纸箱,况且再小的纸箱装一把钥匙也要衬垫不少的填充物,费钱费力,太不方便了。用户拿过信离开了邮局。

大约两个小时后,这位用户又来了,他对小梁说:“我换了个结实的牛皮纸信封,又把钥匙用塑料袋装好,应该没什么问题了,你帮忙给我寄了吧,有问题我自己负责。”小梁又耐心地向他解释了信函中不能夹寄非纸质性物品的理由,同时又表示了本着对用户负责的原则,请用户按包裹交寄。用户只好拿着信又离开了邮局。

当天下午,这位用户又来了。这时小梁已下班,这位用户见到当班营业员小李二话没说就提出要买一小号纸箱。小李热情地询问他准备邮寄什么物品,他叹了一口气说:“寄一把钥匙。我实在没其他办法,只能按包裹寄了。”小李笑着对用户说:“一把钥匙完全可以寄挂号信,如果很贵重,也可以按保价信函寄,不必买包装箱按包裹寄。”用户很惊讶,半信半疑地拿出了那个已装好的牛皮纸信封。小李看到信封比较坚韧,里边又有塑料袋裹着,便为他办理了挂号信收寄手续。

请问:一把钥匙两样寄,到底谁的做法正确呢?

案例二:寄件人随意书写欠规范　营业员马虎收寄惹麻烦

某天,张先生来到邮局替妻子代领包裹。当他把领取包裹通知单交到当班营业员手中时,营业员看后却说因不能确认收件人,所以不但不能领取,还应按址退回。张先生闻言十分生气,说营业员故意刁难,就在大厅里大嚷大叫起来。吵闹声惊动了值班局长,为了不影响其他用户办理业务,值班局长把张先生请到了后台。

值班局长接过张先生的领取包裹通知单,发现这是从上海寄过来的快递包裹,内件是药品,价值200元,收件人姓名栏内书写为王小姐。值班局长耐心地向张先生作了解释:“收件人姓名不详,邮局无法确认收件人身份时,就不能随意放包,这恰恰是对您的邮件负责。到邮局取包和到银行取钱一样,试想一下,当您到银行拿着属名为王小姐的存单去取钱时,会是什么结果?”听了值班局长的解释,张先生的气消了一大半。但同时又说,包里的药是妻子为岳母邮购的治咳嗽的特效药,如果一定按规定把药退回上海,岳母的病肯定要被耽搁。

请问:产生这件事情的原因是什么?是谁的过错?应如何来解决?

实践项目

1. 实地调研。组织学生到当地邮政局调查该局开办的业务类型以及业务开办的基本情况,时间为半天。

2. 具体使用一种或几种邮政业务,并对邮政提供的业务进行评价。

3. 认识邮政的单式。向学生提供各种业务单式,并练习填写。

第三章　邮政业务运营基础

邮政业务的运营需要一个完善的邮政系统来支撑。本章将讨论支撑邮政业务运营的主要方面，包括邮政组织机构、邮政网、邮政网体制、邮政编码、邮政通信地理、邮政技术设备等，这是邮政业务运营的物质基础。

第一节　组织机构

邮政机构的合理设置是邮政生产正常进行的保障，是搞好邮政经营的基础，也是保证邮政的社会效益、经济效益相结合的重要条件。本节主要介绍现行邮政体制下邮政机构的设置问题。

一、邮政管理机构

我国邮政管理在体制上经历了两次大的改革。长期以来，邮政一直是邮电合一、政企合一的体制。我国于1949年10月成立邮电部，朱学范为第一任邮电部长。从邮电部成立到1998年邮电部和电子工业部合并为信息产业部，尽管在这期间有所调整，但整体上保持了这样的框架：邮政与电信的各个专业组合为一个邮电业，整个邮电部门实行"邮电合一"的管理体制，并以生产—地区管理制为基础，按照生产管理与地区管理相结合的原则设置管理机构。

按照地区管理的原则，在原邮电部的领导下，分省（自治区、直辖市），分地、市、县设置邮电管理机构。在这种情况下，就管理系统而言，各省（自治区、直辖市）邮电管理局及各地、市邮电局和各县邮电局均受邮电部领导，实行统一领导分级管理。在地方未实行市管县的行政体制前，实行的是邮电部、省（自治区、直辖市）邮电管理局的二级管理。实行市管县行政体制后，实际上形成了部、省（自治区、直辖市）管理局和地市邮电局的三级管理。同时，作为所在地区的邮电管理机构和邮电企业来说，在接受邮电部领导的同时，又要受同级地方行政机关的领导。而在上述双重领导中，以邮电部门的领导为主。

按照生产管理的原则，在邮电部设置了专业总局（邮政总局和电信总局）；在省（自治区、直辖市）邮电管理局设置了专业处（邮政处和电信处）；地市邮电局设置了专业科（邮政科和电信科）；县邮电局设置了专业股（邮政股和电信股）。为使领导工作更为具体而有效，邮政总局下设有业务、技术、经营、检查等处和发行、储汇、邮运等局。省（自治区、直辖市）邮电管理局下设发行、储汇等分局，在全国6个大区的省、市局所在地设置了邮运分局，实行专业化管理。

邮电合一是世界上绝大多数国家发展邮电的起始模式。邮政的历史早于电信，电信刚开始是依附于邮政的。但随着20世纪下半叶电信业的飞速发展，邮电分营成为潮流。我国于1998年实现邮电分营。

自1998年实现邮电分营以来，中国邮政借鉴国际上发达国家的改革经验，一直在积极探索改革与发展之路，政企分开是我国邮政体制改革的核心内容。推进政企分开的关键是转变邮政部门的职能，将邮政部门经营管理的职能分离出来，建立邮政管理部门，同时，对现有邮政企业进行公司化改造，加快建立现代企业制度，从而建立起符合市场经济和国际趋势要求的、政企分开的邮政管理新体制。

2005年7月20日，国务院常务会议通过了我国邮政体制改革方案：重新组建国家邮政局，作为国家邮政监管机构；组建中国邮政集团公司，经营各类邮政业务；加快成立邮政储蓄银行，实现金融业务规范化经营。2007年1月29日，重组后的国家邮政局和新组建的中国邮政集团公司在人民大会堂举行揭牌典礼，标志着我国邮政体制改革方案顺利实施。

自此，邮政实现了真正意义上的政企分开，建立了市场主体公平竞争、邮政管理部门监管有序的邮政管理新体制。国家邮政局和省、自治区、直辖市邮政管理机构作为邮政管理部门对邮政市场实施监督管理。中国邮政集团公司在政府依法监管、企业独立自主经营的邮政新体制下，将按照建立现代企业制度的要求，逐步发展成为结构合理、技术先进、管理科学、服务优良、拥有著名品牌、主业突出、具有国际和国内竞争实力的现代化企业集团。

二、邮政企业

邮政企业是指中国邮政集团公司及其提供邮政服务的全资企业和控股企业。中国邮政集团公司在全国各省、自治区、直辖市设置邮政公司。

按照国务院邮政体制改革的方案，中国邮政集团公司是在原国家邮政局所属的经营性资产和部分企事业单位基础上，依照《中华人民共和国全民所有制工业企业法》组建的大型国有独资企业。中国邮政集团公司依法经营邮政专营业务，承担邮政普遍服务义务，并接受政府委托提供邮政特殊服务，对竞争性邮政业务实行商业化运营。

中国邮政集团公司对其全资企业、控股企业和参股企业的国有资产和国有股权行使出资人权利，依法经营、管理和监督，并相应承担保值增值责任。在国家宏观调控和监督管理下，集团公司依法自主进行各项经营活动。

中国邮政集团公司现有31个省、自治区、直辖市邮政公司，及中国邮政储蓄银行、中国邮政速递物流公司、中国集邮总公司、中国邮政航空公司、邮政科学研究规划院、中邮人寿保险股份有限公司等全资子公司。

省、自治区、直辖市邮政公司下设地市级邮政局、县邮政局。市、县邮政局在自己的管辖范围内设立分支机构或代办机构，如邮政局、邮政所等。在大城市里，还有区一级的行政管理机构，称为区邮政局，它协助市邮政局管理辖区内的支局、所。

邮政各级企业均是国民经济的基本单位。每个企业都必须认真执行国家有关政策法令，遵照《邮政法》规定的业务范围和服务标准，按计划来组织邮政生产，组织网路活动,完成本企业所在地区范围内的生产任务,并提高邮政服务质量。与此同时,每个企业还必须根据社会和居民的通信需要发展邮政业务,提高生产,增加收入,并认真实行经济核算。通过合理改进生产组织和劳动组织,改善经营管理,不断提高劳动生产率,节约物质消耗,降低成本,增加赢利。

为了完成上述任务,每个市、县邮政局都设有必要的生产机构和职能机构,称为企业的组织机构,设置邮政企业组织机构的主要因素是:①企业的规模;②邮政产品(业务)的种类、性质及其生产的工艺方法;③企业专业化的程度。

邮政企业内部组织机构可按下列方法设置。

(1)在市邮局内部、邮区中心局设置生产经营单位,有两个不同的原则:一是按照邮政生产的特征设置生产单位;另一是根据邮政生产技术统一性的要求,划分生产单位。

(2)按照邮政生产特征设置生产单位,如邮区中心局内部设置函件分拣处(科)、市内运输处(科)等,有利于实行专业管理,领导容易深入具体。

(3)按照邮政生产技术统一性的要求,划分生产单位,既可以按邮件的不同种类划分,如在中心局将平、挂函件分开,设置平常函件处(科)、挂号函件处(科);也可以按邮件的流向划分,如将出口函件与进口函件分开,分别设置出口函件处(科)、进口函件处(科)。

(4)还有一些地、市局按照专业化经营的思路设置机构。

第二节　邮政网

邮政网实际上是保障邮政通信任务得以实现的一个完整的系统,包括物理层、业务层、控制层,并以物理层为基础,在业务层的规范下,使邮件得以迅速有序地传递。控制层起监督、控制和协调作用,保证全网的畅通。但我们平常所说的邮政网,更多的是指物理层,下面仅就此部分进行重点讨论。

一、邮政网概念及现状

邮政网是由邮政营业、投递局、所及其设施,邮件处理中心,通过邮路(含邮运工具),按照一定的原则和方式组织起来,在控制系统的作用下,遵循一定运行规则完成邮件传递的网路系统。邮政网由收寄端、邮件处理中心、邮路和投递端组成。

(一)收寄端

收寄端是邮政网的始端,是各类邮件进网的入口。收寄端是指分布在全国各地经办邮政业务的邮政局、所,包括邮政局、邮政支局、邮政所、邮政代办所、临时性居所、流动服务点和邮政信筒、信箱等组成。收寄端面向社会,直接接触用户,在接受了寄件人的委托后,邮件即开始了在网上的传递过程。

(二)邮件处理中心

邮件处理中心是邮政网的节点,位于邮路的交汇处,是邮件的集散和经转枢纽。它负担着邮件分拣封发任务,不同级别的邮件处理中心承担着不同范围的进、出、转口邮件的处理任务。

（三）投递端

投递端是邮政网的末端，是指各投递局、所通过投递人员到达的各类邮件接收点，包括个人住户、单位收发室、邮政专用信箱、用户信报箱、信报箱群。邮政网通过投递端联系收件人，最终完成邮件的传递任务。一些具有投递功能的委办机构、居民委员会、村邮点、信报代投点等也应视为邮政网的末端。

（四）邮路

邮路是利用运邮工具或人力，按规定途径、班期在邮政生产机构之间运输邮件的路线。构成邮路的基本要素有：运邮工具；运邮工具行驶的线路及沿线邮件交换单位；班期——单位周期内运邮工具计划运行的次数；运行时间及里程。

建国几十年来，邮政部门依靠科技进步发展邮政事业，邮政网的技术装备和通信能力逐步提高。解放前，全国仅有邮政局所 26 328 处。全国不少地区的邮运只能靠马运人扛，生产效率十分低下。随着邮政事业的不断发展，截至 2008 年底，中国邮政拥有服务网点 6. 9 万处，其中，农村邮政网点有 4 万个，基本上乡政府所在地都能覆盖到。从业人员 97. 3 万人。全国邮路总数 2. 1 万条，邮路总长度达 369. 3 万公里。实现了航空、铁路、公路、水路等多种运输手段的综合利用，我国的邮政网络已经成为世界规模最大的邮政网络之一。

二、我国现行邮政网体制——邮区中心局体制

（一）邮政网体制的概念和属性

1. 邮政网体制的概念

邮政网体制是指邮政网的组织体系和制度，是规范邮政网的一种机制。

邮政营投局、所及设施，邮件处理中心与邮路有机联系、相互配合形成了覆盖全国的邮政网，为邮政通信活动提供了物质技术基础。但是，要保证分散在全国各作业点上的邮件能在邮政网上有序地传递，就必须有科学的、有效的组织体系和制度来协调它们之间的活动，使邮件在网上迅速、准确、安全、高效地传递。这种科学严密的邮政网组织体系和制度就是邮政网体制。邮政网体制对全网的结构和邮件运行方式都有重大的影响。

2. 邮政通信网体制的属性

（1）相关性。相关性包含两层意思：一是邮政体制和邮政网的物质技术基础之间存在着密切的联系，没有科学严密的邮政网体制，邮政网的物质技术基础就无法发挥其效用，而邮政网体制又是以一定的物质技术体系为基础的，两者必须有机配合才能充分发挥效用；二是邮政网体制与其外部环境之间的相关性，特别是与交通运输业的发展、布局及社会环境等之间的关系尤为密切。

（2）目的性。邮政网体制的目的性是指邮政网体制具有人们所明确赋予的预期目标。如我国正在推行的邮区中心局体制，其目的是为了加快邮件传递速度，减少经转层次，提高全网作业效率，降低作业成本。

(3)环境适应性。邮政通信是为国民经济各部门和广大人民群众提供最广泛、最普及的通信手段和渠道。因此,邮政网体制与其外部环境必须相适应,才能发挥其规范邮政网运行的作用。必须依据外界环境的变化进行相应的调整与改革,才能够保证邮政网发展能满足邮政通信的要求,我们只有在一定的社会背景下考察邮政网体制,在一定环境中研究邮政网体制,才能看清邮政网体制的全貌,解决邮政网体制中存在的问题。

(4)总体性。邮政网体制的各组成部分的功能相互配合,形成一个整体来实现邮政网体制的总体功能,这就是邮政网体制的总体性。

(二)邮区中心局体制

邮区中心局体制是世界上先进国家普遍推行的邮政网络体制。邮政网从传统体制发展到一定阶段后,网络功能的专业化分工进一步加深,功能结构发生变革。邮区中心局体制的出现,是邮政网发展到高级阶段的产物。

1. 概念

邮区中心局体制是以邮区中心局为基本封发单元和网络组织的基本节点,在此基础上组成分层次的邮政网,是用以传递邮件的一种邮政通信制度和方式。需要特别注意的有以下两点。

(1)封发单元由过去的县、市局改为邮区中心局。

(2)邮政通信网路分层有两层含义:一是按照邮政网的联系范围分为全国干线网、省邮政网、邮区网;二是按承担邮件运输的功能分为快速网和普通网,分别支撑快递业务和普通邮件业务的发展。

2. 内涵

(1)在全国划分邮区并编码,在邮区内设邮区中心局。

(2)以邮区中心局为基本封发单元和网络组织中心,组成全国、省和邮区三级邮政网。

(3)在三级邮政网中,各邮区中心局之间由全国干线和省内干线邮路沟通,邮区内通信,由邮区中心局通过支线邮路直接向本邮区各收、投点运邮或本邮区内县(市)局接力运邮,使邮区中心局成为邮件的集散中心。

(4)有一套与网络体制相适应的管理体系和运行机制,以保证全网的有效运行。

(三)邮区和邮区中心局

1. 邮区

邮区是指邮区中心局集散邮件的范围。邮区划分是指确定邮区的数目和划定邮区的地域范围。只有认真分析影响邮区划分的客观因素,才能科学、合理地确定邮区的数目并适当地确定邮区的范围。同时,邮区划分应尽可能与行政区划相配合,满足行政区划上下隶属单位通信联系的需要,一般情况下,要保持县级行政区域的完整性,即不能把一个县划到两个不同的邮区。

影响邮区划分有如下主要因素。

1)国土面积

邮区的划分必须与国土面积相适应。一般来说国土面积越大,邮区的数目相对就越多。

2)地理环境

由于我国各地的地理环境相差很大,高山、高原、山地、河流、湖泊等自然景观众多,邮区的划分必然受上述条件的影响,同一邮区要尽量避免横跨大的山脉、江河、湖泊。

3)人口密度

人口密度的大小影响着邮政业务量的大小,由于我国各地人口密度相差很大,在人口密度较大的东部地区,邮政业务量较高。因此,邮区的范围可以相应地小些。而在人口密度小的西部地区,由于人口稀少、邮件传递空间距离长,所以邮区的范围相对较大。

4)交通条件

由于邮政通信是实物传递,离不开交通运输,特别是邮路的规划与交通条件更是息息相关,邮区的划分也应和当地的交通条件相适应。交通条件好的地方,邮区可以划得大一些,交通条件差的地区,邮区范围可以相对小一些,以确保邮区内邮件的传递时限。

5)邮件运动规律

邮件在邮政网中的传递具有客观规律性。一般来说,发达地区邮件交换量大于不发达地区;大城市间的邮件交换量大于小城市间的邮件交换量;城市间的邮件交换量大于农村乡镇间邮件的交换量。邮区的划分应符合这一规律,即以城市为中心和依托,恰当地确定邮区的范围,尽可能将邮件交换量大的地区划入同一邮区,以减少邮件的经转次数,加快传递速度。

6)行政区划

通常属于同一行政区划范围内的地区,物资、信息、商品流通较频繁,各地之间的邮件交换量较大。所以,邮区划分应尽可能与行政区划相配合,满足行政区划上下隶属单位通信联系的需要,一般情况下,要保持县级行政区域的完整性,即不能把一个县划到两个不同的邮区。

2. 邮区中心局

1)邮区中心局定义

邮区中心局是负责邮件、报刊的进口、出口、转口处理和转运任务的邮政生产单位。

实行邮区中心局体制以后,原来由县局分散进行的邮件内部处理工作相对集中到邮区中心局来承担,使邮区中心局成为邮区内邮件的处理中心。对全网而言,邮区中心局是全网的基本封发单元。同时,各级邮路也是以邮区中心局为中心来组织的。因此,邮区中心局既是全网的基本封发单元,又是邮件的处理中心和运输中心。

2）邮区中心局基本功能

邮区中心局有以下基本功能。

（1）负责分拣封发和经转邮区内各局集中到邮区中心局的进、出口邮件。

（2）负责其他邮区中心局发来邮件的处理和经转。

（3）负责检查邮区内各邮政局、所出口邮件的规格和质量。

（4）负责组织和管理连通邮区中心局与邮区内各邮政局、所的邮路，并承担邮区内的邮件运输任务。

3）邮区中心局的分级

邮区中心局级别划分的依据是邮区中心局在网中的地位和作用、邮件的集散与转口量和交通运输条件。根据以上3个要素，把我国邮区中心局分为以下三级。

一级邮区中心局：这是全国范围内大的邮件集散枢纽，它位于全国干线邮路的汇接点，在网路结构中处于省间中心。除承担所在省、自治区、直辖市和邮区内邮件的分拣、封发、集散任务外，主要承担省间邮件的封发经转和总包转口发运。一级邮区中心局组成的基础是首都局和部分省会局，共有7个，它们分别是北京、沈阳、上海、西安、武汉、广州、成都。

二级邮区中心局：一般位于全国干线邮路和省内干线邮路的汇接点，是省中心，除承担所在邮区邮件的分拣、封发、集散任务外，主要承担省内和邻省邮件的封发经转任务。组成基础是省会局和位于省内交通枢纽的省级转口局。全国共有69个二级邮区中心局。

三级邮区中心局：位于省内干线邮路和邮区内邮路的汇接处，在网络结构上是邮区中心，承担本邮区邮件的分拣、封发和运输任务，并承担相邻邮区邮件的转口任务。组成基础为一般地、市局。全国共有124个三级中心局。

一、二级邮区中心局由中国邮政集团公司确定，三级邮区中心局原则上由各省公司提出报集团公司审批（如表3－1）。

表3－1　我国邮政中心局的数量及分布

省区	中心局数量	一级中心局		二级中心局		三级中心局	
		名称	数量	名称	数量	名称	数量
北京	1	北京	1		0		0
天津	1		0	天津	1		0
河北	10		0	石家庄	1	承德、张家口、唐山、秦皇岛、保定、邯郸、邢台、沧州、衡水	9
山西	6		0	太原、大同、侯马	3	长治、朔州、阳泉	3
内蒙	7		0	呼和浩特、海拉尔	2	包头、临河、赤峰、通辽、集宁	5

续表

省区	中心局数量	一级中心局		二级中心局		三级中心局	
		名称	数量	名称	数量	名称	数量
辽宁	8	沈阳	1	锦州、大连	2	丹东、营口、鞍山、朝阳、阜新	5
吉林	6		0	长春、吉林、白城	3	通化、延吉、四平	3
黑龙江	5		0	哈尔滨、齐齐哈尔、佳木斯、牡丹江	4	大兴安岭(加格达齐)	1
上海	1	上海	1		0		0
山东	10		0	济南、烟台、德州、青岛、济宁	5	临沂、菏泽、潍坊、聊城、淄博	5
江苏	10		0	南京、徐州、常州	3	连云港、南通、苏州、淮阴、盐城、无锡、扬州	7
浙江	9		0	杭州、金华、温州、宁波	4	衢州、台州、嘉兴、湖州、丽水	5
福建	6		0	福州、厦门、南平	3	泉州、三明、龙岩	3
江西	9		0	南昌、赣州、鹰潭、宜春	4	九江、景德镇、上饶、吉安、抚州	5
安徽	7		0	合肥、蚌埠、芜湖	3	安庆、阜阳、黄山、宿州	4
河南	9		0	郑州、洛阳、信阳	3	漯河、南阳、商丘、安阳、新乡、驻马店	6
湖北	8	武汉	1	宜昌、襄樊	2	黄石、恩施、荆州、十堰、咸宁	5
湖南	11		0	长沙、衡阳、怀化	3	岳阳、永州、娄底、彬州、吉首、株洲、常德、邵阳	8
广东	11	广州	1	深圳、韶关、汕头、湛江	4	东莞、珠海、肇庆、梅州、惠州、江门	6
广西	7		0	南宁、柳州、桂林	3	玉林、梧州、百色、河池	4
海南	1		0	海口	1		0
重庆	2		0	重庆	1	万州	1
四川	12	成都	1	内江、西昌、南充	3	光元、宜宾、乐山、攀枝花、达州、绵阳、雅安、泸州	8
贵州	6		0	贵阳	1	遵义、凯里、六盘水、安顺、玉屏	5
云南	10		0	昆明	1	曲靖、楚雄、昭通、个旧、文山、思茅、大理、临沧、保山	9
西藏	2		0		0	昌都、日喀则	2
陕西	7	西安	1	宝鸡、安康	2	汉中、榆林、延安、商周	4
甘肃	6		0	兰州、九泉	2	张掖、武威、平凉、天水	4
青海	2		0	西宁、格尔木	2		0

续表

省区	中心局数量	一级中心局		二级中心局		三级中心局	
		名称	数量	名称	数量	名称	数量
宁夏	2		0	银川	1	固原	1
新疆	8		0	乌鲁木齐、库尔勒	2	克拉玛依、伊宁、北屯、阿克苏、喀什、哈密	6
合计	200		7		69		124

三、邮路的分类

（一）按邮路级别分类

邮路按级别分为国际及港澳台邮路、全国干线邮路、省（自治区、直辖市）内干线邮路和区内邮路。

1. 国际及港澳台邮路

指国际邮件互换局与其他国家和港澳台地区之间的邮路。

2. 全国干线邮路

全国干线邮路即一级干线邮路，指主要承担全国大网邮件运输与交换的邮路。其范围如下。

（1）一、二级邮区中心局与省（自治区、直辖市）际各级邮区中心局之间的邮路。

（2）一、二级中心局或主要国际邮件互换局至相应的主要国际邮件交换站之间的邮路。

（3）中国邮政集团公司指定的其他邮路。

全国干线邮路由中国邮政集团公司统一组织管理和指挥调度。

3. 省（自治区、直辖市）内干线邮路

省（自治区、直辖市）内干线邮路即二级干线邮路，指主要承担本省（自治区、直辖市）内邮件运输与交换的邮路。其范围如下。

（1）各省、自治区、直辖市范围内各邮区中心局之间的邮路。

（2）三级中心局至国际邮件交换站之间的邮路。

（3）省、自治区、直辖市邮政局指定的跨地、市邮路。

省（自治区、直辖市）内干线邮路由各省、自治区、直辖市邮政公司组织管理和指挥调度。

4. 区内邮路

区内邮路指承担本邮区中心局内邮件运输与交换的邮路。其范围包括市、县间邮路、市内邮路和农村邮路。

（1）市、县间邮路指邮区中心局至该邮区中心局管辖范围内市、县局之间的邮路，以及区内市、县之间的邮路。区内邮路由各邮区中心局统一组织管理和指挥调度。

（2）市内邮路指市区（县城关镇）内邮政局、所之间的邮路（即转趟线路），市内各分支机构之间的邮路。它包括市内转趟、开取信箱或信筒以及中心局、邮政局、所到车站、码头、机场、转运站、报刊社接送发邮件、拉运报刊的路线和市区(县城关区)内开取信筒信箱的专设路线。不包括市区(县城关镇)内投递邮件报刊所走的路线及投递员于投递时兼办开筒开箱的路线。市内邮路分别由市、县局统一组织管理和指挥调度。

(3)农村邮路是指在县、市区域范围内,县、市局与农村邮政支局、所之间和农村分支机构之间的邮路。

(二)按经营性质划分

1. 自办邮路

自办邮路是指邮政部门自备或租用运输工具,由邮政部门自行办理邮政运输业务所形成的运输邮件的路线。

2. 委办邮路

委办邮路是指邮政部门与其他部门或个人签定合同并使用他们的运输工具及委托其将邮件运至某地邮局的邮路。

(三)按邮路的运输工具分类

按运邮工具划分为航空邮路、铁道邮路、汽车邮路、水路邮路和其他邮路。

航空邮路:利用飞机运输邮件的路线。

铁道邮路:利用火车运输邮件的路线。

汽车邮路:利用汽车运输邮件的路线。

水路邮路:利用船只运输邮件的路线。

其他邮路:除航空、铁道、汽车、水路邮路以外的邮路。例如:摩托车和其他机动工具邮路、自行车邮路、畜力邮路和步行邮路等。

四、邮政网划分

(一)邮政网的分级

邮政网分级的基本依据是邮政网的各组成部分及其联系范围和在全网中的地位、作用。在邮区中心局体制下邮政网可分三个级别,即全国干线邮政网、省邮政网、邮区邮政网。

1. 全国干线邮政网

该网是以首都局和一级邮区中心局为中心,由全国干线邮路联结一、二级邮区中心局组成的邮政网路体系。它是全国邮政网的主干,在全网占有举足轻重的地位,起着全网运行的决定性作用。

2. 省邮政网

省邮政网是以省会(自治区首府、直辖市)邮区中心局为中心,由省内干线邮路联结省内各级邮区中心局所组成的邮政网路体系。每个省都有一个相对独立的省邮政网,它以本省的辖境为其联系范围。它是全国邮政网的重要组成部分,上连全国干线网,下连本省辖境内的邮区网,发挥着承上启下的作用。

3. 邮区邮政网

邮区邮政网是以邮区中心局为中心，由邮区内邮路联结邮区内县（市）局和收投支局所组成的邮政网路体系。它以本邮区为联系范围。邮区内的市局和县局根据本地区社会发展和邮政通信的需要而组建的市邮政网和县邮政网是邮区网的重要组成部分。

（二）邮政网的分类

邮政网按性质可分为实物网和信息网。

1. 实物网

实物网由两部分组成，一是网的实体（硬件）部分，包括营投局、所，邮件处理中心，邮路及车辆、设备、邮件、人员等；二是网的运行机制（软件）部分，即规范邮件在网上运行的规章制度和要求，属于管理范畴。

2. 信息网

是在邮政生产和管理各领域中广泛应用信息技术、网络技术，运用邮政信息的电子化采集、处理、交换和存储，实现邮政生产和管理各环节信息资源的综合利用的网络。

第三节　邮政编码

一、邮政编码的来历

邮政编码是由阿拉伯数字和英文字母按一定结构组成，表示邮件投递区域的一组代码，是邮政重要的信息资源。

邮政编码源于英国，起初是为了解决邮件自动分拣和现代化管理而采用的邮政地址代码，要求寄件人书写或打印在邮件的规定位置上。20 世纪 50 年代初，英国就开始研究邮政编码，并于 1959 年在诺威治邮区试行，从而引起许多国家的注意。西德于 1961 年正式公布 4 位数的邮政编码，成为世界上第一个在全国范围内推行邮政编码的国家。紧接着，美、英、法、澳、瑞士等国陆续在全国推行。1965 年后，随着机械设备的广泛应用，邮政编码的优越性更加明显地表现出来，故日、意、加、荷和瑞典等国也相继实行了邮政编码。

我国邮政 1974 年开始研究邮政编码，经过 5 年左右的时间，拟定出“全国邮政编码试行方案”，于 1978 年在辽宁、上海、江苏等省市进行试点。1980 年 7 月 1 日开始正式在全国宣传推行。后来因种种原因，推行工作全面停止。直到 1986 年，全国邮政工作会议决定重新在全国推行邮政编码。

邮政编码的实施为实现邮件自动化分拣，提高邮件处理效率，加快邮件传递速度，提高邮政服务水平创造了条件。同时，邮政编码作为给据邮件的主要信息之一，在给据邮件登单和查询过程中发挥了重要的作用。近年来，邮政编码作为邮政信息化的基础代码不仅广泛应用于邮政信息系统，同时也在社会其他行业信息系统中得到普遍应用，并逐渐成为社会性的基础代码。

二、邮政编码的编码规则

邮政编码多种多样，归纳起来有数字编码，字母编码及数字、字母混合编码三类，其中，数字编码应用较为广泛。

我国目前采用的邮政编码为“四级六码”制。即每组编码由六位阿拉伯数字组成，这六位数字分别表示省（自治区、直辖市）、邮区、县（市）邮政局和投递局（区）四级。六位数的前两位代表省（自治区、直辖市），第三位代表邮区，第四位代表县（市）邮政局，最后两位是投递局（区）的编号。

现行邮政编码区域的划分主要是根据当时邮政生产作业组织的情况，即按邮区、县、投递局的范围来划分区域的，因而受邮政生产作业组织调整变动的影响较大。当年全国划分为259个邮区，近年来根据发展需要，邮区的经转范围和数量已经进行过多次调整，目前全国邮区调整为201个，今后邮区还会根据发展需要进行适当变化。按现行邮政编码规则，很多经转关系已经发生变化的县、市的邮政编码应随上述邮区范围的调整而变化，即邮区的调整变化将会影响邮政编码的稳定性，但实际情况是邮政编码涉及公众，不可能随邮区的调整而经常变化。

20年来对各地区自行调整的邮政编码分析时发现，目前有6 000多个具有投递功能的局、所存在几个局、所共同使用一个邮政编码的现象，同时也存在一个投递局、所范围内有几个邮政编码的现象。而且有的地区邮政编码编到了投递所，有的地区只编到投递局。另外有些地区投递局、所邮政编码编排的规律性较差，因此，国家正在制定科学合理的邮政编码编制规则标准，保证编码的统一性和规律性。

第四节　邮政通信地理

一、我国的地理概况

（一）位置与疆域

我国位于北半球，亚洲的东部，太平洋的西岸。我国疆域辽阔，陆地面积约960万平方千米，占世界陆地总面积的1/15，是亚洲面积的1/4，是亚洲面积最大的国家，陆地面积居世界第三位。

我国领土最北端在黑龙江省漠河以北的黑龙江主航道中心线上，最南端在南海南沙群岛的曾母暗沙，最东端在黑龙江与乌苏里江的主航道汇合处，最西端在新疆帕米尔高原。

我国的陆疆，全长2万多千米，共有14个陆上邻国。东邻朝鲜，南接越南、老挝、缅甸，西南与印度、不丹、尼泊尔接壤，西部与巴基斯坦、阿富汗、塔吉克斯坦接界，西北是哈萨克斯坦、吉尔吉斯坦，北面为俄罗斯、蒙古。

我国的大陆海岸线，从中朝边界的鸭绿江口到中越边界的北仑河口，全长1.8万千米。海上邻国有韩国、日本、菲律宾、印度尼西亚、马来西亚和文莱等。

我国的海域宽广，大陆的东面和东南面，濒临渤海、黄海、东海和南海，台湾东临太平洋。我国领海的宽度从领海基线量起为12海里（1海里=1.852千米）。辽东半岛和山东半岛所环抱的渤海、雷州半岛和海南岛之间的琼州海峡是我国的内海。我国沿海岛屿众多,台湾岛、海南岛和崇明岛是我国三大岛屿。

(二)行政区域

各省、市、自治区简称及行政中心见表3-2。

表3-2 我国各省、市、自治区简称及行政中心

全称	简称	省会、首府	简称
北京市	京		
天津市	津		
河北省	冀	石家庄	
山西省	晋	太原	
内蒙古自治区	内蒙古	呼和浩特	
辽宁省	辽	沈阳	
吉林省	吉	长春	
黑龙江省	黑	哈尔滨	
上海市	沪、申		
江苏省	苏	南京	宁
浙江省	浙	杭州	
安徽省	皖	合肥	
福建省	闽	福州	榕
江西省	赣	南昌	
山东省	鲁	济南	
河南省	豫	郑州	
湖北省	鄂	武汉	
湖南省	湘	长沙	
广东省	粤	广州	穗
海南省	琼	海口	
广西壮族自治区	桂	南宁	邕
四川省	川、蜀	成都	蓉
重庆市	渝		
贵州省	贵、黔	贵阳	筑
云南省	云、滇	昆明	
西藏自治区	藏	拉萨	
陕西省	陕、秦	西安	
甘肃省	甘、陇	兰州	

续表

全　　称	简　称	省会、首府	简　称
青海省	青	西宁	
宁夏回族自治区	宁	银川	
新疆维吾尔自治区	新	乌鲁木齐	
台湾省	台	台北	
香港特别行政区			
澳门特别行政区			

二、我国的铁路运输

铁路是国民经济的大动脉，在我国交通运输中占主要地位。铁路具有运量大、速度快、运行时间准确且昼夜运行不间断的优点。我国的主要铁路路线举例如下。

（1）京九线：由北京西至九龙，北京至深圳全长 2 397 km。经京、冀、鲁、豫、皖、鄂、赣、粤 8 省市。

（2）京广线：由北京至广州，全长 2 313 km。经京、冀、豫、鄂、湘、粤 6 省市。

（3）京沪线：由北京至上海，全长 1 463 km，经京、津、冀、鲁、皖、苏、沪 7 省市。

（4）京哈线：由北京至哈尔滨，全长 1 388 km，经京、津、冀、辽、吉、黑 6 省市。

（5）同蒲线：由大同至孟塬，全长 950 km，经晋、陕 2 省。

（6）太焦—焦枝—枝柳线：由太原经焦作、枝城至柳州，全长 2 072 km，经晋、豫、鄂、湘、桂 5 省。

（7）包兰线：由包头至兰州，全长 1 006 km，经内蒙古、宁、甘 3 省区。

（8）宝中线：由宝鸡至中卫，全长 498 km，经陕、甘、宁 3 省区。

（9）宝成—成昆线：由宝鸡至昆明，全长 1 769 km，经陕、川、滇 3 省。

（10）大秦线：由大同至秦皇岛，全长 653 km，经晋、冀、京、津 4 省市。

（11）京包线：由北京至包头，全长 828 km，经京、冀、晋、内蒙古 4 省区。

（12）陇海—兰新线：由连云港经兰州至乌鲁木齐，全长 3 651 km，经苏、皖、豫、陕、甘、新 6 省区。

（13）沪杭—浙赣—湘黔—贵昆线：由上海经杭州、株州、贵阳至昆明，全长 2 677 km，经沪、浙、赣、湘、黔、云 6 省市。

（14）青藏线：由西宁市起，经格尔木至拉萨市，全长 1 956 km，经青、藏 2 省区。

第五节　邮政技术设备

中华人民共和国成立前，我国邮政技术装备比较落后，除了邮政运输使用少量现代交通工具外，邮政内部作业几乎全靠手工操作。从 1955 年开始，在北京、上海、广州、沈阳、天津、石家庄、成都等市邮政局内建立了邮政科学研究机构，研制邮政专用设备。

目前我国从邮件收寄、分拣封发、搬运装卸、运输、投递等方面都有了一定规模的机械化、半自动化和自动化设备,在世界邮政领域具有领先水平。

随着科学技术水平的不断提高,邮政技术设备的发展也经历了一定的发展阶段。1958 年国庆节前夕,中国邮政在北京八面槽开办了第一个自动化实验邮局。20 世纪 50 年代—20 世纪 60 年代,先后成功研制了邮票、报纸等自动出售机和包裹收寄机,20 世纪 70 年代成功研制了包裹分拣机和程控取包机械手,1981 年成功研制了自动信函分拣机,邮政设备逐步走向机械化、自动化。

一、邮政技术设备的分类

邮政设备的种类繁多,设备分类的方式也不尽相同。现根据邮政设备在邮政生产中的使用情况将其为五类:

第一类为邮政营业设备。主要指在邮局营业窗口直接服务于顾客的设备,包括收寄设备以及其他辅助设备。

第二类为邮政分拣设备。主要指在邮区中心局内部分发邮件所使用的设备,包括分拣设备以及其他辅助处理设备。

第三类为邮件运输设备。主要指用来实现邮件空间场所变更所使用的设备,包括运输工具以及装卸设备。

第四类为邮件信息处理设备。主要指专为处理邮件或总包信息所使用的设备,如条码阅读设备、数据采集器等。

第五类为邮政商函制作设备。主要指应用于银行、邮政、电信、保险等企事业单位的账单的封发的邮简机、信封打印机等。

随着邮政现代化的发展,邮政采用新技术、新设备会越来越快,越来越丰富,下面重点介绍邮政通信生产中常用的部分设备。

二、邮政营业设备

(一)多功能邮政电子秤

多功能邮政电子秤主要在邮政营业厅供营业员使用。该设备采用了先进的电子传感技术和计算机技术,主要由传感器、信号放大器、模/数转换器、单板计算机、键盘、显示器、打印机所组成。键盘装置是由业务类别键、寄达区域键、特别费用键、数字键、统计计算键、系统管理键六类键组成,可完成国内、国际、港澳各类邮件的收寄作业,能够迅速准确地秤量出各类邮件的重量,并自动计算出各类邮件的资费,既提高工作效率,又减轻了营业员的劳动强度,实现了邮政营业一台清,为邮政窗口高效率的服务提供了重要保障。

(二)邮资机

邮资机是一种能预置、结算邮资,并在邮件或签条上加盖邮资符志(如图 3-1)的邮政专用设备。用于非给据邮件的自动处理,不仅具有过戳和邮资结算功能,更具有邮资监管功能。自邮政企业从 2003 年 4 月 1 日起在全国范围内一律停止使用“邮资已付”戳记起,开始大力推广使用邮资机。

邮资机已在世界各国邮政部门普遍应用,美国小型邮资机保有量达 40 万台,英国 25 万台,加拿大 30 万台,法国 30 万台,国内的市场容量在 30 万台以上。邮资机在加强资费管理,有效控制邮资的误收、漏收,增加外汇收入,提高处理规格质量和效率,减轻劳动强度等方面起着良好作用。

邮资机有非数字式邮资机和数字式邮资机。

非数字式邮资机包括单封分离机、调资过戳机。单封分离机、调资过戳机依次安装在机架上,调资过戳机带有自动供油墨装置,目前已基本不再使用。

数字式邮资机如图 3－2 所示,由热敏打印机、供纸装置、用于测量邮件重量的电子秤以及电控系统组成。电控系统嵌入到 PC 机中,包括有与单封分离机配合的信件检测单元、自动供油墨控制单元、调资过戳控制单元、连接键盘及显示器的接口、电子秤接口、热敏打印控制单元以及邮资数据存储单元。现在的新型邮资机既能实现快速过戳,又能方便打印超厚、超大邮件所需的邮资签条,且过戳资费与邮资签条资费都能够由邮资黑匣子统一管理。

图 3－1　邮资符志

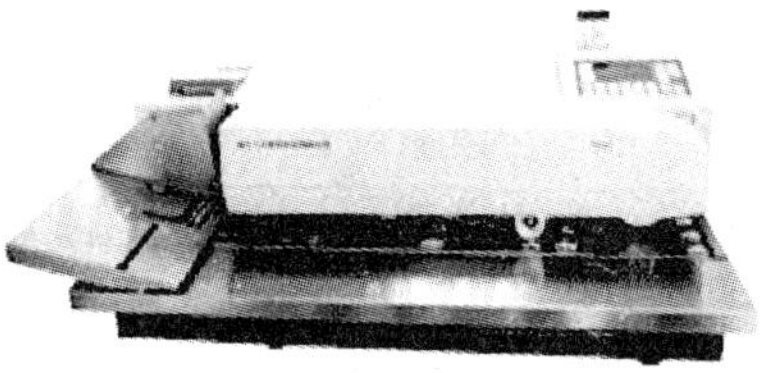

图 3－2　邮资机

邮资机的使用、管理在网络中进行。邮资机联网是指邮资机通过 RS232 串口直接与电子化支局终端相连,在邮政综合网上通过电子化支局系统(含大宗商函处理中心)实现对邮资机信息的自动读取、存储、处理,以实现对邮资机的联网管理等功能,并提供给量收系统使用。具体结构运行如图 3－3 所示。

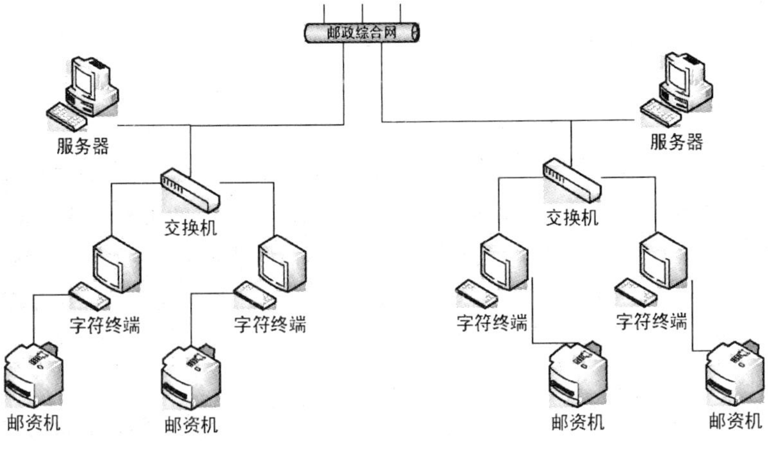

图 3－3　邮资机联网结构

三、邮政分拣设备

(一)邮政分拣设备的概况

邮件的处理过程包括邮件的接收、内部分拣和封发处理、运输、投递等环节。邮政分拣设备就是指在邮件的处理过程中所使用的各种机器与装置,主要应用于邮件的分拣、封发内部处理环节。它的发展是一个渐进的过程,根据邮件的种类和形状,人们把相同形状的邮件,利用其共性开发研制机械,来代替人工体力操作。随着计算机技术、图像处理和模糊技术等高新技术的发展和应用,邮政分拣设备越来越自动化、信息化、智能化。

我国邮政分拣设备的发展是一个渐进的过程。改革开放以前,由于我国邮政通信网网点少,基础薄弱,业务种类单一,邮政生产多以繁琐的手工操作和体力劳动为主,效率低下。我国的邮政科技事业的大发展时期是在改革开放以后,20余年来取得了长足的进步和发展。邮政分拣设备从无到有,从简单的机械设备到集机、电、光于一体化的自动化邮件分拣设备。

1978年,中国邮政自行研制开发的推挂式邮袋传送分拣机应用于广州邮政枢纽局。该设备采用工控板、夹钳、轨道等实现了邮袋邮件的输送以及简单分拣等功能,解决了当时邮袋分拣搬运繁重体力劳动的问题。1978年研制出中国第一台自动识别手写体邮政编码的信函分拣机,并相继在上海、广州等邮政枢纽投入生产使用。从20世纪80年代起,我国陆续开发及引进用于信函类的自动化分拣设备,用于处理包裹类的包裹分拣设备,用于处理扁平状邮件的扁平件分拣设备及期刊分拣设备等先进的分拣设备。

随着技术的发展和科技的进步,越来越多的高新技术应用于邮政分拣处理。就目前而言,邮政通信投入使用的邮政分拣设备种类较多,处理技术及处理手段也多样化。通常可按设备的用途和处理对象来分类。

(1)信函类分拣设备,用于处理普通信函、商函、挂号信函等信函状邮件,如信函分拣机等。

(2)包裹类分拣设备,用于处理包裹、印刷品等包状邮件,如包裹分拣机、扁平邮件分拣机等。

(3)邮袋、容器分拣设备,用于处理邮袋、大信盒、小信盒等容器装载邮件,主要包括邮袋输送—分拣机(如推式)、信盒输送系统、信盒分拣机等。

(4)邮件分拣辅助设备,用于处理邮件自动分拣过程中预处理或后处理的设备,主要包括信函理信机、集装箱倾翻系统、集装箱自动取盒系统、邮件搬运、装卸的皮带输送机等。

随着科学技术的发展,应用自动控制技术、信息技术、网络技术来实现邮政分拣设备自动化、信息化和智能化,已成为现代邮件处理技术设备发展的新趋势,也必将大大推动和加快邮政分拣设备现代化的进程。

(二)信函分拣设备

1. 信函预处理设备

信函理信系统是信函分拣系统的预处理系统,它自动快速地剔除不标准的和没有编码红框的信函，并同时进行盖销以及分类堆存信函。它主要采用OCR的光电扫描识别和计算机对图像识别的处理技术，通过计算机的控制信号以控制信流的转向，以使信封的红框位置处于同一方向。它的应用极有效地减轻了生产劳动强度，大大地提高了生产效率。

信函预处理的功能有以下几点。

(1)分类功能：将混乱输入的信函按照几何尺寸、物理性能进行分类，分别选出可用机器与不宜用机器处理的两类信函。

(2)检查信流质量，将传输质量不符合要求的信流(例如含有重叠、间距过小、翘角信函的信流)加以纠正或剔出。

(3)理信功能：以贴在信封右上角的邮票或者红框为理信基准，将信函整理为顺面顺向并具有确定基准的状态。

(4)盖销功能：盖销邮票或在信面上加盖落地戳。

(5)预分功能：根据收寄制度，将信函分为快信、慢信两类或航空、外地、本地三类，并将欠资信、邮票未贴在右上角的信函、未书写邮政编码的信函分别剔出。

(6)将上述经过分类、整理、盖销的信函按照类别整齐地堆集，或者形成有规律的单件信流。

信函理信机是由供信装置、分离装置、整位装置、扫描装置、延时装置、翻转(转向)装置、盖销装置、格口装置以及终端控制装置组成(见图3－4)。信函理信机的工作原理为：当信函整齐地堆放在供信台上，单件分离装置自动地按一定速度逐件分离信函，形成单件信流。在单件信流通道两侧共设置了4个红框探测器，用来探测信封上书写寄达地址邮政编码的红框位置，然后由分路器分为两路：红框在上沿的一路，经1/2理信实施翻转理信，再进行整位，使红框都处于下沿、无需理信的信函。

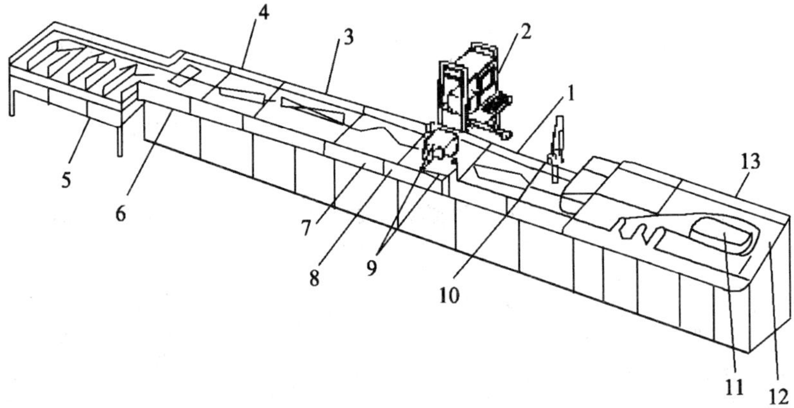

图3－4　红框理信机示意

1—整位装置(1)；2—终端控制器；3—翻转装置；4—整位装置(2)；5—储存格口；6—盖销装置；7—延时装置；8—扫描装置；9—扫描器；10—显示器；11—操作控制盘；12—供信装置；13—分离装置

两路信流合并后，再按红框在前沿、红框在后沿以及红框未写邮政编码需要拒识等3种情况分别入格。这3种情况也都是由4个红框探测器检测出来的。红框在前沿及在后沿的格口均设置为双格口,以便在一个格口满格时,信流能自动进入另一格口。

2. 过戳设备

信函过戳机是邮政信函内部处理的一种专用设备,主要用于进口信函盖落地日戳,如图3-5所示。

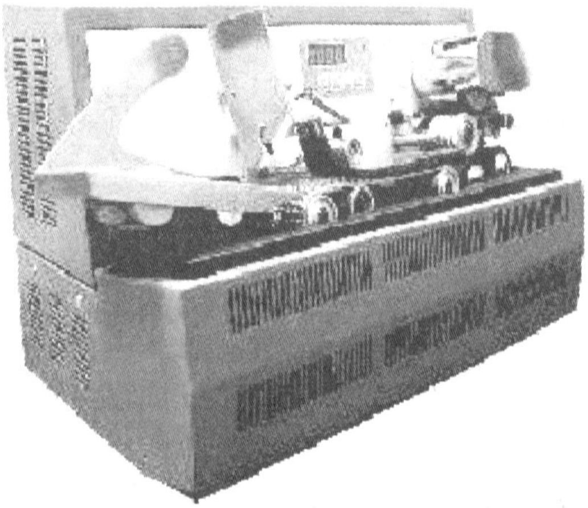

图3-5 信函过戳机

信函过戳机采用简单可靠的胶轮供信方式,稳定的摩擦分离机构,在光电自动控制下,完成供信、分离、计数和过戳等一系列动作。

信函过戳机机构非常简单,主要由供信装置、分离装置、加速分离装置和信函过戳装置等组成。供信装置主要由供信板、供信轮、浮轮和供信动力皮带组成。加速分离装置(有些生产厂家称之为抽信机构)由加速压轮、压轮拉簧和加速轮组成。过戳装置主要由戳头、日戳压轮、油墨轮和油墨介轮组件等组成(目前过戳机采用的方式有步进电机和扭簧离合器等)。

信函过戳机主要通过主电机的动力传送使供信轮、输送带、加速轮以及日戳的转动来完成盖戳任务。主电机是通过信函遮住发光管和接收管所发生的光电信号转换来启动的。光电信号转换电路是由红外发光二极管、光电接收管、晶体三极管和施密特反相器等组成。

3. 信函分拣机

以我国常用的OVCS信函分拣系统为例(见图3-6),信函分拣系统主要由供信模块、传输模块、整位器模块、规格检测模块、扫描模块、分拣格口模块,以及操作控制台、系统控制柜、视频标码系统和低压配电单元构成。而分拣格口模块按格口形式可分为集堆器模块、集堆器墙模块以及格口墙模块。

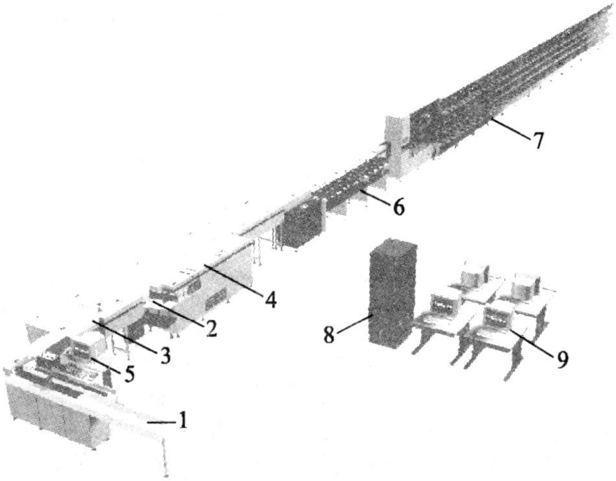

图3-6　OVCS信函分拣机模块总图

1—供信模块;2—规格检测模块;3—整位器模块;4—扫描模块;5—操作控制台;
6—集堆器模块;7—集堆器墙模块;8—系统控制柜;9—视频标码系统

信件由供信模块按预设的间距逐封分离后,送入整位器模块校平信件底边,再由规格检测模块对信件进行检测,剔除尺寸规格不符合设备分拣的信件。

通过检测的信件会被送入扫描控制模块,由扫描器获取和预处理信件图像上的信息,并通过光纤将图像数据传送至电子阅读器RE(Reader Elcctronics)和图像处理器IHDL(Image Handler);与此同时信件进入延时线,为计算机系统处理信件图像信息以及视频标码人员进行视频补码提供足够的时间。被电子阅读器识别阅读出邮政编码的信件数据将输送到设备控制计算机MCC(Machine Control Computer);邮政编码无法被电子阅读器识别阅读的信件,其图像信息则会从图像处理器送入视频标码系统VCS(Video Coding System),由视频标码人员进行视频补码后,视频标码输入的信息被送到设备控制计算机MCC。

(三)包裹分拣设备

随着邮政的发展,包裹业务量迅速增长,包裹业务已成为邮政行业中的重要支柱之一,同时也是物流行业中的竞争对象。为了满足对包裹快速处理的要求,从最大程度上优化包裹的处理流程,缩短处理的时间,降低人力资源成本,应用大型的自动化分拣设备是必不可少的。

应用于包裹分拣的设备类型比较多,按照主传送装置的形式可分为平带式、斜带式、托盘式和翻板式4种。

平带式包裹分拣机是邮政部门使用较早的机种,至今仍然在使用。其主要的优点是:结构简单,维护方便,投资少,噪音低。可采用挡板、推板、格口传送机等多种卸包机构,但是,由于提高这种分拣机的速度会使包裹卸包不稳定,这一类型的分拣机的分拣速度受到一定限制。

斜带式包裹分拣机是使用倾斜约37°的传送带来传送包裹的。到达格口后打开托板卸下包裹。这种分拣机有着平带式分拣机的优点，而且性能更稳定。但由于包裹是借助本身的重力克服前进惯性和横向摩擦力而卸入格口的。因此，限制了进一步提高主传送机的速度。

翻板式包裹分拣机是出现较晚的机种，国内比较少用，但在欧洲各国使用较普遍。它采用链式输送机作为传送装置，窄条形可向两侧翻转的翻板作为承载构件。一系列翻板等间隔地排列在牵引链条上并与链条固接，靠翻板随牵引链运行及翻板翻转，完成包裹的运载及卸载。它的主要优点是：翻板翻转的数目由其运载的包裹尺寸来决定。这样，翻板的尺寸可按最小包裹的尺寸来设计，大包、小包都能上机。能够充分利用分拣机的有效长度，增加包裹在分拣机上的排列密度，分拣效率较高。但这种分拣机的缺点是只能直线运行，占用场地较大，而且只是比较适合于分拣较大、较重的长方形纸箱、行李箱及报捆等。分拣邮袋和容易变形的邮件时分拣效果较差。

托盘式包裹分拣机是当前世界各国应用最多、最广泛的一种包裹分拣设备。托盘容器的形式多种多样，主要的有平托盘式、V型托盘式、交叉带托盘式等。托盘式包裹分拣机一般是以链式输送机作为传送装置，托盘为承载装置。托盘等间隔地固接在牵引链条上，由驱动装置驱动牵引链条运动，从而带动承托盘将包裹运送到指定的格口单元，然后由控制装置控制托盘，把托盘上的包裹卸入格口。

我国过去普遍使用平托盘式分拣机和V型托盘式分拣机。但随着科学技术的提高和经济发展的需要，现在较先进的包裹分拣机都采用交叉带托盘式分拣机，而且为了提高分拣的效率，可以通过增加分发线数目，或使用双层承载器。本章将介绍平托盘式分拣机和交叉带式分拣机的维护与使用。

1. 平托盘式分拣机

包裹分拣机进行包裹分拣处理的过程是：首先由人工从包裹堆中取出单个包裹，人工或用扫描器读取包裹的寄达地址，确认信息，发出将其运移到相应格口的指令，然后分拣机根据地址信息指令（分拣计划）将包裹运送至指定的格口。

对包裹进行自动分拣的实质是包裹邮件的传送与地址信息识别的有效结合。随着光学识别和条码技术的发展，当今的包裹分拣机已经由过去半自动水平提升到全自动水平。

托盘式包裹分拣机有着包裹分拣机的通用结构特点。整机结构上有直线型（图3－7）和环型（图3－8）。

2. 交叉带托盘式分拣机

交叉带托盘式分拣机是近几年比较新型的分拣设备。早期产品仍然以链式输送机为主体结构，近几年发展到分段用驱动电机拖动的多驱动源模式。交叉带托盘式分拣机的外观如图3－9。

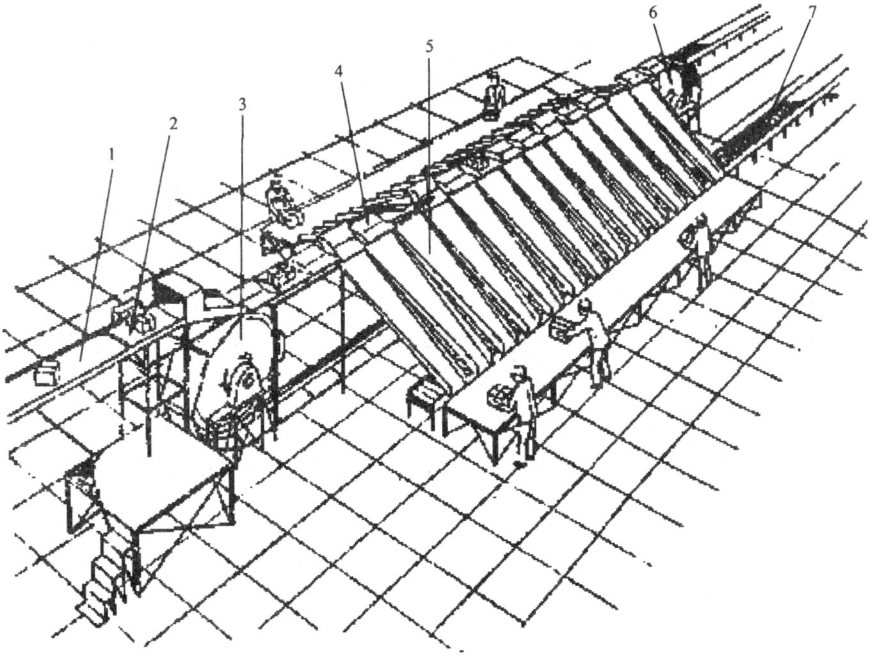

图 3 - 7　直线型托盘式包裹分拣机

1—供包带;2—上包带;3—链轮;4—托盘;5—格口;6—链轮;7—出包滚柱机

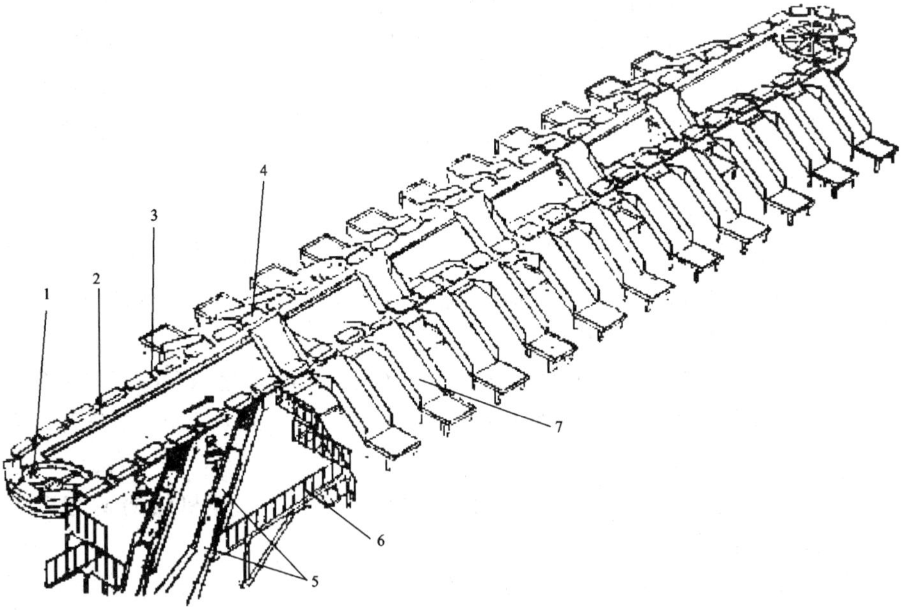

图 3 - 8　环型托盘式分拣机

1—驱动装置;2—水平轨道;3—牵引链;4—托盘;5—上包机;6—作业台;7—格口

图 3-9　交叉带托盘式环形包裹分拣机

交叉带托盘式小车的特点是取消了传统的盘面倾翻，利用重力卸落包裹的结构，而在车体上设置了一条可以双向运转的短传送带（又称交叉带），用它来承接从供包机来的包裹，由链牵引运行到相应的格口，再由交叉带运转，将包裹强制卸落到左侧或右侧的格口中。

交叉带托盘式小车有下列两个显著优点。

（1）能够按照上包包裹的质量、尺寸、位置等参数来确定托盘带承接包裹的启动时间、运转速度的大小和变化规律，从而摆脱了包裹重量、尺寸、摩擦系数的影响，能准确地将各种规格的包裹承接到托盘中部位置。这样一来，就扩大了上机邮件的规格范围。在业务量不大的中、小邮件处理中心，在一台带式托盘分拣机上，按不同的时间段落，既可以分拣包裹，又可以分拣印刷品、扁平邮件，从而节省了设备的数量和场地。

（2）卸落包裹时，同样可以根据包裹重量、尺寸及在托盘带上的位置来确定托盘带的启动时间、运转速度，可以快速、准确、可靠地卸落包裹，能够有效地提高分拣速度、缩小格口宽度，从而缩小机器尺寸，有明显的经济效益。

四、邮件运输设备

（一）邮件输送设备

1. 平面输送设备

平面输送设备主要包括带式输送机、滚柱输送机、板式输送机等，用于输送和装卸邮袋、包裹、信函和报刊等邮件。

平面带式输送机最高速度可达 90 m/min，带宽一般为 300～1 200 mm。输送带有橡胶带、塑料带、尼龙带和金属带。整机分为固定式、移动式和伸缩式 3 种。

滚柱输送机使用广泛，主要用于短距离传送信盒、包裹、邮袋等邮件，一般用于带式输送机的过渡段和弯曲段，运行速度低于带式输送机。

2. 悬挂式输送机

悬挂式输送机是世界各国邮政部门广泛使用的一种输送设备，主要用于邮袋处理，具有自动输送、自动分拣、储存和倒袋等多种功能。运载机构主要是夹钳或托盘，采用人工挂袋和自动卸袋。法国某中心局的悬挂输送机从地下室到六楼，总长

4 600 m,夹钳 6 800 套,驱动电机 48 台,总功率 550 kW,能沿 60°斜坡上升,运行速度 24 m/min,输送效率 2 400 袋/小时。

3. 地面传送链

国外一般把地面传送链作为容器和集装箱的输送设备,其工作原理是把牵引链条安装在地槽内,利用突出地面的推头或容器小车前端的牵引插头带动容器小车或集装箱在地面运行。实际上,地面传送链是推式悬挂输送机的一种特殊形式。

(二)升降设备

常用的升降设备有电梯、滑槽、斗式提升机等。这些设备一般需人工装卸,很难实现流水作业。英国研制的兰敦式垂直升运机,整机呈 L 形。垂直升运的吊床,在水平段相互搭叠,组成一条平面输送带,实现了水平输送和垂直升运的自动流水作业。

(三)邮件搬运设备

邮件搬运设备是指站台和中心局内邮件搬运的机动和非机动设备。主要有拖车、容器运载车、地面传送链牵引系统和无人驾驶自动导向地面搬运车(AGV)系统等。

(四)装卸设备

邮件装卸是邮政生产中的一项繁重的体力劳动,传统的邮袋和大量散件难于实现搬运、装卸自动化,邮件集装运邮为实现搬运、装卸自动化创造了条件。

邮件装卸设备除传统的带式输送机和滑槽外,还有叉车和各种升降平台。此外,各国还研制了一些其他设备。

德国和瑞士研制了厢壁滑动式邮政火车车厢;苏联、德国、英国设计了装有随车小型吊车的火车邮车;日本研制了抓勾式信盒搬运设备,可以上下左右运动的抓勾,抓取信盒搬运,工作效率为6.5 个/分钟;日本研制的集装箱信盒装卸设备,是利用可升降的夹钳式机械手装卸信盒,每次可装卸 4 个标准信盒,机械手分为固定式、旋转式和沿轨道前后移动式 3 种。

(五)容器和集装箱倾翻卸载设备

容器和集装箱倾翻卸载设备是容器集装箱的配套设备。由于容器和集装箱结构各有不同,倾翻设备也各异。

(六)邮政运输设备

邮政运输是邮政整个生产过程中的最重要环节之一。邮政运输的基本任务就是在合理有效的基本要求下,综合利用各种运输工具,保证各类邮件、报刊从任何地点,以最迅速、最安全和最经济的方法,运送到目的地。

根据设备的功能,邮政运输设备可分为邮运工具、装卸设备及起重设备 3 类。

目前邮政企业进行邮件运输所使用的运输工具包括火车、汽车、飞机、轮船等。装卸设备包括伸缩胶带装卸机、装卸升降台、双向升降、双向装卸输送机、装卸叉车等,主要用于火车、汽车以及飞机等邮运工具的装卸。起重设备包括桥式起重机、臂架式起重机等,主要用于车站、码头、机场的集装箱与邮运汽车的装卸。

五、邮件信息处理设备

(一)条码设备

条码扫描器作为光学、机械、电子、软件应用等技术紧密结合的产品,是继键盘和鼠标之后的第三代主要的电脑输入设备。条码扫描器自20世纪80年代诞生之后,得到了迅猛的发展和广泛的应用,进而实现对信息快速录入、处理、管理、存储或输出的要求。

1. 光笔条形码扫描器

光笔条形码扫描器是一种轻便的条形码读入装置。在光笔内部有扫描光束发生器及反射光接收器。目前,市场上出售的这类描器枪有很多种,它们主要在发光波长、光学系统结构、电子电路结构、分辨率、操作方式等方面存在不同。光笔类条形码描器枪不论采用何种工作方式,从使用上都存在一个共同点,即阅读条形码信息时,要求描器枪与待识读的条码接触或离开一个极短的距离(一般仅0.21 mm左右)。

2. 手持式枪型条形码扫描器

手持式枪型条形码扫描器内一般都装有控制扫描光束的自动扫描装置。阅读条形码时不需与条码符号接触,因此,对条形码标签没有损伤。扫描头与条形码标签的距离短的在0~20 mm范围内,而长的可达到500 mm左右。

枪型条形码扫描器具有扫描光点匀速的优点,因此,阅读效果比光笔扫描器要好。扫描速度快,每秒可对同一标签的内容扫描几十次至上百次。

3. 台式条形码自动扫描器

台式条形码自动扫描器适合于不便使用手持式扫描方式阅读条形码信息的场合。如果工作环境不允许操作者一只手处理标附有条形码信息的物体,而另一只手操纵手持条形码描器枪进行操作,就可以选用台式条形码描器枪自动扫描。这种描器枪也可以安装在生产流水线传送带旁的某一固定位置,等待标附有条形码标签的待测物体以平稳、缓慢的速度进入扫描范围,对自动化生产流水线进行控制。

4. 激光自动条形码扫描器

激光自动条形码扫描器的最大优点是扫描光照强,可以远距离扫描且扫描景深长。而且激光扫描器的扫描速度高,有的产品扫描速度可以达到1 200次/秒,这种条形码扫描器可以在百分之一秒时间内对某一条形码标签扫描阅读多次,而且可以作到每一次扫描不重复上次扫描的轨迹。描器枪内部光学系统可以单束光转变成十字光或米字光,从而保证被测条形码从各个不同角度进入扫描范围时都可以被识读。

5. 卡式条形码阅读器

卡式条形码阅读器可以用于医院病案管理、身份验证、考勤和生产管理等领域。这种阅读器内部的机械结构能保证标有条形代码的卡式证件或文件在插入滑槽后自动沿轨道作直线运动,在卡片前进过程中,扫描光点将条形码信息读入。卡式条形码阅读器一般都具有与计算机传送数据的能力,同时具有声光提示以证明识别正确与否。

条形码扫描器中的重要部件是光电扫描器。它由光源、光学透镜、光栏、光电转换器和电路系统几部分组成。它的作用是对条形码进行扫描,把条形码的图像信息转变成电的信息,传送给译码器处理。

(二)数据采集器

把条形码识读器和具有数据存储、处理、通信传输功能的手持数据终端设备结合在一起,成为条形码数据采集器,简称数据采集器,当人们强调数据处理功能时,往往简称为数据终端。它具备实时采集、自动存储、即时显示、即时反馈、自动处理、自动传输功能。它实际上是移动式数据处理终端和某一类型的条形码扫描器的集合体。

数据采集器按处理方式分为两类:在线式数据采集器和批处理式数据采集器。数据采集器按产品性能分为手持终端、无线型手持终端、无线掌上电脑、无线网络设备。见图 3－10。

(a)　　(b)　　(c)　　(d)

图 3－10　数据采集器

(a)手持终端;(b)无线型手持终端;(c)无线掌上电脑;(d)无线网络设备

数据采集器是一种条形码识读设备,它是手持式扫描器与掌上电脑的功能组合为一体的设备单元。也就是说它比条形码扫描器多了自动处理、自动传输的功能。普通的扫描设备扫描条形码后,经过接口电路直接将数据传送给 PC 机;数据采集器扫描条形码后,先将数据存储起来,根据需要再经过接口电路批处理数据,也可以通过无线局域网或 GPRS 或广域网相联,实时传送和处理数据。

数据采集器是具有现场实时数据采集、处理功能的自动化设备。数据采集器随机提供可视化编程环境。条码数据采集器具备实时采集、自动存储、即时显示、即时反馈、自动处理、自动传输功能。为现场数据的真实性、有效性、实时性、可用性提供了保证。见图 3－11 和图 3－12。

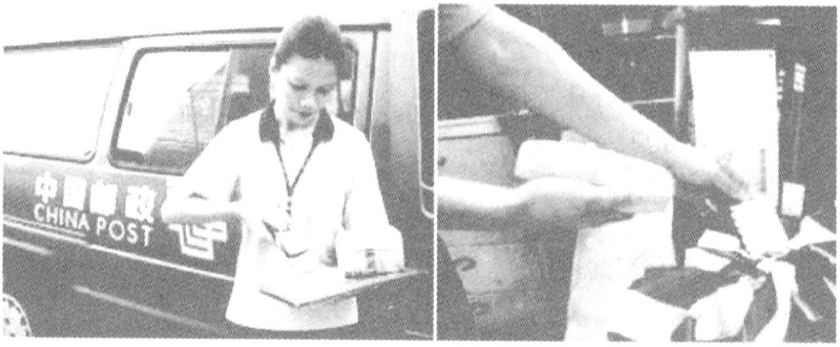

图 3－11　数据采集器在邮政中的应用

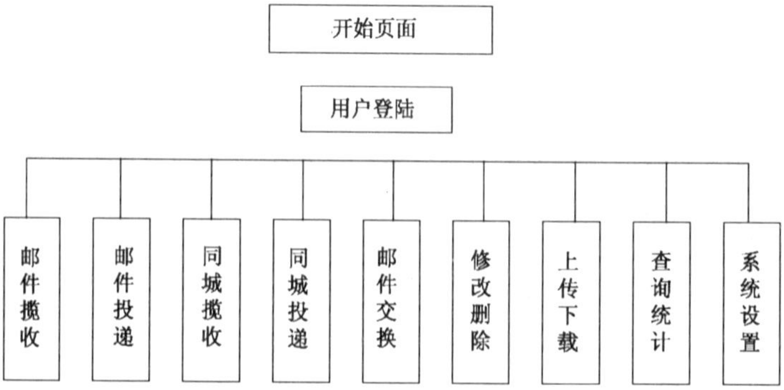

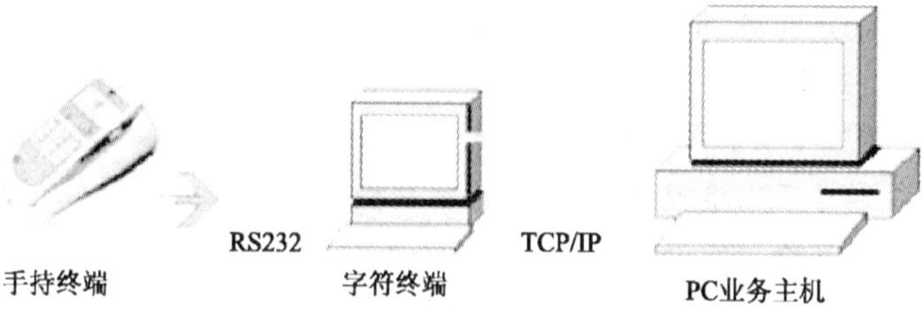

图 3－12　数据采集器揽收数据上传下载示意

六、邮政商函处理设备

1. 邮简机

邮简机是将打印完成的单页纸(预涂压敏胶)自动折叠并压合成保密信函的专业设备。邮简机采用磨擦反转滚轮装置送进纸张,能确保稳定的进纸量。邮简机具有如下功能。

(1)识别纸张特性功能,自动储存纸张特性,有效防止双张和乱张,提高工作效率。

(2)自动设置折叠线,存储折叠方式,根据纸张的长度和选择的折叠方式自动设置折叠线,并可存储4种折叠方式。

(3)解决卡纸和简单维护,邮简机一般设计有滑动折叠,使用户很方便地取出卡塞纸张。

(4)接纸盘容量大且适用不同规格的纸张及尺寸。

2. 封装机

(1)可将3页A4大小纸张折叠并插入一个标准的5号或6号信封 并自动封口。

(2)折叠、封装、粘口。

3. 信封地址打印机

(1)在邮件的任何地方打印漂亮的图片。

(2)清晰地打印个性化的地址。

阅读材料

邮区中心局生产管理架构

一. 生产管理层次

根据邮区中心局的生产作业特点和扁平化管理的思路,各邮区中心局的生产管理可划分为3个层次,即决策层、控制层和执行层。

1. 决策层

邮区中心局局长或分管生产的副局长为生产决策层,全面负责本邮区中心局的生产运行,对生产中的重大问题进行决策。

2. 控制层

成立邮区中心局生产指挥调度中心,作为邮区中心局的生产控制层,全面负责邮区中心局生产作业系统管理、生产调度管理、车辆与设备管理、业务档案管理、业务视察和生产质量管理。同时,对原有相关生产职能机构进行撤并,将过去分散在各基层生产单位的生产调度、信息系统管理等相关职能上交,由生产指挥调度中心对全局生产进行统一、集中管理。

各一、二级邮区中心局必须按照集团公司的统一要求,成立职能完善的生产指挥调度中心。对于已经单独设立了速递、报刊和国际等专业生产管理机构,生产管理和生产场地与邮区中心局分设的局均应在邮区中心局成立生产指挥调度中心的同时,在各个专业生产管理机构中设立本专业的生产指挥调度部门,比照邮区中心局管理扁平化的要求,对本专业的生产调度、生产质量和信息系统及设备运行维护进行统一、集中管理,并将相关情况上报国家邮政局备案。各三级邮区中心局要比照一、二级邮区中心局,设立邮区中心局生产指挥调度部门,对生产进行集中管理。

3. 执行层

各基层生产单位为执行层。调整、弱化基层生产单位的生产管理职能,负责生产操作质量管理、生产现场管理和班组管理。设立专职或兼职质量监督岗,严格规范职工的生产操作,正确执行指挥调度中心下发的各项指令,确保本单位的生产质量和生产效率,实行精细化管理。

邮区中心局各基层生产单位的设置全网不搞一刀切,可根据本邮区中心局生产场地分布情况,按照扁平化管理思路,以便于简化局内交接,便于人员交叉作业为原则,由各邮区中心局自行确定,合理精简。

二. 各生产管理层次的职能

1. 决策层——局长或分管生产局长

(1)全面负责本邮区中心局的生产运营状况。

(2)根据集团公司和省邮政公司的各项规定,结合邮区中心局的具体情况,组织制定本局各项规章制度。

(3)贯彻集团公司网运部、省邮政公司网运处制定的与邮件分拣封发和运输有关的政策、规定,结合本邮区实际情况制定相关实施意见并组织实施。

(4)负责组织完成省邮政局的各项质量考核指标。

(5)负责签署本邮区中心局发布的调度命令。

2. 控制层——生产指挥调度中心

(1)贯彻执行上级指挥调度部门下达的调度通知和调度命令。

(2)接收和维护本邮区中心局生产作业系统所需的基础数据和控制数据。

(3)管理和维护本邮区中心局各生产单位的邮件堆位、邮路数据及本邮区内计划控制数据。

(4)制定本邮区内的邮件发运计划,报省邮政局经批准后执行。

(5)负责设备和车辆的管理,提出设备需求和设备选型建议,制定设备和车辆管理的日常规章制度并定期检查、考核。

(6)负责分拣封发、转运、押运、邮运生产管理及检查指导工作。

(7)执行调度值班任务,对本邮区中心局生产运行情况进行实时监控,实施动态调度,综合掌握全局昼夜通信生产情况,作好记录并按时上报;及时解决执行中出现的各种问题,防止生产出现间断现象。

(8)统计、分析、上报本邮区网路运行各项生产数据,实施邮区中心局生产运行质量管理。

(9)按照规定的频次、时限要求编制生产作业计划,协调各生产单位之间的关系。

(10)负责本邮区邮件容器使用和管理工作。

3. 执行层——基层生产单位

(1)负责本单位生产组织管理,贯彻执行规定的生产作业计划。

(2)负责现场管理,确保生产运行顺畅,转运、邮运、分拣封发部门的现场管理人员,对执行发运计划、封发计划、邮件疏运、邮件交接工作以及通信质量等内容负有直接责任。

(3)掌握通信生产活动情况,按规定的时间、内容向邮区中心局生产指挥调度中心汇报。

(4)执行上级调度指令或工作部署,及时处理反馈信息,协调、处理本单位各环节通信生产中出现的矛盾。

(5)负责本单位生产设备的正确使用,确保设备正常运转。

思　考　题

1. 我国现行的邮政管理机构体系是怎样构成的?

2. 怎样理解邮政网的构成？
3. 如何认识邮区中心局体制的概念及功能？
4. 邮政设备有哪些类型？
5. 包裹分拣机一般有哪几部分构成？

实践项目

1. 参观与调研。组织到一个邮区中心局参观，主要调研的内容包括机构设置、生产流程、邮政设施和设备情况。

2. 实训。信函分拣设备的使用。

第二篇

邮务类业务

第四章　国内函件业务与管理

函件业务是邮政最基本的业务，是世界各国都经办的业务。本章主要介绍国内函件业务的性质、特点，了解函件业务的处理过程，重点掌握函件业务的处理手续，进而准确、规范地办理函件业务。

第一节　国内函件业务的概念特点与分类

一、函件业务的概念与性质

从邮政的发展历史可以看出，函件业务是邮政起源的根本所在。世界各国的邮政部门都经办函件业务，各国政府都对邮政经办的该项业务予以立法保护。

函件业务是邮政的最基本业务。传递函件是邮政部门的根本任务，它为用户传递书面通信、各种文件和书籍，为国民经济各个部门进行信息传递，成为社会生产和人民生活中不可缺少的通信手段。传递函件是国家设立邮政的主要目的，也是赋予邮政部门的根本任务。世界各国各地区都把函件业务作为邮政的主要业务。

国内函件业务是指邮政部门提供的在我国境内寄递信函、明信片、印刷品、盲人读物等的一种服务。信函、明信片、印刷品和盲人读物统称为函件。国内邮件处理规则明确规定了信函、明信片、印刷品和盲人读物所包含的具体内容。

从性质上，函件业务属于通信类业务。它们所传递的实物包含有信息，而且传递实物的根本目的是传递信息。函件业务属于通信市场的组成部分，正因为如此，以传递个人信函为主的传统的信件业务正受到现代化通信手段的强烈冲击，函件业务在通信市场的地位受到了影响。因此，信件业务的发展方向转向企业之间、企业与个人之间的商务通信，函件业务的商业用途正在被进一步开发，因而，函件业务的发展趋势是开发 B2B、B2C 商业信函。

《中华人民共和国邮政法》规定：国务院规定范围内的信件寄递业务由邮政企业专营。这既是国家赋予邮政企业一项特殊的经营权，又是赋予邮政企业的一项义务，邮政企业代表国家对规定范围内的信件业务实行专营，体现国家保护公民通信自由和通信秘密的权利。这一点在世界上具有普遍性。

二、函件业务的特点

根据函件业务的性质，可以看出函件业务具有 3 个特点：①函件业务的本质是传递信息，而不是物品，这是函件业务与其他邮政业务的根本区别；②函件业务以传递实物的形式为用户传递信息，这是它与其他通信手段的根本区别；③函件业务具有鲜明的普遍性和公用性，是许多国家提供普遍服务的基本内容。

三、函件的分类

我们在第二章介绍了邮件的分类，函件是邮件的一种，而函件可以根据其具有的不同性质、处理手续、传递时限、运递方式、寄递区域等,分成不同的种类。

(1)按性质分类,可分为信函、明信片、邮简、印刷品和盲人读物等。

(2)按处理手续分类,可分为平常函件和给据函件两类:平常函件指收寄时不给收据,处理时不登记,投递时不要收件人签收,不接受查询,非邮政企业故意或重大过失造成损失也不承担赔偿责任的函件;给据函件指收寄时给收据,处理时进行登记,投递时要收件人签收,并接受寄件人查询及承担赔偿责任的函件。给据函件有挂号函件、保价函件。

(3)按传递时限分类,函件分为普通函件和特快专递函件:普通函件是按照一般传递时限规定传递处理的函件;特快专递函件是以最快速度传递处理的函件。

(4)按运递方式分类,可分为水陆路函件和航空函件两类。

(5)按寄递区域分类,可分为本埠函件和外埠函件两类。

(6)按邮局应负赔偿责任分类,可分为保价函件和非保价函件两类:保价函件指交寄时报明保价金额,因邮局责任造成丢失、短少、损毁时,邮局按保价金额负担相应赔偿损失的给据函件;非保价函件指交寄时不报明保价金额,丢失、短少、损毁时邮政局只负担一定限度的损失赔偿或采取补救措施的给据函件。

四、商函业务

按照用户划分,函件又可分为个人通信类函件和商业函件。商业函件是指区别于具有个人通信性质等零散交寄的信件,面向社会各类用户的邮政大宗商务性信息服务的函件。随着个人通信类函件业务市场的萎缩,商函成为目前函件业务发展的重点。从广义上讲,邮政商函包括数据库商函、邮资封片(贺卡)、账单等。

1. 数据库商函

数据库商函是以数据为核心的精准媒介,是依托名址信息资源,将传统的函件业务与现代数据库营销理念相结合,通过邮政渠道寄递的有针对性的信息载体。具有针对性强、保密性好、效果持久、成本低廉等特点,是企业拓展市场的一种有效方式。数据库商函包含国内商函业务和国际商函业务。

数据库商函既能帮助公司开发新顾客,也能为公司维持老顾客。数据库商函根据客户的需求,向特定的潜在顾客和顾客寄发广告、优惠卡、产品目录、展销会通知、各类会员专刊、企业内部信息专刊、产品样品等广告宣传品,并可附订购单、征询单、调查问卷等,并使广告客户得到及时准确的信息反馈。

2. 邮资封片卡(贺卡)

邮资封片卡(贺卡)包括邮资封、邮资明信片和邮政贺卡。

(1)邮资封:邮资封是邮政部门发行的附带邮资的信封。可在指定位置印制企业标识、名称、地址、电话、邮编和少量其他文字,宣传政府形象、企业品牌、产品和服务。

(2)邮资明信片:是指邮政部门发行的附带邮资的明信片。目前在商用领域应用很广,成为信息沟通的独特媒体。

(3)邮政贺卡:是邮政集团公司发行的集贺年、宣传和开奖功能为一体的邮资明信片。品种:普通卡、信卡、贺卡型、异型卡、动感卡、幸运封、自创型贺卡等。

3. 账单

账单是政府、公用事业、通信、金融、保险、证券等单位或部门,委托邮政企业,将账务结算单、通知单等邮寄给消费者的函件业务。具有隐蔽性好、针对性强、个性化沟通、权威性高、阅读率高、易于保存等特点。

第二节　国内函件业务流程及基本规定

一、国内函件的寄递过程

(一)平常函件寄递过程

平常函件寄递过程是指自寄件人将平常函件投入信箱、信筒起,至邮局将平常函件投交收件人为止的全部处理过程。平常函件寄递的全过程由收寄、分拣封发、国内(市内)运输、城乡投递4个阶段组成。如图4－1所示。

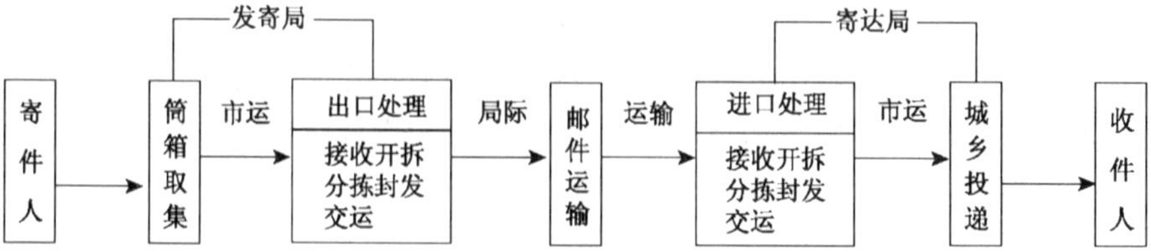

图4－1　平常函件寄递过程示意

函件收寄:平常函件一般通过信箱、信筒收寄。开筒(箱)人员用收寄日戳将信封上所贴邮票盖销后,转入下一环节处理。

分拣封发:进、出(转)口平常函件的分拣封发过程由接收—开拆—分拣—封发—交运5道工序组成。开拆(分拣)人员将接收的用信盒盛装的散件过秤、计量,并送各分拣台席,由分拣人员进行初分和细分,并按封发频次或本局投递频次捆把、封装成袋(套)。出(转)口函件总包交转运部门处理发出,进口函件总包交市内运输(转趟)车辆运往相关的投递局。

国内(市内)运输:邮件转运部门接收出(转)口平常函件总包后,要进行归堆、配发,并将路单信息与邮袋进行勾挑核对,按发运路向、车次(船次)和发运计划有秩序地交运。

进口平常函件总包卸交转运部门,经转运人员按路单核对无误后,交分拣封发部门开拆处理。分拣封发部门按投递路段分拣封发后,交市内(郊区)、农村运输(转趟)车辆发相关投递局处理。

城乡投递:投递局接收平常函件总包后将其开拆、理顺,加盖投递日戳,并按投递段道分入相关信格内。投递员从分拣格内取出后进行分堆、细排、捆扎、装兜(投递专用),按投递出班时间、频次和投递路线上段投递。按《国内邮件处理规则》规定,平常函件按址投递,不需要用户签收。

(二)给据函件寄递过程

给据函件寄递过程是指自寄件人在邮局(收寄局)营业窗口交寄给据函件起,

至邮局(寄达局)营业窗口或投递单位将给据函件投交收件人为止的全部处理过程。

给据函件的寄递过程与平常函件大致相同,但给据函件寄递过程中的处理手续却复杂和严密得多。如图4-2所示。

在营业收寄环节,寄件人交寄给据函件,邮局在收寄时要验视邮件规格标准、称重计费、验票盖销、填写单据、加盖戳记、登列清单,然后送交或封交分拣封发部门。

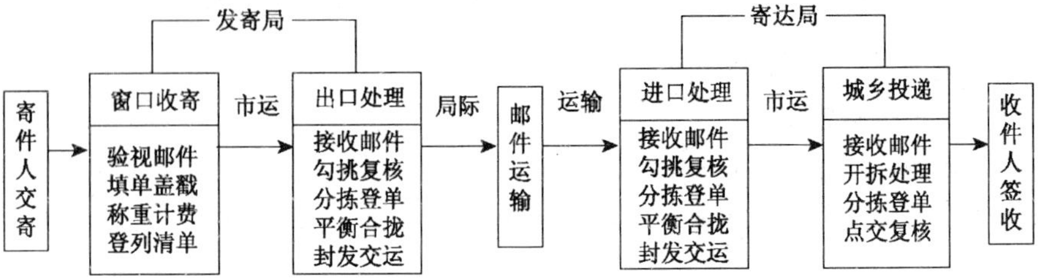

图4-2　给据函件寄递过程示意

在分拣封发环节,给据函件要经过接收开拆、勾挑复核、初分细分、封发袋套几个主要工序。封发时需要填登给据邮件封发清单,加盖封发日戳和封发人员名章。要逐件与清单复核下袋,一律装入邮袋封发,逐日逐班进行平衡合拢。

在国内(市内)运输环节,与平函相同。

投递环节,接收给据函件后,加盖当班投递日戳,投递人员分拣后,按段道逐件填登投递邮件清单(邮1401),上段按址投递。按址投递的给据函件,必须经用户验视、点准件(份)数后,单位用户要在投递邮件清单相关栏内加盖公章或收发专用章,个人用户签字或盖章领取。

局内投交给据函件,营业人员要将给据函件按种类并按接收顺序编列接收号码、填登营业投交国内邮件接收登记簿,填发领取邮件通知单送交投递部门。营业人员在营业窗口投交给据函件时,须查看领取人身份证件和领取邮件通知单,签字或盖章领取。

投递人员归班及局内投交后,要当日分别作好平衡合拢及档案处理工作。

二、函件处理的基本规定

(一)函件的规格标准

1. 准寄范围

《国内邮件处理规则》明确提出了函件的准寄范围。在第二章中已对函件的准寄范围进行了介绍。

2. 函件的禁寄规定

函件的禁寄物品主要包括:①反动和淫秽报刊、书籍、图片等;②各种货币。

若发现有违反规定的,属于①类的通知公安部门处理,属于②类的违章夹寄现金,通知寄件人限期领回。若无法通知寄件人的则改为汇款处理,扣除汇费后寄收件人,并在汇款通知单附言栏内批注"违章夹钞、改为汇款,汇费已扣除,邮件另寄"字样,相关邮件随验单发往投递局通知收件人到局领取。

3. 函件重量尺寸规定

对于各类函件的重量尺寸作出一定限制性规定，主要是为了便于处理和封装传递，并为机械化处理提供方便条件。具体要求见表 4－1。

表 4－1　国内函件重量尺寸限度

<table>
<tr><th rowspan="2">邮件类别</th><th rowspan="2">最大重量限度</th><th colspan="2">尺寸限度</th><th rowspan="2">附　注</th></tr>
<tr><th>最大</th><th>最小</th></tr>
<tr><td>信函</td><td>2 kg</td><td>长、宽、厚三面合计 90 cm，最长一面不超过 60 cm</td><td>长 16.5 cm
宽 10.2 cm</td><td>确需卷寄的，其尺寸如下
最大：直径的两倍和长度合计 100 cm，长度不超过 80 cm
最小：直径的两倍和长度合计 17 cm，长度不少于 10 cm</td></tr>
<tr><td>明信片</td><td>—</td><td>长 16.5 cm
宽 10.2 cm</td><td>长 14.8 cm
宽 10 cm</td><td>纸质：每平方米 200～250 g 规格的米卡纸、B 等白卡纸、胶版印刷涂布纸</td></tr>
<tr><td>邮简</td><td>—</td><td>长 23 cm
宽 12 cm</td><td>长 17.6 cm
宽 11 cm</td><td></td></tr>
<tr><td>印刷品
盲人读物</td><td>35 kg</td><td>同包裹</td><td>同信函</td><td>对 5 kg 以上的印刷品必须使用封装箱或坚韧包装材料妥为包装</td></tr>
<tr><td>邮送广告</td><td>同印刷品</td><td>同印刷品</td><td>同印刷品</td><td></td></tr>
</table>

4. 函件包装规格

对于邮件的包装提出要求，主要是为了保证邮件在处理和传递过程中的安全和完整无损，避免破损丢失。具体包装要求见表 4－2。

表 4－2　函件封装规格

<table>
<tr><th>邮件类别</th><th>包　装　方　法</th></tr>
<tr><td>信函</td><td>应装入完好并符合“GB/T1416—93 国家信封标准”的信封内交寄。交寄时应将封口粘固，不能用订书钉装订。如因内件无法装入国标信封时，可使用整张坚韧的纸张包封和粘固</td></tr>
<tr><td>明信片</td><td>凡符合明信片尺寸和纸质要求的，均可不加封装直接交寄，对不符合尺寸和纸质要求，以及双页或折叠式的片卡，均应装入封套，按照信函的封装要求作信函交寄</td></tr>
<tr><td>邮简</td><td>折叠后的规格尺寸，应符合规定，外形应方正，无明显倾斜，并且不能夹寄任何内件</td></tr>
<tr><td>印刷品
盲人读物</td><td>(1)交寄时必须经收寄人员验视后进行封装
(2)印刷品必须平直包装
(3)使用的包装材料，应视所寄物品的数量、大小、轻重等分别选用坚韧、牢固的包装材料。不得使用质脆、易裂的包装用纸或报纸、旧布、老化的塑料袋等包装
(4)薄片印刷品，应套封交寄。但不能用订书钉封口，经验视后必须将封口粘固
(5)内件不是一个整件的，要先用绳将内件捆牢，然后再包装
(6)重量在 500 g 以上的印刷品，要用坚韧的包装材料包装，然后用绳作“井”字形捆扎，并在绳交叉处打结固定，绳带要选用结实、不易断的材料
(7)重量在 5 kg 以上的印刷品，应根据实际情况选用合适的纸箱封装，箱内要衬垫牢固，以防内件晃动，箱外要用绳加固捆扎
(8)收、寄件人的姓名住址，如必须贴在封面上的，应先贴好后捆扎，并应露出便于处理。对粘贴后怕磨损易脱落者，要牢固拴挂地址姓名签条</td></tr>
</table>

(二)函件的资费规定

1. 函件资费标准

我国现行函件资费标准列于表4－3。

表4－3　国内邮件资费标准

邮件资费 种类		计费标准	资费标准/元	
			本埠(县)	外埠
基本资费				
信函		首重100 g内,每重20 g(不足20 g按20 g计算)	0.80	1.20
		续重101 g～2 kg每重100 g(不足100 g按100 g计算)	1.20	2.00
明信片		每件	0.80	
印刷品		首重100 g(不足100 g按100 g计算)	0.40	0.70
		续重每重100 g(不足100 g按100 g计算)	0.20	0.40
邮简		每件	0.80	1.20
挂号费		每件	3.00	
回执		每件	3.00	
盲人读物		按水陆路平常邮件寄递	免费	
包裹、快递包裹		每500 g为一计费单位 (快递包裹首重1 kg,每续重500 g)	按寄递里程分区核定,具体标准详见现行《国内普通、快递包裹资费表》	
		每件挂号费	3.00	
机要件	文件类	计算单位与资费标准同国内挂号信函资费		
	刊物类	计算单位与资费标准同国内挂号印刷品资费		
	机要保密费	每件	1.00	
保价费		每保1元(不足1元按1元计算)	0.01	
		每件最低保价费	1.00	
存局候领手续费		函件和汇兑业务每件	1.00	
		包裹每件	3.00	
撤回邮件或更改收件人名址手续费		每件	3.00	
使用电报办理查询、撤回、更改收件人地址、姓名电报费		每件加收	2.00	

2. 函件资费纳付方式

函件资费的纳付方式有以下几种。

(1)函件资费一般使用邮资凭证交付。邮资凭证包括邮票,印在邮资明信片、邮资信封和邮资邮简上的邮票图案,以及邮资机打印出来的邮资符志。

邮资凭证交付多适用于用户交寄零星信件和印刷品。

(2)现金交付邮资。用户办理邮政业务时,以现金或银行支票交付应交纳的资费。使用现金交付邮资的有:①用户交寄的成批的大宗邮件(整寄整付邮件);②用户零星交寄的邮件,月末一次结算的零寄整付邮件。

3. 免收资费

交寄函件都应按规定的资费标准付足邮费,但下列函件可免收资费。

(1)按原邮电部和总参谋部联合通知的规定,现役义务兵从部队发出的用于私人通信的国内平常信函(不要求航空寄递、重量不超过20 g的信函)。相关函件封面由所在军事单位加盖"义务兵免费信件"戳记,并集中交寄。

(2)按原邮电部制订的《烈士遗物邮寄办法》交寄的烈士遗物。

(3)按平常函件交寄的盲人读物。

(4)邮政公事邮件。

第三节　国内函件业务的处理

一、函件的收寄处理

函件收寄方式主要有:营业窗口收寄,信筒、信箱收寄,流动服务收寄和临时服务处收寄4种。信筒、信箱只适用于收寄用户投入平常信件,流动服务和临时服务处是为满足常设服务不到的地区用户的用邮而设置的,可根据需要规定收寄函件的种类。

(一)函件收寄的准备工作和基本要求

收寄前,要做好各项准备工作,如换好日戳、核校衡器、备妥票券和有关单式、找零用款等。

收寄时,检查函件封面书写、资费、所贴邮票、尺寸、重量、包装等项目是否符合规定,对印刷品还要验视内件是否符合准寄范围。对不合规格的函件应按有关规定处理。

函件上所贴邮票(包括邮资信封、明信片上所印具有邮资凭证性质的邮票图案)应用日戳盖销,日戳要盖得清晰,以便判明收寄局和收寄时间。

按《寄件人总付邮费办法》收寄的函件,应逐件加盖邮资机符志戳记,或加贴邮资机符志券。

函件收寄后,应妥为保管,防止丢失、被窃或其他事故,并按规定的班次和时间送交或封交分拣封发。无人值夜的邮政支局不得将收寄的函件和票款留存过夜。

(二)函件收寄手续

1. 平常函件的收寄手续

平常函件收寄的方式主要采用信箱、信筒收寄和营业窗口收寄。

平常信件(包括邮简)大多通过信箱、信筒交寄,开箱人员根据规定的开箱频次、时间,按时开取邮件。平常印刷品、盲人读物、义务兵免费信件、邮政公事函件、寄件人总付邮费的平常函件等必须到营业窗口交寄,体积较大不能装入信箱、信筒的平常信函也可通过营业窗口收寄。寄件人总付邮费邮件收寄信息应完整录入电子化支局收寄系统。

信箱、信筒收寄平常信件的处理过程大致是:开箱取信—理信—销票—统计业务量(补录入信息)—按规定频次封发邮件。

2. *挂号函件的收寄手续*

信函、明信片、邮简、印刷品和盲人读物都可以作挂号函件寄递。挂号函件一律到营业窗口交寄。

收寄挂号函件的流程如下:

接收、验视—称重、计费—复验录入、打印收据—销票盖戳、贴签、给据—复核、存放、待封发。

收寄零星挂号函件应当办理下列手续。

(1)接收、验视邮件。收寄零星挂号函件时,应着重验视以下内容:验看封面书写、封装规格、尺寸、重量等是否符合规定;对印刷品要认真验视内件;遇到邮件封皮破损或易损、使用已用过的信封或翻改重制的信封、有拆动痕迹、名址有涂改的,应当退请寄件人加以更换。

(2)称重、计费(售票)。正确称重,根据所收邮件的种类和要求准确计收应收的资费。

(3)复验、录入信息,打印收据。复核封装等邮件收寄规格是否符合规定;录入邮件号码、寄达局、备注、重量、收件人名址等邮件相关信息;打印挂号函件收据或发票。

(4)销票、盖戳章、贴签、给据。盖销邮票;使用邮资机处理的邮件,可直接在邮件封面上加盖邮资机符志戳记。在邮件封面右上角粘贴"国内挂号信函条形码标签"或"国内挂号印刷品条形码标签",并根据需要按规定在封面上加盖各种邮件种类或业务戳记(如"印刷品"等);出给收据。

(5)复核、存放、封发邮件。收寄后,应自我复核一遍,检查收寄过程有无遗漏处理手续;存放保管好邮件,等待封发;封发时,营业信息系统生成"封发挂号函件清单";

(各级邮政机构交寄的挂号邮政公事,收寄手续除与一般规定相同外,还应在邮件封面、挂号函件收据或封发挂号函件清单上加盖"邮政公事"戳记或加注"邮政公事"字样。)

3. *存局候领函件的收寄手续*

凡在邮件封面上(包裹及包裹详情单上)写明收件人的姓名,指定存留的邮局名称和寄件人的地址姓名,并注明"××邮局存局侯领"字样的普通邮件都可以作为存局侯领邮件交寄。

与不要求存局候领的同类函件相同,但验视封面书写规格时应注意是否符合其特殊规定,所寄的如是给据函件,出给的收据上应加盖"存局候领"戳记,并在相关收寄登记清单上加注"存"字。

收寄单位于每日营业终了后对所收各类给据函件的件数,根据当日收寄登记清单和收据存根等分类进行结算,得出的结果要与送交或封交分拣封发的件数核对。如果不符,应当查究。

4. 收寄工作的检查

检查工作除由相关工作人员自查或互查外,应设专职或兼职检查人员办理。要按规定的检查项目、次数、数量等切实检查。检查结果均应设专簿登记。对不合格事项应与相关工作人员研究改进:对未出局的差错,要及时纠正;查出重大问题要汇报领导处理。检查给据函件,如发现错收资费,应按多退少补的原则按照有关规定处理。对开取信筒、信箱工作的检查,应采用向信筒、信箱投入"开箱试片"的办法进行。

(三)信箱中开出的不合规格邮件处理

1. 未付足资费的信件的处理

(1)应盖销邮票,并在邮件封面加盖"欠资"戳记,批明应收款额(按所欠资费加倍计算),发投递局处理。

(2)无法发往前途的,通知寄件人限期到局办理补交资费手续。

(3)无法通知寄件人或者逾期不办理补交资费手续的,保管期满一个月后作无着邮件处理。

2. 贴用无效邮票信件的处理

(1)邮件封面贴用下列无效邮票,应退回寄件人,无法退回的应当将邮票两旁加括弧(不可以盖销),作为欠资邮件,按照欠资邮件处理:①经国家邮政局公告停止使用的邮票;②已经盖销或画销的邮票;③污染、残缺、退色或变色,难以辨别真伪的邮票;④外国邮票及港、澳、台邮票;⑤从邮资邮简、邮资信封和邮资明信片上剪下的邮票图案,或将邮资信封、片直接粘在邮件上使用的;⑥畸形邮票(如倒印、折痕、漏齿、复齿等)。

(2)邮票贴用时,如重叠粘贴(或对折粘贴信封的两面),被遮盖的邮票不作为交付邮费,相关邮件作欠资邮件处理。

(3)邮件上禁止贴用伪造的、剪割拼补的或洗刷重用的邮票(邮票正面涂抹胶水或者浆糊)。这种由于用户故意交寄的使用不符合规定的邮资凭证的邮件,相关邮局不予发寄,通知寄件人限期撤回。无法通知寄件人或者逾期不办理撤回手续的,保管期满作为无着邮件处理。

(4)对使用印有邮票图案的明信片和邮资信封、邮资邮简,交寄时可不用另贴邮票,但邮票图案的面值不足应付邮费时,要加贴邮票补足。

3. 封面及书写不合规定的处理

(1)封面书写地址不详、无法收寄的处理:①盖销邮票,(在邮件封面粘贴"改退批条")批注原因,退回寄件人(更正补写);②无法退回的,作无着邮件处理。

(2)白皮信的处理(白版):信箱开出的白皮信(封面空白,未写收、寄件人名址)时,可将邮票盖销,作无着邮件处理。

(3)如果书写的文字不合规定,退请寄件人加注;无法退回,则按无着邮件处理。

4. 封装不符合规定的处理

信封未封口的,应当妥为代封。封皮破损的,应当会同主管人员用"代封纸"代封,并予签证，同时在骑缝处加盖日戳。

5. 信箱中开出义务兵免费信件的处理

从信箱、信筒中取出的义务兵免费信件，应退回相关军事单位，因封面地址不详，无法退回时，划销三角形戳记，作欠资信件处理。

6. 信箱开出印刷品的处理

从信箱、信筒中开出的印刷品，一律按信函收寄。

7. 其他不合格邮件的处理

(1)信箱开出非邮寄物品的处理：从信箱、信筒取出非邮寄物品时，应当交给主管人员，根据具体情况妥为研究处理，处理情况要加以登记，有关物品应送有关部门，不得私自扣留。

(2)箱开挂号信的处理：信箱中开出注有“挂号”字样的，不论是否付足挂号函件资费，一律按平常信件处理。

(3)信箱中开出保价信封的处理：信箱中开出使用保价信封的，通知寄件人到邮局办理相关手续；无法通知的，按平常邮件处理。

二、函件业务的特殊处理

用户在交寄邮件以后，往往因为情况的变化产生特殊需要，邮政部门也应根据用户的特殊需求，办理所需特殊处理手续，并应制定特殊处理有关规定，函件业务的特殊处理内容有撤回更改、改寄退回、查询和补偿等。但以下情况不接受撤回更改的申请：①个人寄给党和国家领导人以及县级以上党政机构的信函；②已由收寄局发出的平常信函；③特快专递、保价信函只受理撤回，不办理更改业务。

(一)撤回和更改收件人地址姓名

邮件交寄以后，寄件人因故需要撤回或更改收件人地址姓名，除寄给国家领导人以及县级以上党政机关的信函以及收寄局已经发出的平常信函外，收寄局均应受理。具体步骤如下。

(1)由寄件人填写“邮件撤回更改申请书”并交验本人身份证件，在申请书上盖本人名章后交邮局办理，若属给据邮件还应交验相关收据。

(2)如果相关邮件尚未由收寄局分支机构发出可免收申请费，并由寄件人签收后撤回，同时应交回原收据，或由寄件人更改地址姓名后再寄。

(3)若相关邮件已经发出则应收取撤回更改申请费。营业人员应填写“撤回或更改通知书”一份挂号寄往经转局或投递局，经转局或投递局收到通知后，应及时挑出相关邮件并按通知要求办理退回或改寄手续。邮件退回原收寄局后，应通知寄件人到局签收领回并收回原收据。

(4)若相关邮件到寄达局已经妥投，则通知收寄局并告知寄件人。

(二)函件的改寄与退回

邮件的改寄与退回是收件人一方因故提出的特殊处理。有如下两种情况。

一是指邮件按原地址投递时，因收件人迁移新址、原址无此人、收件人拒收或收件人死亡等原因，相关代收人或代收单位要求将该邮件改寄或退回，可将原来收件人地址划销并加贴改退批条注明新寄地址或“退回”，同时应注明日期加盖名章。平常函件可投入信箱信筒或交邮局，给据邮件则送交投递邮局并办理交接手续、出给交回人收据，还应及时办理邮件改退手续。

二是收件人或收件单位因地址变更，可先向邮局申请办理改寄手续，填写“改寄邮件申请书”、签名盖章并应查验身份证件。申请改寄的有效期以 3 个月为限。函件改寄仍按原发寄方式寄递，一律不收改寄费。如果收件人迁移新址，邮局知其情况，也可主动改投或改寄新地址。但对于有拆动痕迹的邮件以及已经凭通知单领回的邮件，不予办理改退手续。

（三）函件查询

寄件人对其交寄的各类给据函件是否妥投，或得知收件人在一定时期内尚未收到时，可向收寄局提出查询申请。

（1）按受查询的最短时限：根据邮件寄达所需时间确定。省内及邻省信函 10 天，印刷品、包裹 15 天；其他省信函 20 天，印刷品、包裹 30 天。

（2）受理查询的有效期：自交寄之日起一年。

（3）查询手续。

（ⅰ）办理查询手续。

寄件人在规定的查询有效期内，凭相关邮件收据，到原交寄邮件的局所办理出口邮件的查询。

（ⅱ）受理查询手续。

审阅收据无误后，发给“邮件撤回、更改、查询受理书”，由用户填写，然后审阅受理书填写是否完备，并问明地址书写是否与所交寄的邮件地址一致。

若用户要求使用传真方式查询的，每件收取 2 元的通信费，所收费用用邮票贴在申请书上盖销。

在相关邮件收据背面批注“查询”字样，加盖日戳和受理人名章，并将收据退交查询人。

根据受理书依式填写“邮件查单”，并登列“出口查单登记簿”。用户要求传真查询或要求由收件人盖章证明妥收的，要在单头加盖戳记或用红笔写明。

将查单及受理书于当班按挂号信函寄送档案室。

（4）查询处理方式：直查和递查。

直查：指收寄局直接向投递局查询。

递查：指收寄局按邮件（总包）传递各环节依次进行的查询。

（5）查询全程时限。

自邮局受理查询之日起，至迟必须在下列期限内答复查询人：本市、县内互寄的邮件，为半个月；本省内或各省之间互寄的邮件为一个月（青海、新疆、西藏之间互寄和他们与其他省之间互寄的两个月）。

（四）无法投递邮件与无着邮件处理

因为有以下原因，使一些邮件无法投递：①收件人地址不详或书写错误的；②原址“查无此人”的；③收件人迁移、新址不明的；④收件人单位已撤消，又无合法代收单位的；⑤收件人死亡，又无家属代收的；⑥收件人拒收或拒付应付费用的；⑦局内投交的邮件，保管期满逾期不领的；⑧新建企、事业单位和居民住宅不具备通邮条件、产权单位拒收或保管期满的。

对于以上无法投递邮件的处理，应将邮件上收件人地址划销，粘贴改退批条并批明原因一律退回寄件人。

以上各类邮件既无法投递又无法退回寄件人或寄件人声明抛弃或拒付应付费用，以及退回原收寄局后保管期满寄件人仍未领回的，称为无着邮件。无着邮件按照规定由省管局或省管局指定省会市局集中处理。具体规定有：书面通信一律销毁；其他物品，能够变卖的，由当地商业部门收购，价款上缴国库。不能变卖的分情况作如下处理。

（1）银行存单、存折、支票、汇票等寄当地中国人民银行处理；其他有价证券寄往发行机构处理。

（2）金银、金银饰品，向当地银行兑换现金上缴国库。

（3）本国货币作邮局收入，外国货币向当地银行兑换人民币上缴国库。

（4）有效邮票交当地邮局出售后上缴国库；其他邮票寄本省的邮票公司处理。

（5）户口迁移证、护照和其他证书、证件送原发证机关处理。

（五）函件赔偿

各类给据函件在寄递过程中因邮局过失造成丢失、内件短少或损毁时，邮局应负赔偿责任，并按规定给以赔偿或采取补救措施，函件的现行赔偿标准如下。

（1）挂号函件每件赔偿不超过原付邮费的 3 倍或免费补寄与原件相同的挂号函件。

（2）保价函件，丢失或全部损毁，按原保价金额赔偿，内件短少或部分损毁的，按实际损失程度给以差额赔偿。

已经赔偿的邮件，如日后查出其余部分或全部，应通知受领赔偿人退回赔偿的部分或全部，并领回邮件；或者在一年内查明责任不在邮局，应通知接受赔偿人退回赔偿款。

三、函件的投递

函件投递是函件传递处理全过程的最后一个环节。它的任务是将经过进口处理发交本局投递的各类函件按规定的投递方式和有关要求妥投给收件人。

（一）函件投递方式

投递方式分按址投递和局内投交两种。

1. 按址投递

按址投递即按照函件封面书写的地址送交收件人。平常函件和挂号函件都应按址投递。按址投递的深度有如下规定。

(1)单位(包括与该单位同在一处的附属单位或其党、团、工会等组织)的邮件,不分城市与农村,一般投交到单位设在地面层或院门口的传达(收发)室或指定的接受邮件人员。

(2)多单位同在一幢楼或一个院内,应由所在单位在地面层总入口处或院门口指定统一的传达(收发)室接受邮件,或分别在地面层总入口处及院门口设置接受邮件场所。

住宅楼房(包括单位院内的宿舍楼)的邮件,设有传达(收发)室的,一般投交传达(收发)室;设有信报箱(群、间)的,一般实行插箱投递。

(3)住宅平房的邮件,应按街巷(胡同、里弄)门牌号投递到院落门口。住户较多的大院应在大院总入口处设置信报箱(群、间),实行插箱投递。也可以设置传达(收发)室或代收点接受邮件。

(4)对于不许投递员入内将邮件投交收件人邮件的单位,邮政部门要同该单位签定妥投书面协议。实行转接投递方式的,必须和邮件的接转单位或个人签订代投协议,确保用户妥收邮件。

(5)寄交农村地区的邮件应按《农村邮政通信组织管理办法》规定投递。根据交通条件和邮件量的具体情况,一般投递到乡或行政村的固定地点。

(6)寄交船舶的邮件和报刊,投交船舶所隶属单位的收发室。

2. 局内投交

局内投交是指由邮政局向收件人发"领取邮件通知单",收件人持单到指定局、所营业窗口领取邮件。保价函件、存局候领函件应局内投交。某些函件有特殊情况也可改为局内投交。如有补收资费或有违反规定寄递禁寄物品嫌疑等其他原因需要收件人到邮局办理手续的;经按址投递,因故无法投交的和寄交专用信箱的相关函件等。

(二)函件投递前的内部处理

1. 投递部门的内部处理

对发来的函件袋套按规定进行开拆处理。拆出属于局内投交的函件,由相关部门办理填写领取邮件通知单手续;拆出属于按址投递的函件(包括各类通知单),应加盖当班投递日戳,按投递道段分拣,给据函件并按段分登"投递邮件清单"及"进口给据邮件平衡合拢交接登记簿",交各段投递员进行分堆、细排后出班投递。

2. 营业部门的内部处理

收到发来的函件袋套和投递部门送来属于局内投交的函件后,对袋套按规定开拆。所有函件均须加盖接收日戳。对给据函件分种类按接收顺序编列接收号码,并登列"营业投交国内邮件接收登记薄",然后填发"领取邮件通知单",送交投递部门。对寄交专用信箱的平常函件送投信箱,挂号函件则填通知小条投入信箱,由信箱用户凭通知小条领取函件、办理签收手续。待投函件按便于拣取的办法妥存于专箱、专屉或上架。通知单发出后7天未领取时,应填发"邮件催领单",

同时在相关接收登记簿上批注填发催领单的日期备查。催领单交投递部门按址投递。经催领仍不领取的,各类函件保管一个月,期满仍未领取时,按无法投递邮件处理。

(三)函件投递手续

1. 按址投递

投递时要复核地址、姓名、作到妥投。平常函件不需用户签收;挂号函件(包括挂投的通知单)须由收件人在投递邮件清单上签收。如收件人不在,可由其家属批注家属关系代收,也可改为下一次班再投。经两次班仍未投出,可填发通知便条改为局内投交。投给单位的挂号函件应请单位收发人员验视并点清件数,在投递清单上盖公章或收发专用章。投递员每次班投递完毕应当班按时返局,并做好归班后的处理工作,如整理投递清单,对当班未投出的函件按规定办理交接手续,对需再投的应在函件上贴"再投邮件批条"等。投递部门有关人员对投递员交回的清单、函件应按规定验收,对再投的函件应妥为保管,挂号函件等再投时应重登投递邮件清单。

2. 局内投交

(1)平常函件,在查看身份证件合格后即可投交。对欠资函件,还要收取欠资费,填"欠资费收据"随函件投交。

(2)给据函件,应查看身份证件和领取通知单上已否经收件人签章并批注证件节目,查核无误后将函件投交,在通知单上盖投递日戳收存备查。

(3)收件人持催领单来领,应交出原通知单(原通知单如未收到或已遗失,可凭催领单领取)。

(4)对投交时须向收件人收取费用(如改寄费、退回费、存局候领费等)的函件,要收取有关的费用,所收费用换成邮票贴在领取通知单背面盖销或给出补收邮费收据,以邮票贴在其存根背面盖销。

(5)对保价函件,投交时要会同收件人当面开拆按内件清单点验内件(单位自封交寄的,凭封皮封志完好投交,不用拆点内件)。内件如有短少或损坏,要作书面记录,或先投内件或将函件暂存,给相关局缮发"验单"查究。

第四节　国内函件业务的经营管理

一、函件业务的市场定位及经营策略

(一)函件业务的市场定位

信息化是邮政商业信函发展的主要驱动因素之一。函件业务定位在以发展商业信函为主要方向,以数据库商函、账单、邮资封片卡为主要产品,并通过引入媒体理念,促进函件业务规模发展,实现规模效益。数据库商函是函件发展的源动力业务,要全面进入广告市场;账单是函件发展的高效业务,要做深客户,做多品种;贺卡是函件发展的成长型业务,要融入文化产业。

(二)函件业务的经营策略

当前,函件业务发展机遇与挑战并存。一是全球金融危机过后,直邮大国的函件

量都在稳步回升。2010 年 1—8 月德国函件量增长 4%，美国函件量增长 6%，其他发展中国家的函件量也呈正增长态势。二是出现了直邮与互联网融合发展态势。阿里巴巴、凡客诚品、当当、谷歌、百度、淘宝网等电子商务公司近期纷纷通过直邮媒体推广自身的业务。国外经验也表明，直邮与互联网等多渠道的共赢发展已成为长期的趋势。三是纸质邮件仍然拥有较高的社会接受度。根据美国第三方调查机构的调查，只有 13% 的人希望收到电子账单，87% 的人还是希望得到纸质账单。四是新政策带来新机遇。例如，保监会出台了禁止保险公司按号段拨打、随机拨打、购买陌生名单拨打电话等滋扰客户的规定；部分政府部门如北京市政府要求供热单位定期向客户送达账单等等，这些都为函件业务的发展创造了有利条件。五是邮政贺卡市场影响力扩大。近五年来，邮政贺卡从 7 亿元迅速攀升到 33 亿元，确立了在中国贺卡市场中的主导地位。

虽然说新技术、新媒体的快速发展对函件业务产生了一定的冲击，但我们更要看到市场和消费者对函件的需求和认可。当前的形势之下，我们最应该做的就是不争论、不徘徊，紧抓有利时机，加快发展步伐，强势推进函件业务的规模发展。

1. 创新营销服务模式，做大做强数据库商函

中国邮政发展数据库商函就是要学习和借鉴国外发展直邮的经验和做法，通过培育和推进直邮产业链的发展，营造利用社会资源共同发展数据库商函的大环境，扎实有效推进数据库商函业务的市场拓展，具体思路如下。

(1)抓住一条主线。以促进直邮产业链建设为主线。按照商函是广告媒体的重要组成部分，按照媒体经营理念发展数据库商函业务，大力整合各方面的资源参与数据库商函市场开发、数据库建设、营销策划、广告设计、印刷制作，尽快形成直邮产业链，促进数据库商函业务的规模发展。

(2)推进两个转变。在数据库建设方面，要改变过去只注重邮政自身建库的做法，按照国外的成熟经验和我国的实际情况，走邮政建库和客户建自有数据库相结合的道路。在营销方面，要改变过去主要依靠邮政自身力量做市场营销的观念，走邮政与社会合作的发展路子。可以通过与品牌广告公司建立密切的合作关系，借助他们的客户资源和营销力量开拓数据库商函市场。

(3)强化三项工作。首先，要强化邮政数据库的建设和维护工作。在提升数据库应用能力上，要通过与国际知名数据库公司合作，利用先进的技术和经验，快速提升邮政数据分析、挖掘和应用能力，丰富数据属性；在数据库的建设上，按照“分层建设，拓宽渠道，明确职责，建立机制，确保质量”的原则，集团公司重点抓好基础地址库、组织机构库的建设和邮政业务数据库的整合，各省公司抓好本地精品库的建设；在数据库的维护上，综合利用 11185 客服中心和投递信息化系统，抓好基础地址库和组织机构库的日常动态维护。其次，要强化数据库商函营销团队建设。抓好团队技能培训，通过项目营销锻炼实战运作能力，提升行业理解能力，解决方案能力，创意呈现能力，做数据库解决方案的服务者。第三，要强化商函市场营销和服务。加强与广告公司、数据库公司、咨询公司等的合作，扩大数据库营销的影响力。在明确市场重点的基础上，根

据客户营销传播需求，整合直邮、电子邮件、短信和数据服务等，为客户提供数据库营销整体解决方案。另外，还要增强整体服务能力。函件量较大的重点城市要依托商投网，尽快提升商业化投递服务能力。名址、投递部门要同时介入客户服务的前端

2. 深化两级开发，稳定发展账单业务

所谓"两级开发"，就是集团和省公司加强行业总部账单客户开发，地市局积极拓展属地客户市场。

（1）深化两级开发，深度挖掘账单市场。集团公司和省公司继续实施对银行、保险、通信、基金等总账单客户以及行业监管单位的全网统一开发和协调，积极培育账单市场环境，为各地市局账单业务开发提供支撑。地市局重点开发属地银企对账单和政府公用事业账单。

（2）提供整体解决方案，拓展行业账单市场。研究行业账单市场规律和客户特点，制定行业账单一站式解决方案，积极叠加账单的凭证、媒体功能，主动利用短信通知等电子手段，提升账单的到达率，结合客户需求提供个性化服务。

（3）积极应对电子账单替代，提升纸质账单价值。提高账单的服务质量和个性化服务水平，重点提高投递服务质量和水平，重点开发和宣传账单搭载广告、发票、凭证等功能，提升账单的使用价值和消费者索要账单的意愿。加强对银企对账单、凭证功能账单等不易被电子账单替代的账单品种的开发。研究账单和数据库营销的整合模式，推广账单的媒体化，提高账单的附加价值，降低可替代性。

（4）加强制作中心管理，稳定账单服务质量。积极推行大型制作中心的 ISO9001 质量体系认证和 ISO27001 信息安全管理体系认证，并结合两个认证推广制作中心的信息化管理水平，规范运作。

3. 创新贺卡发展模式，加快两翼市场拓展

贺卡业务在拓展定制市场的同时，也要拓展个人消费市场。既要稳步发展年度有奖贺卡，健康发展日常贺卡，又要积极拓展个人贺卡市场。

（1）推进跨媒体合作，搭建营销服务平台，创新产品与服务。重点开发与新媒体结合的邮政贺卡市场、景点门票邮资明信片市场、节日和生日贺卡市场、第三方付费等市场。如，可与央视媒体合作，搭建面向企业的营销传播服务平台，推出电影卡系列产品；与门户网站和手机通信运营商合作，搭建面向个人的营销服务平台，推出个性化明信片系列产品与服务。

（2）扩大定制客户规模，完善售后服务。主攻定制市场是有中国特色的贺卡发展经验，要以市场需求为导向，细分市场和客户需求，努力做大业务规模；注重售后服务，确保定制客户回访率达 100%、定制客户贺卡寄递率达 80% 以上、1 000 枚以上定制客户建库率 80% 以上、定制客户满意率达 95% 以上。

（3）细分市场，抓好 14 个重点行业，量身定制行业解决方案。各级邮政企业要利用好集团公司提供的行业客户开发诊断分析报告、营销宝典等营销工具，动员组织全局营销资源和社会营销资源。推广"卡商"联盟合作模式，提升贺卡的使用价值。

(4)强化成本管理,提高发展质量

推行产品损益核算,规范代办费支出标准和手续,加强印制费管理,使封片业务有效收入占比达48%以上。严把产品损益和图稿审核关。层层落实封片图稿报审制度,严格执行代办费、印制费、客户维护费管理办法。

(5)完善邮政贺卡信息化服务支撑平台

加快邮政贺卡信息化建设,为基层提供营销方案、图稿模板、客户分析等支持,从而提高基层的贺卡设计和开发能力。

二、邮政业务管理的原则与内容

邮政业务管理是邮政部门为了满足社会用邮需要,保障业务经营和生产活动正常运行,而进行的一系列关于邮政业务方面的计划、组织、开发、协调等活动。邮政部门向社会提供的各种服务,是通过开办的各项业务来实现的。因此,邮政部门在其经营和生产全过程中,必须通过业务管理对所经营的各项业务加以规范,确保其使用价值,达到迅速、准确、安全、方便的通信效果,以满足社会的通信需要。

1. 邮政业务管理应遵循的基本原则

邮政业务管理应遵循以下基本原则。

(1)以市场为导向,最大限度地满足社会用邮需求。

(2)既要从全程全网的总体出发,保证全网业务及其管理的统一性,又要根据地区市场的变化和社会用邮的需求及可能条件,发展地区性业务,并制定相应的业务标准和管理制度。

(3)明确划分业务管理层次,规定不同业务层次的任务、管理内容和管理方法,形成统一管理、分层负责、各有侧重、协调运转的业务管理体系。

(4)以质量为中心,以时限为主线,确保各项业务的质量。

(5)围绕邮政经营目标,把社会效益与企业经济效益统一起来,保持业务管理的科学合理,使管理制度和管理措施既适合邮政的现有条件,又有利于促进邮政业务的发展。

2. 邮政业务管理的主要内容

邮政业务管理主要包括以下内容。

(1)根据市场变化、社会的用邮需求和国家的有关规定,确定业务体系(种类),制定各项业务的经营方针和经营政策。

(2)对市场变化和社会用邮需求(包括现实的需求和潜在的需求)进行调查、预测,制定各项业务的发展计划。

(3)规定各项业务的服务水平,并组织实施。

(4)对通信质量实施管理。

(5)根据国家的有关法规,制定并组织实施各项业务处理的规章制度,规定各项业务的处理标准和操作规程。

(6)对业务档案、业务查询和业务损失赔偿实施管理。

(7)组织实施业务视察和业务检查,对邮政服务机构和服务设施实施管理。

(8)对于业务处理的用品、用具实施管理。

三、函件业务基础管理

对于函件业务的管理本教材主要从基层管理者的角度进行侧重讨论。

(一)三项基本制度

交接验收、勾挑核对、平衡合拢是邮件传递工作方面应该严格执行的三项基本制度,是邮政长期开办业务的经验总结。函件以及函件袋套的传递处理必须切实按制度执行,要落实到有关部门和人员,各县市局领导、各业务主管部门及各单位的主管人员要建立一定的制度,按职责范围分层负责检查执行情况。

1. 交接验收

邮件在处理过程中,凡局际之间办理交接的都必须严格执行交接验收制度,凡局内作业处理,在保证邮件处理质量、明确责任的情况下,可根据实际情况自行确定。

各类给据邮件和应当补收资费的平常邮件一律通过清单办理交接;总包一律通过路单办理交接。交接时,必须双方会同办理,如有不符情况,应当场复验清点,并办理签收手续。

交接验收的基本内容:①根据清单或路单逐件、袋勾核所登节目和总数是否与实物相符;②逐件验视保价信函,重点抽验其他邮件是否符合规格标准;③邮件袋套的封装是否符合规格;④总包的发运路向是否正确。

有下列情况之一的,应视为不合规格标准。

(1)散件:①装有禁寄物品或超过限寄范围的物品;②不符合封面书写、重量、尺寸要求和封装规格;③标签号码、收寄局名不清,以致不能辨别邮件种类或影响抄登节目;④邮费交付不足;⑤未按各类邮件准寄范围或相关业务种类收寄的邮件;⑥包裹未附详情单;⑦改退邮件未贴改退批条或批条手续不全。

(2)总包:①袋牌字迹模糊,不能辨别接收局名和号码;②封志印志模糊,不能辨别封发局名,铅志不固,袋绳可以抽出,铅志有撬动、锤砸等形迹;③绳扣有接头,捆扎不紧;④袋身有 2 cm 以上破洞、裂口,内件有取出可能的,袋皮水湿、油污,推断是由内件破损造成的,总包超过限重的;⑤套皮破裂或有拆动痕迹,套皮两端未粘住,能抽开,套签未盖骑缝日戳或日戳模糊,不能辨别封发局名。

2. 勾挑核对

各局在总包发出之前及接收时或接收之后,均应根据实物逐件、袋勾挑核对相关清单、总清单和路单,以确保登单节目与实物相符。各生产单位在邮件发出之前及接收时或接收之后,均应根据邮件逐件勾挑核对相关清单、总清单,以确保邮件交接质量。

各局在内部交接中,在确保邮件安全、责任段落明确的前提下,可自行确定交接方式。

勾挑核对时,如发现所登节目与实物不符时,应以实物为依据更正清单或路单,并将更正情况由主管人员签证后当班或按规定时限验知相关单位。

由于不执行或不认真执行勾挑核对制度,造成邮件无着落的,应追究相关人员责任。

3. 平衡合拢

各生产单位必须在每日、每班、每车(船)次工作终了时,根据进、出口清单或路单对给据邮件和总包分别进行平衡合拢,并填写“给据邮件平衡合拢表”(以下简称“平衡表”)。合拢的具体方法和平衡合拢表式样,由各省局根据具体情况自行规定。

合拢时,如果总数不平衡或结存数与实存数不符,应即采取措施查明。如复查无结果,应即向主管人员如实汇报,并作详细记录备查。

(二)函件业务质量的管理

函件传递频次和时限应按照原邮电部邮政总局制定的《邮件、报刊传递频次、时限规定》中的有关规定办理。各县、市局要根据总的时限要求,结合局内实际情况对营业、分拣、转趟、转运等环节确定分段作业时限。

函件业务质量的管理要按《邮政通信质量管理办法》有关函件业务质量管理的规定办理。各县、市局要根据省局下达的质量指标编制本局的质量计划下达给有关部门,组织实施,进行考核,要建立健全各项原始记录和登记统计制度,定期举行质量分析会,提出提高质量的措施。各县、市局要按省局的规定按时上报“邮政通信质量报告表”和“邮件、票款被贪污盗窃报告表”。发生邮政通信事故时应于2日内报送“邮政通信事故报告书”,结案后填报“结案报告书”。

(三)查单、验单、业务档案的管理

县、市局各部门及分支机构的查单、验单和业务档案,应由县、市局集中管理。各县、市局应设立专门机构或安排专职人员按集中管理的要求和具体办法加以管理,建立并执行登记处理时限、业务档案的缴送、核收、整理装订、存放保管、调阅等各项制度。

(四)业务单式、用品用具和各种设备、设施的管理

业务单式、用品用具是保证贯彻执行规章制度的物质条件,应作为业务管理的一个组成部分管好。各县、市局要有专门机构或专职人员负责综合管理,建立制度,做好请领、保管、分发,以及使用、维护、保养、更新等工作。用品用具要重点抓日戳、夹钳、铅志、邮袋、袋牌、袋绳等6项。日戳应按《邮电日戳印模规格标准与使用管理规定》,邮袋应按《邮袋使用管理办法》有关规定管理。夹钳印模的规格要按中国邮政集团公司的统一规定刻制,印模磨损不合使用的,要及时重刻更换。夹钳弹簧松弛而影响夹印清晰的,要修理或更换。袋牌、袋绳和业务单式的消耗要实施定额管理。

信筒、信箱是邮政的重要设施,信筒、信箱设置后,要在专簿上登记设置地点和设置日期等项,筒、箱门锁的钥匙要备置正、副两把,并指定专人保管。如遇筒、箱的门损坏失落或门锁失灵等情况,相关筒、箱应停止使用,封住投信口,并及时修复或更换。信筒、信箱设置后还要经常保持整洁,城市住宅楼房由产权单位在每一单元的地面层安装与住户房号相适应的信、报箱或在楼房集中处设置信、报箱间(群),供住户接收邮件使用,邮政局要与产权单位协商好信、报箱的维修、更换,确保邮件的安全,邮政专用信箱的使用管理应按照《邮政专用信箱使用管理办法》办理。

阅读材料

城市邮政营业管理规范

为更好地加强城市邮政营业基础管理工作，积极参与市场竞争，以适应新形势下的邮政业务发展和社会用邮需求，实现班组管理向程序化、科学化、规范化转变，特制定本规范。

一、基础管理

邮政营业基础管理工作主要是指对邮政营业生产过程中必备的管理簿册和业务簿册的设置、填写应统一规范，其主要内容如下。

（一）管理簿册

1. 台账

台账是记录班组管理工作的综合性资料，各项内容要及时填写，准确无误。

台账内容包括：本组人员结构表；服务概况（服务人口、服务面积、大客户用邮情况）；邮政业务量表；邮政业务收入计划完成情况表；主要生产工具设备记录。

2. 班组管理工作日志

班组管理工作日志是记录班组每日生产质检情况的原始资料，要求按日检查逐项填写，记录真实、清楚，对工作中发生的问题、生产情况等均应简要填入记事栏内。每周要有主管人员签阅意见。

班组管理工作日志内容包括：班组月工作小结、计划；每日监督检查项目；用户表扬、意见记录等（来信、来电、来访记录及处理结果）；会议记录。

此外，班组管理工作还应包括如下内容。

（1）分析班组、个人通信质量、服务质量、经营活动情况。

（2）组织学习贯彻上级有关规章制度，开展业务技术学习和基本功活动，并对重点的通知、业务变更进行学习。

3. 业务摘抄登记簿

业务摘抄登记簿要对上级的通知、通令及业务变更情况及时做好摘抄记录。

业务摘抄登记簿主要包括以下内容。

（1）业务通知文号、业务主要内容摘录、业务内容变动执行日期、摘录人姓名。

（2）业务变动涉及电子化支局系统修改的，应根据业务通知要求做好系统的测试和校验，保证系统提供的业务信息准确无误。

（二）业务簿册

1. 日戳打印簿

（1）日戳（邮资机符志）是邮政部门经办业务的重要工具，加盖在邮件上的戳记是确认邮政局与用户之间以及局内各生产环节、时限段落责任的重要依据。

（2）邮政日戳更换字钉后必须在“日戳打印簿”上加盖清晰戳样（邮资机加贴打印标签），经检查无误后加盖经手人和检查人员名章方可使用。

2. 邮资机使用登记簿

(1)开机后必须核对《邮资机使用登记簿》的金额与表头的金额是否相符,经核对无误后,方可处理邮件。

(2)每班工作结束后,应由负责人认真核对各台《邮资机使用登记簿》,在班组长栏内签章,并由操作人员妥善保管。

3. 出口查单登记簿

查验管理是企业提高服务水平和邮件传递质量、维护用户利益和邮政信誉的主要措施,要严格按照规定做好查验工作。建立出口查单、进口验单登记簿,按规定时限处理、回复。

4. 进口验单登记簿

二、业务管理

1. 收寄要求

(1)严格按照国家邮政局制定的各类邮政业务处理规则办理邮件、汇款、储蓄等业务。

(2)认真执行邮件收寄验视制度,做到当面验视,眼同封装。不得违章收寄禁、限寄物品。

(3)正确划分邮件业务种类,严格执行各类邮件的收寄规格标准,对邮件的封面书写、封装要求、重量、尺寸限度要严格审核把关。

(4)严格按规定的频次、时限组织生产作业。

(5)严格按国家邮政局制定的资费标准和经当地物价部门批准的延伸服务费标准收取各项费用,严禁乱收费或强迫用户使用高资费业务。

(6)收取的各项资费要按规定及时上缴,不得截留、挪用。

(7)加强大宗邮件的收寄与管理,不得跨界揽收和任意降低资费收寄。

(8)认真执行《邮资机使用管理办法》,邮资机符志或邮资机签条必须打印或张贴在邮件正面右上方。处理享受优惠政策的大宗邮件时,应当逐件按照实收金额打印邮资。

营业终了或交接班时应在邮资机使用登记簿上记录每班(天)每台邮资机起止数和注销数等,由检查人员或支局长核对无误后,做账一式两份,由出纳签收后,一份交财务留存,一份交业务档案部门进行资费稽核。

(9)有专人对各类资费的收取进行稽查,防止资费的跑、冒、滴、漏。

(10)各类票款、有价证券、重要空白凭证必须建立请领登记制度,做到眼同交接、点数签收,交接现钞时须由验钞工具点验后交接。营业员每月至少打票底一次,检查人员或各支局长不定期进行抽查,并将票底结账记录交班长备案、核查。

票款、空白凭证班后不得存放在营业柜台,要统一存放在保险柜内,空白凭证做到请领有手续,结存有登记。

(11)按《国内邮件处理规则》规定设立寄件人总付邮费分户账,按月对每一整付零寄邮件的寄件人，根据分户账结算当月邮费，填写“总付邮费结算单”（邮1129），通知寄件人结清当月邮费和预付下月邮费。

2. 业务档案和查验赔偿管理

（1）邮件业务档案包括邮件查询和记载邮局内部处理手续、交接责任、邮费的各种业务单据、凭证，以及有关的登记簿、清单、路单、通知单、邮件结算平衡表等。

（2）各类业务档案要做到理订成册，按期、按类别归档，妥善保管，并按规定时间上交。

（3）按规定的时限及时处理查验单，包括催查和赔偿记录。

（4）认真执行集团公司对外承诺的邮件查询时限，对逾期未答复、非用户责任的收寄局应按规定予以赔偿。

3. 邮政用品用具管理

邮政业务单式、各类出售品和用品用具应符合国家标准和邮政（通信）行业标准，按规定统一请领，不得自行采购。

（1）各类邮政日戳应建立档案卡片（样张），发放和更新要有记录。

（2）邮政日戳（包括日戳、机戳、风景日戳、临时邮局日戳等）、夹钳、邮袋、信盒、托盘等邮政专用用具。各班组要按规定使用和管理，存放邮政专用工具的库房要加锁。“邮资机表头、保价信函邮费已收”戳必须分别指定专人管理，在每日营业终了放入铁皮柜或保险柜内集中保管，防止丢失、盗用。

（3）邮袋、信盒、托盘管理应执行《邮件容器管理规则》，做到进、出、存账实相符，对无法使用的容器要及时清退。业务单册、袋牌、袋绳、铅志等邮政生产用品必须妥善保管，按规定使用。

（4）对出售的包装箱应严格按国家邮政局规定的限价出售。

三、服务管理

对外服务人员应认真执行《邮政通信服务规定》的基本要求，支局营业时间和业务功能的设置必须经上级主管部门审批，不得自行变更。

文明生产，主动接受社会监督，认真处理用户来信、来电、来访。实施定置管理，做到现场布局合理。

四、综合管理

1. 业务营销

做好大客户的开发工作，建立大客户档案，定期对大客户的用邮需求进行分析，同时采取走访、电话服务、开用户座谈会等形式加强与客户的联系沟通。

随时了解邮政市场信息，掌握客户用邮需求，并提供业务咨询，对客户使用的邮政业务进行指导。

2. 安全生产

生产现场实行封闭式作业，邮件、资金、设备、车辆有安全防范制度和防范措施；邮件堆位、工具物品放置和工作台席设置规范有序，做到布局科学合理，实现标准化。班组长做到现场值班，无关人员不得进入生产作业场地和邮件库房或翻阅邮件。

生产安全包括资金安全、票品安全、设备安全、保卫安全、防火安全。

严格执行取送款制度，各类票款、有价证券必须眼同交接点数。

营业场所及重点部位要设保安人员值勤，按时巡视各处安全情况，保证通道畅通、消防器材定位设置并齐全有效，确保安全。

思 考 题

1. 简述函件业务的基本流程。
2. 函件业务的处理应掌握哪些基本规定？
3. 简述平常函件、给据函件、存局候领函件的收寄手续。
4. 三项基本制度的内容是什么？

◆ 案例分析

案例一

王教授想往北京某部委邮寄一本自己手写的著作，邮局营业员按挂号印刷品收寄。一周后对方告知没收到，王教授又等了一周，但对方还是没收到。王教授急匆匆到邮局办理了查询，查询的结果是“邮件无着落”。这使王教授焦急万分，于是赶到北京亲自寻找邮件的下落。经过了一番周折，终于在邮局的“无着邮件处”找到了自己的手稿。

请问，在此案例中邮局营业员的做法存在哪些不当之处？

案例二

某用户到邮局邮寄CD光盘，邮局按挂号印刷品收寄，在收寄时封装完好，但投交邮件时，用户当面开启后发现光盘已出现折裂划缝，无法使用，要求赔偿。

请问该收寄局是否应该承担赔偿责任？为什么？

实践项目

1. 模拟训练。认识函件的寄递过程，分6个小组，每组4～6人，小组分别代表用户组、营业组、市内运输组、邮件分拣分发组、干线运输组、投递组。用户组模拟要交寄的至少3种函件，要具体写出相应的地址，其他各组要模拟如何处理。做完一遍后可交换角色。

2. 实训。练习收寄给据函件，包括挂号函件、保价函件。

3. 考察与访谈。到附近一邮政支局，观察该支局长一天的工作，并请该支局长介绍其经营管理的内容和经验。

第五章　国内包件业务与管理

包件业务是邮政传统业务。商品流通的加快，为包件业务提供了发展的机会。本章主要介绍国内包件业务的性质、特点，了解包件业务的处理过程，重点掌握包件业务的处理手续，进而能够准确、规范地办理包件业务。

第一节　国内包件业务的概念、特点与分类

一、包件业务的概念及性质

（一）包件业务的概念

邮政包件业务是邮政部门根据有关规则接受用户委托把适合邮寄的物品寄递到用户指定地点并投交给收件人的业务。

邮政部门有遍布全国城乡各地的邮政局、所和运邮路线，能够在完成邮政通信任务的同时，充分发挥内在潜力，适应广大居民互通有无寄递各类零星物品的需要而经办包裹寄递业务。随着计算机技术的飞速发展，网络时代的来临，对邮政传统业务的发展产生巨大冲击。同时，由于邮购业务的发展和网上购物的普及以及邮寄电子出版物等新业务的开拓，也为传统的包件业务提供了新的发展机遇。

（二）包件业务的性质

邮政部门经营的包件业务，属于物品流通性质的运输业务，与交通运输部门办理的货物运输业务没有什么本质的区别。但是，邮政部门经营的包件业务也有自己的特殊性，其中为便于居民个人生活、学习和工作的需要而交寄的零星物品包裹往往带有通信性质。

二、邮政寄递包件业务的特征

邮政部门经办的包件业务与其他业务以及与交通运输部门经办的货物运输业务比较，具有以下几点特征。

1. 邮寄物品的内容和服务对象与货运有所不同

邮政包裹寄递，历来以收寄居民生活用品和机关单位交寄的供员工个人工作、学习所用的零星物品为主，服务对象以个人为主，近年来随着商包寄递量的增长，服务对象也有所变化。但是，邮政包件业务，仍以交寄零星物品的居民个人为基本服务对象。

2. 邮寄包裹安全可靠，寄递范围广泛

与货运不同，邮寄包裹是将用户交寄的包裹再装入邮政专用邮袋，严密封口后运递的。这就保证了物品在寄递过程中的安全，但同时也限制了邮政部门只能收寄体积

不大、适于处理和装袋寄递的物品。这一特点决定了邮政部门收寄包裹应区别种类，并在体积重量等方面有一定的限制，以便于内部处理和传递。尽管如此，由于邮政局、所遍布城乡各地，邮政包裹寄递范围很广，不在交通沿线上的居民交寄包裹也十分方便。

3. 包件种类多、重量不一，处理传递有较多困难

在邮政业务中，包件属重件，用户交寄的各种包件，名称多，品种杂，形状体积不一，重量有轻有重，因而给邮政内部处理和传递带来一定困难，为了保证包件的安全寄递，除了收寄有限制性规定外，邮政应该改善经营、扩大服务，提供系列包装用品、代办包装等服务，以方便用户交寄，促进业务发展。同时，可根据包件的分类内容不同以及邮政运递处理能力，确定不同的作业处理和寄递时限；还应积极采取用先进技术设备，实现机械化处理。

4. 包件运输有依赖性

在很长一段时期内，我国邮寄包件的运输在很大程度上仍将依靠交通运输部门来解决，这就决定了邮寄包件业务发展和传递时限上都有一定局限性，要受到交通运输部门的制约，这一特点，要求邮政部门与交通运输部门搞好协作，充分有效地利用社会力量运邮。同时，邮政部门也应尽快增加运邮能力，提高包件寄递速度，以利于包件业务发展。

5. 资费核定和计算比较复杂

信件体积小、重量轻，运输费用在总费用中所占比例很小，所以采取均一资费政策，以方便用户交寄和邮局收寄处理。而包件往往有一定体积和重量、运输费用在总费用中占着很大比重，所以，包件资费不能采取均一资费制，而必须根据寄递距离、重量并考虑易于收寄处理等因素核定资费。所以包件资费的核定过程及其计算比较复杂。

三、包件业务的分类

包件业务目前按传递时限分为普通包裹和快递包裹。

1. 普通包裹

符合邮政部门对寄递包裹的重量、尺寸的限制及有关禁寄、限寄的规定，并按一般时限规定传递处理的物品，均可按普通包裹交寄。

2. 快递包裹

2001 年 8 月 1 日起开办，服务对象为工商企业、电子商务公司、邮购公司等，同时也可以满足居民之间扩大的包裹寄递需求。快递包裹业务采用以陆路运输为主的方式，其发运次序，排列在特快专递邮件之后、普通包裹之前，要选择快捷有效的车次和最佳的邮路组织运递，省会城市之间全程运递时限为 4 ~ 6 天。

四、包件新业务

1. 家乡包裹

“家乡包裹”是邮政发挥网络企业优势，与名优土特产品厂家联合策划，利用销售加寄递的模式，客户在邮局选购相关产品后可享受免费邮寄服务，满足人们亲情、节假日、旅游、会议礼品、公共关系和员工福利等需求，帮助客户定制具有浓厚亲情感，并提供邮寄的新型礼品包裹服务。

家乡包裹市场：需要用实物传递情感，提升生活品质的礼品寄递市场。

家乡包裹市场定位：“品牌企业联系消费者、消费者购买品牌产品的重要渠道”，即中国邮政扮演中介服务商角色。

2. 爱心包裹

爱心包裹是中国邮政服务社会、服务公益事业的一个项目。2009 年 4 月 26 日，中国扶贫基金会在人们大会堂举办全国“爱心包裹”项目启动仪式。爱心包裹里面的善品是根据受益对象的不同、季节的不同精心配备的学习和生活用品。中国扶贫基金会依托中国邮政网点在全国开通 3.6 万个爱心捐赠站，社会各界爱心人士只需要通过邮政网点捐赠爱心包裹（统一的善品和捐赠标准），就可以一对一地将自己的关爱送给需要帮助的人。群众也可以通过指定网址进行在线捐赠。

爱心包裹的捐赠标准如下。

100 元：捐购一个学生礼包，关爱一名灾区小学生。80 元为包裹采购及邮递费用，12 元为“新长城 5.12 自强奖学金”（500 元奖励一名小学生，2 000 元奖励一名大学生或中学生），8 元为项目执行与推广费用。

1 000 元：捐购一个学校礼包，关爱一所灾区小学。870 元为包裹的采购及邮递费用，100 元为“新长城 5・12 自强奖学金”（500 元奖励一名小学生，2 000 元奖励一名大学生或中学生），30 元为项目执行与推广费用。

第二节　国内包件业务的处理

一、包裹的封装规格标准

包裹封面的书写要求与函件基本相同，但是包裹的内件性质、内容以及重量尺寸比较复杂，使包裹的封装有更多的规定和要求，这些规定与要求都是为了保证邮件在处理和传递过程中的方便与安全。

包裹的封装要求见表 5 - 1，包裹重量尺寸规定见表 5 - 2。

表 5－1　包裹封装规格表

邮件类别	包装方法
包裹	(1)凡是准许邮寄的物品，应根据物品的性质、体积大小、重量以及邮寄的路程等情况，分别选择适当的包装材料，妥为包装。 (2)包裹内件如属柔软、干燥、耐压、不怕碰撞的物品(如衣物等)，可用结实的布匹或包装箱等材料包装，体积较大的再用结实的绳子作"井"字型捆扎。书籍、簿册等物品可用结实的包装箱、布等材料包装，捆扎前，上下应用厚纸板或木板衬垫，以保护内件。 (3)对不耐压、怕碰撞或容易污染其他邮件的物品，必须用坚固耐压的瓦楞纸箱、钙塑箱、木箱或金属箱匣包装。如用木箱，其箱板的厚度不少于 1 cm，使用上述箱匣，应视其物品性质分别注意下列事项。 (ⅰ)脆弱易碎物品(如玻璃、陶瓷类物品)装箱时，物品与箱板之间要留出 2 cm 空隙，用柔软的物料充分填塞。如箱内脆弱易碎物品不止一件，还须分别逐件用瓦楞纸、海绵、稻草等物裹扎，以防碰撞损坏。 (ⅱ)流质易溶物品(如药水、饮料、酒类、蜂蜜等)，要先装入密封的容器内再装入箱匣。箱内四周必须留出充足的空隙，并充分填塞柔软并能吸水的物料。对流质易溶物品盛装的容器是脆弱易碎瓶器又不止一件时，必须对容器要分别用柔软吸水的物料一一捆扎。 (ⅲ)油腻、腥味和容易返潮的物品(如火腿、咸鱼等)要先用不透油的塑料袋、蜡纸妥为裹扎后，再装入箱内包装。 (ⅳ)有色的干粉末(如颜料、碳粉)应先装入密封的容器内，再装入箱内，其周围用纸屑、木屑充分填塞，并衬油纸、蜡纸等物，如非一件脆弱易碎容器，也应对容器分别用瓦楞纸、海绵、稻草等物裹扎，以防污染其他邮件。 (4)一般食品(如糖果、糕点等)，怕压的要用坚固、耐压的木箱、瓦楞纸箱、钙塑箱、木箱、金属箱匣包装。 (5)农作物种子、粮食等须用坚固耐压的木箱或坚韧的布匹、塑料袋套包装。 (6)铁制类物品(如刀、剪、钩等)先将锋刃处包裹后，再用坚固耐压的木箱包装。箱内空隙的地方，需用柔软的物料充分填塞。 (7)金属器材和其他笨重物品(如机器零件、器械等)，如果耐压的可用厚布包装再用绳捆牢；如物品本身不耐压，要用坚固耐压的木箱包装，箱内空隙应用物料妥为填塞，体积较大的木箱，还应用铁皮箍或塑料封袋捆扎。 不怕碰压的整捆物品，凡边角粗糙、带有棱锋、钩刺或有凸齿咬口，有损坏邮袋或其他邮件的(如轴承、钢索)，要用坚固耐压的木箱包装，或用厚布包住，再用绳捆紧，凡边角光滑、无棱角的(如草席、轮胎等)，可用绳索布料捆扎包装。

表 5－2　包裹重量尺寸限度表

邮件类别		最大重量限度/kg	尺寸限度		附注
			最大	最小	
包件	包裹	35	以能装入 2 号邮袋为限	长、宽、厚三面合计不少于 30 cm，最短一面不少于 2 cm	省(区、市)内互寄的包裹和跨省(区、市)互寄的直运、直投的包裹，其最大限重和最大尺寸，由收寄的省(区、市)邮政局规定
	包裹	10			
	快递包裹	40			

二、包裹的禁寄限寄规定

为维护国家有关经济政策和法规的贯彻执行，维护社会治安，保护人身和邮件物品的安全，邮政寄递的物品有明确的禁寄和限寄规定。

关于邮件的禁寄规定，见第二章第三节"邮件的规格标准与禁寄、限寄规定"。

需要指出的是，在收寄邮件时，遇有物品性质不能识别的，应请寄件人提交相关部门出具确认非危险物品或妨碍公共卫生物品的鉴定证明后再予收寄。

三、包裹资费

（一）包裹资费政策

因为包裹的运输费用在包裹寄递总费用中占较大比重，所以包裹资费的核定应当以包裹的运输距离和包裹重量为主要依据。

包裹资费采用区域计费制，把全国划分为若干个计费区，实行一区一费制。即在每一个计费区内选定一个中心局作为计算与其他计费区之间的运输距离的代表，区内各局之间及其到中心局之间短距离运输费用，则按照全国综合计算办法，以每公斤的平均费用为计算标准。

鉴于包件业务的竞争性，还可以根据商包寄递市场的竞争情况，灵活运用资费杠杆，实行季节性、临时性资费浮动政策，以利于竞争、发展业务。

（二）包裹资费构成

邮政包裹资费由运费、挂号费、保价费（保价与否由用户自愿选择）3 部分费用构成。包裹资费构成如下所示。

包裹资费
- 运费
  - 区间运费：运价率 × 区间距离 × 重量
  - 区内运费：单位重量运价 × 重量
- 挂号费：每件 3 元
- 保价费：保价金额的 1%

区间运费是根据运输部门承运包裹的平均运价而确定的统一运价率乘以区间距离而核定的单位重量（千克）的运费标准，其单位是“元/（千克 · 千米）”。区内运费则不计里程，一律按全国统一的标准计算。

要求保价的另按所填报保价金额的 1% 收取保价费，每件最低收取保价费 1 元。保价金额每件最多以人民币 100 000 元为限（直递包裹按 5‰ 收取保价费，无保价金额上限）。

（三）包裹资费的核定办法

由以上包裹资费构成可知，包裹资费核定采取了长距离按实际里程计费、小范围内则平均计费的简化计算办法。资例格式如表 5 - 3 所示。

表 5 - 3　国内包裹资例表格式（上海计费区）

浙江省	每千克包裹资费							单位：元
计费区代号	1	2	3	4	5	6	7	8
计费区名称	杭州	宁波	金华	温州	丽水	衢州		
普通包裹	0.60	0.80	0.90	1.20	0.90	0.90		

（四）包裹资费计算与资费收取标准

营业窗口收寄包裹时，按照《国内包裹资例表》或《国内快递包裹资例表》所列标准进行资费计算。

1. 普通包裹资费

普通包裹资费 = 每千克包裹运费 × 包裹重量 + 挂号费(保价包裹再加保价费)

每公斤包裹运费:即所查资例表数,重量以 500 g 起重,不足 500 g 的尾数按 500 g计。

挂号费按件收取:每件 3 元。

保价费:按保价金额 1% 收取,最高保价金额为 100 000 元,最低 1 元。

例:用户交寄一件重 750 g 的包裹,经查《国内包裹资例表》中每千克资例为 1.00 元,保价金额为 500 元,应收资费:1 × 1.00 + 3.00(挂号费) + 5.00(保价费) = 9.00 元。

2. 快递包裹资费

快递包裹资费实行分区计费,首重、续重分别按相关资费标准计收。首重以 1 000 g 为计费重量单位,续重每 500 g 为一个计费重量单位,分 5 000 g 以内和 5 001 g 以上分别采用不同的计费标准。具体资费标准以中国邮政集团公司规定编制的《快递包裹资例表》为准。

(五)包裹资费的纳付方式

为了使用户交寄和收寄处理方便,现行包裹邮资纳付方式有两种,包裹业务量大、业务稽核管理健全的邮局,普遍采取收现金、开收据的资费纳付方式,这是最主要的纳付方式;在不具备以上条件的农村支局、所,则可以采取在详情单上粘贴邮票并盖销的方式纳付邮资。

四、包裹的收寄与投递

(一)包裹的收寄

1. 包裹的收寄流程

接收验视、预称重量—发单—会同封装—称重、录入、打印详情单—抽单、贴单—盖戳—收费给据—复核存放、封发。

2. 包裹的收寄手续

(1)接收包裹、验视内件、预称重量、发单。检查包裹内有无禁寄或超过限寄规定的物品,预称重量。根据寄件人的需要提供普通包裹详情单或快递包裹详情单,并指导用户正确填写详情单。

(2)会同封装,验视收寄规格及详情单。会同用户一起进行封装,同时检查包裹封面规格、尺寸、重量是否符合规定。若封皮上标有"↑"标志或写明"不能倒置(侧置)"字样的包裹,不予收寄。

查看包裹封面书写和详情单填写是否一致和符合规定,详情单寄件人声明栏的填写有无遗留;详情单上如果附有内件清单,应请寄件人改放在包内附寄。

填写包裹详情单时应注意:填写前请寄件人认真阅读详情单背面的注意事项。不允许营业人员帮寄件人代填详情单。收、寄件人名址按规定正确填写。包裹内装寄的物品、数量应如实填写,要求保价的,按规定填写保价金额。"寄件人声明":寄件人根据自己的意愿在详情单寄件人声明栏内选择包裹无法投递时的处理意见,寄件人在详情单“寄件人签名”处签名。

(3)称重、录入包裹相关信息,打印包裹详情单。根据寄件人交寄的包裹情况,在营业收寄系统输入包裹代码,进入包裹收寄状态,录入(扫描)包裹号码、寄达局、重量、收件人名址等,确认计费。打印包裹详情单。

(4)抽单贴单、盖戳。把包裹详情单的二、三联抽出,一、四联贴在包裹封面上。根据实际情况,在包裹封面或详情单上加盖相关的业务戳记,如“红杯” 等。

(5)收费、给据。按照邮费款额向寄件人如数收取邮费。采取贴票办法收寄包裹的,将邮票贴在包裹封面上并用日戳盖销。包裹详情单第二联(收据联)交给寄件人,第三联(存根联)留存,第一、四联详情单牢固的粘贴在包裹上。

(6)复核、存放包裹、封发。包裹收寄后应当按照规定复核资费、抽查重量。收寄完毕的包裹应当妥善保管,包裹封发时应在营业信息系统中生成“封发包裹清单”。

3. 对于不同性质不同类别的包裹,收寄时的注意事项

(1)红杯(红杯水)包裹。对装有易碎物品或流质易溶物品的包裹,称为脆弱包裹。收寄这类包裹时,除按上述规定处理外,还应按照下列规定办理。

(ⅰ)对相关包裹是否妥善包装要加强查验。最大重量限度为10 kg。

(ⅱ)在包面和相关详情单上分别加盖“红杯”或“红杯水”戳记。

(ⅲ)下包时,要轻拿轻放。

(ⅳ)封发时,封装脆弱包裹的邮袋应加拴“红杯”或“红杯水”袋牌。

(2)临时直封包裹。临时直封包裹是指支局、所收寄的包裹不需要经过县、市局分拣部门的开拆、重新分拣封发就直接发往投递局。

窗口收寄临时直封包裹注意事项如下。

(ⅰ)临时直封条件:包裹单件重量够20 kg,“红杯”或“红杯水”包裹满10 kg;同一寄件人同批交同一收件人的包裹能装满2号(原4号)邮袋。

(ⅱ)收寄时请寄件人填写收件人名址牌,封发时把收件人名址牌加拴在该包裹袋上。

(ⅲ)配备袋牌打印机的支局、所才能进行临时直封。

(3)保价包裹。包裹是否办理保价业务,营业人员有建议权,但决定权在用户。保价金额可以是内件价值的一部分,也可以是内件价值的全部。

(ⅰ)收寄保价包裹邮件称重时精确到克。

(ⅱ)营业人员收寄保价金额超过1 000元(含1 000元)的包裹邮件时,应会同寄件人当面验视内件,眼同固封,封装材料采用适于贴用封志的牛皮纸箱。在封装箱骑缝处每边居中位置粘贴一枚以省名为背景的“保价包裹封志”,在封志处骑缝加盖收寄日戳和收寄(验视封装)人员名章及寄件人签名或盖章,然后用带有“中国邮政”标志及“省名”字样的透明专用封装胶带覆盖保价封志严密封口。对保价金额低于1 000元的保价包裹可不粘贴“保价包裹封志”,但对这类邮件及非保价包裹邮件都必须在包装箱(袋)骑缝处加盖收寄(验视封装)人员名章后用带有“中国邮政”标志及“省名”字样的

透明专用胶带严密封口。

(ⅲ)保价包裹与非保价包裹可以按混封处理。

(4)自封免验内件包裹。机关等单位交寄的包裹,如果出具不违反禁寄、限寄规定的保证书,要求免验内件,经市、县局同意备案的,可以免验内件(每半年审核一次免验资格),自封交寄。对批准免验的包裹交寄时,用户应在详情单上加盖与保证书一致的单位公章。

对批准免验内件的包裹,在收寄时应进行抽查并记录备案,若发现有违反规定寄递禁寄、限寄物品的,应取消免验资格。如果寄件单位拒绝开拆验视内件的不予收寄。除此之外,还应查阅保证书是否超过规定的有效期限,查验详情单上是否已经加盖寄件单位公章或专用章,详情单和包面上是否批注“自封”字样或加盖“自封”戳记,对交寄保价包裹的要核验加贴的保价封志和加盖的骑缝章是否符合规定。若用户未批注“自封”字样,对收寄的包裹要在详情单各联上加盖“自封”戳记,封发清单备注栏应批注“自封”字样。化工产品不得自封免验收寄。

(二)包裹的投递

1. 包裹的投递方式

包裹投递有按址投递和局内营业窗口投交两种基本方式。县以上城市城区范围内,包裹实行投递到户,快递包裹一律实行按址投递到户。窗口投交包裹方式,须先将包裹详情单按给据邮件按址投递,收件人持详情单和身份证件到邮政局领取包裹。

2. 包裹进口投递处理手续

包裹寄达投递局后经开拆处理,首先将包裹按投递方式区分开来。按址投递的包裹应按段分拣、登列投递清单,然后将包裹交各段投递人员,并履行交接签收手续;局内窗口投交的包裹,应逐件登列封发邮件清单,并与营业人员办理交接签收手续。营业人员应按先后顺序编列接收号码,办理接收登记、存包、发“领取包裹通知”等手续。编列和登记接收号码对于包裹存放、取包投交或其他特殊处理有重要作用,应认真执行。

3. 包裹的投递手续

包裹的按址投递和局内营业窗口投交手续是不相同的。

(1)按址投递。包括按址投递包裹和“领取包裹通知”。投递包裹或通知单时要由收件人签收,或由其亲属在详情单上批注关系并签章接收。按址投递机关单位的包裹和详情单,一般只投到单位收发室或指定接收邮件的人员,并办理加盖接收单位公章或接收邮件专用章的交接手续。

(2)营业窗口投交。局内窗口投交包裹主要有接单查验和取包投交两项手续。查验的目的主要是查看领包地点是否本局,查验收件人身份证件是否合乎规定,详情单上收件人填写和签收节目是否齐全,与身份证件是否一致;对于没有身份证件的,要查看是否已加盖单位公章;他人代领的是否有收件人签章,并查验收件人与代领人的身份证件。此外,还须注意通知单上是否批注有改寄费、退回费,是否须交逾期领取保管费等。收齐各种应交费用后方可投交包裹。查验完毕后即可取包投交,按照接收号码从存包架上取包并与详情单核对无误后投交收件人。投交时还应查看包裹是否完好,若包裹破损、内件短少或有寄递违禁品嫌疑的，应会同收件人办理开拆查验手续。投交后的详情单应一律加盖“领讫”戳记及投包人员名章、日戳。

4. 包裹投递后的处理工作

按址投递的包裹投递后，详情单与投递清单一起存档，或将详情单交营业销号存档；未投出的包裹应该再次投递或改为局内投交。局内窗口投交的包裹投交后要进行销号、日终清点结算、催领以及详情单整理归档工作。库存包裹要定期盘存，注意保管，保持清洁，特别要注意防火防盗和防鼠害等。

5. 无法投递包裹的处理

无法投递的包裹，是指因书写地址不详或错误、原址查无此人、收件人迁移新址不明、收件人单位撤销又无合法代收单位、收件人死亡又无家属代收、收件人拒收邮件或拒付应付费用和逾期不领的包裹等。对于这类包裹应按寄件人在详情单上所标注的意见处理。没有标注的，作退回处理。无法投递的包裹退回时，要通过收寄局向原寄件人收取应收的退回费；若属改寄则按有关规定办理改寄手续。

6. 无着包裹的处理

“无着包裹”是指既无法投递又无法退回的包裹。此外，寄件人不愿领回的包裹或发现有违禁品及寄件人在限期一个月内仍不领回的包裹，也视作无着包裹处理。无着包裹要集中到省邮政管理局（或指定省会所在市邮政局）设立的无着邮件处进行处理。

五、包裹业务的特殊处理

包裹业务的特殊处理事项主要有撤回和更改、改寄和退回、查询和补偿以及无法投递和无着邮件处理等，其处理手续与函件基本相同。

（一）包裹撤回和更改收件人地址姓名

寄件人在交寄包裹以后，因故向收寄局提出所寄包裹要撤回或更改收件人地址姓名的要求时，收寄局应予以受理，并分别按以下不同情况进行处理。

（1）包裹尚未由收寄局发出时，将包裹连同详情单交付申请人撤回或更改收件人地址姓名，若属撤回的，除挂号费外的其他资费退还寄件人，若属更改收件人地址姓名的，需按新寄达地址重新计算资费、多退少补，并将原收据和存根更正注明、加盖日戳和经手人名章。若包裹资费采用贴票办法，应退还的资费在填具退补费收据后退还寄件人；补收资费仍用邮票贴在详情单上并盖销 。

（2）包裹已由收寄局发出时，经转局或投递局收到撤回更改通知书（或电报）时，及时找出相关包裹办理改退手续。改寄费按自收寄局至经转局或原投递局再至新投递局的全程资费计算，退回费则按原收寄局至经转局或投递局往返路程计算。若高于原收资费时，应作出批注，由收到改寄或退回的相关局投交包裹时向收件人或寄件人补收差额；若低于原收资费时则不必批注，也不退还差额。

（二）包裹的改寄和退回

对于已经按原来地址投递的包裹详情单或包裹，因收件人迁移新址等原因，代收人或代收单位要将包裹交回邮局改寄或退回时，邮局应按有关规定手续办理。有关代收人交回、邮局接收和办理改退的手续与函件改退相似，但应注意查看包裹是否有拆动痕迹，若有拆动痕迹应请交回人签证；若属交回通知单（即详情单）要求改退的，应及时将相关包裹捡出办理改退手续。但属收件人凭包裹详情单已领取的包裹，不能再办理改退手续，只能由收件人重新封装和交寄。

包裹在本县、市范围内改寄，免收改寄费；改寄至其他县、市时，改寄费或退回费按原投递局至新投递局或原收寄局计算资费，仍收挂号费，但不再收保价费，并一律按普通包裹发寄。如果收件人迁移至本县以外地区，原投递局虽知道新址，也应向寄件人发函征询处理意见后再行处理。

（三）包裹的查询和补偿

包裹的查询处理与给据函件的处理基本相同，不再赘述。此处将有关包裹赔偿范围和标准说明如下。

1. 应予赔偿的范围

（1）给据邮件在寄递过程中，发生丢失、短少、损毁，致使邮件失去邮件本身全部或一部分价值的。

（2）自受理查询日起查询全程时限已满仍无结果的（视为丢失）。

（3）快递包裹传递时间超出全程时限规定，寄件人提出索赔要求的。

2. 不担负赔偿的范围

（1）平常邮件的损失和延误。

（2）寄递的物品违反禁寄和限寄规定，被有关机关依法没收，或者经邮局依照有关规定销毁或抛弃的。

（3）由于用户的责任或者所寄物品本身的原因造成给据邮件损失或延误的。

（4）由于收件人所在单位收发人员的过失造成给据邮件丢失、损毁或内件短少的。

（5）除保价邮件以外的其他给据邮件，由于不可抗力的原因造成损失的。

（6）按照规定手续已妥投，事后收件人发现内件短少或损毁的。

（7）用户自交寄给据邮件之日起有效查询期内未查询又未提出赔偿要求的。

（8）因邮件的丢失、短少、损毁或逾限，对寄件人或收件人造成的其他损失或间接损失不担负赔偿责任，也不担负赔偿实物的责任。

3. 赔偿标准

（1）保价邮件最高赔偿金额不超过该邮件所申报的保价金额。

（2）保价邮件丢失或全部损毁按保价金额赔偿；部分损毁或短少按实际损失的价值予以赔偿，但赔偿额不超过保价金额。

（3）如保价邮件价值高于邮章规定的最高保价限额，发生部分损毁或短少，且损毁或短少的价值又不低于保价金额，也按实际保价金额予以赔偿。

（4）非保价给据邮件发生丢失、损毁、短少时，应按实际损失赔偿，但最高赔偿金额不超过所付邮费的3倍。

（5）因给据邮件丢失或全部损毁而进行赔偿后，应退回已收取的邮费（保价费除外),对部分损毁或短少的,不退邮资。

(6)保价邮件因各种原因进行赔偿时,保价费均不退还。

(7)因非用户责任使特快专递邮件逾限(以对外公布的全程时限为标准)造成寄件人申告时,应按所收邮费予以赔偿。

(8)因邮局责任造成快递包裹逾限,并由此引发寄件人追究的,按所付邮费扣除其计费重量的普通包裹邮费后,全部退回寄件人,保价费不退。

第三节　国内包件业务的经营管理

一、包裹业务的市场定位及经营策略

(一)包裹业务的市场定位

包裹业务是以普遍服务为基础并向商业化服务拓展的业务。服务对象为适用于邮递的人民生活用品和机关、企业、团体交寄的零星或大批物品。

包裹业务市场可分为单位市场和个人市场。单位市场属于批量市场,主要有校园市场、军营市场、礼品市场、邮购市场、退货市场、特色市场、货样市场等;个人市场属于零星市场,主要突出亲情、友情、爱情、乡情。

(二)包裹业务的经营策略

从目前经济发展形势看,社会商品流通量越来越大,包裹业务的发展前景广阔,近几年坚持项目带动的发展策略,积极发展了爱心包裹、家乡包裹、校园包裹、军营包裹等。目前,围绕邮政在寄递市场的定位,要加快普通包裹业务的发展,提升产品服务的品质和市场竞争力,扩大社会影响。具体经营策略如下。

(1)加快传递时限,优化作业流程,提升服务品质,履行好包裹寄递普遍服务。

(2)发挥邮政资源优势,联合社会公益机构,打造中国邮政综合慈善公益服务平台。继续做好爱心包裹项目,扩大社会影响力;适时与社会公益机构推出其他包裹项目。

(3)通过引入全国最知名的品牌特产,依托邮政资源优势,全网运作家乡包裹项目。

(4)进一步优化业务操作流程,通过精心服务,巩固校园包裹、军营包裹市场领先地位。

(5)顺应电子商务迅猛发展态势,积极进军电子商务配送市场,通过优化流程、提升服务,与速递业务错位经营,联手拓展电子商务配送市场。

二、包裹业务管理的内容

邮政寄递包裹的过程比较复杂,具有环节多、规章多、手续多和检查多的特点。因而要能优质高效地完成包裹寄递任务,就必须搞好业务管理工作。通过有计划、有组织、有控制的业务管理活动,确保寄递的包裹能够在邮政网中迅速、准确、安全地传递。

根据包裹业务的性质、特征以及包裹在寄递过程中的特殊要求,确定包裹业务管理的基本内容,主要包括以下几个方面。

1. 业务规章制度的贯彻执行

建立健全并贯彻执行各项有关规章制度，是保证包裹寄递正常进行的基础工作，也是业务管理的中心内容。实践证明，只有认真贯彻业务规章制度，特别是3项基本制度，经常检查这些制度的执行情况，及时解决执行过程中的困难和问题，使执行规章制度变成每个成员的自觉行动，才能保证包裹迅速、准确和安全地处理和传递，才能有效地预防包裹丢失、损毁和被盗，提高包裹寄递服务质量。

2. 时限、频次管理

包裹属重件，发运次序在信、报、刊、印刷品之后。随着包裹业务量构成的变化，商包大量增加，应尽量创造条件，缩短时限，增加频次，搞好处理与运输的协调关系，加快包裹的寄递速度，以满足用户需要，保证包裹寄递的时间效益。要经常检查各处理环节作业时限、频次的衔接情况和实际效果，针对造成积压延误的因素提出解决办法，并且要根据运邮时间安排的变化及时调整作业时限、频次，保证包裹畅通无阻，迅速传递。

3. 用品、用具的管理

包裹在处理和传递过程中，必须使用规定的用品、用具，才能保证邮件处理和传递的准确性和安全性。用品、用具的管理工作，包括用品、用具的请领、保管、使用、维修和保养，要按照相关规定和情况变化进行科学的管理和使用，保证包裹寄递的正常进行。

4. 业务监督与检查

监督检查是加强业务管理、贯彻规章制度、提高服务质量的重要措施。在包裹的寄递过程中，人工处理环节多、手续多，容易发生差错和事故。建立健全并认真贯彻执行严格的检查制度，是发现和纠正各种差错、避免和减少事故、改善业务管理、提高邮政服务质量的重要措施。包裹业务监督检查的重点内容是有关的各项规章制度、特别是交接验收、勾挑核对、平衡合拢3项基本制度是否能认真贯彻执行。业务监督检查应有目的、有计划、有组织地进行。除了直接生产人员坚持经常性的自查互查外，还必须在重要环节设专职或兼职检查人员进行定期、定量的专门检查。此外，对于检查人员检查工作的执行状况，也应由有关领导或管理人员进行必要的监督检查。包裹寄递过程中各处理环节的主要检查内容如下。

（1）包裹收寄的主要检查内容：①有无误收禁寄、超收限寄的物品；②包单、包面收件人名址是否一致；③收寄的包裹规格是否符合规定；④收寄手续是否齐全正确；⑤包裹的称重、资费计算和登记是否准确无误，收据存根、详情单填写与包裹重量、寄达地名、资费金额是否正确一致；⑥收寄的包裹是否按规定时限和频次送交分拣封发单位；⑦检查数量要求包括各项收寄手续全部检查，（包裹实际重量与详情单所填重量是否一致抽查5%），时限频次每日检查。

（2）包裹投递的检查。包裹投递检查与函件基本相同，主要内容有：①投递出班前，检查包裹或详情单的接收、清单登记、投递日戳是否齐全正确；②投递回局后、检查投递清单签收手续是否齐全，未投出的包单是否交回；再投、改寄是否按规定办理；③检查人员还应定期走访用户，了解存在的问题，听取用户的意见要求，并做好查验处理工作。

三、各处理环节业务管理的重点

以上所述包件业务管理内容，属于业务管理的综合性基础管理工作，也是各级邮政机构和各环节工种包裹业务管理的基本要求。但各环节工作的内容不同，因而业务管理还应针对各环节工种的具体内容确定不同的管理工作重点。

1. 包裹收寄的业务管理

根据营业收寄所处的位置和特点，包裹收寄管理工作的重点如下。

(1)根据业务忙闲规律配备席位和人员，既要节省人力消耗，又能尽量减少用户等待时间。

(2)管好收寄质量，严格执行禁寄、限寄物品的规定，既要采取各种方式做好业务使用知识的宣传说明，使营业收寄人员充分认识收寄规格质量的重要性，使用户理解严格执行禁、限寄规定的意义，又要有适当方式和组织措施，把好收寄质量关。如：根据包裹收寄量的大小，合理配备收寄包裹的专职验视人员，协助营业员验视用户封装包裹；或设置既便于用户封装又便于营业验视和观察的柜台设施，以防止个别用户未经检查监督又把违禁物品封入包裹内。

(3)注意收寄规格，不合规格的包裹往往给内部处理造成困难甚至造成积压、延误和损毁。

(4)抓好资费收取工作管理，经常检查资费收取标准和计算是否准确，及时按规定进行资费标准调整，并注意检查每日营业终了的日终结算和交款报账工作。

2. 包裹投递业务管理

包裹投递业务管理工作，根据不同的投递方式采取不同的业务管理重点。重点抓好投递签收手续的检查，以防止捎转丢失现象；对于窗口投交的其他包裹，重点抓好领包、接收、登记和领包通知单及催领单填发工作，应经常检查有无漏登和未发通知以及包裹的保管、存放、投交、清理核算是否准确无误；此外还应注意对收取欠资、改寄、退回、逾期保管等费用的检查。

对于投递人员应合理制定酬劳标准，搞好收入分配工作。既要方便用户、提高包裹寄递服务质量，又要能鼓励职工团结协作、发展业务，使企业增加效益，职工多劳多得，为企业信誉和开拓发展作贡献。

思　考　题

1. 邮政寄递包裹业务的特点是什么？
2. 包裹邮资纳付方式有哪些？
3. 包裹业务的收寄手续是什么？
4. 邮政部门对禁寄和限寄物品的规定是什么？
5. 包裹收寄管理工作的重点有哪些？

6. 计算:假设用户交寄一件快递包裹,邮费共 60 元(不含包装费),其中保价费 8 元。请问:(1)如因邮局责任造成包裹丢失,应赔偿用户多少元?(2)因包装不妥,导致包裹内件部分损毁,剩余价值为 100 元,应赔偿用户多少元?(3)若用户没有保价,邮件发生丢失,应如何赔偿用户?(4)如因邮局责任造成该包裹逾限,寄件人要求赔偿时,应如何赔偿?

◆ 案例分析

案例一

张女士到邮局为在广州上学的儿子邮寄生活用品,当张女士把所寄的物品放入 1 号邮政包装箱时,发现纸箱还有空间,便向正在服务台当班的营业员小李提出:把包装箱里的东西寄存到服务台,去附近超市再买些东西一起寄走,小李痛快地答应了。半个小时回来后,小李热情地替张女士把买来的东西放入包装箱内封装好,为其办理了收寄手续。一个星期后,张女士找到邮局,称她儿子接到邮包了,但里面价值 5 000 元的数码相机不见了,要求赔偿,小李觉得委屈,后经多方努力终于查到相机的下落,是她儿子学校负责领取包裹的通信员私自取走了包裹里的相机。

请问:小李在这件事情上是否存在一定过错,如果有,她的过错主要有哪些?

案例二

小王到当地邮局使用国内普通包裹业务邮寄 5 件高档服装。办理好收寄手续后,发现该批服装的货款还未到账,于是赶到邮局要求撤回邮件。因小王与营业员比较熟悉,营业员就直接办理了邮件撤回。

请问营业员的做法是否正确,为什么?

实践项目

1. 观察。利用业余时间到邮政营业厅观察包裹的营业收寄及窗口投交处理过程,或者通过日常实寄包裹来体会包裹收寄时的封装规格、检查手续及要求。

2. 调查访问。对象分营业员、投递员、用户 3 类,分别设计访谈提纲,针对包裹业务处理的某一方面问题写出调查报告。

3. 实训。包裹收寄操作实训,分手工收寄和邮政电子化支局系统收寄两种方式。

第六章　邮政报刊发行业务与管理

报刊发行业务是邮政经办的传统业务之一。本章主要介绍报刊发行业务的性质、特点，以及报刊发行业务的基础知识，重点介绍了邮政报刊发行业务的运作流程以及各环节业务处理的手续和规定。在本章的最后介绍了报刊发行业务管理的有关内容。

第一节　报刊发行业务概述

中国邮政从20世纪50年代开始承担报刊发行业务。几十年的邮发历程，使中国邮政已成为我国报刊发行的主渠道。中国邮政接办发行的报刊已突破6 000种，报刊年发行量达到200多亿份。目前，全国城乡运输投递报刊的邮路总长度已达500多万千米，报刊收订局、所5万多个，零售网点1.4万多个。全国省际计算机要数网络的开通使得报刊要数处理更加迅捷和准确。邮政报刊发行网络的形成，使中国邮政可以为广大报刊社和读者提供更多、更好的服务。

随着我国改革开放和市场化进程的全面推进，报刊发行业务面临着激烈的竞争。目前全国已成立报业集团39家，省级都市报和地市报半数以上自办发行或多渠道发行，这些给邮政报刊发行业的运行体制、经营机制、服务水平和服务能力提出了严峻挑战。

一、报刊基础知识

（一）什么是报刊

报刊是报纸和期刊的合称。

报纸是指有固定名称、刊期、开版，以新闻报道为主要内容的散页连续出版物。

期刊又称杂志，是指有固定名称，用卷、期或者年、季、月顺序编号，按照一定周期出版的成册连续出版物。由于我国的出版管理实行许可制，因此，并不是所有符合期刊形态的出版物都是合法出版物，而必须依法取得出版许可，方为合法期刊。合法期刊由依法设立的期刊出版单位出版。期刊出版单位出版期刊，必须经新闻出版总署批准，持有国内统一连续出版物号，并领取《期刊出版许可证》。对于非法期刊，应按照打击非法出版物的有关规定予以取缔、处罚，邮政不予发行。

（二）报刊的分类

报刊可按出版地区、报刊内容和读者对象、刊期、文字4种标准分类。

1. 按出版地区划分

在国内出版的本国报刊，如系本地出版的称“本埠报刊”，外地出版的称“外埠报刊”。外国出版的外文报刊，称为“进口报刊”。外国出版的中文版报刊，称“进口中文版报刊”。

2. 按报刊内容和读者对象划分

按报刊内容和读者对象，报刊可分为报纸和杂志。

3. 按报刊的刊期划分

（1）按报刊的刊期报纸可分为日报、周六报、周五报、周四报、周三报、周报、旬报、半月报、月报。

（2）按报刊的刊期杂志可分为周刊、旬刊、半月刊、月刊、双月刊、季刊、半年刊和年刊。

4. 按文字划分

按文字报刊可分为中文版、外文版、少数民族版。

（三）报刊代号

1. 国内统一连续出版物号

国内统一连续出版物号是中国国家出版管理部门批准注册的出版者所出版的每一种连续出版物的代码标识。前面部分由前缀 CN 和 6 位数字组成。6 位数字由国家出版管理部门负责分配给连续出版物。CN 与 6 位数字之间空半个汉字空。6 位数字的前 2 位与后 4 位之间用半字线“-”隔开。其结构形式为:CN 报刊登记号/分类号(CN ××(2 位数字)-××××(4 位数字)/×(大写英文字母))。分类号为中图图书分类号，具体代码如表 6-1。

表 6-1　中图分类号

A	马克思主义、列宁主义、毛泽东思想、邓小平理论	O	数理科学和化学
B	哲学、宗教	P	天文学、地球科学
C	社会科学总论	Q	生物科学
D	政治、法律	R	医药、卫生
F	经济	S	农业科学
G	文化、科学、教育、体育	T	工业技术
H	语言、文字	U	交通运输
I	文学	V	航空、航天
J	艺术	X	环境科学、安全科学
K	历史、地理	Z	综合性图书
N	自然科学总论		

国内统一连续出版物号具体规定如下。

（1）国内统一连续出版物号 6 位数字的前 2 位为地区号。依据 GB/T 2260 中的数字码前两位给出，连续出版物较多的北京地区，当地区代码“11”使用完毕后，北京地区的连续出版物使用“10”为扩充代码。

（2）国内统一连续出版物号 6 位数字的后 4 位数字为地区连续出版物的序号。

各省、自治区、直辖市的国内连续出版物序号范围一律从“0001 ~ 9999”，其中“0001 ~ 0999”为报纸的序号，“1000 ~ 5999”为印刷版连续出版物的序号，“6000 ~

8999”为网络连续出版物的序号,“9000～9999”为有形的电子连续出版物(如光盘等)的序号。

例:CN11－5640/N,CN为中国国别代码,11为地区号,5640为该地区连续出版物的序号。只有申请获批编入了国内统一刊号的正式报纸才能公开征订、发行、陈列或销售,刊登广告和刊出定价。

(3)中国标准连续出版物号的分配原则如下。

(ⅰ)一种连续出版物一号。中国标准连续出版物号采用一个号对应一种连续出版物的基本原则。自中国标准连续出版物号分配之日起,便与注册的名称永久地联系在一起,一旦一个中国标准连续出版物号分配给一种连续出版物。在任何情况下这个中国标准连续出版物号都不能分配给其他连续出版物。

(ⅱ)改名改号。连续出版物的题名改变,应分配新的中国标准连续出版物号。

(ⅲ)不同载体不同连续出版物号。一种连续出版物以不同的载体出版,不管其题名是否相同,应为不同载体版本的出版物分配不同的中国标准连续出版物号。

(ⅳ)题名不变,出版地改变,国内统一连续出版物号重新分配。连续出版物题名没有改变,出版地从一个省、直辖市和自治区转移到另一个省、直辖市和自治区,应重新分配国内统一连续出版物号。

注:国内正式期刊刊号一般用国内统一刊号和国际刊号标示。“国内统一刊号”是“国内统一连续出版物号”的简称,即“CN号”。它是新闻出版行政部门分配给连续出版物的代号。“国际刊号”是“国际标准连续出版物号”的简称,即“ISSN号”,由国际连续出版物数据系统设在各个国家、地区的机构负责分配。一般获得国内统一刊号的期刊同时配有“国际刊号”(ISSN号),只有ISSN国际刊号而无国内统一刊号不允许在国内公开发行。

2. 邮发报刊代号

委托邮政企业发行的报刊,除使用国家规定的国内统一刊号外,邮政企业编列报刊邮发代号。邮发代号是邮政发行系统内部作业科学、有效的工具。通过编列报刊代号把发行作业的内部处理有序地组织起来,对加强管理、提高质量、提高效率、规范化地进行内部作业等方面有着十分重要的作用。

邮发代号由两部分组成,前一部分号码代表报刊出版地所属的省、自治区、直辖市。报纸用单号,杂志用双号。后一部分号码代表报刊序号。两部分号码排在一起,中间用横线隔开。如《人民日报》为1－1;《求是》杂志为2－371。报纸、杂志均由各省公司分别从1号起顺编。对中止邮发的报刊代号,一年内不得重用,恢复邮发时,可使用原编列的报刊代号或重新编列。分地发行的报刊,仍用原接办局编列的报刊代号,不另编新代号。各省、自治区、直辖市邮发报刊代号见表6－2。

表 6－2　各省、自治区、直辖市邮发报刊代号

省、区、市	代号		省、区、市	代号		省、区、市	代号		省、区、市	代号		省、区、市	代号	
	报	刊		报	刊		报	刊		报	刊		报	刊
北京	1	2	内蒙	15	16	福建	33	34	陕西	51	52	西藏	67	68
	79	80	河北	17	18	河南	35	36	甘肃	53	54	宁夏	73	74
	81	82												
上海	3	4	山西	21	22	湖北	37	38	青海	55	56	重庆	77	78
天津	5	6	山东	23	24	湖南	41	42	新疆	57	58	海南	83	84
辽宁	7	8	安徽	25	26	江西	43	44	四川	61	62	香港	待定	待定
吉林	11	12	江苏	27	28	广东	45	46	云南	63	64	澳门	待定	待定
黑龙江	13	14	浙江	31	32	广西	47	48	贵州	65	66	台湾	待定	待定

二、报刊发行业务的性质和特点

报刊发行业务是邮政部门利用遍布全国的邮政通信网，联系用户广泛、传递迅速等特点，将报刊出版单位出版的报纸、杂志以订阅或零售的方式发送给读者的业务。

报刊发行业务是《邮政法》规定的邮政可以经营的竞争性业务。中华人民共和国成立以来，我国采用了“邮发合一”的体制，即报刊发行与邮政部门合为一体，由邮政部门承担报刊的发行工作。改革开放后，一些报刊开始自办发行，即由报刊出版单位自己承担报刊的发行工作。报刊发行不再是邮政企业独家经营的业务。

（一）报刊发行业务的性质

邮政部门经办的报刊发行业务与其他邮政业务比较有一定的特殊性质。

（1）具有严肃的政治性。报纸和杂志是宣传党和国家方针政策、进行思想政治教育最普及和最有效的工具。报刊发行业务是社会主义精神文明建设的重要组成部分，发展报刊发行业务对于提高全民素质具有重要意义。报刊发行是邮政部门的一项主要业务，报刊发行工作同时也是邮政部门的一项政治任务。报刊发行业务具有一定的事业性质和公益性，在经营中的具体表现如发行党报党刊，邮政部门给予优惠政策。

（2）传播信息的通信性。各类报刊既宣传党的方针政策，又传播丰富的知识和大量的信息。尤其是随着社会主义市场经济体制的建立和商品经济的发展，报刊发行业务对于传播信息、促进经济发展和国家物质文明建设，发挥越来越重要的作用。

（3）业务活动的商业性。报刊本身就是商品，是可供出售的实物商品，报刊发行不论订阅还是零售，都属于实物商品交换行为。

（二）报刊发行业务的特点

报刊发行业务与其他业务相比，具有以下特点。

（1）种类多，数量大，运量大。目前，全国出版的 10 000 多种公开发行的报刊，交邮政部门发行的有 6 000 多种，占全部出版总量的 60% 以上；报刊运递量能够占到所有邮件运量的 70% ~80%。

(2)时限紧。特别是报刊,具有新闻特性,延误了时间就失去了新闻价值。

(3)业务连续性强。报刊发行业务与其他邮政业务的显著区别之一就是具有较强的连续性,尤其是订阅使邮政部门与报刊订户有长期的业务关系。

(4)牵涉面广,社会协作性强,需要各部门的密切配合。

三、报刊发行业务常用术语

1. 邮发合同

邮发合同是邮政企业办理报刊发行业务时,与报刊社之间设立、变更、终止民事权利义务关系的协议,是明确双方权利、义务,约束双方经济行为的法律文件。

省公司是邮政企业邮发合同的签约主体。邮发合同的承办和签约单位必须经邮政集团公司、省公司授权。

2. 分地发行

报刊分地发行是指报刊社在出版地将报刊交报刊发行部门发行后,在其他地区另设发行点,委托当地邮政企业在指定区域发行的方式。

分地发行点原则上设在二级以上邮区中心局。选择确定分地发行点要本着合理布局、缩短邮程、减少经转、加快时限的原则。分地发行点的邮政企业与报刊社或代印厂直接结算报刊款。

3. 刊期和订期

刊期是指报纸、杂志的出版周期。每天都出版和每周出版六期的报纸称为日报。除日报以外的其他报纸统称为期报。每周四出版的报纸称为周四报,每两个月出一期的杂志称为双月刊。

订期是订阅报刊的起止期限。

4. 整订和破订

整订是指读者订阅报纸、杂志按整月、整季、整半年或全年预订的办法。规定如下:

(1)报纸按月整订;

(2)杂志中周刊、旬刊、半月刊、月刊按季整订;

(3)双月刊、季刊、半年刊按半年整订;

(4)年刊和不定期刊按年收订;

(5)长期定阅年底截止。

破订是指读者订阅报刊的订期,报纸和杂志中的周刊、旬刊、半月刊不满一个月,月刊不满一季,双月刊、季刊不满半年的订阅方式。规定如下:

(1)错过整订期的订户,邮局应随时办理报刊破订;

(2)破订从来得及要数的当期起接受订阅;

(3)会议等特殊需要的报纸可以中途订阅;

(4)报纸出版地邮局对本地出版的日报、周六报、周五报应做到次日起订。

5. 报刊流转额

各订销局在报告期内订阅和零售的各种报刊,按定价计算的合计款额。计量单位为“元”。

6. 集订分送

集订分送是指报刊社或有关单位为订户集中办理订阅,并向邮政部门提供订户详细名址和订阅报刊款,集中办理订阅手续,邮政部门按订户地址分别投送报刊的业务。

在集订分送业务中,直接受理报刊社和企事业单位报刊集订分送业务的邮政局,称为受理局,受理局所属的省局为受理省局。

对受理省局发来的集订分送受理通知单进行处理并完成分送业务的邮政局,称为接收局,接收局所属的省局为接收省局。

集订分送按缴款方式分为全额集订分送和差额集订分送;按地域分为省内集订分送和省际集订分送。

四、报刊发行费和其他手续费

报刊发行费是邮政部门提供报刊发行服务的基本资费收入,体现邮政企业协作分工,共同完成报刊的订阅和零售以及其他劳务和管理的劳动消耗补偿。发行费与其他手续费共同构成邮发报刊的业务收入。

1. 报刊发行费

报刊发行费,是邮政部门为报刊社经办报刊发行的手续费,也就是邮政部门接办报刊发行的基本资费收入,发行费的计算公式为:报刊发行费 = 报刊定价 × 发行费率。

报刊定价是报刊社自己核定的,并且明确附印在报纸和杂志的指定位置上。报刊定价一般不经常变动,至少在确定邮发关系的一年内不作变动。发行费率是报刊发行手续费所占报刊定价的比例,也就是发行费与报刊定价之比。发行费率是根据发行劳动消耗的大小与报刊印刷出版的消耗进行比较,由邮局发行部门与报刊社协商确定的。中央和省级的党报党刊以及全国发行的一些大型报刊,因其数量大、影响大,在我国一般实行政策性定价,确定合适的发行费率。在报刊定价确定以后,发行费率的高低就成了影响发行费收入的主要因素。合理的发行费率,有利于扩大报刊发行的再生产能力,有利于报刊社和邮政部门之间协作关系的巩固和发展。

报刊发行费是报刊社和邮政部门双方协商并经主管部门审核同意的发行费率标准,按照结算期内的实际发行份数计收。

2. 报刊增版、增刊发行费

报纸增版发行费,按报纸正常出版的版面和定价,折算出每版的单价,再按增版的版面,计算出增版的单价,再用计算出的增版单价按当日实际通知的付印份数,按40%的标准,计收增版发行费。杂志增刊装订成册的,按正刊定价及发行费率计收增刊发行费;单页或未装订成册的,单张对开的每张按0.08元,大于或小于对开按对开比例计算,但每张不少于0.04元。

增版、增刊的发行费,一律由发报刊局作其他收入列收。

3. 赠阅、交换报刊发行费

报刊社要求赠阅、交换的报刊,不分本外埠,一律按赠阅交换份数及其报刊定价的

40%计收赠阅、交换报刊发行费。

赠阅、交换报刊发行费，由发报刊局列收。

4. 报刊变动手续费

邮发报刊除内部发行改为公开发行，以及增加分印点的变动以外，其他一切变动均应计收报刊变动手续费。其标准是：发行全国的，每次变动收取手续费1 250元；只限省内发行的，每次变动收取250元。变动手续费，由发报刊局计收后，上交省局50%，自留50%。收取的电报费，全部上交省局发行主管部门。

5. 退款手续费

报刊停刊、减价，需要向订户办理退款时，邮局按退款总额的15%向报刊社收取退款手续费。退款手续费一般由县（市）局列收，也可以由省局订单处理部门列收。

6. 报刊退订手续费

读者订阅报刊后，因故需要将其所订报刊退订时，邮局可接收办理退订手续。订销局在办理退订手续的同时，按每种报刊每次2元的标准计收退订手续费，报刊退订手续费由订销局列收。

7. 报刊改寄手续费

读者订阅报刊后因地址迁移需将所订报刊按新址投递时，订销局可在全省范围内办理报刊改寄手续。但一般报纸只改寄到当月，杂志改寄到当季底止，并按每次每种报刊2元的标准计收改寄手续费，部队订户不办理改寄。改寄后的剩余部分，作退款处理，但不再收取退订手续费。在一个投递局范围内，投递段道之间以及同一个投递段内改寄，是否计收改寄费，由省局确定。报刊改寄费由订销局列收。

8. 委代办、批销折扣

（1）新华书店和国营、集体、个体批销报刊折扣为定价的15%～20%。一般情况下，报纸的折扣率比杂志的折扣率高3%～5%，外地出版的报刊比本地出版的报刊要低3%～5%；但总的委办批销折扣率最高不得超过20%。

（2）邮政代办所（站、员）代订、代投报刊的折扣率，代订按收订总款额的4%～5%计收，代投按代投报刊总款额的8%～10%计收。

（3）报刊推广发行站（员）活动费，按其总订阅款额（不分公私款）的3%提取，使用办法由各邮政管理局具体规定。

9. 特发报刊的发行费率

特发报刊是指邮政部门只办理零售不办理订阅的报刊。发行费率一般不得低于35%。特发报刊的接办单位对销售单位的发行费一般按28%～30%的标准进行结算。

第二节　报刊发行业务组织机构

邮发报刊的全部工作，根据业务角色不同，由网点、订销局、省报刊发行局、发报刊局和邮区中心局协作分工，共同完成。

1. 网点

网点是指办理报刊收订、退订、改寄、补退款、零售要数、缴款、验单、分发和投递的邮政网点。它包括收订网点、投递网点和零售网点，其业务管理部门是订销局。

2. 订销局

各级市县邮政局，均承担办理发行报刊业务的收订、投递及零售任务，所以在发行业务处理过程中称作订销局。订销局的主要职责包括宣传、订阅审核、网点收订日结处理、账款管理、对账、结算、查验、分发和订销管理，它负责网点的缴款集中，向省局缴款结算和对网点的业务管理等工作。

3. 省报刊发行局

省报刊发行局主要完成业务审核、经营管理、会计结算管理等功能。其主要职责有：①要数审核，对全国中心计算的要数结果进行审核确认；②完成省局与订销局、省局与发报刊局及省际间的报刊款结算；③对省局负责的报刊目录的变动进行审核处理；④集中管理长期报刊款。

4. 发报刊局

发报刊业务是邮发工作的重要组成部分，在全程全网业务处理过程中，发报刊业务一方面是订销数字集中转移的终点，同时又是由数字转化成实物并将报刊（实物）分散转移的起点，是从集中过渡到分散的枢纽部位，同时也是邮局与报刊社之间进行数字和实物转化的窗口，所以其在整个邮政报刊发行过程中占有重要的地位。

发报刊局是各省局根据各省报刊出版实际情况和发行需要，在报刊出版地设置的办理报刊发行的专门机构，发报刊局的主要职责包括：①具体负责与报刊社签订发行合同，接办报刊发行任务；②负责各省订单要数的审核，并进行变数处理和制签；③向报刊社通知印数；④向中心局或订销局分发报刊；⑤与省局及报刊社办理报刊款结算。

5. 邮区中心局

在邮政报刊发行系统中，中心局报刊分发部门主要完成报刊和图书接收、核对、分拣、封发、查验和发运的工作。

第三节　报刊发行业务处理流程

报刊接办工作是报刊邮发的起始环节，报刊接办是一项职能性的工作，是代表邮政部门与报刊社、出版社联系协作的窗口。

报刊社委托邮政企业发行报刊，应提供国家新闻出版总署批准报刊出版的批文和省、自治区、直辖市新闻出版局核发的出版许可证和报纸、期刊登记表。报刊社一般应在出版地邮政企业办理发行，如有特殊需要在出版地以外地区邮政企业办理发行，须报中国邮政集团公司审批。接办局报纸按月、杂志按季向报刊社提供该报刊在发行范围内的发行数量分布情况。邮政企业发行的报刊，除使用国家规定的国内统一刊号外，邮政企业编列报刊邮发代号。

报刊接办后，就正式进入邮发渠道，报刊发行作业流程如图6－1。下面分订阅和零售两种发行方式来讨论报刊发行业务处理流程。

一、报刊订阅业务

报刊订阅是报刊发行业务的基本方式之一。报刊订阅执行定期预订预收制度。市、县邮政营业局所、投递局均办理报刊订阅业务，邮政营业厅内常年设立收订窗口，办理日常报刊订阅业务。

（一）收订

除采取窗口收订、上门收订、报刊发行站（员）收订、网上收订、电话收订5种方式外，邮政企业还可根据需要委托社会其他单位或个人代办收订报刊。所有邮政收订窗口均可办理全省范围内通订，订户地址在地址库中明确确认的情况下，可办理全国省际间异地订阅。网上可受理全国范围内的订阅业务。

常用收订方式的一般手续如下。

1. 窗口收订

（1）订户订阅报刊时，零星订户应填写报刊订阅单，大宗订户应填写报刊订阅清单。

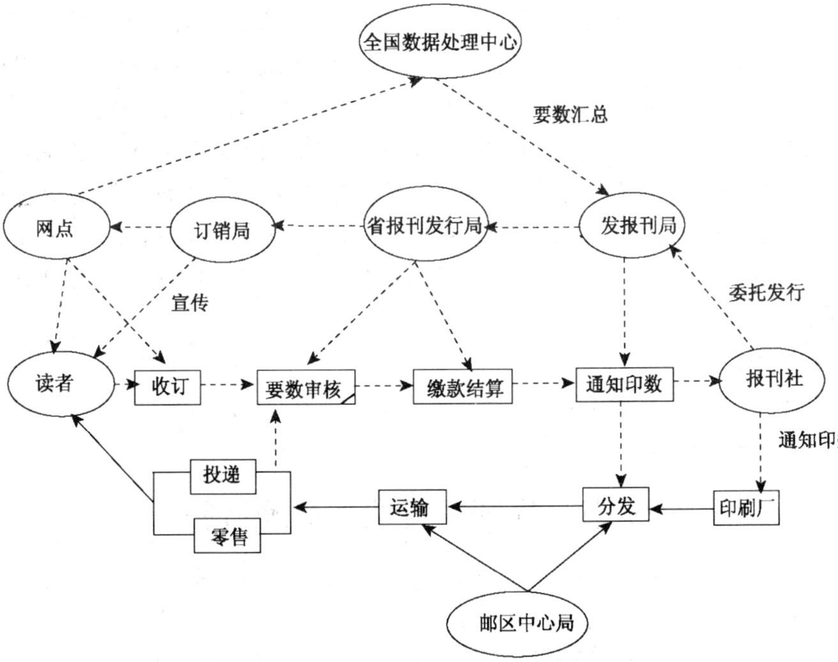

图6－1　报刊发行作业流程

实线—实物传输；虚线—信息传输

（2）收订人员需按目录审核订户填写内容，审核无误后，将订阅信息直接录入报刊订阅系统或按规定进行代录入操作。对零星订户，开具中国邮政报刊费收据或发票；

对大宗订户，还需将报刊订阅清单经订户审核后加盖章戳，作为报刊费收据或发票的附件，与收据或发票联一起交订户，订户卡、投递卡存办。

2. 上门收订

收订人员携带报刊费收据上门为用户办理报刊订阅手续。当班收订结束后将所收信息及时录入报刊订阅信息系统，并缴款。

3. 报刊发行站（员）收订

报刊发行站（员）是指在机关、团体、企业、学校、部队、街道、乡村等单位和社区建立的社会委办力量，办理本单位和社区的报刊宣传、收订和分送工作。报刊发行站（员）的活动费，按发行站订阅报刊款的3% ~5%列支。

报刊发行站（员）收订报刊，应根据邮政部门的要求，对订户开写或打印发行站报刊费收据。

报刊发行站（员）根据发行站报刊费收据底联，汇总填写或打印报刊订阅清单，向邮政部门办理订阅手续。发行人员审核无误后，填写或打印总报刊费收据，订阅清单加盖章戳后，退发行站经办人员留存。

（二）特殊处理

1. 退订

订户预定的报刊，可根据订户的要求办理退订。退订的原则如下。

（1）邮政报刊网点均可办理退订，订户凭报刊费收据在省内可办理通退。

（2）订户退订报刊的日期，应从来得及减数的一期起。

（3）报刊整订的退订按整订的月价、季价、半年价计算退款。退订不满整订期的报刊，用整订价减去报纸、杂志已发期数款额，计算退款。对按期计价报刊，根据实际退订期数乘以每期单价，计算退款。

（4）退订时，报刊减价，差价已退给订户的，按新定价退款。报刊加价的按原定价退款，其差额作其他收入处理。

（5）集订分送由原办理单位凭报刊费收据办理退订，款退报刊费收据持有人。差额集订分送不退订、不退款。

（6）优惠订阅、专用单订阅等事先约定不退订的报刊不办理退订。

退订的处理手续如下。

（1）订户须提交原报刊费收据或相关证明到窗口办理。

（2）窗口人员根据报刊退款单从当日所收报刊款内垫付退款（当天无收订款时，向出纳员办理借款手续），订户在报刊退款单上签收。

（3）手工网点办理退订业务，先受理，由代录入网点录入，系统产生报刊退款单，通知用户退款。

（4）报刊退订手续费，办理退订按每次每种收取手续费2元，开据报刊发行手续费收据。缴款时，在订阅报刊缴款单手续费栏列出。

（5）订户退订一种报刊同时改订另一种报刊，免收退订手续费。

2. 改址

报刊改址的原则如下。

(1)订户所订报刊,本省范围内可根据订户要求办理改址,省际间、部队及保密单位等特殊地址不办理改址。

(2)邮政报刊网点均可办理改址,订户凭报刊费收据或相关证明(单位订户凭单位证明,个人订户凭本人身份证)在投递省范围内可办理改址。

(3)报刊改址从来得及调整的一期起,已要数的可以根据订户需要投递原址或改寄新址。

(4)报刊改址按每次每种收取手续费2元,本投递局范围内改址不收手续费。

报刊改址的处理手续如下。

(1)窗口收订人员根据订户交来的报刊费收据或相关证明(单位订户凭单位证明,个人订户凭本人身份证),连同报刊改址单(邮发单024),核对订户信息,相符后确认改址起期。

(2)手工网点办理改址业务,先受理,由代录入网点录入,经系统确认后改址。

(3)集订分送不办理省际间改址业务,集订分送订户必须持报刊费收据或报刊投递通知单受理省内改址,其方式与正常订阅的卡片处理模式一样。

(三)要数汇总

全国统版邮政报刊发行系统实施后,报刊要数关系也进行了相应的调整。

目前,报刊收订(含邮发零售定货)数据实行全国数据中心集中存储和统一处理。发生变动时,全国数据中心对集中存储的数据进行统一处理,生成变动处理信息备查。遇变价、停刊、休刊时,还需对集中存储未要数的数据,分别生成报刊差价单、报刊补退款清单,通知有关单位办理结算,向订户办理补退款。

发报刊局负责按本地出版报刊(含分地发行、省内、地市县局)的要数时间,接收全国数据中心要数汇总。

(四)缴款

邮政局、所收订的报刊款,必须当日全部上缴,不得积压、挪用。上门收订的报刊款,必须于回班当日缴清,不得滞留挪用。

1. 窗口收订缴款

(1)计算应缴款并与缴款核对。

(2)填写、打印订阅报刊缴款单。

(3)向出纳员缴款。

(4)将订户卡、投递卡和出纳员签退的订阅报刊缴款单,一并送发行员签收处理。

2. 邮政支局、所缴款

(1)支局、所当地设有银行机构的,将报刊款存入银行。

(2)支局、所当地无银行机构的,每班向领导局缴款。

(3)管理订户卡的支局,每5天分开报纸、杂志和整订、破订计算应缴款与实缴款,填制总订户卡和订阅报刊缴款单，向市、县局缴款。

（4）订户卡集中市、县局管理的支局缴款时，将订户卡、总订户卡一并上缴市、县局。

3. 报刊费收据填制

（1）报刊费收据三联一次复写，顺号连续使用，各项款额不许涂改，开错、打印有错作废，注销备查，另开写、打印新收据。

（2）报刊费收据要保证章戳齐全。

（3）破订报刊跨月/跨季/跨半年的整订和破订一般分别计算、开写、打印收据。

4. 空白报刊费收据管理

（1）视同有价证券，市、县局指定专人管理。

（2）收据交接、领用、下发、注销、使用等都要登记在报刊费收据交接簿上。

（3）使用微机的市、县局视同手工管理，并定期检查核对。

（五）报刊款结算

（1）订销局与发报刊局之间收入按照比例分成，各自列收。

（2）订销局与网点结算。

（3）省局与订销局间结算。

（ⅰ）订阅报刊款结算。

（ⅱ）邮发零售报刊款结算。

（4）省局与发报刊局间结算。

（5）发报刊局与报刊社间结算。

（6）异地订阅结算。

（7）集订分送报刊结算。

（ⅰ）省际间的集订分送业务。

（ⅱ）省内的集订分送业务。

（8）零售扩大加发报刊和特发零售报刊结算。

（六）通知印数

发报刊局负责按本地出版报刊（含分地发行，省内，地、市、县局）的要数时间，接收全国数据中心要数汇总，对每种报刊的省别、期别是否属于本局发行和分印供货范围进行审核。汇总印数处理时限为一天。

（1）汇总生成本次总应发份数，包括订阅、零售、赠阅、贴报、零售加印等份数和报刊印数通知单，通知报刊社印数。

（2）通知报刊社印数的时间为：报纸一般为出版前 1 天，日报、周六报、周五报为开印前；期刊的印数时间按邮发报刊出版详情登记表中签定的印数通知时间制定。

（七）分发

报刊出版后，由出版单位或印刷厂将报刊送到发报刊局指定地点（或印刷地），经核对验收后，按订销局（中心局）所要份数进行点数分发，封装后送转邮运部门。

（八）运输

邮运部门按照报刊发运时限要求、发运车序将报刊发运到各订销局。

（九）投递

订销局收到报刊后，经过进口分拣，投递员按报刊投递卡上的户名、地址将报刊准确地投送给用户。

二、报刊零售业务

各级邮政局及其分支机构根据需要，可委托本地区的社会单位或个人代办零售，扩大邮政报刊零售的覆盖面。

（一）报刊零售经营方式

报刊零售分为包销和代销两种经营方式。

1. 包销

按实际订货款额结算，未销售报刊不退货。

2. 代销

由供销双方协商确定报刊代销份数、期限、销售信息反馈及结算方式，逾期供货单位要求退货的，由销货方按照协定将代销报刊售剩部分封退发货单位；供货单位不要求退货的，售剩报刊由邮政部门自行处理。

（二）报刊销售方式

报刊销售有以下几种方式。

1. 报刊自销

通过邮政自办网点销售报刊。

2. 委办批销

邮政零售部门可以与本地区持有合法经营执照的零售经营单位，签订批销报刊合同，包销不退货。各局不得向本地区以外的非邮政单位批销邮发报刊。

3. 预约零售

预约零售是指读者预约订购报刊，并到零售网点自取的销售方式。邮政部门办理预约零售不得作批销处理。

4. 函购

读者通过来函汇款索购报刊，邮政部门按址寄发。

5. 特发零售

对公开发行的正式报刊，邮政部门可办理特种零售发行（简称特发零售），只零售不订阅。

（1）特发报刊接办单位的确定，由省公司审核，报集团公司审批。

（2）接办的特发零售报刊必须出版手续齐全，由报刊社填具报刊出版情况登记表。

（3）双方商定发行范围、销售期限、发行费率、补损份数、付款期限、经营方式、付印日期、出版日期、交货日期、交货地点、封装规格和结算方法等事项，签订特发零售报刊发行协议书，并报省局备案。

(三)作业流程

报刊出版后,订销局通过自办或委办零售点,将报刊销售给读者。

1. 定货处理

(1)邮发零售报刊的订货时限一般为:报纸按月;杂志中周二刊、周刊、旬刊、半月刊、月刊按月,双月刊、季刊、半年刊按期,年刊和不定期刊按年订货,根据需要,可按报刊破订时间,增减订货数量。

零售扩大加发报刊,按月定货。在时间允许的情况下,可按期增减。

特发零售报刊,根据特发接办单位寄来的特发零售报刊征订单,确定订货时间。一般为报纸按月订货,杂志按期订货。

(2)订货后,汇总填写全局零售报刊订货单,加盖公章后,向征订单位要数。

2. 到货处理

(1)市、县局收到零售报刊袋捆逐件验明无误,核点份数后填写零售报刊到货单(邮发单032),作为到货依据和会计记账凭证。

(2)根据零售报刊到货单在零售报刊在途登记簿到货栏登记到货,并减少余额。

(3)货到付款的零售单位之间,为减少补报刊、退款手续,对到货报刊发现整数内短少、残缺、破损,填制验单,凭验单在付款中扣除,由发货单位作发报刊损失处理。对整件短少,款额较大的,待查明责任后,由责任单位赔款。

3. 销货处理

(1)零售报刊按当期报刊刊印的定价出售。零售报刊按定价出售的期限一般为:报纸于出版日后继续销售半个月;杂志于出版期后继续销售2个月;特殊情况由县以上零售单位自行决定。

(2)零售单位和人员将出售的其他零售报刊款,填写零售报刊缴款单,当日向出纳员缴清。

预约零售,读者预交的零售报刊款,在当日零售报刊缴款单上空白栏内填写,一次缴清。

(3)市、县局根据零售报刊缴款单乙填写零售报刊款日报单,送会计审核办理后,根据零售报刊款日报单和零售报刊缴款单分别在零售报刊登记簿总账、分户账登记销货并减少余额。

4. 批销处理

(1)邮政部门确定零售报刊定货时限,根据社会委办批销单位或个人的零售报刊定货单,确定批销报刊的品种和数量。

(2)收到零售报刊,零售管理人员根据定货单填制零售报刊发单,交委办批销单位或个人签收。

(3)零售经营批销报刊原则上取货交款,货款两清。对某些特殊情况,缴款期限为:报纸不超过3天,杂志不超过1周。缴款时填写委办零售报刊缴款单,批销酬金在缴款时坐扣,缴款单作为支付酬金的依据。

(4)批销报刊的进销平均折扣差,不得低于8%。

5. 退货处理

(1)允许退货的报刊,在规定时限内,填制零售报刊发单,批为“退货”字样,向市、县局退货,并在零售报刊登记簿登记退货,减少余额。

对报刊社因故要求停售、撤回的报刊,账务上作退货处理,实物按要求处理。

(2)市、县局收到退货,核对相符后根据零售退货单在相关零售报刊登记簿分户账登记退货,减少余额。

(3)退回的报刊可继续出售的,应发给其他单位继续出售,根据零售报刊发单在相关零售报刊登记簿分户账登记到货,增加余额。

(4)退回报刊不能继续出售的,根据零售报刊退货单登入零售报刊登记簿库存账,增加余额。

(5)代销或因故退回的报刊退发货单位后,在相关零售报刊登记簿登记退货,减少余额。

第四节　报刊发行业务的管理

一、报刊发行业务的管理体制

邮政部门的报刊发行业务实行集中领导,分级管理,即中国邮政集团公司、省邮政公司、市(县)邮政局三级管理。中国邮政集团公司的专业管理部门是全国报刊发行业务的管理机构,负责制订有关报刊发行业务的方针、政策、规章制度;编制报刊发行工作发展规划、年度计划,并组织实施,确保计划的圆满完成;使用新技术,配备新设备,不断提高工作效率,确保工作质量;督促检查工作,总结交流经验。

省、市、自治区的专业管理机构是全省、市、自治区发行专业管理部门,负责全省、市、自治区发行业务的组织与管理。具体任务有:贯彻执行中国邮政集团公司制订的报刊发行业务方针政策和业务规章制度;进行市场调查,研究读者结构,制订全省、市、自治区报刊发行业务发展规划和年度计划,改进网点布局和服务方式;确定全省、市、自治区发报刊局,审批邮发报刊的接办,研究制定报刊发行工作组织管理的各项措施;组织开展全省、市、自治区报刊宣传收订和零售工作,总结推广报刊发行工作的先进经验,组织业务监督检查;配合教育部门组织报刊发行专业人员在职培训,不断提高发行队伍的素质;办理全省、市、自治区汇总要数、账务结算工作,负责长期报刊款的管理。

市(县)局包括省会市局和省辖市,除了必须办理订阅、零售等具体业务外,省会市局或较大的省辖市局,还承担接办当地出版或分印报刊的发行任务,具体做好接办、签订发行合同等工作。

二、报刊订阅业务的管理

报刊订阅业务是邮政部门办理报刊发行业务的最主要形式,订阅业务办得成功与否,直接关系邮发报刊业务在报刊发行市场中的竞争能力。加强报刊订阅业务的管理是做好报刊发行工作的首要任务。

1. 订阅业务管理体制的建立和完善

报刊发行业务不同于邮政其他业务,具有很强的商业性,对于它的管理和经营,绝不能与寄递类业务相同。尤其是随着市场经济体制的逐步建立和完善,报刊发行行业的竞争日趋激烈,各大报业集团相继成立,民营报刊发行力量逐步壮大,邮发与自办发行并存的格局已经形成,市场竞争将长期存在。邮政部门必须不断改革完善原有的报刊发行业务管理体制,按照报刊发行业务自身的特点和运作规律,经营管理报刊发行业务,逐步走上专业化经营之路,增强竞争能力。目前,各订销局逐步成立发投公司或报刊发行公司,采取信报分投等办法,报刊发行业务管理体制改革已取得一定成效。

2. 订阅业务考核制度的建立和稳定

报刊订阅业务的考核必须打破平均主义,真正实现多劳多得,少劳少得,不劳不得,真正调动收订人员和投递人员的积极性。对于收订的考核,重在报刊收订量的增加;对于投递的考核,数量和质量相结合。考核制度建立之后,必须严格落实,并保持相对稳定。

3. 组织和建立报刊推广发行站

报刊发行工作具有广泛的社会性,在宣传收订和组织投递中,必须广泛组织和依靠社会力量。在各单位和街道居委会以及新建居民小区,组织和建立报刊推广发行站,在农村以村为单位,组建报刊代收代投点,具体负责各单位和广大读者订阅报刊和投递工作。对于组建起来的发行站或代收代投点,进行定期业务辅导,建立相应管理办法,充分调动代办人员的积极性,使社会委办力量真正发挥作用。

4. 加强信报箱群的建设

目前,绝大多数居民的邮件报刊是通过单位收发人员转送的,如单位收发人员责任心不强,则易造成邮件报刊丢失、短少,尤其是没有具体单位的居民和离退休干部、职工,接收报刊非常不方便,极大地影响了城市居民订阅报刊的积极性。新建和原建住宅楼房安装信报箱群的甚少,住宅楼房通邮难一直是困扰城市居民的热点问题。邮政户箱工程是建立新型邮政投递网络体系的重要组成部分。将邮政通信基本设施即接收邮件的信报箱群安装到城市居民的各家各户和大型集贸市场,实现一户一箱,是做到报刊投递到户的基本条件。

5. 加强报刊收订宣传

报刊宣传工作是报刊发行业务的首要环节,是发展业务的有效措施,宣传工作直接关系到报刊收订量的增加。邮政部门除做好经常性宣传外,在年底大收订期间,还要组织多种多样的宣传形式,如各种类型的广告宣传和举办各种宣传活动。除了宣传形式要多种多样外,还要加强宣传深度,可以组织分类宣传,按不同的读者群,组织不同的报刊种类,分别到不同行业、不同年龄、不同性别等的群体中去宣传,增强宣传的针对性。另外,各单位公款订阅的财务开支一般有计划,时间比较集中,应利用年底大收订期间,集中宣传,同时带动私人自费订阅市场的开发。

6. 确保投递质量

投递是报刊订阅业务的最后一个环节,投递工作做得不好,其他工作将前功尽弃。首先,严格验收发来报刊的数量,确保数量准确,然后再进行分发。如发现份数不符,迅速查明原因,或向订户退款,或缮发验单向发报刊局要求补发。其次,要经常检查报刊投递的质量。对报刊投递质量应从几个方面进行检查:一是当班检查,如检查投递清单(卡)的签收情况;二是通过订户查询发现问题;三是通过订户调查表或座谈会发现报刊投递问题。

三、报刊零售业务的管理

(1)市、县以上的邮政局(所)、报刊门市部、邮政报刊亭办理经常性报刊零售业务,农村支局、所原则上应办理报刊零售业务。

(2)邮政报刊门市部、邮政报刊亭应标有中国邮政的统一标志。

(3)报刊零售业务执行现金交易货款两清制度。自销网点应当日缴清销售款,批销与委代办网点每月5日、15日、25日缴款,每次缴款金额不得少于月进货额的30%,每月5日缴清上月销售余款。

(4)经营报刊零售的市县以上邮政局和报刊零售专业经营管理机构,均应核定一定数量的报刊零售资金,由省公司核拨,实行专款专用。零售资金的周转、使用,由省公司定期进行考核。

(5)在报刊销售过程中要有针对性地做好宣传推荐,同时要组织专门的配送网络,加快上市时间。

(6)各级零售经营单位要设置零售报刊登记簿掌握零售报刊进、销、存情况。

四、资金管理

邮政部门经营报刊发行业务而形成的资金,称为报刊发行资金,来源于向订户收取的报刊款。报刊发行资金的周转运动,是与报刊发行业务活动同步进行的,报刊发行业务的处理过程,也是发行资金的运转过程,因而发行业务活动的特点,决定了报刊发行业务资金运动的特点。

1. 报刊发行资金的特点

(1)周期性。报刊发行资金核算,具有周期性。即按出版年度划分,一个年度一个周期,不同出版年度之间的报刊款,必须严格分开列账。同一时期发生的两个年度的核算工作,必须分别在两个相关年度的单、簿、账上反映。

(2)延续性。主要表现在核算时间上,每一个年度的发行资金核算工作,开始发生在上一年度的9月至12月,而全部完结,则要在下一年度的2月或3月,延续跨越3个年度。也就是说,当年报刊款不可能等待进入当年后才发生,也不可能在当年年内结算完毕。

(3)变动性。由于发行业务活动中,随着报刊定价调整、停刊、退订等特殊事项的发生,从而使发行资金核算不可能在一次完成后永远不变。而是要对原来已经完成的核算和账务处理,随着特殊事项的发生作相应的变动和调整。

(4)商业性。报刊零售业务,类似于商品零售活动,其资金流动、周转和核算,均与商品零售资金运作相似。因此,报刊零售这一部分资金核算,就具有商业经营核算的性质。

2. 报刊发行资金管理制度

(1)专款专用,专户存储。订销局收订的报刊款,必须在当地银行开设发行资金专户,按日送存,按期解缴。除按规定计提的发行收入可以转入企业收入外,其他报刊款只能用于要数缴款和退订退款等指定用途,不准擅自挪用和外借。

(2)预订预收,货款两清;订阅报刊时,实行预收预订报刊款;零售报刊时,实行货款两清;批销报刊实行见款发货或定期结算,不准赊订、赊销。

(3)要数带款,批批结清(或分批要数,一次结清)。订销局订阅报刊要数时,实行要数带款,批批结清(或分批要数,一次结清),"三单"(订单、缴款通知单、汇款通知单)齐走。实行分批要数,一次结清的,在接到省局结算单后,及时汇拨应缴款。零售报刊实行核拨流动资金,要数时必须带款订货。

(4)长期报刊款集中省局管理。订销局收订的长期报刊款,应在要数时全部上缴省局集中管理。不经过省局汇总的本省地、市级报刊长期款,直接汇交发报刊局管理。

(5)钱账分管,钱据分管。订销局必须严格执行两个分管。订阅业务员、零售管理员只负责有关单、簿、卡的登记和管理,不得接触现金。报刊费收据专人保管,开据人不收款,收款人不开据。在量小的分支机构,也要按此原则,调整分工,合理兼职。

(6)凭证退款,退款报账。各项报刊退款,均由发行员根据原始卡、单开具报刊退款单,由订户凭单签章在出纳处领取,发行员不经手现款。

(7)监督审核,按月对账。财会人员要按规定时间和频次对发行报刊款的收、缴、存、退、结,认真地进行监督和审核。凡必须经过会计员审核签章的单簿未经核签,不能生效。每月月终,业、会双方必须核算各自掌握的账簿账目,互相核对余额。

五、档案管理

(1)报刊发行业务、账务档案,实行分级管理。市、县局发行部门除本身的发行业务、账务档案外,还要集中管理支局、所的订阅报刊款汇总登记簿、零售报刊登记簿。支局、所的其他业务档案自行管理。

(2)根据业务量的大小,各局应指定专人负责发行业务档案的接收、清理、装订、保管、查档以及保存期满档案的处理等工作。

(3)发行人员工作调动,业务活动中使用的表、单、卡、簿及报刊目录应办理移交手续。

(4)发行档案保管期限:凡与账款结算有关的业务档案,如报刊差错补退款登记簿、报刊汇总订单报刊款汇总登记簿、零售报刊登记簿(总账、分户账)、发行报刊款结算清单等业务单式保存4年。履行完毕的邮发合同保存3年。

(5)计算机收订的原始订户信息,以及省、市、县各级生成的汇总数据、结算数据,必须通过多种方式备份并保存2年,通过计算机生成的各式单据视同发行档案。

六、质量检查

1. 检查方式和方法

(1)检查方式以现场检查重点项目、重点环节为主,建立定期或不定期抽查制度,巡回检查;印发征询意见书,向社会调查查证,落实后进行考核。

(2)在方法上,通过检查实物和原始记录表单,对专业项目组织会审,邀请读者或报刊社座谈,征求意见。

(3)实行计算机进行业务处理的局,对业务处理的重点环节,交接情况要有记录,应做好计算机数据管理,能够打印、输出相关的业务表单,定期送会计人员审核,以供监督检查。

2. 检查内容

1)省局报刊业务检查基本内容

(1)邮发合同的签订、报刊分地发行执行情况;特发报刊接办,签订的协议及内容。

(2)服务承诺及服务水平。服务承诺的相关规定:主要报刊收订截止时间;办理破订及接收破订的规定和要求;出版地邮政局日报破订次日起订情况。

(3)会计核算与业务资金的检查。省局与订销局、省局与发行局之间的报刊款解缴拨付、结算的情况,业财余额核对。零售扩大加发报刊和特发报刊的报刊款结算情况。报刊发行收入核算情况,报刊增版加张发行费的计收及计收标准。

(4)通信生产。检查邮政综合网报刊子系统的使用和管理情况,有无通信记录、安全运行、维护措施等情况。

(5)检查业务量统计工作的准确性、完整性和及时性,有无误统、漏统、错统情况。

(6)通信纪律执行情况。邮发及分地发行报刊的发行费率标准执行情况,有无降低或变相降低费率的情况。有无跨地区批销邮发报刊,市内批销大户的行为,零售报刊经营单位有无经销非法出版物的问题。

(7)组织开展报刊发行业务、财务的会审工作,省局原则上每年组织一次。

2)订销业务检查基本内容

报刊订阅方面业务检查的基本内容如下。

(1)宣传收订方面:检查报刊收订的组织工作;报刊目录的修订;报刊破订及预订预收制度的执行情况。

(2)业务管理方面:检查报刊费收据底联和空白报刊费收据管理和使用情况;检查订阅报刊缴款单与订阅报刊款日报单反映的缴款及少款补缴情况;省、县间结算账款的调整及相关表单处理是否正确等情况。实行计算机管理的,其数据汇总信息也应按上述要求核查,同时建立计算机开机密码登录制度,便于查明原因。

(3)账款管理方面:检查钱据分管,钱账分管,长期订阅款上缴省局,专款专用等制度执行情况;会计员对收款、缴款的审核情况;会计员与发行员按月核对订阅报刊款、报刊退款、差错补款余额的情况;报刊发行站活动费的提取和使用,以及各项手续费收缴情况。

(4)进口报刊情况:检查进口报刊分发表与卡片汇总数据是否一致,报刊短缺登记簿的登记情况。

(5)报刊投递方面:检查发行部门与投递部门间报纸点交、杂志签收情况;报刊投递时限,杂志投递签收等情况。

报刊零售方面业务检查的基本内容如下。

(1)业务管理方面:检查自办、委办网点管理情况,特发报刊接办和处理情况;组织货源、宣传陈列、销售周期、批销范围、积存滞销、盘点、报损等情况。

(2)账款管理方面:自办、委办网点缴款、批销折扣、零售资金使用情况,是否及时结算;在途余额、库存余额核对。

3)发刊局检查的基本内容

(1)业务处理:检查汇总变数、制签、查验处理,补报刊、退款、报皮布管理等情况。

(2)报刊分发方面:检查报刊接收,分发包装、捆扎、封发规格,分发交运时限和交接验收情况。

(3)报刊封发质量和时限:检查直封规定报刊袋捆的封发规格;检查散件报刊的包装材料、封发规格、经驶线路,报刊社交报交刊时限及规格和抽查情况记录;检查进出口报刊封发交运时限。

(4)账款管理方面:检查发报刊局与省局账务往来,检查发报刊局与相关报刊社账务往来结算、拨付、报刊增版加张发行费计收情况及计收标准,是否及时结算和其他手续费的计收情况。

第五节　报刊发行业务的经营

随着文化体制改革的深入推进和数字出版业的蓬勃发展,我国新闻出版市场格局已发生巨大变化,逐步形成了新闻出版业的产业化、集团化、集约化、市场化的新格局。在改革不断深化的背景下,出版发行市场将更加繁荣,竞争也将更加激烈。

为适应新形势、新变化和新要求,保持中国邮政报刊发行业务的健康、快速、可持续发展,用更加市场化的经营方式加快业务发展,用改革的思路,强化业务经营管理,是提高企业竞争力的重要途径。

一、总体思路

紧跟中央深化文化体制改革和加快新闻出版产业发展的步伐,把握发展机遇,按照报纸和期刊,订阅和零售的各自特点和规律,转变发展方式,创新商业模式,加强集中管控,整合销售渠道,强化专业营销,优化产品结构,做大业务规模,尽快形成一个订阅和零售、发行和广告、纸媒和数媒协同发展的报刊发行新模式,推动报刊发行业务健康、快速、可持续发展,巩固邮政在报刊发行市场中的领导者地位。

二、经营策略

(一)整合渠道,强化管控

1.整合订阅产品供应渠道

目前全国共有719个发报刊局,数量过多,从而导致:争分印,降费率,牺牲了邮政大网收益；期刊分发运输环节过多，层层分发处理，传递效率低，浪费了有效资源。

因此，必须加强全网集中管控，推动集团和省两级接办（2011 年集团公司统一接办的 22 种期刊，通过统一谈判，归并渠道，可增收 1 个亿）；严格执行分地发行规章制度，合理调整分地发行供货区域；严格控制接办费率；严格控制异地接办；严禁非法出版物进入邮政渠道；严禁把邮发报刊转为代投。2012 年，集团公司将在全国进行一次全面整顿工作。

2. 整治零售产品供应渠道

长期以来，零售各自为战，分散经营，多渠道进货，造成畅销类报刊代理权流失，渠道、终端失控，经营效益差。如东莞市《知音漫客》，以前从民营商进货，费率 32%，还每期限量 4 000 本，整治后直接从报刊社进货，费率 37%，供货不限制，每期销售 6 000 本，仅此刊就可为东莞净增收入 23 万元。若全部直接从刊社进货，可为全国增加收入 5 000 万元。

因此，必须下大力气整治零售产品供应，实行全网统一入网销售：2012 年集团统谈 300 个品种，实行全国统一销售，逐步向全网统一经营过渡；分省供货，严禁省际之间批销冲货；取消地市零售进货、结算职能；严禁向社会渠道进货；严禁非法出版进入邮政渠道销售；严控报刊亭及自营网点私自进货。

（二）创新模式，提高效益

1. 启动广告咨询服务和广告经营业务

市场经济的发展和报刊出版发行体制的改革，推动我国报刊基本功能的变化，从而引起报刊经营模式由依靠发行收益向注重广告收益转变

1）报刊广告市场巨大

从市场前景来看：2010 年全国报刊广告“刊例价”达到 600 亿元，高于报刊定价码洋（585 亿元）。未来我国报刊广告市场还会以较快的速度发展，如 2010 年纸媒广告同比增幅 18.9%，首次超过了电视网络广告 11.2% 的增幅，报刊广告发展势头好。

从收益情况来看：发行环节平均收益仅相当于广告平均收益的 1/3，但成本却远高于广告，而报纸更高。全国广告收益前 10 位的报纸（70.3 亿元）和期刊（40.6 亿元）广告收入高达 113 亿元，相当于全国邮政报刊发行收入的 1.4 倍。以《广州日报》为例，广告收益与发行收益之比为 18:1。

2）邮政开展报刊广告业务的市场机会

从与目前广告市场参与者的对比来看，广告代理公司和广告咨询公司或产品单一，或数据获取困难，而邮政拥有最大的读者数据资源、众多的媒体广告资源和全国最大的发行网络。

从报刊社的政策和需求来看：一是通过近几年的发展，报刊社对邮政发行的依存度逐年提高，邮政能够获取许多好的政策；二是文化体制改革，推动报刊市场优胜劣汰，甚至一些报刊出现了生存危机。邮政可充分利用这一时机，为报刊进行包装，实行广告经营。

3）报刊广告业务的发展思路

以数据为基础，以报刊为载体，以广告咨询为抓手，以网络为支撑，通过打造精准投放平台，为广告主提供广告精准投放一揽子解决方案，形成“发行带广告，广告促发行”相结合的业务发展模式，促进邮政报刊业务向产业链上游延伸。

“发行带广告”：以读者数据为基础，进行数据清洗、筛选、分析，形成广告价值分析数据；根据广告分析数据进行广告策划、招商及营销，制定广告精准投方方案。

“广告促发行”：在广告经营活动中，针对广告主的产品属性与目标客户，分类整理出差异化的客户需求，形成发行数据；根据发行数据，策划发行方案，做大部分优质报刊品牌，带动发行增长。

4）报刊广告经营的基本模式

邮政报刊广告经营的基本模式为：搭建平台、培育媒体、经营广告。

搭建平台就是通过客户数据的分析与分类加工，形成分众化的报刊广告投放平台。

培育媒体就是要选择那些潜力大、政策好、目标读者明确的报刊媒体，以省或者市为单位，培育几个当地发行量最大的媒体。

经营广告就是根据媒体广告价值推介报告，提供一整套、多种形式的纸媒精准投放解决方案，按照广告商的要求进行精准投放。

5）主要工作计划

基本目标：完善湖北广告经营模式，全国复制推广，2012 年力争广告收入突破 2 亿元！经过 3～5 年的努力，将广告业务打造成邮政报刊专业的核心业务，做出规模，再造一个报刊发行专业。

集团公司在发行局成立邮政报刊广告咨询与经营公司，配备专人负责全国报刊广告经营和咨询业务，主要开展全国报刊广告咨询业务、全国广告资源的统一谈判、全国大客户的开发与维护、全国报刊广告资源的整合与开发，为省市提供数据分析与支撑服务等。

各省公司在省报刊发行局内部成立广告经营部，配备广告策划、数据分析、广告经营人才，负责全省广告经营，主要开展营销集团公司授权的广告版面、开发本地区报刊媒体的广告版面，通过数据分析，建立分众广告平台；通过广告代理信息平台，向全国推荐优质广告资源和客户资源。

2. 积极进军数字发行领域

从目前国内外市场情况来看，数字出版发行已成为整个出版业最重要的增长动力，近几年发达国家年增速均已超过 60%，我国连续 5 年都超过了 50%。从政策方面来讲：十七届六中全会、新闻出版产业“十二五”规划明确指出要大力发展数字出版产业。

1）邮政进入数字发行的可行性

通过对比分析，邮政能够迅速获得数字版权，具有丰富的客户资源和网络营销能力，具有开展数字发行的核心优势。

2）邮政数字发行的商业模式

一要在积极研究、探索商业模式的同时，迅速获取数字版权，把邮政打造成为数字版权的整合提供商；二要以中邮阅读网为基础，建设数字媒体发行平台；三要通过掌控的数字版权，加快与渠道商、终端销售商合作；四要利用邮政现有的销售资源，加快进入集团、行业客户的数字图书馆定制市场。

（三）强化营销，做强品牌

1. 大力推进数据库营销，拓展报刊散户市场

报刊行业个人订户分散，仅依靠投递员开展报刊营销，只能做一些低端报刊，而要配备专人营销，成本高，见效慢，因此要寻找一种“低成本、覆盖广泛、定向传播”的营销方式。通过学习美国经验，结合我国报刊发行市场特征，我们认为数据库营销不仅是转变传统营销方式的重要措施，也是实现与报刊社联动发展的重要手段。

1）数据库营销作用

一方面，可以利用报刊数据，与报刊社联合互动，维护老客户，实现交叉营销和客户增值营销，保持存量市场；另一方面，可以利用邮政现有数据库资源，开发新客户，拓展增量市场。

2）数据库营销的基本模式

寻找目标客户数据，与报刊社共同策划数据库互动营销活动，通过多种方式传递营销信息，对整个营销流程从策划执行，到收集反馈、跟进销售进行全流程管控，加大销售跟进的力度，及时达成订单交易。

3）数据库营销的工作步骤

确定报刊品种—筛选目标数据—与报刊社共同设计营销诱因，做好诱因信息宣传制作—通过多种传播载体，传递营销信息—收集客户的反馈信息—针对反馈响应的客户进行跟进销售—对数据库营销效果进行全面评估。

4）数据库营销工作重点

从时尚高码洋期刊、时政财经类期刊和幼儿类期刊着手，加强与报刊社的合作，创新营销思路和方法，拓展高端市场，做大期刊规模。

2. 建立报刊专业营销体系，组建专职营销团队

依据“因事设岗，人岗匹配”的原则，通过竞聘、选调等多种方式，有层次、分步骤、有重点组建集团、省、地市三级营销团队，积极拓展重点市场和集团、行业客户，彻底改变过去无人营销、不会营销的局面。一是要加强营销培训，提高专业营销能力；二是加强营销策划，联合报刊社，针对专项市场策划营销活动，实行互动营销。三是加强集团、行业企业等重点客户维护与开发，为大客户提供客户维护、员工福利、广告宣传、业务开发等一揽子解决方案。

（四）分类经营，做大规模

1. 稳定发展报纸业务

报纸具有新闻时限性强、区域发行比重大、投递频次时限要求高的特点，其发行对

邮政大网具有重要意义。要集中做大畅销报纸，稳定发展党报、行业报，逐步退出部分小报。针对中央10大主流报纸、36种行业报纸，要提供客户分布数据分析，依靠中央及行业优势，拓展渠道和薄弱区域。针对全国20种畅销报纸（包括校园报纸），要抓好渠道回归，订阅、零售协同，拓展新的渠道和市场。针对省（市）主流报纸、区域性畅销报纸，要提供客户数据分析，突出做好省报旗下子报，选择区域畅销报刊，邮报联动拓展市场。

2. 突出发展期刊业务

期刊的商品属性强，发行范围广，经营效益高、发展前景好，要通过订阅和零售协同发展，真正把高码洋、高品质期刊掌控在邮政手中。针对全国畅销且以邮发为主的期刊，要将其作为全国统一发行的期刊主体，集中全网资源，加快做大规模。针对全国畅销但邮发份额较小的期刊，包括一部分高端期刊，要选择部分品种，采取数据库营销等新手段，订零联动，全网运作，不断争取市场份额。针对校园期刊，要选择适当的大、中、小学及幼儿期刊，加大和共青团、各级教育部主办的优秀期刊合作，通过大力开拓校园市场，做大规模。

3. 做大订阅业务规模

（1）以五大专项市场为抓手，形成报刊收订的长效发展机制。一是加强项目策划，利用形象期刊、订阅卡、专用单等形式，加大对行业客户和政府企事业单位的开发力度，积极开发第三方订阅市场，实现流转额10亿元。二是深入推广江西、河南新乡先进经验，围绕全网核心报刊，组织好春秋两学期的旺季营销活动，强力拓展校园市场，实现流转额20亿元。三是重点运用数据库营销，采取上门推荐、投放试读样刊或宣传册等方式，有针对性地拓展高端人群市场，实现流转额1亿元。四是与报刊社共同研究节假日及重大纪念活动礼品市场需求，板块联动，订零协同，大力开发文化礼品市场，实现流转额4亿元。五是加强营销激励和培训，充分调动投递和社区代收代投人员积极性，深度挖掘社区市场，培育5 000个流转额超10万元的社区。

（2）突出邮政大网优势，提升邮政订阅服务能力。一是制定网点报刊收订服务规范，增加具有收订功能的网点数量，确保邮政营业厅内设立收订窗口，办理报刊订阅业务。二是完善激励制度，鼓励投递人员做好现有客户的服务跟踪和补续订。三是加强业务培训，发挥发行站、便民服务站等社会委代办网点作用，做好代收代投。四是完善业务流程，发挥订阅网、11185电话的收订作用。

4. 提升零售综合竞争力

（1）要继续加快推进以“三统一”和“五统一”为核心的零售连锁经营体制改革。连锁经营的省，要进一步提高管理水平，完善体制和机制，增强营销能力，建立适应文化产品销售的现代邮政零售连锁经营体系。专业化经营的省，要加强机构设置与人员配置，强化组织领导与协调能力，向连锁经营模式过渡。订零合一的省，要通过加强产品统一组织和终端管控，积极向专业经营模式过渡。

（2）加强零售终端建设，通过自有终端建设和利用社会资源，提高邮政报刊零售终端的销售和服务能力。一是加强邮政自有终端品牌建设:制定零售网点建设规划,鼓励各省安排专项资金,加强自有终端的建设与改造。制定终端经营、服务管理规范,形成报刊零售的良好品牌;鼓励重点城市建设高码洋报刊精品店。二是打造邮政分销网络平台:借助总部营销力量,联合报刊社,对中石化、金融、保险等企业总部、行业总部进行渠道公关,加强对行业市场的拓展;在超市、便利店、社区、医院、机场、码头等地区积极发展委代办网点,扩大邮政终端覆盖范围。三是建设邮政零售便民服务平台:大力发展广告业务,将报刊终端当作广告媒体来经营;利用报刊亭信息化联网,开办充值、票务、代收费等便民业务。

(五)加强管理,强化支撑

1. 转变经营管理职能

发挥邮政网络型企业优势,推动各级报刊专业管理部门的工作职能,特别是要转变集团和省两级经营管理职能,加强信息化管理、产品研发与组织、市场分析与策划、项目开发与运营,支撑基层业务发展。集团公司要通过组建专业团队,强化总部经营管理职能,逐步培养一支具有研究、分析、经营、服务、支撑等能力的专业经营队伍。省公司要依托信息系统,实现业务管理信息化。在省专业局内部,整合部分人员从事市场营销、策划等经营工作;同时,联合省会局组建专项营销团队,参与市场经营。

2. 提高对报刊社的服务能力

(1)结算服务:一是加强集团公司统一结算,逐步扩大统一结算产品范围;二是加强对省公司报刊款结算的管理力度,制定科学有效的考核机制,确保各省及时足额结算,提升邮政企业信誉。

(2)分析服务:利用报刊信息系统,为战略合作伙伴、重点报刊社提供及时、准确的报刊发行数据分析服务,反馈读者信息,帮助报刊社提高办报质量,支持报刊社有重点地推进收订工作,提升报刊社对邮政的忠诚度。

3. 加强对外合作,形成联动发展

(1)集团公司:一要加强与中央主流媒体,工、青、妇等旗下出版集团,以及全国100家大型报刊社的强强合作,会同报刊社进行总部客户营销,拓展销售渠道;二要加大与副部级以上的报刊社合作,尽快促成与中国出版集团、中国教育出版传媒集团、中国科技出版集团的合作,提高中国邮政发行品牌知名度。

(2)省公司:加强与省级党报、省教育出版集团及本省行业报刊出版社的合作,积极争取政策支持,针对区域市场,联合策划营销项目,组织推广活动,提升区域报刊市场影响力。

4. 加大报刊信息系统建设力度

一是加快零售信息系统的推广应用,以信息化手段,推进零售连锁经营。二是建设报刊数据分析平台,为广告咨询、广告经营、数据库营销及服务报刊社等做好支撑和服务。三是完善报刊订阅生产系统的新业务功能,启动报刊生产系统"省内三统一"建设,以信息系统加强全网集中管控。四是完善报刊经营管理分析系统功能,为报刊社提供及时、有效的发行分析报告。

5. 优化流程，提高服务能力

一是要优化作业组织：严格落实两级接办，整合发报刊局出口分发单位。加强管控，提高传输效率。二是要优化供货关系：合理调整分地发行供货区域。减少运输盘剥、经转，提高传递时限。三是要优化报刊投递：实现报刊按名投递（目前是按址投递），提供个性化投递服务。四是要优化分发作业：调整分发关系，根据实际发行量，实行不同的分发关系及封装标准。

报刊发行市场广阔，产品丰富，机遇和挑战同在，压力与动力并存。只要认真按照集团公司领导的要求，坚定不移落实既定的总体思路，大力整合渠道，创新商业模式，转变营销方式，以支撑我国新闻出版产业大繁荣、大发展和方便人民群众文化需求为己任，就一定能够成为中国报刊发行市场的领导者。

阅读材料

转变观念，创新方式，安徽邮政加快畅销报刊发展

近年来全国文化体制改革步伐不断加快，数字传媒对纸质媒体的影响也日益明显，集团公司审时度势，适时提出"重点发行"理念，要求全国邮政在"重点品种、重点区域、重点客户"着力推进畅销报刊快速发展，为各省指明了发展方向、明确了经营思路。安徽省积极贯彻集团公司意图，在加快销报刊发展方面做了一些探索，主要包括以下几个方面。

（一）转变观念，提高认识，深刻领悟加快发展畅销报刊的重要意义

当前邮政报刊发行的外部环境不断变化，市场竞争日趋激烈，但该省邮政企业内部仍存在着观念转变落后于发展要求、报刊结构不合理、发行效益偏低、缺乏拳头产品等一系列问题。因此，为满足企业自身不断发展壮大的需要，就必须要全力发展一批"邮政有能力、市场有潜力、经营有效益"的畅销报刊，进一步优化结构，全面提升报刊发行专业的经营效益和市场竞争力。

此外，该省省级党报《安徽日报》于2011年在全省全面自办发行，其自办发行队伍为扩大业务规模，不断抢夺三级党报等其他报刊的发行市场，甚至开始染指各类畅销报刊，这对全省整个报刊发行体系造成冲击。严峻的形势迫使该省邮政报刊专业必须尽快转型，必须树立危机意识和忧患意识，通过做强做大一批重点畅销报刊在全省的规模，来稳固与各家畅销报刊的合作关系，坚决维护邮发主渠道的地位，提升邮政报刊发行的影响力。

因此，无论是基于邮政企业自身发展的迫切需要，还是为应对外部严峻形势考虑，该省报刊发行专业都亟须转变观念，集中全省力量尽快壮大畅销报刊规模，以攻为守，确保邮发主渠道的稳固地位。在这一点上，该省从上到下都已形成了高度共识。

（二）创新机制，计划揭标，充分调动加快发展畅销报刊的积极性

为调动各方面积极性，充分挖掘畅销报刊的市场潜力，该省创新激励机制，引入计划揭标方式，精选了17种成长性好、市场认可度高、发展潜力大、覆盖面广的畅销报

刊，作为2011年度全省重中之重的增量品种，并对这17个重点品种发行目标的分解，创造性地采取了“省公司分类定标、各市局自行揭标”的方式。即：针对每个重点品种，省公司为各市局分别设A标、B标、C标三类分解目标计划（订阅和零售为套标，不可分割。A标为最高标、C标为基础标）；再由各市局根据各自的分解目标计划，与17家报刊社现场逐一沟通，并结合专项激励办法，确认最终标的。

通过揭标，该省将计划分解的方式变被动为主动，改变了过去市局被动接受分解计划的形式和心态，这种新颖的、有选择性的认领方式，使得各市局乐于接受好执行。通过揭标，该省搭建了邮报双方深入交流的平台，17个市局与17家畅销报刊社进行了深度沟通，在发展思路、营销措施等方面形成了共识，坚定了发展的信心。同时通过揭标，该省灵活使用和分配报刊社的奖励政策，打破了过去的平均主义，针对揭A标并完成的局按报刊社标准政策的130%进行奖励，鼓励先进；而对于揭C标并完成的局按报刊社标准政策的70%进行打折奖励。同时还与旅游奖励、大收订劳动竞赛中的分值进行捆绑，制定不同的奖励标准，极大地激发了各局加快发展的积极性。

（三）创新方式，主动出击，积极拉动畅销报刊快速增长

为实现既定目标，该省积极推进各个营销项目，拉动畅销报刊的快速增长。

1. 树立价值发行理念，以形象期刊为抓手，拉动畅销报刊集团订阅的增长

2010年补续订期间该省开展了“形象期刊超百万”营销项目，全省各局由市场经营部牵头，集中全局大客户中心、函件广告、报刊发行等部门的营销力量、客户资源，成功开发了通信、金融、房地产、汽车制造等27个行业领域，定制了《半月选读》、《特别文摘》等10个品种的形象期刊，累计达96万多册。其中《半月选读》定制43万册。该省各局对当地各大企业进行梳理并结合企业特点，与畅销报刊进行匹配，对客户进行有针对性的宣传推介。

正是因为在补续订“形象期刊超百万”营销项目中，各局积累了很多成功经验、掌握了大量的客户资源，目前该省已开发《半月选读》形象期刊6万多册，对畅销报刊增长的拉动作用非常明显。

2. 树立重点发行理念，以数据库营销为推手，拉动高端畅销报刊的增长

今年补续订期间，该省在数据库营销方面做了粗浅的尝试，于二季度开展了《中外管理》的专项数据库营销活动，针对全省各大中型企业的中、高管理层，定向发放了与《中外管理》杂志社联合制作的宣传单页及样刊，并以“订阅满500份即赠《中外管理》培训指标”为卖点，吸引高端客户，整个补续订期间实现增量近4 000份；为保持发展势头，2011年度大收订该省制定了10 000份的目标。

在总结经验和不足的基础上，该省在2011年度大收订中开展了“重点客户群高端产品专项营销活动”，活动目标是增幅超过100%。通过省、市函件部门的大力配合，省报刊发行局将全省函件局的特色名址库进行了梳理分类，共整理出中大型企业中高层管理人员、白领女性、白领男性、金融行业从业人员、大学教授、私家车主六大类共计387 604条名址信息。并根据《中外管理》、《北大商业评论》、《看天下》、《格调》、《汽车

之友》等10种选定报刊的特点和属性，与名址数据进行匹配，随后通过样刊和宣传单页进行定向宣传营销。

3. 创新发行合作模式，以三大项目为重点，拉动校园畅销报刊的增长

该省2011年度大收订启动了三个校园营销项目。一是《中/高考复习信息快递》专项营销活动，收订10万多册；二是“爱心报刊”项目，即通过与妇联等单位联合开展“爱心报刊”项目，以关心农村贫困留守儿童为卖点，积极引导社会爱心力量为其赠阅校园报刊，以此扩大邮发在农村校园报刊市场的影响力，拉动校园报刊的增长。2010年度大收订滁州市邮政局率先开发该项目，拉动《小哥白尼》系列增长6 000多份、《小学生学习报》系列增长4 000多份、《课堂内外》系列增长3 000多份。今年该省妇联、省文明办、省教育厅、省邮政公司已联合发文推广“爱心报刊”项目，各局正积极开展项目运作。三是联合发行项目。与省教育宣传中心联合，积极扩大《小学生导读》等联合发行产品的邮发规模，流转额接近2 000万元。

此外该省还创新合作方式，与全国部分优秀校园类报刊进行紧密合作，发行费率55%—65%，同时为帮助各局在校园报刊营销中应对竞争，省公司以折让费率的形式为拓展市场留出空间。在校园报刊营销队伍的建设方面，该省对内积极培养农村支局长队伍，对外大力发展社会代理商队伍（学生培训班、补习班、辅导机构、教育书店、退休教师、教师家属），发挥能人效应，借力发行。

4. 打造报刊发行文化礼品概念，拉动畅销报刊私费订阅的增长

该省积极树立文化发行理念，力推报刊礼品化概念，努力将邮政报刊发行整体打造成文化礼品的全新品牌，并以现有投递队伍为主力，通过开展一个新颖活动、一个传播运动、一个专项营销行动，来拉动畅销报刊私费订阅的增长。

一个新颖活动，即“赠人报刊、手留墨香”主题宣传活动，通过礼品化概念的推广，引导订户为关爱的人赠阅报刊，吸引社会公众对邮政报刊发行的关注。一个传播运动，即“精选套餐、美味阅读”传播推广运动，该省围绕17个重点揭标品种以及集团公司确定的重点品种，精心搭配推出了五种适合于全家订阅的优惠订阅套餐，以让利的形式吸引家庭订户。一个专项营销行动，即“订阅单报刊私费订户倍增专项营销行动”，目标是订阅单报刊私费订户，订阅两种以上报刊比例超过80%。该省对2010年报刊信息系统订阅名址进行了系统的分析和梳理，共提取231 682条单报刊优质私费订户名址，并按各市局将订户名址进行了分类整理，下发给各局；各局投递人员根据名址对订户进行全面回访，了解其兴趣爱好、经济状况、文化层次、家庭结构，并从各类畅销报刊中选择合适品种、优惠套餐，向他们重点宣传推荐。

5. 强化考核，多层培训，全力确保畅销报刊的推进落到实处

为确保畅销报刊的推进落到实处，该省2011年度报刊大收订的目标考核重点、各类业务培训，均以各类畅销报刊为主线。

该省组织的“2011年度全省报刊大收订劳动竞赛活动”、“2011年度全省邮政报刊营销之星评选活动”、对市局领导班子的目标考核，以及各市局对区县局组织的相关考

核等各项考核评比办法中，在奖项设置、分值占比、奖励额度等方面都是围绕各类畅销报刊的目标计划来制订的。此外，为了让发展畅销报刊的重要意义在思想上深入人心、在实际操作层面切实落实，该省分别组织了针对市邮政局局长、分管局长、报刊发投公司经理、农村支局长、一线营销投递人员的各类培训，引导全省各层面深刻领悟发展畅销报刊的重要意义，学习掌握拓展各类畅销报刊的营销方法，切实落实各项营销活动。

截至目前，该省2011年度畅销报刊期发数较去年同期增长了10万多份，其中，《读友报》增长了21 000 多份；《特别文摘》增长了16 000 多份；《半月选读》增长了近10 000 份；《幼儿画报》、《参考消息》、《环球时报》等较去年同期也有了较大增长。

总之，安徽省报刊发行局通过转变观念、提高认识，创新机制、计划揭标，创新方式、主动出机等策略，改变了传统报刊发行为读者提供订阅和零售购买的被动式营销模式，转为向读者提供多元化、个性化产品，满足读者多样化需求的主动式营销模式，实现由简单营销向专业化方案营销的转变。加大了重点客户的开发力度，培育了优质客户市场，对各省提升邮政报刊发行品牌形象、增加业务收入产生了积极的影响。

思　考　题

1. 什么是国内统一刊号和邮发报刊代号？
2. 简述报刊发行业务的性质和特点。
3. 报刊的发行方式有几种？
4. 简述报刊发行业务的组织机构及其分工。
5. 如何加强报刊订阅业务的管理？
6. 如何加强报刊发行业务的管理？
7. 结合报刊发行业务资金管理制度，谈谈如何加强报刊发行业务的资金管理？

实践项目

1. 实训。邮政报刊发行业务营业窗口收订的处理。

2. 市场调查。运用访谈法、观察法对报刊零售亭进行销售调查，写出调查分析报告。

第七章　集邮业务与管理

集邮是一项具有广泛社会基础的群众文化活动，在世界上，它的发展历史几乎和邮票的发行历史一样悠久，在中国也已有上百年的历史。集邮业务是最具特色的邮政业务之一。本章将介绍邮票及各种集邮品的分类、特征等基础知识、邮政经办集邮业务的内容以及集邮业务经营管理的相关知识。

第一节　邮票基础知识

一、邮票的定义和要素

1. 邮票的定义

邮票是由国家指定机构发行的作为邮资纳付标志的有价票证。

2. 邮票的要素

邮票有三要素，即国家（地区）铭记、面值和主图图案。

铭记是邮票票面上用来表示发行国家（或地区）和发行机构的标志。中华人民共和国成立以后，我国邮票的邮政铭记曾先后使用过“中华人民邮政”和“中国人民邮政”，从1992年开始，使用现行的邮政铭记“中国邮政 CHINA”。

邮票上必须印有国名（如中国）或地区（如香港）名称。万国邮联对此有明确要求，但也有例外，如英国邮票不印国名，以英国国王头像代表，因为该国是邮票的发明国，这种做法已被世界各国公认。

面值是邮票票面上的邮资数值，以表示用邮公众所纳付的邮资数。世界各国（或地区）邮票的货币单位多为该国（或地区）的法定本币或辅币，面值数额多为常用邮资资费。我国邮票面值的标注单位是人民币“元”和“分”。邮票的面值是根据邮政业务资费而确定的，也随着邮政资费的调整而变化。

主图图案，用图案形象表现邮票的主题，泛指票面上的全部印刷内容。一般地说，一套邮票的主题也就是这套邮票的名称。

二、邮票的属性和功能

1. 邮票的属性

邮票有两种属性：在通信领域，邮票是邮资凭证。《中华人民共和国邮政法实施细则》明确指出，邮票（包括印在邮资封、片简上的邮票图案）是作为邮件纳费标志的有价证券、是邮电部发行的邮资凭证。这是邮票最重要的属性，对邮票无论从任何角度去认识，都不应忽视邮票是邮资凭证这一根本属性。其次，在集邮领域，邮票是特殊商品。

1）邮票的第一属性是邮资凭证

世界上有了邮政才有了邮票，有了邮票才有了集邮，邮票的发明是为了使用。我国解放后,邮电部赋予邮票发行局的首要任务一直是:"保证供应全国邮政通信部门需要的各种面值的邮资凭证"。尽管近几十年来随着世界集邮事业的普遍开展,邮票的种类、形式等各个方面都有了许多变化,但也不能违背邮资凭证这一属性。为了使各国发行邮票有个规范要求,万国邮政联盟1989年在第20届代表大会上通过了《适用于邮政联盟会员国的集邮准则》。针对目前有些国家邮政主管部门发行违背该准则的邮品,而这些违背邮政正常作业程序的有害邮品正阻碍着集邮的进一步发展,并且危及着现代集邮的生存,所以,国际集邮联合会、国际邮商联合会和国际邮票目录出版者联合会将定期公布此种"有害邮品名单",这些有害邮品将不允许参加国际集邮联赞助的世界(国际)邮展,也不在主要的邮票目录中刊载。

2)邮票的第二属性是特殊商品

邮票进入集邮领域后,就成为人们购买、欣赏、收藏的集邮品,成为一种商品,但它不是一般的商品,而是一种特殊商品。其特殊性表现在:①邮票是由国家(地区)邮政部门统一生产发行的,不同于一般商品可以由各个工厂企业自由地生产;②邮票只能一次性生产(指纪念邮票和特种邮票);③邮票是一种精神产品,邮票不是用来满足人们物质生活需要的一般消费品,是用来满足人们文化生活需要的特殊消费品;④邮票的价格脱离价值。

邮票发行是以邮票面值作为价格,即按面值出售。而邮票的面值只体现邮政资费,同样一枚邮票,其纸质、大小、生产成本几乎一样,但面值可以相差很大。印60分就卖60分,印80分就卖80分,所以邮票的价格是脱离价值的,这和一般商品不一样。随着时间的推移以及国内外市场和供求关系的变化,邮票的价格还会发生变化。一般地说,邮票在集邮市场上的价格取决于3个基本因素,即存世量的多少、公众的需求程度和邮票本身的品相。一般说来,邮票发行的时间越久,人们爱好的程度越大,市场需求越大,存票数量越少,这种邮票的价格就越高。

2. 邮票的功能

1)邮票是一种传播很广的宣传品

邮票无脚走天下,贴在邮件上,能够到达全世界的各个角落,特别是集邮事业兴起以后,世界上亿万人纷纷购买邮票、收藏邮票,和邮票接触的人越来越多。方寸虽小,宣传作用很大,世界上第一枚邮票,就是用英国维多利亚女王头像作为邮票的图案,用来宣传皇室的权威。我国的大龙邮票,其主图采用象征天子的龙的图案,其用意也是如此。

我国解放区邮票图案多是镰刀、斧头、红旗、地球、革命领袖、战士冲锋、群众欢呼等。除把邮票作为邮资凭证外,也把宣传作用放在了重要地位,用邮票宣传人民邮政,宣传革命领袖,宣传革命斗争,宣传英雄战士和革命群众。

新中国邮票更加注重了邮票的宣传性。宣传中国共产党的领导,宣传我国社会主义建设的伟大成就,宣传我国中华传统文化,宣传我国的地大物博、物产丰富、名胜古迹、名山大川、珍禽异兽、奇花异草,总之,这些都是邮票的光荣使命。

2）邮票是供人们鉴赏的艺术品

每一枚邮票都经过设计者、雕刻者、印刷工人等无数劳动者的精心劳动创造，都是一件令人赏心悦目的艺术品。

在新中国邮票上，我们可以看到《韩熙载夜宴图》、《唐代簪花仕女图》、《马王堆帛画》等古代艺术家的精品，也可以看到齐白石、徐悲鸿、李可染等当代大师的名作，宛如步入名家画苑，令人心旷神怡。而邮票设计家的创作更别具风采，同样是很好的艺术享受。

3）邮票有传播科学文化知识的作用

把邮票说成是形象的小型百科全书，或说是知识的形象博物馆，这毫不夸张。邮票的题材十分广泛，丰富的内容可以为集邮者提供科学文化、历史、地理、天文、体育、卫生、动物、植物、文物考古等多方面的知识。

4）邮票是传播友谊的使者

我国邮票每年出口累计几百万套、上千万枚，这样大量的中国邮票送到世界各国集邮者手中，使他们从邮票上了解新中国的面貌；大量国际信件传送到世界各国，信件上的邮票送到各国人民手中，所有这些都起到了传播文化、交流友谊的作用。

5）邮票具有储蓄功能

集邮邮票是一种特殊商品，一般会随着时间的久远，存世量的稀少和需求的增加而增值，只不过有快慢之分。即使不增值，也可当成邮资凭证贴用。因此，邮票的储蓄功能是人所公认的。在欧美国家有一种流行的说法："邮票是小市民的股票"。在我们国家，不过分强调集邮的储蓄功能，特别是青少年集邮，要从集邮的知识性、艺术性、思想性着眼，自觉地在集邮中培养爱国主义的情操和高尚的邮德。

总之，邮票的功能是多方面的，除了上面讲的以外，邮票在社会历史研究中具有一定的史料价值，有的邮票还是珍贵的历史文物。

三、邮票的种类

邮票是由国家指定机构发行的、作为邮资纳付标志的有价票证。最初只是一种邮资预付的凭证，但随着时间的推移，它又有了新的用途，于是也就增加了新的种类。现在世界上的邮票种类繁多，我们只介绍一些常用的邮票种类。

1. 普通邮票

普通邮票是面值种类齐全，不限量发行，无销售期限，供各类邮件贴用的邮票。

世界上最早的邮票都是普通邮票，邮票问世伊始，只作为纳付邮资的凭证，人们还未来得及赋予它更多的含义。如"黑便士"邮票和"大龙邮票"等都是如此。世界第一枚普通邮票是英国于1840年5月发行的"黑便士邮票"。中国第一套普通邮票是1878年7月发行的"大龙邮票"（图7－1）。

1949年10月1日中华人民共和国成立。随着新中国人民邮政发展的需要，专供邮政所需的普通邮资凭证——普通邮票应运而生了。新中国第一套普通邮票由著名的邮票设计家孙传哲设计，主图案为雄伟的天安门城楼，左边的华表巍然矗立，天安门上空蓝天

图 7－1　大龙邮票

白云层次分明,亦称为天安门图案(第一版)普通邮票,俗称“普 1”(图 7－2)。

图 7－2　新中国第一套普通邮票

普通邮票的特点:票幅较小,刷色简单;发行量大,可以多次印刷;使用时间长;面值醒目,且面值种类多。近年传统的普通邮票模式有了新的改进和突破。

普通邮票是集邮最重要的品种之一,应引起集邮者的重视。并且,普票的收集,最能反映邮政史实的变化,其收集难度也很大。再有,由于普通邮票可以多次印刷,每版之间均有细小的差别,因此,普票的微观研究也有较深较广的天地。

2. 纪念邮票

纪念邮票是为纪念重大节日、纪念日,国家领袖和名人,重大活动和事件发行的邮票。一般在邮政营业场所限期出售,不再重印。

世界上第一套纪念邮票是秘鲁于 1871 年发行的纪念南美最早的铁路通车 20 周年邮票;我国第一套纪念邮票是清朝于 1894 年发行的《慈禧六十寿辰纪念》邮票;新中国的第一套纪念邮票是 1949 年 10 月 8 日发行的“纪 1”《庆祝中国人民政治协商会议第一届全体会议》邮票(图 7－3)。

纪念邮票除了有较明确的纪念意义外,还有一些特点:票幅较大;设计印刷精美;发行量相对较少;只能印发一次,不得再版;邮局出售时间有限制。我国现规定为半年,有的国家只售几个月甚至半个月;票面上多印有票题。我国纪念邮票下边印有志号。

图7－3　新中国第一套纪念邮票

3. 特种邮票

特种邮票是为宣传有某些重要意义的事物、专题或某些特定内容而发行的邮票。题材十分广泛，内容十分丰富，不论古今中外、历史地理、科学发明、文化艺术、著名人物、名山大川、土特产品、名胜古迹、珍禽异兽、奇花异草以及建设成就等无所不包。特种邮票的形式和发行情况与纪念邮票相仿，只是无具体的纪念对象，无严格的时间限制，一般在邮政营业场所限期出售，不再重印。

在集邮活动中，特种邮票是专题邮集主要选材。特种邮票也称为“宣传邮票”，在国外，特种邮票和纪念邮票往往合为一类。特种邮票发行特点与纪念邮票相仿，有固定的发行日期，在邮局限期出售。邮票发行量一经公布，不再重印。新中国的第一套特种邮票是1951年10月1日的“特1”《国徽》邮票（图7－4）。

图7－4　新中国第一套特种邮票

4. 航空邮票

航空邮票是专供寄件人寄发航空邮件时贴用的邮资凭证。航空邮政事业创建之初，通过航空运送的信件邮资比一般水陆路邮件高得多，因此发行了供航空邮件贴用的邮票。一般地说，航空邮票也可以在水陆邮件上贴用，航空邮件上也可以贴用普通邮票、纪念邮票、特种邮票。

最早的航空邮票是由其他邮票加盖制成的。如意大利1917年加盖的“快递邮票”。世界上第一套正式发行的航空邮票，是美国于1917年5月14日发行的，全套共3枚，都有飞机图案。我国第一套航空邮票，是由中华民国北洋政府于1921年7月发行的，全套共5枚，也都有飞机图案。新中国成立后，发行过两套航空邮票，第一套是1951年5月1日发行，全套共4枚，第二套是1957年9月20日发行，全套也是4枚；这两套邮票上既有飞机图案，也都印有“中国人民邮政航空邮票”字样。

5. 欠资邮票

欠资邮票是邮局补收所欠邮资的凭证,由邮局在一些未贴邮票或所贴邮资不足的邮件上贴用,凭以向收件人补收所欠的邮资。这种邮票邮局不出售,也没有预付邮资的功能,但集邮者有时可以通过各种渠道买来收藏。

新中国在1950年9月1日发行第一套欠资邮票共9枚,面值从100元到1万元(旧币),凸版印刷,均为蓝色。1954年8月18日又发行第二套欠资邮票共5枚,面值从100元到1 600元(旧币),均为红色。从1956年起停止使用一切旧币邮票,因此这两套旧币欠资邮票也同时停止使用。按照原邮电部的规定,对欠资邮件改为加盖欠资戳或加贴改退批条,由邮局填写欠资金额后收取欠资或退回寄件人贴足邮资。因此,从1956年起,我国再没有发行过欠资邮票。

6. 包裹邮票

包裹邮票是一种专供寄件人邮寄包裹时贴用的邮票。世界上许多国家,如比利时、伊朗、美国、意大利及罗马尼亚等国家都发行过包裹邮票。我国解放区邮政和中华邮政,也都发行过包裹邮票。

新中国成立后,曾于1951年发行过一套包裹邮票,共4枚,只限东北地区贴用。

7. 加字改值邮票

加字改值邮票是一种在其他邮票上加盖文字、改变面值后作为一种新邮票使用的邮资凭证。采用这种邮票,多半是因为新邮票印制不及而采用的一种应急措施。例如1896年大清邮政正式开办之际,邮资改银两为洋银(银元)计算,又新开办了包裹、汇兑等业务,新邮票筹印不及,先将库存的“小龙”、“万寿”等邮票加盖洋银面值后使用。我国解放区邮政和中华邮政也都有多种加字改值邮票。

新中国成立后,一方面由于印制新的全国统一使用的邮票数量不足,另一方面大量库存的中华邮政邮票弃之可惜,因此选择了中华邮政邮票中部分孙中山头像邮票和以飞雁、火车、轮船、宝塔等为图案的邮票,以及部分解放区邮票,加印“中国人民邮政”文字及新面值后,作为新中国邮票使用。这样的加字改值邮票,从1950年发行的“改1”到1951年发行的“改10”,一共发行了10套53枚。

8. 军人贴用邮票

军人贴用邮票称“军邮”邮票,这是一种专供现役军人免费或减费交寄邮件而发行的邮票。世界上许多国家和我国解放区邮政、中华邮政都发行过这种邮票。

新中国成立后,邮电部于1953年曾拟发行一套“军人贴用”邮票,共3枚,图案均以“八一”军徽为主图,面值为旧币800元,分黄、紫、蓝三色。这套邮票原定于1953年8月1日发行,但在发行之前,发现使用对象不易控制,遂决定停止发行,但仍有少部分流入社会,其中以“蓝军邮”价格最为昂贵。1995年8月10日发行的“义务兵贴用”邮票只限在沈阳军区——东北三省的解放军中试行,自1997年4月15日起停止使用。

9. 附捐邮票

附捐邮票是为福利、健康、赈灾、慈善等事业筹集捐款而在邮资外另加附捐金额的邮票，又称福利邮票、慈善邮票。邮票面值与附加金额的表示方法有几种：一是印有邮资+附捐金额；二是印有邮资和售价；三是不印附捐金额；四是正票之外的附票上印有附捐金额。附捐金额不能作为邮资使用。

世界上最早发行附捐邮票的是新南威尔士（现为澳大利亚的一个州），时间是1879年，现在世界上许多国家都发行福利邮票，如联邦德国，从1949年起，几乎每年都发行一套福利邮票。

中华邮政曾在1920年发行过我国第一套附捐邮票《附收赈捐邮票》，共3枚，附收款项作为救济黄河决口的灾民之用（图7-5）。新中国在1984年2月16日发行了第一套附捐邮票，即T.92《儿童》附捐邮票，共2枚，面值为8+2分，8分为邮资，2分为捐资（图7-6）。此套邮票共筹集资金60万元，为中国儿童和少年基金会发展儿童福利之用。以后，在1985年3月15日发行的T.105《中国残疾人》、在1989年6月1日发行的T.137《儿童生活》也是附捐邮票。

图7-5　我国第一套附捐邮票《附收赈捐邮票》

图7-6　新中国第一套附捐邮票《儿童》

10. 个性化服务专用邮票

个性化服务专用邮票是为开展邮票个性化服务业务而发行的一种专用邮票，属于普通邮票范畴。该邮票由具有邮资凭证属性的邮票主图和可供用户制作个性化内容的空白附票两部分组成。邮票个性化服务主要是利用个性化邮票，即是以中国邮政集团公司发行的带有空白附票的个性化专用邮票为载体，根据用户的正当需求和有关规定，在空白附票上印制个性化的内容，赋予空白附票个性化特征，向社会提供邮票个性化服务的业务。

我国第一套个性化邮票是发行于2002年的《如意》(图7－7)，接着还发行了《鲜花》、《同心结》、《天安门》、《一帆风顺》、《花开富贵》、《吉祥如意》、《长城》等。

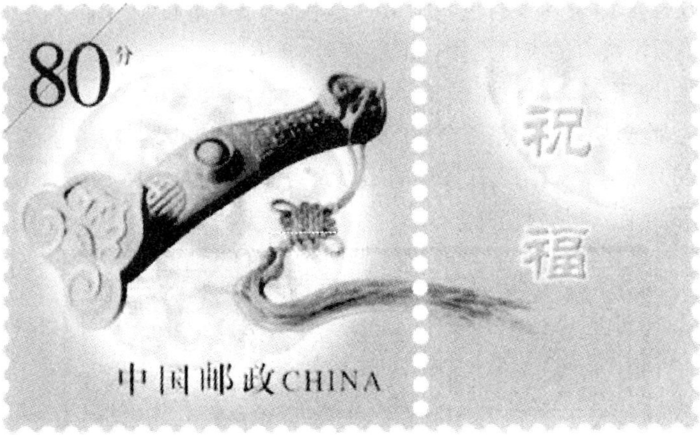

图7－7　我国第一套个性化服务专用邮票《如意》

四、邮票的变化

1. 小全张和小型张

将某一套(或几套)邮票的每一枚都汇集印制在一张较大的纸上，其邮票枚数、图案、刷色、面值等都不改变，这种邮票称为小全张邮票。若从某套邮票中选取1枚，或另绘与邮票题材密切相关的其他图案，印制在一张较大的纸上，或将每枚邮票都印成较大的小单张，这种邮票称为小型张邮票。在小型张和小全张的空白位置上，一般绘有精美图案或文字说明，供集邮爱好者欣赏。

发行小型(全)张邮票在集邮事业发达的今天十分盛行。我国中华邮政(1941年)和解放区邮政(1947东北解放区)都发行过小全(型)张邮票，新中国发行的第一枚小全张邮票是1958年5月30日发行的“纪47”《人民英雄纪念碑》。新中国发行的第一枚小型张是1956年1月1日发行的“纪33”《中国古代科学家》(第一组)，随后又发行了“纪94”《梅兰芳舞台艺术》、“特61”《牡丹》等，一般我国每年要发行小型张邮票3～5枚。

2. 小本票

最初的小本票是邮政部门为了方便群众携带、使用，将若干枚同套邮票装订成小本发售，这就是小本票，现在已发展成为一个颇受欢迎的集邮品种。小本票中的邮票枚数不等，有的是同种面值票一起连印。有的是不同面值票两枚连印、四枚连印，每本封面、装帧都加以别致的安排，经过精心设计，十分引人喜爱。

世界上最早发行小本票的是卢森堡,时间是1895年。中华邮政也发行过小本票,新中国发行的第一个小本票是1980年6月1日发行的T.51《童话—咕咚》小本票。自1981年至1992年,我国的生肖邮票每年都发行小本票。

3. 小张票

小张票也称小版张。小版张邮票是专门印制的一种印张较小、邮票枚数较少的邮票。我国1980年9月13日发行了T.59《中华人民共和国展览会(美国)》邮票,整张为50枚。为了适应展览会的需要,另特印制了小张票,印张比整张小,每一小版张邮票为12枚。因发行量较少,已成为众多集邮者追求的对象。

4. 无齿票

无齿票指世界上打孔机和有齿邮票普及后,为了增加集邮者的兴趣,给集邮爱好者增加集邮品种,邮局特意发行的无齿票。我国发行过多套无齿票,如1988年发行的T.132《麋鹿》。

5. 连印票

将两枚或两枚以上不同图案的邮票连在一起印刷,叫做连印票。连印可以有不同的形式,如四方连,将四枚不同图案的邮票排成田字型印刷。“特4”《广播体操》、“纪60”《1958年农业大丰收》、“纪112”《第28届世界乒乓球锦标赛》、“J.47”《中华人民共和国成立三十周年》等。这种四方连邮票的特点是田字形四枚邮票的图案各不相同。至于从整张邮票上撕下图案相同的四枚邮票,习惯上也叫四方连,如猴票四方连,但含义却不相同。

6. 发光邮票

发光邮票是为了适应信函自动化分拣的需要而发行的,一般有两种,既磷光邮票和荧光邮票。我国一般采用的是磷光邮票。新中国邮票有两套发光邮票,一套是1980年发行的“T.49”《邮政运输工具》,一套是1982年发行的普22(甲)。

7. 卷筒邮票

卷筒邮票是为适应邮政机械化需要而发行的专用邮票,是用于自动售票装置售卖的邮票。印刷后按长连形式盘成卷筒,故有此称。也称机售邮票,每卷有300~5 000枚不等。迄今以瑞典发行最多。我国曾一度使用过邮票自售机,其售出的邮票是工作人员用普通邮票撕贴而成的卷筒邮票,未单独发行过,故邮票四面均有齿孔。

8. 电子邮票

电子邮票是近几年兴起的“自动化集邮”的主要收集对象,是由机器打印出的具有简单图案的一种邮资凭证,其地位已逐渐被今人承认,并成为许多年青人收集的热点。国外有许多国家如美国、加拿大等都发行电子邮票。香港每年在发行生肖邮票的同时也发行生肖电子邮票。

9. 对剖票

对剖票是把一枚邮票按斜对角切开或者竖着对半切开,成为两枚邮票,每枚邮票具有原邮票的二分之一的面值。对剖票是在特殊情况下产生的,如邮局发现邮票短缺，为了应急，就把一枚切成两枚使用。清代邮政使用过对剖票，如福州（1903 年）、重庆（1904 年）、长沙（1906 年）等。1947 年晋察冀边区也曾使用过对剖票。对剖邮票是在特殊情况下产生的，使用的时间极短、数量也不会很多，故留存下来的极为宝贵。

10. 盖销票和信销票

盖销票从广义上说，是指所有被邮戳盖销了的邮票。但我们所说的盖销票，指将没有用过的新邮有意地用邮戳盖销，供应给集邮者收藏的邮票。20 世纪 50 年代的中国集邮公司曾向国内外集邮者供应过盖销票。盖销票的价格一般低于新票，因此，许多国家把专题票大量盖销廉价供给集邮者。一般地说，集盖销票比集信销票难度要小。信销票是指实寄邮件上被邮戳盖销了的邮票。即经过邮政生产实际过程而产生出来的，一般具有比盖销票较强的反映邮政实递的意义，但因为品相不易保证，因此从价格上说参差不齐，一般低于新票和盖销票。但也有例外，例如著名的红印花小字当一元旧票，销有上海的八卦邮戳，这种实寄过的信销票存世仅此一枚，故其珍罕性可想而知。

五、邮票的计量单位

（1）枚：是邮票的最小计量单位，一个单个邮票就是一枚。

（2）套：一般以少则一枚多则数十枚围绕一个主题表现其主要内容的同名称邮票组成。

（3）张：是全张（包括小全张、小型张、小开张等）的计数单位。

（4）印刷全张：从印刷机上印出时的印张，通常含有若干个邮局全张。

（5）邮局全张：邮票印刷厂以成品形式，经包装、发送，供给邮局出售的整张邮票。

（6）本：指小本票的计量单位。一册即一本。

（7）包：将若干张（通常是 500 张）邮票封装成一包，在每包的标签上标明该包邮票的志号、名称、图号、面值、张数以及每张枚数和整包枚数。

（8）袋：袋有两个不同的概念，一是袋票的袋，指若干成套邮票或不同套的邮票混在一起，装入一个纸袋出售的叫袋票，其计量单位为“袋”；一是票袋的袋，指邮局内部将一包或若干包邮票装入邮袋（或专用邮票袋），绳扣铅封后，邮运、交接的计量单位。

第二节　集邮品的定义及分类

在集邮史的最初阶段，大多数人只是收集邮票，极少数的人兼集封片，因此在传统的观念中，集邮就是收集邮票，随着世界集邮事业的不断发展，集邮水平的不断提高，人们的集邮观念已发生了很大的变化。集邮的内涵已从单纯的收集邮票扩大为收集一切邮资凭证和与邮政有关的东西，如果仅作为一种爱好，集邮的范围无需界定，这时集邮仅处在一种收集、收藏阶段；如果把集邮上升为一种理论——《集邮学》，那么，集邮的范围应有明确的含义，以便于集邮研究水平的提高，并引导集邮爱好者树立正确的集邮观念。

一、集邮品的定义及其范围

集邮品，简称邮品，按照国际集邮联合会的规定，指出：“一部展品只由适于展出的集邮品组成，而适于展出的邮品，指为了传送邮件或其他邮政通信目的，由政府、地方或私人邮政代理机构，或由其他正式被委托或被授权的机构发行的、已计划发行的、或已生产完毕准备发行的邮品，实际使用过的邮品，或认为可作为有效邮资凭证的邮品。”

从这一条规定，我们可以明确，集邮品的必要条件是：必须是邮政机构（包括其委托机构或授权单位）发行的；为传递邮件用的；表明邮资的。

关于集邮品的范围，各类集邮采用不同的集邮品，种类繁多。下面我们根据国际集邮联合会各类集邮评审专门规则，列出下列几项。

1. 适合传统集邮的集邮品

（1）邮票，使用过的或未使用过的，单枚或方连，信封上使用的。

（2）各种变异，如水印、背胶、齿孔、纸张、印刷的变异。

（3）已采用或未采用图案的试模样票和试印样票。

（4）合适的邮票史前的和不贴邮票的邮品。

（5）其他特殊邮品，包括邮政品以及已使用的当邮票用的印花税票，或未使用的邮税两用票。

在集邮的传统邮集制作中，特别强调："适用于传统集邮的集邮品"的含义是：要从实际使用出发，包括所有以任何方式与邮政部门或非邮政部门传递邮件有关的集邮品。

2. 适用于邮政史和邮政用品集邮的集邮品

邮政史集邮品，包括实寄封、实寄邮政用品、信销票和邮政单据。邮政用品的定义是："邮政用品由邮资物品组成。这类邮资物品上带有经正式批准的预先印上去的邮票或邮资符志，或是印有表示某种特殊的邮政业务或有关业务的资费已付的铭文"。邮政用品包括以下 2 类。

（1）印有邮票的封、片、简。包括：邮简（包括航空邮简）；信封（包括挂号信封）；明信片；卡纸邮简；包封纸（包括新闻纸封套）；各种单式。

（2）各种邮政资费收据。包括信件、包裹邮寄凭单、汇兑印纸、邮政汇单及其他印有邮资符志的单据。

3. 适用于专题集邮的集邮品

所选的每件邮品必须完全与所选专题有关，并用最明了的方式表达专题的信息，若有盖销品，则将优先选择那些真正经邮政实寄并与当时邮资相符的邮品，集邮研究可以包括在专题展品内，只要这些研究与专题的拓展和展品的特性相一致。

专题集邮中要注重并优先选用如下邮品。

（1）从政治、历史、文化、经济和（或）其他类似的角度上看带有与发行国有直接关联的信息内容的邮票，避免使用专为赶专题集邮时髦的投机邮票。这些导致疑问的邮票原则上可以忽略不用。

（2）常规邮票。

（3）真正的信销票（避免使用盖销票）。

(4)经过实际传递,邮戳规范的邮政邮件,避免使用仅仅是纪念性的邮品及任何集邮者自制自娱的同类邮品,如带有装饰的首日封(邮政部门发行的亦不例外)、极限明信片等。

(5)经过实际传递、邮资正确且邮戳与专题相关的邮品(避免使用趣味戳)。

(6)写给个人的、收件人不尽相同的邮件(避免使用邮购的信封和明信片)。

(7)邮资适当的机盖邮资邮件。

切合主题的孤品或其他具有独特特征的样票、试模样票、变体票及类似邮品可以提高展品的集邮档次。应控制使用极限明信片。

4. 适用于航空集邮的集邮品

(1)经由空中发送的邮件。

(2)专供航空邮件贴用而发行的官方或半官方邮票、新票或旧票(主要是贴在信封上的)。

(3)各式与航空运递有关的邮戳、其他戳记和标签。

(4)虽未经邮政传递,但经主管机关正式批准的经由特殊空中运输方式送运的邮件。

(5)作为一种正常投递方式或由于未能预见的事件致邮政传递中断而空投的传单、信件和报纸。

(6)在空难事件中找回的邮件。

5. 适用于航天集邮的集邮品

(1)邮政部门交由同温层气球、火箭、宇宙飞船、同温层飞机、回收船舶、救护直升飞机发送的或这些运载工具交由邮政部门发送并交给其有关先驱者的邮件。

(2)与航天计划各部分(包括航天物体的发射、飞行、着落和追踪站、船舶及其他支援飞机)有关的邮票、签条和印刷品、特种信封和明信片、邮政用品和邮转电报。

(3)反映航天集邮特征的在特殊事件发生当天由当地邮局销印的信封和明信片。

6. 适用于极限集邮的集邮品

极限集邮是专门收集极限明信片的集邮方式,其邮集只能由极限明信片组成。

极限明信片是指画面与邮票类似,在有图的一面贴有与画面相应的邮票,且盖相关地名邮戳的明信片。

适用于以上各类集邮的集邮品都适用于专题集邮和青少年集邮。文献集邮所收集的是集邮图书、期刊、出版物,并非集邮品。

综合上述,我们可以看出邮品主要有国家主管部门发行的邮资凭证(包括带有邮资凭证的封、片、简),而美术明信片、各种纪念封、纪念片、纪念图章的载体,只有经过了邮政实递,才算是邮品。各级邮票公司发行的首日封只有经过邮政实递才算是邮品。

二、集邮品层次划分

上面讲了国际集邮联规定的集邮品的明确意义和范围,我们当奉之为准则,观念朝着这个方面靠拢。但我国近十几年集邮发展，有一些具体情况，在集邮范围的概念上，也有不同的层次。理清这些层次，对我们发展集邮事业、特别是对邮政企业集邮业务的开展，会有一定的帮助。

《集邮词典》中关于集邮品的定义是这样的："邮品——集邮品的简称。指集邮的各种收藏品、泛指邮政发行的以及集邮组织发行的各种有关收藏品，但不包括集邮文献。"

这是广义的集邮品的概念。事实上、我们可以针对目前我国集邮的现状，把集邮品分成两个层次，一种叫做参展邮品，一种叫做非参展邮品，前者也可称为自然邮品，后者亦可称为造作邮品。这样，从收藏、观赏、娱乐的角度讲，收集"非参展邮品"也无妨；但欲组集参加正规化的竞赛性邮展，必须以前者为限。

三、集邮品的种类及概念

按上面的观点，我们分述各种集邮品的具体概念。下述的集邮品中，也包括了"非参展邮品"。这些"非参展邮品"，有些经过实寄后，可以成为"集邮品"入集参展，有些则属于不能参展的"纪念品"，这要视具体情况及展级而定。

1. 邮票

邮票的种类及意义参见上节内容。

2. 邮资封

(1)普通邮资封。用普通信封印上邮资标记，没有特殊意义的，叫普通邮资封。我国的邮票目录中列有 PF1(普通邮资封) ~ PF5 五套。均为 1982 年以前发行的。

(2)美术邮资封。在信封上印有美术图案和邮资标记、没有纪念意义的叫美术邮资封。目前我国只发行有两套，1957—1959 年发行的 M0 共 8 枚，1983 年 4 月 1 日发行的 M1，共 10 枚。

(3)纪念邮资封。用特制信封印上有纪念意义的图案及相关邮资标志，专为纪念某些重要的人和事件而发行的信封，叫纪念邮资封。我国有计划发行纪念邮资封从 1982 年开始，用"JF 字头编号，最近基本上每年发行 5 ~ 7 枚。如 JF1《纳米比亚日》，JF20《中国南极中山站建站》等，每枚都有一定的主题。标题、图案和邮资的设计要切合主题。

3. 明信片

明信片通指正面印有收、寄件人姓名、地址空白地，右上角印有邮资标记的或贴票空格，通信内容公开的一种硬纸卡片。我国现行的邮资明信片主要有以下几种形式。

(1)普通邮资明信片，如 PP1 ~ PP9。

(2)纪念邮资明信片。从 1984 年起发行。如 JP1《中国在第 23 届奥运会获金质奖章纪念》、JP21《中华人民共和国香港特别行政区基本法》等。

(3)贺年明信片。我国在 1981 年起为配合庆贺我国的农历生肖纪年，与发行生肖邮票相和，开始发行贺年明信片，系列编号为 HP。

(4)美术邮资明信片。为宣传我国名胜风光，原则上我国拟为每省均出一套美术邮资明信片，彩色印制，一般分为国内、国际两套邮资，即分为A组、B组；编号YP。从1984年起发行。YP1为《桂林山水》。

4. 邮简

邮简是按一定规格使信封和信纸合一的一种通信用品。近期的邮简多为三节式的，大小如一张通常的信纸，正面上方三分之一，书写收信人的姓名和地址，右上角印有邮资图或贴邮票的虚线方框；中间的三分之一，可写寄信人的姓名和地址；背面供写信用。将背面折在里面，正面的两个三分之一部分即为信封的正面和背面。

当代的邮简，基本上都是邮政部门印制的，称邮制邮简；而且多含邮资，称邮资邮简。这种邮资邮简，使信封、信纸、邮资三者合一，简舌涂有胶水，使用邮简的通信费用低于信封，略高于明信片，所以邮资邮简是国外一种十分普及的邮政用品。邮资邮简的使用有一定的规定，如航空邮简不得夹寄任何纸片，邮资剪下后即无效。

邮资邮简的使用早于邮资封和邮资片，是1818年由萨丁王国发行的。当时的邮简尚无固定的折迭方式，故又称信张。三节式邮简是比利时于1882年首创的，根据发行目的和使用方法分类，邮简可分为普通邮简、纪念邮简、宣传邮简、美术邮简、航空邮简、军人邮简等。目前国际上使用最多的是航空邮简、纪念邮简和航空纪念邮简。

新中国最早的邮资邮简是1950年“普东1”型天安门邮资图邮简，1956年币制改革后，将邮简上人民币面值邮资图加盖“邮资作废”字样出售，因此使用时应加贴邮票。

5. 首日封

首日封是邮票发行首日贴有该种邮票并加盖当日邮戳的信封。可贴一枚，也可贴全套邮票，面额最好与应贴邮资金额相符或相近。经过实寄的称首日实寄封，如不实寄则称首日销印封。由官方印制的首日销印封，集邮人也俗称“官白封”。所用信封，可用普通信封，自然邮寄，以减少人为的痕迹；也可用特制的信封。关键是邮戳，邮戳要清晰可察是发行首日，普通邮戳、纪念邮戳、邮政部门特许邮票公司专刻的邮戳都可以。

目前在我国，特制的首日封有自己绘制的，有群众团体印制的，有利用与票题相关机关单位封，还有邮票公司专印的。公司专印首日封始于1923年的美国，这是一枚美国哈克总统逝世纪念邮票首日封，新中国的第一枚邮票公司印制的首日封是1957年“纪44”《十月革命四十周年》纪念邮票首日封。公司首日封的优点是邮票、邮戳、封图三位一体，互相映衬，封背的文字说明提供了有关的发行资料。

首航封是航空邮路开通当日的首次航班携带的航空信函。为此，应是贴有或印有航空标签的航空信封；贴有符合航空信函邮资的邮票；盖有起飞地邮局当日收寄的邮戳，在我国还应盖有到达地邮局的到达日的落地邮戳，这些邮戳常常是特为纪念航路开通的邮戳。如无纪念邮戳，有关方面一般多刻制纪念图章。

首日实寄封和首航封是实寄封中的特例。因为受时间限制，难度较大，又更多地记录了邮政史实，因而是组织邮集的重要邮品。

6. 实寄封

实寄封是经过实地邮寄的信封。封的正面一般写明收件人和发信人的姓名和地址。封上或贴有邮票并加盖日戳,或盖有某种邮资戳印,或印有“邮电公事”字样。在我国,背面还盖有投递戳。实寄封不同于销印封和预销封,它纪录了比邮票更多的资料,所以是一种重要的邮品,是组织邮集必不可少的邮品。

一些早期的实寄封,如邮票未问世之前的史前封,贴有古典邮票的早期封,贴有两个不同邮政体系邮票的混合封,常常记录了重要的史料,是难得的邮品。一些特殊的实寄封,如从海难或空难中抢救出来的遇难封,由于地址不详或战乱无法投递的退回封,都记录了有价值的资料。

7. 原地封

原地封是盖有与邮票票题或图案相关地邮戮的信封。当代邮票都有票题,纪念邮票和特种邮票的票题,多数印在邮票上。少数邮票,主要是普通邮票,虽不印票题,但是在新邮公告或邮票目录上仍有票题。根据票题和图案,选择相关地,是寄发原地封的关键。人物票常常是诞生地、逝世地、活动地;动物票、植物票、矿物票常常是原产地、发现地、保护地;风光票、建筑票常常是所在地;运动会、纪念会、博览会邮票常常是举办地等等。目前,不少国家,如美国、日本等,在新邮发行公告中,不仅公布发行首日,还指定相关地,即原地,并到该地举行邮票发行首日仪式,使用特制邮戳,发售专印原地首日封。

原地封所使用的信封,普通的、自制的、公事的、公司的都可以。原地封的寄发时间,一般应在发行期内,或接近发行首日,而不一定要首日。但如能在首日寄发,成为原地首日实寄封,便成为原地封中的特殊,是有较大难度的好邮品。

8. 极限片

极限明信片是组成极限集邮的主要选材,指明信片图案与邮票图样极为相似,并在邮票上盖上与邮票图案相关的邮戳,这样,画、票、戳三位相吻合,一致程度达到极限,故称极限明信片。一般地说,极限明信片有下列规定。

(1)邮票必须是有效邮资凭证,且只能贴在图画明信片的画面一面(不得用欠资票、预销票、印花税票及公事邮票)。

(2)图画明信片的尺寸必须符合“万国邮政公约”第一章第19条第一段中的规定(最大尺寸105 mm×1 481 mm,最小尺寸90 mm×140 mm,误差2 mm),画面至少应占明信片片幅的75%,明信片上的图案应尽最大可能与邮票图案题材相符,或在有几个题材的情况下,至少与其中一个题材相符。按邮票图案放大的图画明信片不允许展出。

(3)邮戳和日期,邮戳上的图案和地名(邮局局名)应与邮票及图画明信片上的题材密切相关,邮戳上的时间必须在邮票的有效使用期内,并尽可能接近该邮票的发行日期。

(4)图画邮政明信片应尽可能在邮票发行之前出售。如在邮票发行后出版,应重新反映一个月前已存在的题材。

中国邮票总公司1982年开始发行极限明信片。如MC1《益鸟》等。这是我国集邮业务发展到一定阶段的产物,供集邮者购买收藏,但若用于参加邮展,应以上述国际邮展规则为准。

9. 邮戳

集邮上的邮戳一般均指戳样,是邮政部门使用的各种戳记的总称。

(1)邮政日戳,是邮政部门在邮件和邮政业务单式上加盖的,表示收寄、投递局名和时间及业务种类的戳记。

(2)纪念邮戳,是邮政部门或集邮部门经邮政管理部门批准为有纪念意义的事件专门刻制的一种带有纪念文字或图案的邮戳。首日邮戳是其中最重要的一种,是为邮票发行首日、扩大邮票的发行影响、宣传邮票作用的一种邮政纪念戳记。纪念邮戳的使用和刻制均有一定的严格规定。纪念邮戳在一定期限内具有邮政日戳的效力。

(3)风景邮戳,是由风景名胜所在地的邮局报批当地邮政主管部门刻制使用的一种带有当地风景图案的邮戳。目前是集邮爱好者喜欢收集的一个品种。风景邮戳的刻制与使用也有一定的严格规定。

另外,还有一些邮政副戳也是集邮爱好者乐于收集的对象。一般地说,判定戳印是否属于邮品,一是看它的使用是否符合规定,二是看它是否附在封、片、简上。

除上述外,还有一些各级邮票公司发行的集邮商品,如纪念封、外展封、镶嵌封、邮折、邮卡、邮册、邮戳卡、封口纸、纪念张等。能够实寄的如纪念封,实寄后是邮品,不能实寄的,可属于集邮纪念品,严格地说,可称为非参展集邮品,只供欣赏收藏,不是收集的主要方向。

第三节　集邮业务经营

一、我国集邮业务的性质和特点

集邮业务是邮政部门发挥邮政优势和潜力,以经营邮票为主并兼营其他集邮品、集邮用具、集邮书刊、带有精神文化特色的商品经销活动。

(一)邮政部门经营集邮业务的依据和有利条件

集邮作为邮政业务是随着人们集邮热情的增长而开办和发展起来的,邮政部门经营集邮业务的依据和有利条件有以下几点。

1. 掌握邮资凭证发行权

《邮政法》第四十一条明文规定:“任何单位和个人不得伪造邮资凭证或者倒卖伪造的邮资凭证,不得擅自仿印邮票和邮资图案。”按照《邮政法》规定,普通邮票发行数量由邮政企业按照市场需要确定,报国务院邮政管理部门备案;纪念邮票和特种邮票发行计划由邮政企业根据市场需要提出,报国务院邮政管理部门审定。国务院邮政管理部门负责纪念邮票的选题和图案审查。邮政管理部门依法对邮票的印制、销售实施监督。

2. 可充分利用通信业务的优势

集邮活动与通信业务联系非常密切,邮政部门可以充分利用信件专营和机构普遍的优势，为集邮业务提供便利条件，使集邮和通信紧密联系、互相促进、共同发展。

3. 集邮业务有广泛的社会基础和潜力

我国集邮业务起步较晚，但发展很快。当前，我国集邮协会在册会员有三百多万人，集邮爱好者近千万人，而全世界有一亿多人在集邮，可见我国集邮活动还有一定差距，但发展潜力也很大，随着人们物质生活水平的提高，对精神文化生活消费也会越来越高，必然有更多的城乡居民加入到集邮爱好者行列中来。

4. 集邮业务效益好

集邮业务是轻型业务，不需要更多的场地、设备和运输能力，劳动消耗较少，而经济效益较高。近年来，随着集邮活动的广泛开展，集邮业务收入增长很快，集邮业务收入在邮政总收入中占有一定的比例。

由以上分析可知，集邮业务与通信业务有密切联系，是适于邮政部门经营的一项业务，但不属通信业务，也不是其他物品寄递业务，因为邮票作为邮资凭证在通信业务中使用，只起到表示用户交纳资费的凭证作用，只是一种标志和凭证，不是商品。但是，邮票及用邮票制成的各种邮品，离开了通信渠道，进入集邮领域以后，作为人们所喜爱的精神消费品，成为一种特殊的精神文化商品进入集邮市场，参与流通交换。

(二)邮票作为邮资凭证与作为集邮商品的区别

在经办业务中，邮票作为邮资凭证与邮票及邮品作为集邮商品，两者之间有质的区别，不同之处有以下几点。

(1)邮票作为邮资凭证销售时不必陈列，用户也不必选择，只需要按邮费标准配足即可，作为集邮品则不同，不仅要求陈列供用户选购，而且应主动向用户宣传有关背景知识。

(2)作为邮资凭证销售，营业员只考虑使用方便，不大注意邮票品相，但作为集邮品，一要事先配套，成套出售，二要保留边纸，属于数枚连印的套票不得撕开，还应准备些双连、长连、四方连等及专题套票，以供选购。

(3)作为邮资凭证销售时不须包装，而作为集邮品出售时要妥善包装，保持邮票品相不受损坏，有损坏污染时应允许退换。

(4)作为邮资凭证销售，营业员要牢记各种邮件的资费标准；而集邮台销售要注意套票的枚数、名称、志号、编号、价格等。

(5)作为邮资凭证销售时按邮票面值出售，集邮台在邮票发售期与营业窗口一样按面值出售，而在营业窗口停售后，在集邮台作为集邮品出售时，应按中国邮票总公司重新核定的商品价格出售。

由以上区别和比较可见，邮票由邮资凭证到集邮票品，已经变成了一种特殊商品，集邮业务也就成了经营邮票和其他邮品的商业性活动。各级邮票公司及其集邮门市部、集邮台就具备了经营集邮票品的商业企业的性质和特征。

(三)集邮业务的特征

集邮业务的性质和作用，决定了集邮业务具有如下特征。

(1)集邮是一项高尚的精神文化活动,经营集邮业务相关工作人员,应该具备比较丰富的集邮专业知识和广泛的科普知识。

(2)集邮业务属于商品经营活动,所以应该掌握商品特性和营销方法,按照商品经济规律开展营销活动。

(3)邮票和邮品的一次性出版发行特征,形成集邮票品的特殊商品属性,其价值随着时间的推移而增值,价格随之增长。这就要求集邮业务经营者要随时掌握集邮品市场价格与销量的发展变化趋势,采取积极措施引导消费、调节供求矛盾。

(4)集邮是一项轻型业务,是一项劳动消耗小而社会效益和企业效益都好的业务,所以各级邮政企业都应积极办好,发挥集邮业务的优势。

二、集邮业务经营的内容

集邮业务是邮政企业所经办的集邮商品营销活动和为社会集邮文化活动提供的各种服务。集邮业务经营的主要内容有以下 8 个方面。

(一)邮资票品的发行与经营

现行邮资票品主要有以下种类。

(1)邮票。有普通邮票、纪念邮票、特种邮票、附捐邮票、专用邮票等。

(2)邮资信封。有普通邮资信封、纪念邮资信封、美术邮资信封、礼仪邮资信封等。

(3)邮资明信片。包括普通邮资明信片、纪念邮资明信片、特种邮资明信片、风光邮资明信片、贺年(有奖)邮资明信片等。

(4)此外,还有邮资邮简、邮资信卡等。

凡新发行的纪、特邮票,除邮政通信用票外,都由中国集邮总公司统一按计划分配给各省、市、自治区集邮公司及其下属的市、县集邮企业,实行统一发行和经营。也就是说中国集邮总公司对邮票发行实行垄断性经营,是唯一的邮票发行渠道。而邮票中的普票和邮资封片,也是集邮企业的经营内容之一,但这些品种不由邮票总公司供货而是由邮票发行部门直接发给各省、市、自治区邮政管理局的票库,从通信渠道供货,集邮企业经营这些品种时,应向邮政局票库提出申请,取得货源。

(二)集邮品的制做与经营

集邮品是指利用邮资票品、邮戳及仿印邮票图案制成的集邮商品,包括首日封、纪念封,外展封、镶嵌封、年票折、年票册、专题邮册、纪念票折、纪念册、极限明信片、纪念图卡、纪念简、航空简、邮戳卡、以邮票图案制作的金银制品等。

集邮品制作的权限部门有中国集邮总公司、省集邮公司两级,地(市)、县邮政局不得自行制作集邮品。

中国集邮总公司负责制作国家级和全国性重大题材集邮品。省集邮公司负责制作本省题材的集邮品,同时也可与中国集邮总公司或其他省联合开发制作集邮品。

集邮品经营要以市场需求为导向,不断提高集邮品制作质量,增强集邮品艺术欣赏和收藏价值,力求规模经营,社会效益与企业经济效益并重。各级集邮公司应充分发挥地方特色、民族特点,设计加工出精美、别致、构思新颖的集邮品,大力开发、经营适销对路的新邮品，并积极介入二级市场购销集邮票品，更好地满足集邮者的需要，提高企业的经济效益。

（三）经销集邮用具（用品）

集邮用具主要是集邮使用的镊子、放大镜、量齿尺、护邮（票）袋以及储存邮票、集邮品的各种薄、册、本等。这些用具、用品主要是社会上各厂家生产制造的，各级集邮公司实行自由购销，按质论价，竞争性经营。

（四）经销集邮书刊

集邮书刊是集邮的宝贵资料，也是进行集邮宣传教育的工具。集邮公司经销集邮书刊，虽然其销售额不大，利润也不高，但有利于传播集邮文化，方便集邮者学习、查阅，有利于提高集邮水平，推动集邮活动的开展，从而促进集邮业务的健康发展。因此，各地集邮公司应创造条件开展该种业务项目，积极购销集邮书籍、集邮报刊和有关收藏、鉴赏、美学、艺术等文艺资料，印制集邮目录、集邮索引等供用户选购。

（五）经营集邮品信托业务

集邮信托是集邮企业利用自己的营业网点和信誉，接受集邮者的委托，对集邮者所有的集邮商品办理寄售、交换、转让或收购、代购活动，是集邮业务的一项基本内容，是对集邮公司现有业务项目的补充和扩展。有利于集邮者变通交流、调剂余缺，有利于方便群众、改善服务。集邮信托业务项目的开展，应按照集邮业务规章制度的有关规定执行。禁忌本公司职工参与寄售、收购活动而从中获利，要严格纪律、依法经营。

信托业务是一项新兴的特种服务性行业，1984 年，上海市邮票公司开办了我国第一个集邮品信托部，以后，全国各省、市、自治区也都陆续开办。开办集邮品信托部，要根据当地的需要与可能，向工商部门领取营业执照，向公安部门申请特行许可，方可营业。信托部一定要有严格的管理制度，顾客前来办理寄售或收购业务时，卖主要出示证明其身份的证件，必须有两名业务人员会同接待，接待人员、记账员、营业员三者不得兼任，严格执行为顾客保密的制度，不得泄露顾客的姓名和地址。

（六）开展集邮咨询服务

集邮咨询服务是随着社会集邮热和集邮业务的纵深发展而必然兴起的一种集邮服务项目，目的为集邮者提供指导、帮助，提供集邮市场信息和分析集邮发展趋势和动向，对集邮商品进行鉴定、评议、估价，当好集邮者的参谋，为集邮企业与顾客的联系沟通提供渠道和纽带，密切两者之间的关系，引导消费，促进集邮业务的繁荣和发展。

（七）经营集邮进、出口贸易

集邮一贯具有国际性。因此，邮票进行国际进、出口贸易也是我国集邮业务的一项重要内容，它不仅促进国际集邮文化活动的开展和交流，促进国际间的友好往来，同时，也是国家出口创汇的一条途径。

集邮进、出口贸易的经营范围包括中国邮政集团公司发行的各种邮票、邮资信封、邮资明信片及其他邮政用品；集邮总公司发行的各种集邮品；各省、自治区、直辖市集邮公司发行的有地方特色的集邮品；可供出口的历史邮票和集邮品。为了适应改革开放的新形势，国家对过去完全由中国集邮总公司统一经营邮票进出口业务的规定作了修改，自1993年开始，中国集邮总公司只保持邮票的出口权，其他集邮商品的进出口权放给各省集邮公司，同时要求各省加强对集邮品质量的管理，以保证我国对外贸易的信誉。

(八)开展集邮活动

集邮业务除上述基本内容外，为了促进集邮业务的篷勃发展，还应配合集邮协会和有关方面积极组织开展各种集邮活动，以吸引更多人加入集邮行列。从市场营销角度而言，积极配合有关方面组织开展集邮活动本身就是市场营销的重要内容，也是企业公关活动的重要组成部分。通过参与、赞助、支持、组织集邮活动，从而提高企业的知名度，树立企业形象，促进集邮品销售，增加集邮业务收入。其活动方式和具体内容主要有以下几种。

(1)举办集邮品展览。根据集邮活动进展情况和市场动态，适时举办各种类型和不同规模的集邮品展览，为广大集邮爱好者提供参观学习、增长知识、提高集邮水平的机会。

(2)举办集邮讲座。

(3)举办集邮知识竞赛。

第四节　集邮业务管理

一、集邮业务管理体制

2007年邮政政企分开后中国邮政集团公司邮票发行部、中国集邮总公司、省级集邮业务部门与市县集邮业务部门和其他相关部门共同构成我国集邮业务的经营管理体系。中国邮政集团公司设有邮票发行部，负责全国邮资票品的发行和管理工作。中国集邮总公司为中国邮政集团公司直属经营单位，主要负责国家级集邮品的开发、组织销售和邮资票品进出口业务。省(含自治区、直辖市，下同)邮政公司下设省集邮公司或邮资票品局，其主要职责是贯彻落实上级管理机关制定的方针政策和各项规章制度，并进行监督检查；负责管辖范围内邮资票品的计划申请、分配、统计、调拨以及发售、使用等各项业务管理，开发省内题材集邮品并组织销售。地(市)、县邮资票品管理和集邮业务经营工作分别由地(市)、县邮政局的职能部门和集邮经营机构行使管理和经营职责。

二、关于集邮业务管理的若干规定

(一)集邮业务的经营

(1)集邮业务的经营工作应坚持开拓市场，优质服务，遵纪守法，提高效益，促进社会主义精神文明建设的方针。

(2)集邮业务经营管理的规章制度由中国邮政集团公司负责制定。各省、自治区、直辖市邮政公司应做好集邮业务的组织管理、经营销售和规章制度的贯彻落实及监督检查工作。

(3)《邮政法》第四十三条规定:邮资凭证售出后,邮资凭证持有人不得要求邮政企业兑换现金。《邮政法》第四十四条规定:属于无效邮资凭证的,不得使用。邮资凭证发行后,各级邮政机构原则上不准预留库存,应积极组织销售,售完为止。确因集邮业务需要,由省、自治区、直辖市邮政公司(以下简称省邮政公司)留少量机动,最多不超过进票数的10%。

(4)新发行的纪特邮票,必须按规定的发行日期出售,不得提前;现行纪念、特种邮票的发行期限为6个月。纪念、特种邮资封片规定出售日期,不规定停售日期,自发行之日起售完为止。普通邮票规定发行日期,不规定停售日期,全国各邮政局、所常年出售。停止出售的邮资票品,由中国邮政集团公司发布通知规定。邮政窗口出售期内的纪特邮票必须按面值或规定售价出售,不得低于或高于面值(或售价)出售,错体票和变体票不准出售,如经发现要及时追回并上报,对有意出售者要追究责任。

(5)超过邮政窗口出售期的邮资凭证和集邮品的销售价格,由中国集邮总公司及独立核算的各级集邮公司自行确定。未实行独立核算的集邮公司及集邮门市部和集邮窗口无权定价。停止使用的邮资票品,由中国邮政集团公司在停止使用前90日向社会发布公告,同时停止出售。已售出的邮资票品,持有人可以自公告之日起一年内向邮政企业及其分支机构换取等值的邮资凭证。

(二)集邮品的发行

(1)集邮品是利用邮票、邮戳制成的特殊商品,包括首日封、纪念封、邮折、邮卡、极限明信片、盖销票、邮戳卡(包括邮政日戳、风景日戳)等。

(2)集邮品的编号,原则上应以其分类的汉语拼音的第一个字母为标志(国际上有通用标志的可继续延用),以发行顺序编号,并注明发行单位。

(3)集邮品的发行应遵守《万国邮政联盟成员国集邮公德准则》。集邮品的制作应力求完美,集邮品的纸质、规格尺寸及印刷应符合国家有关规定,不得粗制滥造。

(4)纪念封的发行要贯彻积极慎重、统筹兼顾、科学安排、从严控制的原则。各省邮政公司要严格控制制作集邮品的品种和数量。

(5)纪念封题材的选择应以本省(含自治区、直辖市,下同)的重大或有纪念意义事件、节日、会议、活动或发生在本省的事件、活动、会议(包括国际性的活动)为主。人物纪念封的发行要从严掌握,对当代在世人物不发行纪念封。

(6)纪念封的制作,每年应作出计划,上报省邮政公司审批。设计图稿须经批准后,方能制作发行。政治性题材的图稿须征求地方党政有关部门的意见。

(7)中国邮政集团公司发行与地方有密切关系的邮资凭证,相关地方可酌情设计、制作首日封、极限明信片、邮折、邮卡等集邮品,自制的集邮品要报省邮政公司备案。

(8)省邮政公司以及下属的各级邮政部门均不得发行减资或免资封、片,不得滥发无面值纪念张,不得发行带有邮资凭证性质的附加费邮票和类似邮票图案的封缄票等票品。

(三)集邮用戳的刻制、使用与管理

邮戳是集邮的一项重要内容,也是考证邮政史的重要依据。

1. 集邮用戳的种类

集邮用戳按不同的用途分为以下四种。

(1)集邮日戳:是指专为集邮营业部门用来加盖集邮品所贴的邮票和开具集邮业务单据的需要而刻制的日戳。

(2)集邮纪念邮戳:是为邮票发行而专门刻制的,用于盖销集邮品上邮资凭证的戳记。

(3)风景日戳:是风景名胜所在地邮局使用的,刻有当地景物图案的邮政日戳。在风景地可用于盖销邮资凭证使用的戳记。

(4)纪念戳:是为纪念社会上某一活动或某一事件发行纪念封时,配合刻制的一种戳记。此种纪念戳,没有邮戳的作用,不能盖销邮资凭证。

2. 集邮用戳刻制的申请与审批

刻制集邮用戳可依据以下程序进行申请与审批。

(1)各级邮政局所设的集邮营业网点需刻制集邮日戳,可经过县以上邮政局汇总后向省邮政公司提出申请统一刻制。中国集邮总公司可自行办理集邮用戳刻制手续。

(2)需刻制集邮纪念邮戳的,可向省邮政公司提出申请,经批准后进行刻制。原地封集邮纪念邮戳只有与该套邮票相关的邮政局及所属集邮经营部门方可申请刻制。

(3)需刻制风景日(邮)戳的,可由地(市)、县邮政局向省邮政公司提出申请,经批准后进行刻制。

(4)纪念戳刻制可由各级邮政局自行决定。

(5)集邮用戳刻制必须符合邮政集团公司规定的规格要求。集邮日戳要符合邮政集团公司规定的日戳标准。

3. 集邮用戳的使用与管理

(1)集邮日戳仅限于营业部门用来加盖集邮品所贴邮票和开具集邮业务单据之用。

(2)集邮纪念日戳加盖首日封上的邮票,在当地当日实寄,可视为邮资已付邮件收寄,在其他情况下应重新纳费。风景日戳视同邮政日戳使用。纪念戳仅供收藏之用。

(3)集邮纪念日戳用于盖销集邮品上所贴的邮票,从纪念邮戳上所表明的日期起算,一个月为限。不可用来盖销纪念邮戳所表明的日期以后发行的邮票、明信片、邮资封等。

(4)风景戳只能在该风景地邮政局所使用。

(5)集邮用戳不准盖在空白纸片、簿册以及与集邮业务无关的各种册、页、单式上。

(6)集邮用戳字钉槽上所表明的日期,应在每个工作日开始以前或每个工作日完毕以后,更换日期,不得提前更换,更不能倒换日期使用。

(7)集邮用戳使用单位应指定专人妥为保管,防止丢失、盗用、混用,在非工作时间必须注意收存。超过规定使用期后,除保留一枚作档案资料封存外,其余均应按规定销毁。

阅读材料

我国集邮业务发展史

集邮就是收集、鉴赏、研究邮票及其他集邮品的文化活动。初期的集邮,仅限于对邮票的收集。现已扩展为以邮票为主,包括封、片、简、戳、卡及其他邮政用品、集邮文献和纪念品的收集。

收集是集邮活动的第一步,是集邮活动的基础。收集的方法多种多样,可以从通信中收集,也可以向集邮公司订购、到私营邮票商店购买或与国内外邮友交换等。

集邮源于邮票的诞生。1840 年 5 月 1 日英国出售世界第一枚邮票,并于 5 月 6 日正式发行,开始使用。从此,就有人收集邮票。据《吉尼斯集邮世界之最》记载,不列颠博物馆的约翰·格雷博士在 1840 年 5 月 1 日到邮局购买了世界上第一枚邮票并收藏起来,可认为他是世界上第一个集邮者。1841 年 10 月 29 日伦敦《泰晤士报》刊登了世界上第一条征求邮票的广告。1850 年法国人勒格拉开始专门收集和研究邮票。到 19 世纪 50 年代,发行邮票的国家增至 20 多个,邮票种类也开始增加,越来越多的人喜欢收集邮票,集邮开始盛行起来。1869 年英国成立了"伦敦集邮会"后改名为"皇家集邮协会";1872 年在德国的吕贝克召开了世界上第一次集邮会议;1926 年 6 月 18 日在法国巴黎成立国际集邮联合会。据估计,第二次世界大战以前全世界集邮者不到一千万人,而现在已超过一亿。按人口比例计算,北美和大洋洲最高,每 10 人中就有 1 人参加集邮活动;其次是欧洲,发展中国家集邮者相对要少得多。可见集邮活动和一个国家的经济、文化发展水平密切相关。

我国集邮活动是从 1878 年清代海关代办邮政发行我国第一套邮票——"大龙邮票"以后才开始的。1879 年 6 月 13 日上海《申报》上第一次出现了征购邮票的广告,当时的集邮者大多是在华的外国人。辛亥革命以后,我国集邮活动有了发展,在上海、天津、北平、广州、福州、苏州、无锡、南京、杭州等地较为活跃。1922 年在上海诞生了我国第一个集邮组织——"神州邮票研究会";1924 年改组为上海邮界联欢会,1925 年,改名为"中华邮票会";同年,杭州成立"新光邮票研究会";1926 年北平成立"北平邮票交换会";1934 年郑州成立"甲戌邮票会"。中华、新光、甲戌 3 个会是 20 世纪 20 ~ 30 年代中国集邮界会员最多、影响较大的 3 个集邮组织。1934 年中华邮政决定设立国内邮票特销课,向国内外集邮者出售邮票。以后在上海、北平、迪化等几个城市的邮政部门设立了专为集邮者服务的集邮组,出售各种新邮票,成为我国邮政为集邮服务的专门机构。抗日战争时期,虽受战乱的影响,但在后方的主要城市仍设有集邮组为集邮者服务。集邮活动在后方的重庆、成都、贵阳、昆明、西安、兰州等地也颇为活跃。抗战胜利以后,集邮业务有所发展,全国各主要大城市的邮局均设集邮组。

中华人民共和国成立以后，我国集邮活动进入一个新的发展时期。20世纪80年代以后，我国集邮活动得到迅速发展，1982年8月30日成立了“中华全国集邮联合会”，多次举办全国性邮展和地方性邮展，同时积极开展集邮学术研究活动，极大地推动了我国集邮活动的发展。集邮已成为我国人民业余文化生活的一个重要组成部分。

中华人民共和国成立以后，国际交往增多，特别是苏联和一些东欧国家，为了文化交流，要求交换出售邮票。各地集邮组织难以承担此项任务，当时为了发展集邮业务，邮电部邮政总局采取了两项措施：①为适应国际交换邮票的需要，对解放初期发行的24套邮票再版发行；②积极筹建中国集邮公司，以便统一管理全国集邮业务和进出口邮票贸易。1955年中国集邮公司成立，1957年对外贸易部与邮电部联合发出《关于邮票进出口贸易由中国集邮公司统一经营的规定》的通知，明确规定对外贸易部所属各出口专业公司，包括归口改造的私营进出口商，以及邮电部所属各地邮局，都不办理有关邮票进出口贸易。从此我国集邮业务进入了一个新的历史时期。

我国邮政部门的集邮业务从50年代起，经历了以下3个阶段。

第一阶段：1955年—1966年，为中华人民共和国成立后集邮业务的初创阶段。1955年1月10日成立中国集邮公司，它负责统一管理全国集邮业务，担负制订集邮业务规章；规定邮票、邮品的佣金或批发折扣以及邮品销售价格；统一办理邮票进出口贸易等。1955年10月23日在上海成立集邮分公司，这是我国第一家集邮分公司，以后相继在广州、哈尔滨、天津、西安、武汉、南京、杭州、长春等城市也成立了集邮分公司或集邮门市部。到1966年，全国已有集邮分公司、门市部、集邮台等集邮服务机构200多个。

第二阶段：1966年—1978年，为停顿与调整阶段。1966年—1971年底，集邮活动被取缔。全国所有集邮业务被迫停顿，各地集邮分公司和门市部、集邮台相继关闭。1971年我国在联合国的合法席位得到恢复以后，国际交往增多，外国友好人士要求购买中国邮票。经国务院批准，1972年7月在北京成立“中国邮票出口公司”，仅恢复了邮票出口贸易。

第三阶段：从1978年起开始为发展阶段，1978年6月邮电部发出《关于恢复国内集邮业务问题的通知》，决定将仅为外国集邮者服务的“中国邮票出口公司”改为“中国邮票公司”（后改为中国邮票总公司），负责主管全国集邮业务，并在全国各大中城市设立分公司或门市部。从此我国集邮业务进入了一个蓬勃发展的新阶段。到1998底全国集邮服务机构已达11 058个，从业人员为13 500多人，集邮协会会员已达360万人，业务收入从1979年的300多万元增至1998年的78亿元，占到邮政业务收入的27%，中国邮票出口到世界上50多个国家和地区；我国已同世界上11个国家邮政部门联合发行邮票，我国成功地举办了第九届亚洲邮展以及北京和上海邮票展览会，1999年举办了世界邮展。如今集邮已成为我国社会主义精神文明建设的重要组成部分，成为各级政府鼓励和提倡的健康文化活动，集邮业务也成为邮政部门的一项重要业务。

集邮品开发要注重邮味

一、关于邮味

所谓邮味是集邮者对集邮品进行收集与研究过程中获得的认知和评价。集邮者在玩与欣赏自己的藏品时,发现邮票上有文化,邮戳上有信息,进而还能分析出许多的故事。他们通过集邮品获得评价邮味的经验,并凭借这种经验去分辨和感悟集邮的文化内涵。集邮者在衡量邮品的时候,除了价格与质量的话题外,常常挂在嘴边的还有邮味足不足。

我们讲的邮味主要来自邮票。邮票是国家的名片,邮票是邮政的象征,邮政诱发集邮活动。邮味还来自邮戳,来自邮路,即邮递过程。邮味附着于邮票、邮戳、邮政用品之上,邮味来自邮政网络运行过程之中。

邮味是可以从集邮品上感觉得到的某种邮政信息。这种信息是集邮品的个性特征。集邮品作为收藏品、文化产品或商品是很有个性的。邮味是其明显的特征,也是区别于其他商品的特征。集邮品的核心内容是邮票,当然也离不开其他构成邮味的因素。如果没有这些因素,即失掉了集邮品的个性。假如首日封不贴邮票,没有邮戳那只是一只纸袋子;明信片如果不与邮资结合也只是画片;邮折、邮册如果离开邮票只能是一种包装品。因而要保持集邮品的个性,就必须注重邮味。

邮味在集邮者的收藏中珍存,在集邮活动中扩散,在邮政运营中延续、发展。纵观集邮的历史,从集攒自然邮品到生产制作集邮品,从个人小范围收集到行业性大规模开发,历史变迁、人群更替,始终不变的是所有的集邮品的产生都脱离不了邮政机构的运行。集邮品已成为邮政特有的一种品牌产品。

二、集邮品与邮味的关系

常规集邮品是为配合新邮票发行而推出的大众化品种,由集邮总公司和各省发行的有编号的系列品种构成,有首日封、邮折、极限片、纪念封、原地封以及专题邮册和卡书等形式,是规模经营的主要品种。这些品种在体现邮味方面是比较成功的。特别是首日封和极限片,为邮票专门订做,封、片、票、戳相得益彰,形式、内容浑然一体,如同水乳交融。例如集邮总公司发行的《庆祝中华人民共和国成立五十周年——民族大团结》纪念邮票首日封,由邮票设计者专门设计了56枚,分别贴上体现我国各民族的56枚邮票,一票一封销首日纪念邮戳。每枚首日封背后有介绍该民族情况的中、英文说明。这套首日封既是该套邮票的出生证明,又是国庆节日的珍贵纪念。因其设计美、制作精、邮味足,被大家公认为优秀邮品。还有宁夏集邮公司开发的《贺兰山岩画》极限片,图案选择与设计都很合理,邮戳的选用准确,符合国际邮展极限类的规则,邮味上乘,在去年举办的第三届全国最佳集邮品评选活动中被评为最佳集邮品。邮味足的集邮品能刺激集邮者的收藏爱好,所以注重邮味就能吸引集邮者,吸引更多的集邮者来参与集邮活动就能扩大需求。有了需求作保证,我们的集邮开发才能形成规模。

特殊邮品是指那些经过实寄的邮品和航天搭载过的邮品。如集邮总公司发行的特种纪念封、航天搭载纪念封、首日实寄封,各省发行的原地实寄封等。这部分邮品强调突出邮味，是精品一族。以集邮总公司发行的(PFTN—1)特种纪念封为例，这是1993年发行的“维和行动”纪念封，由北京寄往中国驻柬埔寨联合国维和部队工程兵大队。贴普24邮票一枚，盖北京51支局邮政日戳，8月1日销票寄出。蓝色的联合国部队专用落地戳显示出寄达的时间为8月16日。封上面另外还盖有纪念戳和航空戳。集邮者一看就能分析出这封国际航空信件竟在邮路上走了半个多月，可见是因柬埔寨战乱所致。

实寄邮品早在1975年就曾发行过，这就是后来被编为PFN—1号的上海—北京—日内瓦—苏黎士中瑞首航封。后来又发行过两枚首航封，效果也很好。早期实寄的邮品略有遗憾，就是实寄封上缺少寄件人的地址。后来在集邮者的建议下，从PFTN—11号第43届世乒赛纪念封开始增加了寄件人地址。使实寄封更完善，邮味更足。2000年我国体育健儿在悉尼奥运会上勇夺金牌的壮举鼓舞国人，在集邮品上也留下了美好的记录。每夺一枚金牌，就从悉尼实寄一枚纪念封，一共寄回了28枚。这套实寄封很快成为邮人竞相收藏的热门邮品。

特殊邮品的开发比常规邮品投入大，既费时又费力。如各省开发的首日实寄、原地实寄的邮品，要办理收汇款手续，按照订单逐个实寄，还要接待查询、拾遗补缺等等，这也不是简单的销售，而是地道的邮政服务。要知道我们的辛苦不会白费，正是我们的辛苦孕育出富含邮味的精品，当集邮者收到邮品后感到物有所值，其影响将是深远的。实寄邮品多了邮路上的运行环节，我们企业付出的成本可能会多一些，利润少了一点，但是，让这些邮味十足的品种在集邮者手中去升值，对稳定集邮者的收藏信心有很大好处。如果单从企业经济效益看，开发特殊邮品获利并不大，但这却给集邮者留出了升值的空间。因此，开发邮味足的特殊邮品对扩大集邮者队伍有积极作用。

边缘集邮品是邮味比较淡的品种。这类品种是将经营范围向集团消费和公关礼品领域延伸的产物。这类品种的邮味主要体现在邮票图案上，特别是那些仿制品，并非真邮票，所以大家叫它边缘集邮品。有纯金、纯银、玉石、水晶、陶瓷、真丝等各种材质；有镶镜框的，有装木盒的，有能摆桌上的，有能挂墙上的，形式多样。边缘集邮品的优点是附加值高，形成的收入多，发行单位和经销单位都很有积极性。实际上这类品种的经销方向和销售对象都发生了变化，经销方向实际上脱离了集邮市场，进入了礼品市场，是从礼品市场上吸纳资金，用来弥补集邮业务的收入。它的销售对象实际上已不是集邮者，而是机关、团体和需要送礼的人们。这是用社会上集邮以外的需求来弥补集邮需求的不足。边缘产品的邮味可以淡一些，但绝不能没有邮味。如果集邮公司经营的品种都是些没有邮味的礼品，那恐怕要更名为礼品公司了。因此，边缘集邮品绝不能脱离邮味，把握住这一点，坚持邮味为先，把许多新形式、新内容的好产品开发出来，还是大有作为的。

以上三大类集邮品与邮味的关系表明，邮味是集邮品的灵魂，集邮品品种不同，邮味可浓可淡，但绝非可有可无。因此集邮品开发必须注意邮味。

三、如何在集邮品开发中做到注重邮味

要注重邮味就应该把集邮品开发与邮票紧密地结合在一起，发挥好集邮品的拓展和延伸作用。注意把握好集邮品内容与邮票内容相贴切;设计风格与邮票风格相一致;要保证邮票的各种技术数据和资料均准确无误。

要注重邮味就应该遵守邮政的相关业务规定。如调用邮政日戳或新刻制纪念邮戳要符合邮政日戳印模规格与使用管理的规定;如果实寄邮品,就要符合邮政营业窗口收寄函件的相关规定;仿印、仿制邮票图案也要符合相关规定。集邮品开发涉及哪项邮政业务就应该符合该项业务的相关规定。

要注重邮味就应该严格执行国家有关标准和行业标准。例如:信封要执行“信封标准”,明信片要执行“明信片标准”。凡是国家颁布新标准的要执行新标准。

综上所述,集邮品需要有邮味,邮味来源于邮政;邮政需要集邮者的购买力,集邮者购买对象是集邮品。这构成了一种循环关系,处理得好就能获得一种良性循环的内在动力。在这种循环关系中邮政占着主导作用,我们应该用好邮政自己的资源,特别是邮票资源和网络资源,搞好集邮品开发,为集邮事业多作贡献。

——摘自《集邮品研究与开发》2004 年

思 考 题

1. 邮票的基本要素、属性和功能是什么。
2. 邮票的种类有哪些?
3. 试分析邮政部门经营集邮业务的依据和有利条件。
4. 集邮业务经营的主要内容有哪些?
5. 结合我国集邮业务的特征,谈谈如何搞好集邮业务经营。

实践项目

1. 制作一张贴片。制作贴片是集邮者的一项基本功,要制作一部好的邮集,首先要能制作出高质量的贴片,这就是要求学生完成这份作业的本意。这张贴片要求采用信销票,首先按照信销票的处理方法把邮票洗净晾干、装护邮袋、用两面胶纸固定在贴片上。

2. 邮品设计。自选主题,设计一枚邮票、纪念封或明信片等。

3. 实践。与学院集邮协会联系,组织爱好集邮的学生上一次集邮课外活动课。形式有集邮知识小讲座、邮票欣赏、集邮书刊阅览、集邮小研究、集邮与学习讨论会等等。

4. 参观。组织学生外出参观,参观的内容有本地区举办的集邮展览和有关邮政史的文物古迹,集邮公司营业厅或集邮市场。

第八章 机要通信业务与管理

早在1921年中国共产党诞生后,党中央为了工作的需要,即建立了党的秘密交通。党的秘密交通,最早称为“党内交通”,后来称为“政治交通”。1951年,党内交通与军邮合并,统称“军邮”。1953年军邮分设改为“机要交通”。1957年机要交通分设,在邮电系统成立了机要通信机构。机要通信是党和政府赋予邮政的一项极其严肃和重要的政治任务,其地位和作用十分重要。

第一节 机要通信业务概念、任务与特点

一、机要通信业务的概念 性质与任务

(一)机要通信业务的概念、性质

机要通信业务是邮政通信承担的一项政府职能,是专门传递党和国家机要文件,并为保守国家机密、维护国家的安全利益,确保机要文件保密、安全传递的业务。

机要通信是国家保密通信的重要组成部分,是党和国家赋予邮政部门的一项特殊的政治任务。

(二)机要通信的任务

机要通信的主要任务是传递党和国家的秘密载体,在内部业务处理中称其为机要件。其密级分为“绝密”、“机密”、“秘密”3种,各单位寄发时应当依照《保密法》的规定标明密级。

二、机要通信业务的特点

机要通信业务的工作方针、基本制度规定,从事机要通信业务的人员应认真贯彻执行“通信质量第一、政治服务第一、社会效益第一”的指导思想及“保密、安全第一,在保密安全、准确的基础上力求迅速”的工作方针和“交接验收、勾挑核对、平衡合拢、安全携带”四项基本制度,安全妥善保管邮件,确保邮件传递万无一失。

机要通信业务的处理原则是:严密制度、手续清楚、责任分明、收发相符、有据可查。

机要通信在组织机构、人员条件和保密设施方面做出规定,各级机要通信部门是机要件集中处理传递的保密要害部位。其工作必须由专门的组织机构和专人办理,设置与工作相适应的专门处理场地和保密、安全设备。处理和存放邮件的场所必须实行“封闭作业”。任用专(兼)职机要人员,应当按照国家保密工作人事主管部门的规定予以审查批准,只有一名专职机要人员的邮政企业应配备1~2名兼职机要人员。因工作需要设置的县以下支局、所,应按需配备相应的兼职机要人员办理机要通信业务。

由以上叙述可以看出以下机要通信的特点。

第一,服务对象特殊。机要通信主要负责传递在《机要件省际寄递范围》所列党、

政、军各机关及国民经济各部门相互之间寄发的机要件。

第二，保密安全第一，准确迅速传递。这也是党和国家在通信方面对机要通信工作的基本要求和进行业务处理时要遵循的原则。保密安全地传递机要件就是维护国家的安全和利益，是国家保密战线的重要组成部分。

第三，机要通信质量作为最重要的考核目标。机要通信的特殊性质决定了机要通信质量的重要性，要确保机要通信任务准确完成，必须依法作业、依法管理。

第四，机要通信也具有"全程全网、联合作业"的特点，也要严格按照邮政处理规则办理，确保万无一失。

近年来，机要通信业务均保持平稳发展，高质量地完成了党和国家交办的任务。据统计数字显示，2008 年机要件完成业务量 1 764.6 万件，机要业务收入完成23 484万元，全国无重大机要通信质量事故。

第二节　机要通信业务处理

一、机要件的收寄

（一）基本规定

1. 机要件寄递关系的建立规定

为确保机要件保密、安全地传递，便于用户更好地使用机要通信业务，凡符合寄递范围的单位，都可持单位出具的证明（各类公司还应出具经公司登记机关核准设立公司的有关证明），与当地机要通信部门建立交寄和投递关系，并办理注册登记手续，由机要通信部门核发"机要通信寄递证"。需由用户领取邮件的，还应核发"机要通信自取证"。机要通信部门对寄递关系应定期进行审核。

2. 机要件的准寄类别

机要通信传递的机要件有以下种类。

（1）国家秘密载体，即以文字、数据、符号、图形、图像、声音等方式记载国家秘密信息的纸介质、磁介质（包括计算机硬盘、软盘和录音带、录像带等）、光盘等各类物品。

（2）政法部门必须随机要件寄递的案件物证。

（3）经中国邮政集团公司批准寄递的其他重要物件。

同时具备下列条件的机要内参，由寄件单位向所在省（自治区、直辖市）机要通信业务主管部门申请登记，经审批符合规定的，可按机要刊物类资费交寄，并报中国邮政集团公司备案。

（1）经省级以上主管机关批准，印有准印证号或统一刊号（CN），并标注有密级的期刊。

（2）发行范围符合机要件寄递范围。

（3）有固定的出版时间并连续出版的。

3. 机要通信禁寄物品

机要通信严禁收寄各种易燃、爆炸、毒性、放射性、腐蚀、易碎等物品。

4. 机要件分类

(1)机要件按密级分为“绝密”、“机密”、“秘密”3种。

(2)机要件按寄递区域分为本埠邮件和外埠邮件。

(3)机要件按寄递的内容分为文件和刊物两类。

(4)机要件按封装规格一般分为信、包、卷、箱、袋5种。

5. 机要件的封装规格和重量限度

机要件封装一般分为信、包、卷、箱、袋5种;邮件重量规定,文件类每件限重2 kg;刊物类每件限重5 kg。但如遇整件确实不可拆分,或用户有特殊需求的,最高限重可放宽到20 kg。

机要件封装的总要求是:封皮坚固、内装平整、封口严密、捆扎牢固。

6. 机要件的资费和付费办法

1)机要通信业务资费政策及资费标准

机关单位使用机要通信交寄机要件,应按照国家规定的机要件资费标准交纳资费。因为机要通信是一项特殊的政治性通信任务,所以一般采取低资费政策;而且多是信件和文件资料,所以采用均一资费制,即只考虑邮件重量,不考虑寄递距离。

现行资费标准同信函,只是增加一项——机要保密费,每件1元。另外,磁介质、光盘类秘密载体首重资费在现行文件类首重资费标准的基础上加收50%,续重资费按文件类续重资费标准执行。

2)机要件资费的纳付办法

机要件的付费办法分为整付零寄和整付整寄。具体含义和处理手续与函件类邮件资费纳付办法相似。

3)“机要公事”可免费寄递

其准寄范围有:机要业务档案、业务查单(含答复查询机要件通知单)、验单(含复单)和调拨、清退的机要空袋共4种。

(二)机要件的收寄处理

1. 机要营业室的设置

机要通信营业室应设置在二层以下,并符合保密、安全的要求,不得将门临街开设。室内应配置必要的服务设施和用品用具,设置业务宣传栏及营业时间牌,尽量为寄件单位交寄机要件提供便利条件。

2. 机要件的收寄手续

(1)验证,即检验“机要件寄递证”。

(2)点数,即点验机要件数与交寄单所登件数是否相符。

(3)检验,会同寄件人当面逐项核对、逐件勾挑交寄单上所列节目与机要件实际是否相符;验看机要件的寄递范围、重量、尺寸限度、封面书写和封装规格是否符合规定。

(4)计收资费,称重计费并开具相关单据,邮件资费金额应填入交寄单。

(5)编号,将收寄邮件统一编号,在邮件右上角粘贴“机要件条码签”,一件一号,单件一致。

(6)签收,收寄人员核对无误后签收并盖戳。

二、机要件的投递

机要件的投递方式分为按址投递和局内投交两种。分别按照具体条件和用户要求确定投递方式。

1. 按址投递

投递机要件应按规定时限和频次进行,省会城市一般每日投一次,若有党政机关特殊需要,可对重点单位加投一次。

投递深度一般应投递到收件单位设在地面层指定接收机要件的部门。

投交邮件时,应按下列规定办理。

(1)交接双方当面点验,无误后由收件人在投递单上逐页或在投递簿相关格内加盖机要收发章或公章并签名(章)。

(2)收件人如发现有不是本单位的邮件,可在投递单(簿)相关备注栏内批注情节,由投递员签名后将邮件带回。

(3)如需将邮件退回寄件单位,收件人应于退回邮件上粘贴批条,详细批明原因,在批条上签名并加盖机要收发章或公章,在投递单(簿)相关备注栏内批注“退回寄件单位”字样,邮件交投递员带回。

(4)离开收件单位前应检查所盖公章同所投邮件单位是否相符,并查看现场有无遗落邮件,投完最后一个单位,应检查投递包(袋)内有无遗留邮件。

2. 局内投交

属局内投交的邮件应按规定办理交接签收。邮件均应存放在专用保险箱(柜)内,由专人负责管理。

局内投交邮件除按上述投交规定办理外,应根据不同情况分别采取凭“机要通信自取证”、“领取机要件通知单”、“收件单位证明和工作证”来局领取。

三、机要件的特殊处理

1. 机要件的撤回

机要件收寄后,寄件单位要求将机要件撤回,应开具公函并交验机要部门签收的相关交寄单。收寄局尚未发出并能够办理撤回的,可以受理撤回申请,应由撤件人在双方交寄单相关备注栏注明“撤回”字样并签名,然后将所撤机要件带回。撤回的机要件其原付资费一律不退。

所撤机要件已由收寄局发出,寄件单位仍要求撤回的也可办理。收寄局可用电话通知转口局或投递局办理撤回手续,并将寄件单位或收寄局要求撤回的公函传真转口局或投递局与进口机要件清单一并留存归档。所撤机要件不论能否追回,撤件单位应照付电话费。

2. 机要件的查询

机要件受理查询的有效期为自交寄之日起一年,寄件单位因故查询邮件,应备公函说明所查邮件和查询原因,交验被查邮件的交寄单。

查询处理的时限规定,收寄局最大不超过24小时,转口局最大不超过24小时,投递局最大不得超过48小时。

第三节 机要通信业务的管理

一、机要通信质量管理

机要通信是党和国家交给邮政部门的一项严肃的政治任务,通信质量是机要通信工作的生命,各级局必须把提高机要通信质量放在首位,切实加强对机要通信工作的领导和管理。机要通信质量管理,必须贯彻保密、安全第一,准确、迅速传递的工作方针。对机要通信专业的考核主要是通信质量和服务质量。

机要通信质量管理的主要内容有以下方面。

(一)机要通信失密丢损、延误、差错范围的界定

1. 失密丢损的范围和分类

(1)机要件丢失在机要通信内部处理场地,3日内未能无损找回的。

(2)机要件遗失在机要通信部门非处理场地,当日未能无损找回的。

(3)开拆邮件袋发现邮件短少或因查询发现邮件有进口无出口,自发现之日起,20天之内未能找到下落的。开拆短少,无法确定责任时,开拆局和封发局同时上报,待查清后订正。

(4)机要件在传递过程中发生误投、被拆、丢失及被窃后拆开造成泄密的。

(5)机要件在传递过程中被人抢劫、偷窃。

(6)机要件在传递过程中受到损坏,不能辨认文件内容者。

(7)接发、押运环节发生上述质量问题,按袋进行统计。

2. 延误的范围和分类

(1)脱班:是指由于机要人员的过失或其他原因,造成整车次漏封发、漏接发,全线漏交换、漏投递。

(2)误接漏接:是指由于接发人员或押运人员的过失,接下非属本单位或本车次收转的袋,或应接下的袋未能接下。

(3)误发漏发:是指由于封发人员的过失,将甲局邮件、袋误发乙局,或应于当班发出的邮件、袋未发出者。

(4)误交漏交:是指由于接发人员的过失将甲次车的袋误交乙次车,或应于当班交出的袋(包括因袋封装不合格而被押运员拒收)未予交出。

(5)误卸漏卸:是指由于押运人员的过失,将甲局袋误卸乙局,或应卸未卸。

(6)误投漏投:是指由于投递人员的过失,将甲单位邮件误投乙单位,或应于当天投出的邮件未予投出。

3. 差错的范围和分类

(1)错拆:是指机要人员处理邮件时,错拆寄件单位的邮件并能取出内件,但未翻

阅邮件内容的。

(2)错退:是指退回《机要件省际寄递范围》中明确规定准予收寄的邮件,或不按处理手续随意退回邮件。

(3)遗留遗落:是指邮件(袋)遗留、遗落在机要通信内部处理场地3日内无损找回者;邮件遗失在机要通信部门非处理机要件场地、与当班工作有关的邮政局(所)、自备邮运工具(有人监护)内、收件单位收发室内,当日内无损找回的。

(4)少收白给:少收是指少收交方(对方局或发件单位)单据上应收的邮件、袋,得到对方确认的,包括袋已上路单而忘记携带,但押运员已签收的。白给是指邮件、袋漏登清单、寄单、路单、投递单(簿)白给对方局或收件单位,得到对方确认并及时纠正的。

(5)误拿误卸:是指邮件、袋被非机要人员误拿误卸,但无损找回,未影响正常班次的。

(二)质量的登记、统计和报告

(1)经办机要通信业务的局为质量管理单位,负责质量的登记、统计、汇总报告工作。

(2)各局必须健全"机要通信业务事故差错登记簿"(邮5032),如发生事故、差错,按相关内容进行登记。

(3)发生机要件失密丢损和延误差错,应及时用电话逐级上报。上级局接到报告后,应迅速做出反应,必要时派人调查处理。

(4)各局按月填报《通信质量报告表》,地(市)局汇总表于下月二日前报省级机要通信主管部门,省级机要通信主管部门在5日前报中国邮政集团公司。发生延误差错应随质量报表附情况说明,发生失密丢损应填报《机要通信事故报告书》,随质量报表报省级机要局。

(三)机要通信质量考核管理

机要通信质量实行一级管一级,分级考核与奖惩的办法。中国邮政集团公司负责对省公司机要通信质量的检查考核与奖惩;省邮政公司负责对市局机要通信质量的检查考核与奖惩;市邮政局负责对县(市)局机要通信质量的检查考核与奖惩。

中国邮政集团公司对省邮政局机要通信质量考核指标是机要件失密丢损件数。省公司对市局和市邮政局对县(市)局机要通信考核指标是机要件失密丢损件数和通信延误差错次/件数。机要通信生产部门在此基础上,还应考核一般差错。

二、机要通信业务档案管理

机要通信业务档案是明确责任、查询邮件的唯一依据,因此必须做到日清月结、完整、清楚、查询方便、妥善保管。县以上各局机要通信业务档案,必须集中统一由专人负责保管,并设立专用档案柜存放保管。

档案保管期为一年半,保管期满,经主管领导批准在"业务档案登记簿"相关栏内注明销毁日期后,按保密废纸监督销毁。"业务档案登记簿"应在档案销毁后再保存一年,查询尚未结案的档案,在销毁前应当取出另行保管,待结案后再行处理。

档案管理人员对档案的安全应经常进行检查，防止水湿、火烧、虫蛀、鼠咬。

机要通信业务档案，不准不相干的人查阅。查阅工作由机要档案人员进行，由档案人员告知查询结果。内部需要查阅档案，必须经主管领导批准。

档案人员调动工作，应办理移交手续，对未结案的查询应交代清楚。

三、机要通信业务监督检查

机要通信业务监督检查，是为了使机要通信工作能按照规定标准有秩序地进行，确保机要件保密、安全、准确、迅速地传递，控制和防止通信事故的发生。

机要通信监督检查实行分级负责制，各级检查人员应受本单位分管局长和上级业务主管部门的领导和督察。

（一）监督检查工作的重点

（1）检查贯彻机要通信工作的方针、政策以及有关机要通信工作的规定执行情况。

（2）检查中国邮政集团公司制定的机要通信各项业务规章制度、机要通信工作纪律，特别是交接验收、勾挑核对、平衡合拢、安全携带四项基本制度的执行情况。

（3）检查机要件的处理时限、频次及内部作业组织情况。

（4）检查机要通信队伍建设、安全设施、设备的使用和封闭作业执行情况。

（5）检查机要件（总包）规格标准、邮件资费以及各个环节处理手续。

（6）检查机要通信业务档案及各种原始记录登记统计。

（7）承办上级和本单位领导交办的监督检查事宜。

（二）监督检查的实施

1. 监督检查频次

（1）各级局对本单位各生产环节的检查每月不得少于1次，省公司每年对市局检查1～2次，并对县（市）局进行抽查；市局每年对所属县（市）局、支局（所）检查1～2次。

（2）市局主管局长对市级机要通信部门的监督检查每月至少1次，重点检查机要科现业和全区的管理工作。除检查机要科外，一年之中还应抽查部分县（市）局的机要通信工作。

（3）县（市）局主管局长对本单位机要通信工作的监督检查每月至少1次，并应做到随时抽查，重点放在业务处理方面，对所属支局（所）的监督检查每季度1次。

（4）现业管理员、质量检查员对通信生产的监督检查，应作为一项日常性的工作经常进行，一定要深入作业现场，深入生产过程，重点放在外勤环节的安全携带和交接验收上。对现业通信生产检查每月不少于6次。

（三）执行“检查机要通信工作报告书”制度

监督检查人员要认真执行“检查机要通信工作报告书”制度。被检查单位自收到“检查报告书”5日内，填报反馈意见和建议，寄回检查单位。

“检查报告书”作为管理工作的一种原始记录，要妥为保存。上级局要定期、不定期地调阅“检查报告书”，了解通信生产和监督检查工作的落实情况。

（四）监督检查方式

监督检查工作应从实际出发，注重检查效果，要坚持深入生产现场，要采用日常例行检查与暗查暗访相结合、综合检查与专项检查相结合、现场检查与调审资料相结合等方式，并做好定期调审“检查报告书”、业务档案和走访用户、发放征求意见函的工作。

四、机要通信作业场地封闭作业管理

为确保机要件保密、安全地传递，应严格执行机要通信作业场地封闭作业管理。

机要通信部门是机要件集中处理传递的保密要害部位，其工作必须由专门组织机构和专人办理，设置与工作相适应的专门处理场地，并装置铁门、铁窗护拦等设施。

各处理、存放机要件场所，必须实行封闭作业。县（市）局机要室对外营业部分也应与内部处理隔开。严禁将亲友带入工作现场；本单位与当班工作无关人员不得随意进入，进入人员应进行登记；非本单位人员进入，须经领导批准，并有相关人员陪同，否则不准入内。

班组之间、各工序之间的邮件交接，必须当面点验、当面签收，做到手续清楚、责任分明。交接完毕应及时离开现场，不得滞留和闲聊。

机要件处理存放场地，要配备存放机要件的保险柜或铁皮柜，待投待发邮件要集中保管，非当班处理的邮件要入柜加锁或封装加封。存放邮件的业务处理场所应有人昼夜值班看守。

五、机要通信人员工作证使用管理

机要通信人员工作证是机要人员执行任务的身份证明和交接邮件的凭证。它对确保机要件的安全有重要作用。

机要通信人员工作证只限于承担机要通信任务的押运、接发和投递人员使用。以下情况使用此证。

（1）执行任务时应携带此证，凭证办理机要件的交接。

（2）在执行任务中，机要件安全受到威胁时，可持此证请求公安部门、国家安全部门或驻军协助保护。

（3）在执行任务中，遇到关卡岗哨检查，可交验此证，不准其检查机要件。

（4）押运途中邮车受损或遇路阻时，凭此证请求有关部门予以协助。

（5）投递重要保密单位的机要件时，可作为出入通行证明。

要严格机要通信人员工作证的管理，不准转借他人，非执行任务时不准携带此证。各局遇有持证人调动、退休时，应将其机要通信人员工作证上缴省机要通信局注销。

思　考　题

1. 机要通信业务的性质与任务是什么？
2. 机要件的准寄类别有哪些？
3. 机要件的收寄处理手续有哪些？

4. 机要通信业务监督检查工作的重点是什么？

实践项目

1. 讲座与研讨。邀请国家安全局或机要通信局业务管理人员举办相关安全保密知识的讲座，并就机要通信业务的安全防范措施、业务处理规定及机要通信工作人员纪律方面进行研讨。

2. 模拟训练。利用《邮政业务学习报》上的职业技能考核参考试题对学生进行职业技能考核模拟测试。

3. 实训。练习营业收寄机要件。

第九章　邮政电子商务业务与管理

电子商务是网络化的新型经济活动，即基于互联网、广播电视网和电信网等电子信息网络的生产、流通和消费活动。加快发展邮政电子商务，将促进邮政企业核心竞争能力的提升，实现长远可持续发展和向现代邮政业的转变。

第一节　邮政电子商务业务概念与分类

一、邮政电子商务业务发展的背景及意义

近年来，全球信息技术加速发展，世界各国信息化建设突飞猛进，电子商务已经成为推动国民经济进一步高速发展的主要动力。在我国，经历了探索和理性调整之后，电子商务支撑体系建设取得重要进展，创新能力不断提高，发展环境进一步改善，电子商务已进入务实的发展阶段并初见成效。2006 年全国有 19 家电子认证机构，近 20 家网络银行，物流、信用体系发展很快，国家从 2004 年开始相继发布了《电子签名法》、国务院办公厅《关于加快电子商务发展的若干意见》、《电子商务发展“十一五”规划》等。国内电子商务发展的良好态势，为中国邮政发展电子商务提供了良好的机遇。

中国邮政 2000 年启动电子邮政工程，近年来信息化建设不断推进，同时，各地邮政企业利用自身资源，在电子商务类领域作了一些有益探索。邮政电子商务进一步发展的基础条件和实践经验已基本具备。

鉴于此，2008 年中国邮政集团公司工作会议明确提出：确立电子商务在中国邮政发展中的战略地位。精心组织邮政业务的电子商务，向客户提供方便、快捷的新型邮政服务，为邮政业务发展提供新的支撑。要充分发挥中国邮政“三流合一”在电子商务领域的优势，扩大与社会化电子商务公司的合作领域，树立邮政电子商务服务商的品牌，发展有中国邮政特色的电子商务。

加快发展邮政电子商务业务具有以下 3 个重要意义。

1. 支撑邮政业务的可持续发展

加快发展邮政电子商务，可以利用现代电子信息技术优化产业结构，降低运营成本，提高经济效益，实现产业链的延伸和价值链的增值，在愈演愈烈的市场竞争中，为邮政可持续发展提供新的契机和动力。

2. 促进企业资源的有效整合

虽然邮政同时拥有信息流、资金流和实物流，但在当前的运作模式中，资源分散，各自为战，无法形成核心竞争力。只有通过发展电子商务，才能有效整合企业内部各类资源，真正发挥“三流合一”的优势。

3. 推动邮政向现代化企业转型

发展邮政电子商务，有助于利用现代电子信息技术研发邮政新服务，在改造、提升

现有业务的同时，促进产业升级，推动邮政向现代化企业转型。

二、邮政电子商务业务的概念

中国邮政集团公司根据国内电子商务发展的趋势和中国邮政的实际情况，提出积极开发邮政电子商务业务。邮政电子商务业务是指在邮政网络的基础上，依托信息技术和国家公众通信网，充分发挥邮政实物流、信息流、资金流相融合的优势，向社会公众提供新型的邮政服务。

邮政电子商务业务的核心在于增值服务，包括以下3个方面的基本含义。

(1)依托现代信息技术，改造和提升传统邮政业务。邮政全行业的信息化程度不高，因此，为进行传统业务的信息化改造，要在邮政生产和管理各领域广泛应用信息技术、网络技术，推动生产方式、生产手段的创新和变革。同时，要科学整合邮政现有资源，借助信息技术手段，对传统邮政业务进行创新，丰富其服务内涵，提高其服务效率。

(2)与电子商务相结合，将邮政实物流、信息流、资金流有效融合，开发具有邮政特色的信息增值业务。在对邮政传统业务进行信息化改造的同时，逐步开发电子信息类等新型业务，主要围绕发挥邮政的优势、突出邮政的特点，重点发挥邮政的物流优势。要建好物流业务的信息化平台，扎扎实实地做好电子商务在物流方面的服务，把邮政运递网络转变成对内服务、对外经营的物流体系，从而形成多元化、可持续发展的业务结构，推动传统邮政的产业升级。

(3)与电信服务紧密结合，代办基础电信业务和经营增值电信业务，这也是发展邮政信息业务的重要组成部分。

三、邮政电子商务业务的种类

(一)邮政电子商务专业业务种类

1. 邮乐购业务

邮乐网是由中国邮政与TOM集团携手组建的集线上网购和线下零售于一体的购物服务平台。邮乐购业务是基于邮乐网开办的一项重要的邮政电子商务类业务，具体包括邮乐卡销售、邮乐商品团购、邮乐商品邮政网点现金支付。

1)邮乐卡销售

邮乐卡是邮乐网推出的购物卡，可作为支付工具购买邮乐网上的所有商品。邮乐卡销售业务是指通过电子商务信息平台，面向个人用户与企业客户，在邮政网点或客户经理上门销售邮乐卡的一项业务。

2)邮乐商品团购

邮乐团购有别于现今团购网站的散单拼团的特点，主要针对政府和企事业单位员工福利劳保发放需求、商务礼品市场送礼需求和宣传定制品需求，通过邮政营销经理的主动营销，从邮乐网上客户可以以优惠的价格批量购买所需商品，从而满足客户需求的一项业务。

2. 商旅票务业务

商旅票务业务是指以航空机票业务为龙头，通过整合汽车票、火车票、演出票、景点门票等票务资源，叠加酒店预订、保险等增值业务，为客户提供涵盖出行、住宿、旅游、娱乐一体化的商旅票务服务。

1）航空机票代理

依托全网统一的电子商务信息平台，利用 11185 客户服务中心、电子化支局所、中国邮政网站、便民服务站等渠道资源，为客户提供涵盖多种支付方式和个性化送票上门的航空机票预订一条龙服务。

2）汽车票、火车票代理

各省根据本地实际情况，自发地与当地车站展开合作，并且利用车站的票务销售系统，实现邮政网点、便民服务站的汽车票、火车票的销售。

3）酒店预订

客户只需拨打本省 11185 客户服务中心电话，通过提出地址、品牌、星级、价位、房型、床型、房内配置、酒店公用设施、停车场、宽带、早餐等个性需求，即可获得中国邮政订房中心专业、快捷的酒店预订等相关服务。

4）门票代理

邮政代理门票目前主要包括代理展览会门票、景点门票和演出门票三大类，采取与展览会主办方、演出公司及大型社会票务公司合作，配合开展景点和演唱会的签约等工作以获取票源，并通过邮政自有渠道进行票品展示、宣传、销售。

5）保险代理

通过与合作保险公司系统的实时对接，借助电子商务信息平台实现航空意外险、交通意外险的销售工作。此业务具有投入少、收益高、风险小等特点。

3. 自邮一族业务

“自邮一族”是中国邮政推出面向机动车主等中高端用户群体，整合了代缴费、代办车驾管、汽车服务、机票酒店预定以及餐饮娱乐折扣优惠等为一体的高端会员制服务品牌。

1）全国基础服务

全国基础服务是指由集团公司统一洽谈或采购、向全国“自邮一族”会员提供的服务。各省会员均可享受全国基础服务。

2）省内服务

会员享受全国基础服务的同时，可享受所在省邮政公司叠加的车辆代办、加油优惠、信息提醒、洗车等省内个性化服务，并可跨省享受特约商户的优惠折扣。

4. 代收代缴业务

代收代缴业务是指邮政企业通过与通信运营商、行政管理、公用事业等部门合作，利用邮政综合资源优势，代理合作单位为社会大众提供缴费服务。

1）代收话费

通过邮政电子商务信息平台与运营商计费系统对接，在邮政电子化支局（所）、便民服务站等渠道实现各类通信费用的实时收缴。

2)代售卡

通过邮政渠道组织销售各类电信业务卡,种类包括充值卡、上网卡、IP 卡、IC 卡,以及电费充值卡、游戏点卡等。

3)代收公共事业费

通过邮政电子商务信息平台与公用事业部门计费系统对接或拷取计费数据的方式,在邮政电子化支局(所)、便民服务站等渠道实现水、电、燃气、有线电视等费用的实时收缴。

5. 短信业务

短信业务是指在全国邮政短信业务接入系统的基础上,依托移动、联通、电信等运营商的移动短信平台,利用邮政和社会的各种资源,为用户提供的一项手机短信服务业务。各类短信业务资费标准如表 9 – 1

1)储蓄短信

储蓄短信是基于邮政绿卡账户的短信增值服务,包括账户余额变动通知、代发工资到账通知、转入到账通知等。

2)汇兑短信

汇兑短信是基于邮政电子汇兑系统开发的短信业务,主要包括汇款回音服务、汇款寄出通知。

3)速递短信

速递短信是基于 EMS 邮件的寄达回音业务,邮件被签收后,寄件人指定手机将收到妥投信息。

4)彩信

彩信是基于彩信系统开发的彩信业务,包括彩信账单、彩信手机报、个性化彩信等。

表 9 – 1 短信业务资费标准

序号	业务名称	资费标准	业务说明
1	取款通知	2 元/月;20 元/年	为客户提供账户发生取款和转账(转出)业务的通知服务
2	代发工资通知服务	1 元/月;10 元/年	为客户提供账户发生工资到账的通知服务
3	转入转账通知服务	2 元/月;20 元/年	为客户提供账户发生转账到账的通知服务
4	活期账户变动通知	3 元/月;30 元/年	为客户提供活期账户余额增减变动的通知服务
5	汇款回音服务	1 元/笔	汇款人在办理汇款时预留手机号码,收款人兑付后,邮局以短信方式通知汇款人兑付情况
6	汇款寄出通知	1 元/笔	汇款人在办理汇款业务后,邮局以短信方式通知收款人汇款情况
7	汇款兑付通知	1 元/笔	收款人兑付后,邮局以短信方式通知汇款人兑付情况
8	EMS 寄达回音服务	1 元/笔	用户在办理 EMS 业务时,由窗口加办该业务,邮件妥投签收后返回给客户该邮件的签收信息

续表

序号	业务名称	资费标准	业务说明
9	预定取票通知	10元/年	为预定户提供新邮的发行通告服务。赠送生肖赠送版寄递通知服务
10	集邮品推荐	免费	为预定户提供特定集邮品或集邮礼品(集邮总公司和本省)发行通知服务
11	集邮手机报	免费	为新邮预定取票通知用户免费介绍集邮知识,介绍重要集邮信息、邮市行情等
12	彩信账单	免费	对储蓄短信用户发送账户变动明细为主题的彩信业务,可附加邮政业务营销内容,发送时间为每月的1日—15日。

(二)邮政电子商务专业经营渠道

1. 便民服务站

便民服务站是指邮政企业通过授权加盟方式,委托个体工商户或者连锁企业,利用其接近城乡居民的便利条件和更为灵活的经营方式,为社会大众提供各种公共事业费和通信话费等代收代缴以及其他邮政服务的社会代办网点。

2. 11185客户服务中心

11185客户服务中心是建立在公共通讯网络之上,依托邮政综合网,7×24小时不间断向客户提供邮政业务咨询受理投诉等服务的综合信息服务平台。

(1)呼入功能向客户提供邮政速递、报刊、函件、短信、票务、邮乐购物、自邮一族等业务的受理、咨询、查询、投诉服务。

(2)呼出功能主要承担对重点客户回访及电话营销工作。

3. 邮政业务网站

邮政业务网站(www.183.com.cn,以下简称“网站”)是中国邮政的网上营业厅,是邮政业务的互联网服务渠道、宣传媒体和经营平台。网站以支撑邮政业务发展为目标,实现邮政业务的电子商务化,向客户提供网上经营资讯,业务咨询、查询,虚实地址转换等服务,并实现家乡包裹、商业信函、商旅票务等业务的网站受理功能。同时,网站还链接整合了报刊订阅、中邮阅读、集邮商城、自邮一族等原有各专业已经建立的业务网站。

1)服务提供

(1)业务咨询、查询:在线查询是指邮政通过网站向已登陆的客户提供与邮政业务相关的信息服务,包括邮编查询、资费查询、国际给据邮件查询等功能。

(2)虚实地址:为其他网站提供通过虚拟地址账号获取实际物理地址的网络服务。

(3)在线客服:为客户提供一个网站业务咨询、查询的线上服务窗口,实现与客户的实时交流。

2)业务受理

(1)家乡包裹:本业务依托各电子化支局,以电子商城的形式,向大众用户展示、出售具有地域特色的名优特产。

（2）商业信函：本业务主要为企业客户提供商函模板选择、在线设计、名址产品应用以及线下邮寄等服务。

（3）商旅票务：为用户提供航空客票、酒店预订以及演出票、活动票、旅游门票的网上销售渠道。

（4）报刊订阅：报刊订阅网是邮政成功运营多年的主打业务，能够为用户提供准确、全面快速、可靠的报刊订阅服务。

（5）报刊在线：中邮阅读网凭借中国邮政报刊发行网络、发行资源和品牌优势，运用互联网数字传播技术，为广大读者提供内容丰富的电子期刊、电子图书及有声书城等在线阅读产品。

（6）集邮商城：由中国集邮总公司主办、各省集邮公司协办、北京中集环讯技术有限公司创意制作和发布的国际互联网集邮网站。

（7）贺卡 DIY：为用户提供多种精美贺卡的网络邮寄服务，用户也可通过 DIY 亲手制作个性化贺卡。

（8）邮乐购：邮乐中国由中国邮政与 TOM 集团携手呈献，是一个结合高端线上网购和线下零售于一体的独特创新购物服务平台。

（9）自邮一族："自邮一族"业务是依托邮政电子商务信息平台，为广大车主等中高端客户群体提供车辆代办、商旅、机票、礼仪服务等综合服务的品牌。

（10）卡商联盟：以邮政贺卡为媒介，联合社会多方商业资源加盟，"邮企"联合共同搭建的优惠信息服务平台。

四、电子商务专业服务对象

（一）邮乐购业务

邮乐购业务主要面向城市的网购消费者，偏远地区有购买品牌商品需求的消费者，企事业福利办公用品采购人员以及有商务礼品馈赠的人员等。

（二）商旅票务业务

商旅票务业务主要面向集团客户、个人客户以及下游分销合作商，其中以集团客户为重点。集团客户主要包括有商务出行需求的单位，按重要性排列依次为政府部门、事业单位、国有企业、院校或科研机构、中小企业等。下游分销合作商如酒店、商务中心、旅行社、邮政便民服务站以及部分中小型社会代理人等。

（三）自邮一族业务

自邮一族业务主要服务于有车一族、商旅用户等中高端客户群体。营业网点侧重于发展散户；大客户营销面向合作伙伴、行业客户等集团客户。

（四）代收代缴业务

代收代缴业务的下游目标客户定位为有缴费、充值等需求的个人客户和单位客户；上游目标客户定位为有委托代理需求的通信运营商、行政管理和公用事业等部门。

（五）短信业务

拥有在中国登记的手机（含小灵通）的客户，在邮政网点办理金融业务、汇款、EMS

快递、集邮业务时均可办理相应短信业务。

第二节 邮政电子商务业务的经营管理

一、邮政电子商务业务的定位

邮政电子商务致力于成为电子商务服务的领先者，在电子商务应用和电子商务运营等方面逐步确立优势。电子商务专业将以渠道能力建设为核心，打造社会公共服务平台；围绕客户价值，全面提升产品竞争力，提高客户忠诚度。主要措施可以概括为："强化产品、完善渠道、服务客户"。

二、邮政电子商务业务的经营策略与方法

（一）邮乐购业务

1. 目标客户

邮乐卡销售和团购的重点客户是企事业单位，主要包括如下两类：

（1）经常为员工发放节日福利的政府企事业单位客户；

（2）重视礼尚往来、经常采购大宗礼品用于公关营销或客户回馈的企事业单位。

2. 4P营销策略

1）产品策略

针对不同的客户需求，可以定制各种具有特色的、个性化的邮乐卡。如：针对普通需求用户，推出邮乐通用购物卡；针对中国传统的节假日，推出邮乐新年购物卡、邮乐中秋购物卡等；针对特定的企业客户，推出企业定制的员工福利卡；针对一些重大活动，推出邮乐活动纪念卡；针对某类商品的销售旺季，推出邮乐商品套装卡。

积极拓展邮乐卡与各种其他业务的组合套装卡。如：与集邮业务合作，推出邮票＋邮乐卡礼品套装组合；与其他企业结合，如与运营商合作，推出话费卡＋邮乐卡礼品套装组合等。

2）价格策略

针对不同的购买需求，邮乐卡将分为不同面额进行销售；

针对大客户和团购客户，制定相应的价格折扣标准和团购订单奖励政策，给予数额较大的订单更多的优惠。

3）渠道策略

大客户经理渠道。大客户经理是邮乐卡销售的主要渠道，通过开展一系列的营销培训，建立灵活的激励机制，全面调动各级大客户中心的积极性。

其他立体渠道。通过邮政营业网点、11185客服中心、社会网点等丰富和多样化的立体渠道，加强对邮乐卡的宣传、销售和其他支撑工作。

4）促销策略

抓住节日营销旺季，有针对性地推出各种佳节礼品卡、个性化定制卡等。

抓住年终业务发展旺季，将邮乐卡与邮政其他产品组合成促销套装，进行捆绑营销。

(二)商旅票务业务

1. 总体经营思路

充分发挥邮政多渠道、高信誉的优势,初步构建商旅票务专厅+专柜的骨干网络,在进一步做大航空机票代理业务规模的基础上,加快推广酒店预订业务;整合汽车票、火车票、景点门票、演唱会门票及保险产品;积极拓展市场,建立会员管理体制,推出多样化宣传;转变支撑方式,由分散经营走向集中支撑,率先成为全国票品最全的“一站式”商旅票务提供商。

2. 发展措施

(1)持续提高单位客户订票量占比,使之达到基本与个人客户持平。

(2)优化渠道结构,确保直销为主。确定以向终端客户的直销为主要发展方式,以下级分销商的合作销售为辅助发展方式。

(3)充分发挥网点的宣传和展示功能,发挥11185的整体服务功能,发挥客户经理的营销和客户维系作用,加大直销的推广力度;对酒店、商务中心、旅行社等兼业代理单位以及邮政便民服务站采取鼓励的态度,谨慎发展中、小型专职机票代理人,保证邮政信誉不受损害。

(3)强化服务功能,提高客户满意度。建立会员管理体制,实现会员积分、会员奖励等机制,提升会员价值,提高客户稳定度与忠诚度;实现行程单跨网点打印功能;实现11185、业务网站的积分自助查询及各项售后服务功能。

(三)自邮一族业务

1. 总体经营思路

自邮一族业务总体发展思路是按照“统一设计、分级支撑、全网联动”的原则,基本建成覆盖全国的“自邮一族”业务运营管理体系。“统一设计”是指统一设计全网产品,统一服务内容和标准;“分级支撑”是指总部、省公司、地市局支撑各级服务;“全网联动”是指联动特约商户,为会员提供跨地区优惠服务。

2. 发展措施

(1)整合现有资源,设计服务产品,制定服务标准。根据车主的需求,基于邮政现有的车辆代办服务和商旅产品,整合航空机票预定、酒店预订、网络购物、租车服务、消费折扣及其他服务,推出具有市场竞争力的核心服务和增值服务。同时制定服务标准,确保服务内容和服务标准相统一。

(2)开展多方合作,丰富产品内容。重点推进与交警、车管、加油、保险等部门的合作,积极发展各级加盟商户,分析当地市场,研究会员需求,因地制宜不断丰富和完善会员服务产品。同时通过发行会员专刊、制定会员积分奖励政策等措施,做好会员关怀。

(3)积极开展营销,大力发展会员。重点做好营销奖励政策、宣传策划、会员服务组织等支撑方面的工作,为会员发展创造条件。积极拓展营销渠道,通过大客户营销,争取与电信、保险、汽车专卖店等单位合作,在他们进行的客户回馈等活动中批量发展会员;还要在办理航空机票业务、代理车辆保险、推广邮政便民服务站的同时,实施交叉营销,迅速扩大会员规模。

(4)做好回访工作,维系客户资源。定期组织会员回访工作,重点了解他们对会员服务的满意程度,了解他们对加盟商户的意见和建议,认真受理和妥善解决客户投诉。同时加强对加盟商服务质量检查,坚决清退服务质量不达标的商户。

(5)完善系统功能,构筑服务体系。加快运营支撑体系建设进度,完善全国中心和网站功能,利用11185会员服务热线,实现对会员的跨地域支撑服务,逐步实现网点、网站、呼叫中心三位一体的会员服务体系,实现对会员的专业化管理。

(四)代收代缴业务

1.总体经营思路

通过发挥邮政综合优势资源,引入更多贴近民生的产品和服务,重点拓展自身网点少、市场规模大、用户缴费难、与老百姓日常生活息息相关的缴费业务,使到邮政缴费被广大人民群众所认知。

2.发展措施

(1)拓展缴费渠道,提高收入规模。通过开发呼叫中心、电视、中国邮政网站,手机支付等新兴缴费渠道和支付方式,并结合深入社区、学校的便民服务站,方便用户便捷缴费,提高邮政收入规模。

(2)发挥综合优势,洽谈业务合作。充分发挥邮政品牌信誉、行业背景、渠道规模等优势资源与通信运营商、行政管理和公共事业部门开展广泛合作,不断丰富邮政代理业务种类,为百姓提供品种齐全的"一站式"收费服务。

(3)多措并举推广,实现合作双赢。从运营商和公共事业等合作部门争取相应资源,对在邮政网点和便民服务站缴费的用户赠送相应的礼品,并通过有效媒体渠道对邮政代收代缴业务进行宣传推广,在减轻合作单位服务压力的同时,提高邮政品牌知名度,实现合作双赢。

(4)加强业务培训,制定奖励政策。通过定期组织业务培训,提高营业员受理缴费业务操作熟练度,进一步提升为客户服务水平。同时采取制定相应奖励政策,开展劳动竞赛等方式调动营业员受理代收代缴业务积极性。

(五)短信业务

1.总体经营思路

巩固和保持现有短信业务,加强业务管理,坚持规范经营,保障短信业务稳步、健康发展;充分利用数据资源,分析研究市场发展,挖掘潜在价值,并通过数据营销,取得显著效果;积极拓展新型业务种类,开发手机客户端应用,研究探索移动业务市场,推动增值业务突破、创新发展。

2.发展措施

(1)加强业务管理,规范经营行为。在现有业务发展的基础上,采取多种形式的营销活动,维系老用户,开发新客户,加强业务管理,巩固业务发展成果。

(2)清理无效用户,消除投诉隐患。对前期发展的用户进行梳理,对长期余额不足扣款不成功用户进行清理,提高扣款成功率,改善用户质量,夯实业务发展基础。

(3)对现有短信用户进行认真分析,发现规律,找出问题。针对客户流失和潜在用户进行专题分析,为业务发展提供科学有效依据,实现由全员营销向数据营销转型。

(4)充分利用短信用户数据库,为邮乐、机票、自由一族及其他专业提供多种方式的营销渠道,通过短信、彩信进行业务宣传,实现由经营向服务支撑转型。

(5)积极尝试拓展彩信业务,与内容提供商广泛合作,凭借三网合一的平台优势,结合各省市地方资源,积极开展彩信手机报等新型业务,探索经营模式。

(6)充分利用现有通信技术手段,通过短信工程的开发,开通手机邮局,实现移动下载查询功能,探索移动领域增值服务,实现产品创新。

(六)便民服务站

1. 总体经营思路

以"整合资源、打造平台、经营渠道"为发展理念,以"服务民生"为切入点,以"缴费通、票务通、邮政通、商品通"为主要业务模式。着力打造"布局合理、种类丰富、服务便利"的轻型、精细、具有可持续性的邮政连锁经营公共服务平台,使其在今后数年内成为邮政又好又快发展的新动力。

2. 发展措施

(1)争取政府支持,营造良好发展环境。突出邮政便民服务站在为百姓提供方便、建设和谐社会等方面的积极意义,争取政府部门的认可和政策支持,创造良好的外部环境。积极向政府汇报邮政便民服务意义,争取政府部门对村邮站和三农服务站建设的支持。

(2)丰富业务种类,提高代理收益。一是与行政管理、公用事业、通信运营商等开展广泛合作,丰富缴费品种,提供更贴近百姓生活、为百姓所接受的产品和服务。二是通过引入游戏点卡充值、汽车票、彩票、邮乐卡销售等高效业务,进一步提高邮政企业和商户收益。

(3)多方开展合作,拓宽合作渠道。一是积极与全国连锁的便利店、烟草店、彩票店和加油站所属企业总部开展合作洽谈,借助以上企事业单位的网点,加强邮政便民服务站的推广,使合作双方资源共享,渠道互通,互利共赢。二是充分利用邮政各渠道资源,重点加强邮政报刊亭、村邮站、三农服务站叠加代收代缴业务功能,实现"一站多能,共享渠道"的合作目标。

(4)统一运营管理,加强渠道维护。一是通过建设全国中心综合接入平台满足不同经营类别商户通过无线、有线拨号和互联网加入邮政便民服务站。二是通过设计全国统一的宣传形象,走品牌化、标准化发展路线,推动规模发展。三是加强服务支撑,严格履行向商户承诺提供代办业务内容,对商户提出的问题及时妥善解决。

(七)11185客户服务中心

1. 总体发展思路

建成7×24小时实时服务的,日均话务处理能力30万次以上,接通率达到85%,

客户服务满意度超过90%的，基本满足支撑服务中国邮政业务发展需要的电话信息服务体系。

2. 发展措施

（1）通过制定和实施全国邮政11185客服中心服务规范，规范客服中心的语音导航、服务语言、服务标准以及坐席代表的行为和礼仪，建立客服中心对外服务的业务处理模型，梳理和建立质量监控点，统一打造标准化的11185中心对外服务形象 。

（2）通过修订和完善《邮政11185客服中心考核办法（暂行）》，进一步细化考核指标，完善考核体系，依托系统功能精准提取数据信息，建立科学、高效的考核、监控和评价体系，提升全国各中心的运行管理水平。

（3）完善11185系统功能，优化知识库结构，提高系统运行效率。从银行卡在线支付、邮政业务在线受理和电子商务专业的预订等方面入手进行功能性开发和优化，根据各业务系统处理模块的业务特征，优化坐席人员操作界面及知识库结构，实现人机友好沟通便利坐席代表操作，优化系统操作流程。

（4）以强化对坐席代表的业务培训为切入点，加强对话务专席人员的专业技能培训，提升坐席代表对经营性业务的支撑服务能力，提高工作效率，增强客服中心的盈利能力，进而实现由支撑服务型向经营服务型的转变。

（八）邮政业务网站

邮政业务网站的经营思路是：网站的定位及发展规划应充分参考邮政业务发展的总体规划，遵循"统一管理、集中支撑、专业处理、闭环控制"的业务组织原则，进一步整合现有邮政网站资源，共享全网资源，健康发展网站业务，加速将后续开办业务上线，提升用户满意度，努力使网站成为"电子商务应用领先者"。

1. 整合现有邮政网站资源

1）总体思路

统一邮政业务网站（含各子业务网站）各项资源，实现网站"八统一"：统一形象、统一域名、统一风格、统一客管、统一登录、统一订单、统一客服、统一积分。

2）具体措施

组织邮政业务网站升级改造工程业务需求编写会，召集各相关业务、技术人员参与需求编写，形成网站统一的升级改造需求方案。

2. 优化网站作业流程

1）总体思路

流程优化上要使各个业务模块流程顺畅，能够适应互联网的发展形态。

2）具体措施

实现用户在网上寄信、投寄包裹等需求，实现电子邮件与实物邮件的线上线下结合；用户可以通过网站汇款，并实现网上汇款，线下兑付；为用户提供方便快捷的网站订阅报刊及数字期刊线上渠道；开辟邮政新兴业务，实现网上缴费、网上订票；向用户提供在网站设计个性化邮票、贺卡等功能；为用户提供安全、便捷的电子邮箱服务。

3. 完善网站的运营支撑体系

1)总体思路

建设统一的集中支撑队伍,积极做到运营支撑上后台处理完善,支撑服务到位,用户订单能迅速处理,用户问题能及时答复,用户所需信息能保证及时更新。

2)具体措施

邮政业务网站的运营管理需充分考虑吸收社会上一些具备行业运作经验的专家和具有特殊专业技能的人才,从而加快人才队伍的建设。具体网站总体运营支撑规划分“两步走”:

第一步,先组建一个10人左右的运营支撑队伍,保证网站当前运营支撑。主要职责和人员需求为:网站流量监控1人,页面更新、内容发布2人,客户咨询、查询受理3人,网站订单跟踪、监控2人,网站推广及和集团各部室间的协调2人。

第二步,随着网站业务功能的完善和业务量的增加,根据实际需求及时增加网站运营管理人员,条件成熟时,逐步接管各链接网站的运营支撑基础工作,最终承担起整个邮政业务网站的发展运营管理。

三、邮政电子商务业务的管理

(一)邮乐购业务管理

1. 邮乐购业务的管理模式

全国邮政邮乐购业务采取三级经营、两级结算的管理模式。三级经营分别为总部经营、分省经营和各地市经营,总部与各省直接作扣代理费后进行结算。

2. 邮乐购业务的管理职责

集团公司邮政业务局电子商务处负责业务政策的制定及宏观管理。主要职责为:制定年度邮乐购业务发展目标;策划及安排部署阶段性邮乐购业务营销竞赛计划;完成奖励政策的制定;电子商务信息平台邮乐购业务系统的调整和升级;安排部署邮乐购业务全国宣传计划,并设计制作全国性的邮乐购业务宣传品;与各省完成业务对帐并配合财务部门完成月度结算。

各省邮政公司电子商务局根据集团公司制定的业务发展目标,安排部署省内业务的发展和推进。主要职责为:分解集团公司制定计划任务,制定省内业务发展措施和推进计划,结合集团公司制定的宣传计划,结合本省实际,进行业务宣传,组织实施本地特色营销活动;定期组织省内业务培训。

各地邮政局电子商务机构主要负责本地邮乐购业务发展规划、业务操作细则及规定、业务奖励考核办法及营销推广方案的落实,组织实施本地特色营销活动;本地市业务发展的整体策划、组织管理、业务宣传、检查、考核等工作,定期组织本地业务培训。

(二)商旅票务业务管理

1. 商旅票务业务的管理模式

商旅票务业务采取三级经营、两级结算的管理模式。三级经营分别为全国票务经营、省票务经营、地市票务经营;两级结算分别为全国结算和省结算。

2. 商旅票务业务的管理职责

集团公司邮政业务局电子商务处负责全国邮政商旅票务业务的经营与管理。主要职责为:规划业务发展,制定操作管理、结算规范、奖励考核办法,策划全国性的营销推广及宣传投放工作;监督检查业务运营以及跨省业务的清分、结算和对账工作;完善系统支撑,协调总对总合作,特别是与民航客运管理机构及各航空公司总部的协调工作;处理旅客投诉及各类突发事件。

各省邮政公司电子商务局负责省邮政商旅票务业务的经营与管理。主要职责为:制定本省业务的发展规划、业务操作细则及规定、结算流程、考核奖励办法;规划省内业务的营销推广方案及业务宣传;定期组织省内业务培训,做好业务监督检查工作;与本地民航客运管理机构及各航空公司的协调工作;组织业务相关清分、结算和对账工作;处理省内旅客投诉及各类突发事件。

(三)自邮一族业务管理

1. 自邮一族业务的管理模式

自邮一族业务实行三级组织管理模式:集团公司邮政业务局电子商务处、省(含自治区、直辖市)邮政电子商务局以及市(含地、州,下同)邮政电子商务局。

2. 自邮一族业务的管理职责

集团公司邮政业务局电子商务处是全国邮政“自邮一族”业务的管理部门。主要职责为:统一设计“自邮一族”全网产品;策划全国性的营销推广方案,并制定发展指导意见;下达全国业务量收计划及考核办法;负责“自邮一族”品牌的宣传推广;负责全国的会员管理;负责“自邮一族”客户管理系统在全国的推广应用。

省邮政电子商务局是各省“自邮一族”业务运营管理部门。主要职责为:制定全省“自邮一族”业务发展规划、考核奖励办法;负责省级业务开发与支撑工作;策划全省营销推广方案,并组织实施;负责全省业务宣传、督导、检查、考核等工作;负责定期组织省内业务培训。

市邮政电子商务局是各市“自邮一族”业务运营管理部门。主要职责为:制定全市“自邮一族”业务操作细则及考核奖励办法;开发本地个性化业务;负责特约商户的洽谈、签约及维护;策划并组织实施本地特色营销活动;负责全市业务的宣传、培训、检查、考核等工作;负责会员的开发与维护;负责处理客户投诉。

(四)代收代缴业务管理

1. 代收代缴业务的管理模式

代收代缴业务采取四级经营、两级结算的管理模式。四级经营模式分别全国性和跨省性代收代缴业务经营、省级和跨地市代收代缴业务经营、地市代收代缴业务经营和县级代收代缴业务经营。两级结算分别为全国结算和省结算。

2. 代收代缴业务的管理职责

集团公司邮政业务局电子商务处负责全国邮政代收代缴业务的经营与管理工作,省电子商务局负责省邮政代收代缴业务的经营与管理工作,地市电子商务局负责地市邮政代收代缴业务的经营与管理工作。没有设置电子商务局的，代收代缴业务的经营与管理工作可放在市场部等相关业务部门。

全国邮政代收代缴业务的经营与管理工作主要有：规划业务发展，制定业务操作管理规范及奖励考核办法，策划全国性的营销推广工作；全国性业务宣传、检查、考核等工作；定期组织全国性业务培训；与通信运营商、行政管理和公用事业部门等总部的协调和合作洽谈工作；统计全国邮政代收代缴业务经营数据管理；基于网站、便民服务站、报刊亭、村邮站等渠道的邮政代收代缴业务的运营；制定全国邮政代收代缴业务的结算规范；网站邮政代收代缴业务和跨省业务的清分、结算和对账工作；对各省代收代缴业务的经营和结算进行监督检查；处理用户、合作单位投诉及各类突发事件。

各省邮政代收代缴业务的经营与管理工作主要有：制定本省邮政代收代缴业务发展规划、业务操作细则及规定、业务考核奖励办法；策划本省的营销推广方案，组织实施本地特色营销活动；省内业务宣传、检查、考核等工作，定期组织省内业务培训；与通信运营商、行政管理和公用事业部门的协调和合作洽谈工作；制定本省代收代缴业务结算相关管理细则，组织邮政代收代缴业务清分、结算和对账工作；处理本省范围的用户、合作单位投诉及各类突发事件。

各地市邮政代收代缴业务的经营与管理工作主要有：本地邮政代收代缴业务发展规划、业务操作细则及规定、业务奖励考核办法及营销推广方案的落实，组织实施本地特色营销活动；本地市业务发展的整体策划、组织管理、业务宣传、检查、考核等工作，定期组织本地业务培训；处理本地用户、合作单位投诉及各类突发事件。

各县邮政代收代缴业务的经营与管理工作主要有：本县邮政代收代缴业务发展规划、业务操作细则及规定、业务奖励考核办法及营销推广方案的落实，组织实施本县特色营销活动；本县业务发展的整体策划、组织管理、业务宣传、检查、考核等工作，定期组织本县业务培训；处理本地用户、合作单位投诉及各类突发事件。

（五）短信业务管理

1. 短信业务的管理模式

中国邮政短信业务实行三级管理模式，即集团公司电子商务中心、各省（自治区、直辖市）公司电子商务局以及各市（州、区）电子商务分局。

2. 短信业务的管理职责

集团公司电子商务中心负责邮政短信业务的运营和管理。负责全国邮政短信业务的规划、发展、指导、考核和宣传等工作；负责办理短信业务资质年审、新业务开办，协调各大电信运营商，办理业务结算、业务申报、签订协议、投诉处理等工作；负责下达全国短信业务发展量收计划，制定业务发展指导意见，编制量收统计分析和经营通报；负责全国短信业务日常运行和投诉监督管理，办理各省邮政公司业务资金的清分和结算等工作。

各省公司电子商务局负责本省短信业务的发展和运营管理。主要职责为：按照集团公司要求，负责本省短信业务的规划、发展、指导、协调、奖励、考核和宣传等工作；负责配合集团公司在本省通信管理局办理短信精力资质备案、年检，做好当地各电信运营商的业务协调和协议续签，处理客户投诉等工作；负责本省短信业务量收统计分析和经营通报；负责拟订本省短信业务发展量收计划；负责省内业务资金的清分结算；负责本省和跨省投诉处理。

（六）便民服务站管理

1. 便民服务站的管理模式

便民服务站采取四级经营管理模式。即集团公司电子商务处、各省公司电子商务局、各市（州、区）电子商务局以及县邮政局。

2. 便民服务站的管理职责

集团公司邮政业务局电子商务处负责全国邮政便民服务站渠道经营与管理工作，省电子商务局负责省邮政便民服务站的经营与管理工作，地市电子商务局负责地市便民服务站的经营与管理工作，没有设置电子商务局的，便民服务站的经营与管理工作可放在市场部等相关业务部门，县邮政局负责县便民服务站的经营与管理工作。

全国邮政便民服务站渠道经营与管理工作主要有：规划发展，制定渠道管理规范及推广奖励考核办法；渠道品牌设计宣传、检查、考核等工作；定期组织全国渠道经营和管理培训；洽谈全国性行业连锁渠道合作；与中国石化、通信运营商、行政管理、公用事业部门等总部的协调和业务洽谈工作；建设全国综合服务接入平台，支持多种终端接入全国中心及系统日常维护；制作、发放邮政安全认证证书、专属身份验证卡等工具；统计全国便民服务站经营数据管理；对各省便民服务站经营和管理进行监督检查；处理商户、行业渠道合作单位投诉及各类突发事件。

各省邮政便民服务站渠道经营与管理工作主要有：制定本省邮政便民服务站发展规划、业务操作细则及规定、渠道管理及经营考核奖励办法；策划本省的渠道宣传推广方案；洽谈省内行业连锁渠道合作；新业务洽谈；定期组织省内业务培训；与通信运营商、行政管理和公用事业部门的协调工作；系统软硬件的设计、开发、建设、优化、日常维护及终端设备选型；便民服务站业务资金的归集、清分结算等日常管理，加盟网点酬金管理；处理本省范围的商户、行业渠道合作单位投诉、咨询和建议及各类突发事件。

各地市邮政便民服务站经营与管理工作主要有：本地邮政便民服务站加盟资质审批；洽谈本地行业连锁渠道合作；定期组织地市业务培训；落实发展规划、业务奖励考核办法及渠道推广方案；便民服务站运营耗材、终端设备、灯箱等运营物品的供应、管理和服务支撑；新业务洽谈；加盟网点的业务培训；加盟金的收取核账、营业资金的清分核算、加盟网点代理酬金的制定、申报及核发；处理各类投诉和意见，协助解决便民服务站经营资质事项。

各县邮政便民服务站经营和管理工作主要有：本县邮政便民服务站加盟资质审批；洽谈本县行业连锁渠道合作；定期组织县业务培训；落实发展规划、业务奖励考核办法及渠道推广方案；便民服务站运营耗材、终端设备、灯箱等运营物品的供应、管理和服务支撑；新业务洽谈；加盟网点的业务培训；加盟金的收取核账、营业资金的清分核算、加盟网点代理酬金的制定、申报及核发;处理各类投诉和意见,协助解决便民服务站经营资质事项。

(七)11185客户服务中心管理

1.11185客服中心的管理模式

由于目前各省(区、市)邮政11185客服中心直属单位有省(区、市)电子商务局、地市公司和省(区、市)中邮速递物流公司三种不同情况,目前11185客服中心实行两级管理模式,即集团公司邮政业务局电子商务处和各省(区、市)11185客服中心直属单位管理。

2.11185客服中心的管理职责

集团公司邮政业务局电子商务处负责全国32个呼叫中心的管理工作。主要职责为:规划客服中心发展,制定客服中心服务规范及考核办法;定期通报全国各省客服中心运营情况及考核结果;完善系统功能,优化处理流程,做好对各邮政业务的服务支撑;检查监控全国报表数据,发现异常数据并及时分析处理,确保全国各客服中心稳定运行。

各省11185客服中心直属单位负责各省11185客服中心的日常运营管理工作。主要职责为:保证11185客服中心日常稳定运行,正常受理来话,处理工单流转及办结工作;根据省中心报表数据,每月定期分析本省11185客服中心运营情况;合理安排坐席人员排班,定期组织坐席人员业务培训、考核;监督监控受话过程中的突发事件;对重点客户按期回访,并妥善处理回访中客户反馈的各种意见。

(八)邮政业务网站管理

1.邮政业务网站的管理模式

邮政业务网站采取分专业、分部门的管理模式。由报刊发行局、函件处、包件处、电子商务处、集团信息技术局、集邮总公司分别管理相关业务。

2.邮政业务网站的管理职责

(1)集团公司邮政业务局电子商务处负责网站的日常管理工作,主要职责:

①制定网站总体发展规划;

②协调组织集团公司各专业管理部门制定网站相关业务发展规划;

③指导各省邮政公司发展网站电子商务相关业务;

④制定网站总体营销推广策划方案。

(2)集团公司专业管理部门负责相关业务的处理工作,主要职责:

①制定本专业网站业务管理办法;

②提供本专业网站业务相关资料并对网站专业资料进行审核;

③做好本专业全国性业务上线组织管理及区域性业务上线审批工作;

④协调各省邮政公司做好本专业网站业务订单的落地实施工作;

⑤提出本专业网站业务变更建设需求;

⑥配合中邮电子商务有限公司做好网站业务的运营管理协调工作;

⑦配合网站客服人员及时处理各类客户投诉、咨询、查询等工作；

⑧制定网站业务订单处理流程及实施方案。

(3)集团公司信息技术局负责网站开发建设、系统运行维护、信息技术安全等保障工作,主要职责：

①保障网站相关硬件设备正常运转；

②做好网站相关系统软件的日常维护升级工作；

③做好网站数据的安全保护及定期备份等工作；

④制定并落实网站应急管理技术方案；

⑤开发建设集团公司批准的网站新增或调整业务需求功能。

(4)中邮电子商务有限公司负责网站日常运营支撑工作,主要职责：

①网站页面更新、优化和运行维护等日常管理工作；

②定期定时测试网站各项业务功能,保证网站业务功能正常运转；

③网站相关公共栏目的日常信息发布及更新管理；

④分配并设置网站后台管理员账号及初始登陆口令,并做好登记与备案；

⑤根据集团公司营销策划方案,做好网站营销推广实施工作。

⑥做好网站订单的受理、跟踪及监控工作；

⑦做好网站业务资金的归集、结算、清分工作；

⑧受理网站收到的各类投诉、咨询、查询等问题,并协调集团公司相关业务管理部门及时进行答复。

⑨做好网站关键运营指标的统计分析工作。

阅读材料

邮政发展航空票务业务的SWOT分析

一、机会分析

(一)电子客票广泛推广给邮政带来发展契机

国际航空运输协会3年前开始启动无纸化“电子机票”计划,目前国际航线电子机票覆盖率达到37.1%。不久的将来,全球航空业将不再使用纸质机票。从2007年11月5日起,国际航空运输协会已停止向中国的机票代理人发放纸质国际机票,这意味着中国开始全面推行电子机票。目前国内航线电子机票的覆盖率已经超过99%,到今年年底,中国将成为世界上首个全部采用电子机票的国家。这一变革使得代理人市场面临着重新洗牌。由于没有出票地点的限制,可以在全国范围内联网销售,电子客票的广泛推广给邮政带来前所未有的发展契机。

(二)民航业保持快速发展势头给邮政带来更大发展空间

2006年我国民航运输实现了快速增长,全年累计运输旅客1.6亿人,增长15.4%。《2007年民航航业预测报告》预计,2007年旅客运输量达到1.8亿人次,2007年—2020年间,客运周转量年均增长率将达13.24%;未来14年中国航空货运周转量将年均增长13.23%,其中2007年—2010年为13.50%,2011年—2020年为13.12%,并且支线航班的密度将大大增加,发展空间巨大。

二、威胁分析

(一)航空公司在自建销售渠道

在国内电子客票销售如火如荼大规模推广的同时,航空公司也在悄然强化着自己的网络直销能力。例如,国航将大规模地提升现有网站的功能和运营水平,增加现有网站在线 Check - in 等服务功能,增加常旅客的服务产品,同时还将设置一个 200 人坐席的客户服务中心,用来开展直销业务。

(二)下调佣金成为行业趋势

航空公司为降低运营成本,纷纷削减代理费支出,机票代理人收益逐步降低。欧洲有 4 家航空公司联合下调佣金比例。

(三)电子客票推出邮政配送优势逐步弱化

虽然,在中国,由于信用体系还不很健全,多数机票支付通过线下进行,但随着电子客票的日益普及,在线支付将成为发展趋势。客户无须拿到纸质机票就可以通过电话、网站完成购票,甚至通过网站完成值机操作,行程单可以到机场领取或随后寄达。这样,邮政在配送方面的优势将逐步弱化。

三、优势分析

邮政网点覆盖城乡,贴近消费者;百年邮政,在老百姓心目中品牌信誉较好;拥有庞大的客户群体,客户名址数据库达 1.3 亿条;拥有一支素质过硬的营销团队;初步积累了发展航空票务业务的经验,与海航、南航建立了合作关系,为进一步做大规模奠定了坚实的基础。

四、劣势分析

(一)专业人员不足、整体素质有待提高

目前各省基本没有专门的票务管理机构,邮政票务业务人力配备薄弱,兼职情况十分普遍。航空票务销售专业性较强,需要懂航空运输知识、能够熟练操作航空售票系统的专业操作人员。尽管集团公司、各省公司组织了一些培训,但目前从业人员整体素质与在航空市场打拼多年的竞争对手相比还有较大差距。人员频繁流动性也在很大程度上影响了专业队伍素质的提高。

(二)没有统一的业务管理平台,业务可控性低

邮政与海航、南航合作,一些省与代理人合作,业务受理人员至少面对 3 套票务系统。邮政没有开发或引进统一的管理系统,业务发展及销售政策管理难度大,且网点、网站、短信等接入平台还没有有效整合起来。

(三)主动营销不够,制约了业务规模的扩大

在航空票务的推广中,营销队伍的作用没有得到充分的发挥,仍以被动营销为主,客户量少,维护不成体系。

(四)业务宣传不到位、票务代理知名度较低

邮政发展航空票务缺乏统一的、规模性的对外宣传,社会认知度较低,邮政票务服

务品牌的建立尚有一个过程。

(五)相关机制不到位,束缚业务发展

一方面,航空票务销售是邮政开办的一项新业务,在业务发展初期,需要制定一些激励政策来调动营销人员以及营业人员的业务推广积极性。另一方面,航空客票代理市场化程度高,要求建立灵活的、随行就市的客户维护、产品维护等机制。而目前我们这些机制还很不到位,不利于业务的快速发展。

思 考 题

1. 邮政电子商务业务的主要种类有哪些?
2. 邮政电子商务业务的市场定位是什么?
3. 邮政电子商务发展的具体措施是什么?

实践项目

1. 实地调查。选择一地、市电子商务公司进行实地调研,重点了解该公司经营邮政电子商务公司的种类、业务发展情况,写出调研报告。

2. 分组讨论。3 ~5 人一组,围绕自己掌握的知识,对邮政电子商务业务的开办前景、发展方向进行讨论并选择一名代表讲述本组观点。

第十章　邮政金融业务与管理

邮政金融业务与一般的商业银行金融业务相比有什么特点？传统的邮政汇兑业务是如何适应现代社会发展的需要，利用计算机与网络技术给自己插上信息化的翅膀？除了我们一般了解的邮政储汇业务，邮政企业还能够提供哪些便民的金融服务？邮政企业提供的这些金融服务在企业内部是如何运作的？各处理环节都有哪些相关规定？等等，这些内容都在本章进行介绍。

第一节　邮政金融业务的概念、分类与特点

一、邮政金融业务的概念

（一）概念

邮政金融业务是指邮政企业利用邮政基础设施面向居民个人提供的货币资金融通业务。

世界一些发达国家邮政企业经营的金融业务，主要有邮政储蓄、国内和国际汇兑、邮政划拨、简易人寿保险和年金等负债和结算业务以及存贷结合的小额抵押贷款等资产业务。

中国1898年即开办了邮政汇兑业务，1919年又开设了邮政储金业务，邮政办理金融业务在我国已有悠久的历史。

邮政企业经营金融业务，是以中国邮政良好的信誉为保证，充分利用网点分布广泛、网络资源丰富的优势，为居民提供快捷便利的金融服务。邮政金融业务既符合邮政为大众服务的经营定位，又提高了邮政企业的经营效益，成为邮政业的重要收入来源。

（二）邮政金融业务的经营模式

2007年3月20日，中国邮政储蓄银行有限责任公司在北京成立，注册资本200亿，成为我国第五大商业银行。中国邮政储蓄银行的市场定位是，充分依托和发挥网络优势，完善城乡金融服务功能，以零售业务和中间业务为主，为城市社区和广大农村地区居民提供基础金融服务，与其他商业银行形成互补关系，支持社会主义新农村建设。

中国邮政储蓄银行有限责任公司是由中国邮政集团公司以全资方式出资组建的。中国邮政集团公司和中国邮政储蓄银行充分发挥各自优势，在网络资源共享、产品交叉销售等方面开展合作，保证邮政企业和储蓄银行的稳定、协调发展。

在经营模式上，邮储银行采用的是“自营＋代理”的模式，其中自营网点主要办理全功能商业银行业务，而邮政代理网点则继续办理储蓄、汇兑等基础性金融业务。在邮储自营网点中，根据储蓄余额的归属和办理业务的差异又分成一类网点和二类网点

两种类型。到2011年6月底,邮储银行营业网点数量为37 175个,其中自营网点中,一类网点6 061个,占16.30%;二类网点13 690个,占36.83%;代理网点17 424个,占46.87%。

二、邮政金融业务的分类

金融业务按其资金来源及运用性质的不同,一般可分为负债业务、资产业务和中间业务。

1. 负债业务

负债业务是指形成资金来源的业务,包括各项存款、各种借款等。

2. 资产业务

资产业务是指将资金通过各种途径加以运用以取得收益的业务,包括贷款、证券投资等业务。

3. 中间业务

中间业务是指金融机构基本上不动用自己的资金,替客户办理支付及其他委托事宜而从中收取手续费的业务,包括结算业务、代理业务等。

现阶段,我国邮储银行办理的负债业务主要是本外币储蓄存款、公司存款等。资产业务表现为储蓄资金的各种运用方式,包括债券投资、大额协议存款、银团贷款、小额信贷、个人商务贷款、二手房贷款、综合消费贷款、小企业贷款等。中间业务包括传统的国内汇兑、国际汇兑、转账业务、银行卡业务、代理保险、代收代付,兑付凭证式国债业务,代理开放式基金、提供个人存款证明及保管箱服务等多种形式。

邮政代理金融业务包括代理储蓄、代理中间业务、代理汇兑、代理保险、代理开放式基金等。本教材主要介绍邮政代理网点重点经营的邮政储蓄业务和邮政汇兑业务。

三、邮政储汇业务的概念和分类

邮政储汇业务是利用邮政基础设施经营的邮政储蓄业务和中间业务的总称。

中国邮政储蓄银行目前经营的邮政储汇业务主要有:①人民币和外币储蓄存款业务;②国内和国际邮政汇兑业务;③绿卡业务;④代理发行和兑付国债业务;⑤代收付业务;⑥代理保险业务;⑦代理开放式基金业务等,详见图10-1。随着邮政储蓄银行的发展,今后邮政储汇业务的经营范围会逐步扩大。

四、邮政金融业务与其他银行金融机构的业务关系

邮政金融业务必须在一定的社会政治和经济环境中运行,因此,邮政金融机构必定与各级政府机关、各种银行和非银行金融机构以及广大城乡居民用户发生各种业务和交易往来。

(一)邮政金融机构与中国人民银行的关系

从世界各国看,中央银行属于国家管理金融业的最高行政机构。因此,邮政金融必须服从中国人民银行的业务指导和监督管理,同时还应把邮局的每个储汇业务服务台看作是人行调查、分析和监管金融市场、维护金融秩序的一扇窗口。

(二)邮政金融机构与政策性银行的关系

为完善我国金融组织体系,1994年开始建立了三家政策性银行。政策性银行经营

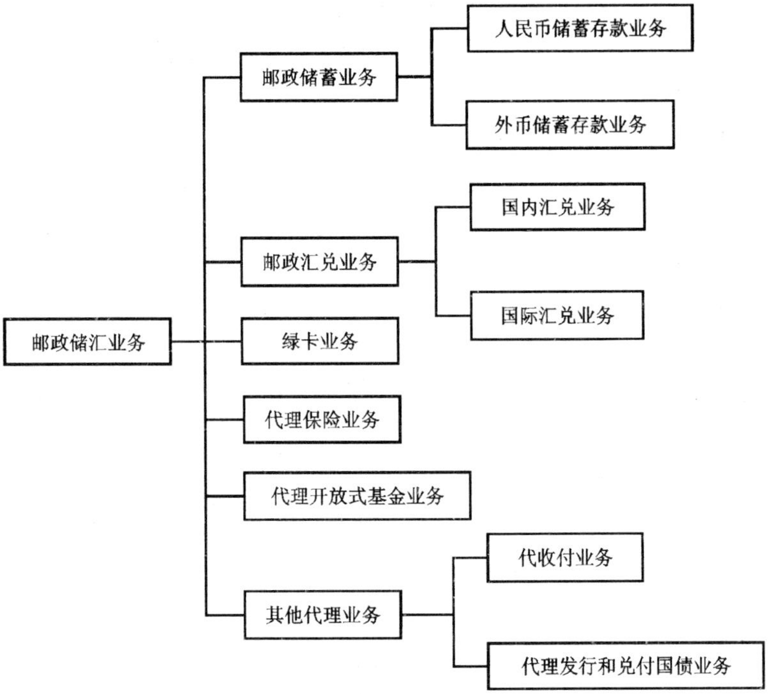

图 10-1 邮政储汇业务构成

政策性信贷业务，政策性信贷主要是为国家重点建设和按照国家产业政策重点扶植的行业及企业提供资金融通服务，利率上往往要给予优惠，贷款期限长，风险比较大。

政策性银行的资金来源有：国家财政每年核拨的资本金；向各金融机构发行的金融债券；向社会公众发行的国家建设债券；外国政府和国际金融机构的贷款或转贷款；中央银行贷款。

由于邮政储蓄存款的流动性比企业在商业银行存款的流动性要小得多，所以邮政储蓄存款余额，可用来购买政策性银行发行的金融债券，作为他们的信贷资金的稳定来源之一。但政策性银行具有非盈利和向外贷款周期长等经营特点，必须保证邮政储蓄资金的流动性和邮政金融企业的经济效益。

（三）邮政金融机构与商业银行的关系

商业银行是以吸收公众存款、发放贷款、办理汇兑结算业务且具有企业法人资格的信用机构。这里讲的商业银行包括国有商业银行、合作银行、外资银行、中外合资银行、外国银行在华分行和其他商业银行等。

商业银行是企业法人，所以它“以效益性、安全性、流动性为经营原则，实行自主经营，自担风险，自负盈亏，自我约束”；“依法开展业务，不受任何单位和个人的干涉”；并且“以其全部法人财产承担民事责任”。我国商业银行的负债业务，主要吸收的是企业存款和居民储蓄，另外有同业拆借（拆入资金），向中央银行办理的票据再贴现或借款，以及发行金融债券或到境外借款等；资产业务主要是商业性贷款，另外还有同业拆借(拆出资金)和(投资)购买政策性金融债券等。

《商业银行法》指明了邮政金融机构经营的储蓄和汇兑业务是属于商业银行的业务,其经营管理要按照《商业银行法》有关条款的要求去运作。因此,邮政金融与国有商业银行以及其他商业银行的关系是业务协作关系,同时,由于协作双方都讲究效益性,业务竞争是不可避免的。

五、我国邮政金融业务的特点

与邮务类业务、速递物流类业务相比,邮政储汇业务呈现出以下不同特点。

(一)业务性质不同

邮政企业经营的函件、包件属于通信和运输性质的业务,而邮政储蓄和汇兑等属于金融性质的业务。前者通过完成信息和实物的空间转移而实现其商品的使用价值(缩短空间和节约时间);后者的内容则是货币和信用这种特殊的商品(服务),邮政金融机构充当了货币收付和信用存贷的中介,执行了商业银行的职能。

(二)竞争性

《邮政法》第五条规定,国务院规定范围内的信件寄递业务,由邮政企业专营。而邮政储汇业务,属于金融业务,因此与其他金融机构间存在着市场竞争。

(三)对外依存和协作的单位不同

邮政通信利用交通线路和运输工具传递信件和物品,所以要依存交通运输企业提供的运输能力来实现其职能;而邮政储汇业务则是在中国人民银行和中国银行业监督管理委员会的业务指导和监管下,需要商业银行和非银行金融机构的支持与协作。

(四)效益性

邮政是企业,而又不同于一般企业,是具有社会性和公用性的公用企业,具有“服务”和“低利”两个基本特征。而邮政储汇业务是非专营业务,要在金融市场的竞争中求得生存和发展,具有利益的驱动力和自我约束力,追求盈利目标。

第二节　邮政储蓄业务

邮政储蓄是指个人把节余下来的或暂时不用的钱有条件地存入邮政储蓄机构的一种信用行为。目前,邮政企业可以办理人民币储蓄和美元的外币储蓄业务。

为向储户提供更好的服务,提高邮政储蓄竞争力,自 1994 年起,邮政储蓄建立起了联通全国大部分网点的邮政储蓄绿卡网络系统,实现了业务处理计算机化,提高了业务处理速度,提升了邮政储蓄的整体形象,促进了业务发展。经过二十多年的蓬勃发展,截至 2008 年底,全国邮政储蓄存款余额达到 20 800 亿元。邮政储蓄计算机实时处理网络联接全国 31 个省(自治区、直辖市)所有地市 2 000 多个县市。全行 ATM 机 20 922 台,已成为中国网点最多、网络覆盖面最广的金融机构。

邮政储蓄业务的作用主要有:第一,利用邮政部门的网络优势,方便群众存取款;第二,集聚社会闲散资金,支援国家建设;第三,增加邮政部门的收入。

一、邮政储蓄业务与银行的关系

（一）组织管理方面

邮政储蓄业务受中国邮政集团公司统一领导，在业务上接受中国人民银行的指导，贯彻国家统一的金融方针政策，执行国家统一规定的利率。

（二）资金转存方面

1986 年邮政储蓄业务恢复开办。在 1986 至 1989 年期间，邮政储蓄一直属于代办性质，即邮政储蓄将储蓄余额全部缴存人民银行，按月累计日平均余额的 2.2‰向人民银行收取手续费。

1990 年 1 月 1 日，邮政储蓄由代办改为自办，即由原来缴存存款的业务关系改为转存存款的业务关系。邮政部门将储蓄余额全部转存人民银行，由人民银行支付邮政储蓄转存款利息。人民银行支付邮政部门的转存款利息高于邮政部门支付储户的利息，邮政储蓄以收支利息差（即利差）作为经营收入。

1990 年 1 月 1 日至 1996 年 4 月 30 日，邮政储蓄部门在人民银行开设活期存款帐户和长期存款帐户。储蓄资金的 90% 存入长期存款帐户，10% 存入活期存款帐户。

1996 年 5 月 1 日至 1997 年 12 月 20 日，转存款比例有所调整，储蓄资金的 80% 存入长期存款帐户，活期存款帐户的余额、在途资金和备用现金总和为 20%。

1997 年 12 月 20 日至 2003 年 7 月 31 日，邮政储蓄部门在人民银行开设一个帐户，邮政储蓄资金合理留备用金后全部转存人行。

2003 年 8 月 1 日至现在，中国人民银行规定邮政储蓄新增存款转存人民银行部分按照金融机构准备金利率计付利息。以 2003 年 8 月 1 日为界，邮政储蓄在央行的原有存款在 2003 年 8 月 1 日前维持现行政策不变，仍按目前 4.131% 的转存款利率付息，同时邮政储蓄新增存款由邮政储蓄机构自主运用。自 2003 年 8 月 1 日起，邮政储蓄在中央银行的原存款分 5 年逐步转出：第一年为 10%；第二年为 15%；第三年为 20%；第四年为 25%；第五年为 30%，未转出部分仍按当前转存款利率付息。

随着逐步减少向中央银行转存款，邮政部门将更多地自主运用资金，提高邮储资金使用效率。邮政储蓄资金自主运用后，允许邮政储蓄参与银行间市场债券买卖；办理中资银行、农村信用社大额协议存款；与政策性银行合作，开展部分中间业务；开办农村地区小额质押代款业务试点。自 2003 年 8 月 1 日起，经批准，允许邮政储蓄在原有业务基础上，逐步开展基金投资、个人质押代款、同业拆借、外汇存款、票据、对公结算等业务，扩大经营范围等等。

二、邮政储蓄业务的服务对象和业务种类

（一）邮政储蓄业务的服务对象

邮政储蓄的服务对象是群众个人，受理个人人民币和外币的存款。用户除到邮政储蓄营业网点办理业务外，还可以通过计算机网络等实现电子化接入，方式有电话银行、网上银行、自助银行、手机银行、ATM 自主取款机、CDM 自动存款机、POS 消费终端、自动终端等。

(二)邮政储蓄业务的业务种类

包括人民币储蓄存款业务和外币储蓄存款业务两类。

1. 人民币储蓄存款业务

邮政储蓄开办的人民币存款包括活期储蓄、定期储蓄、定活两便、通知存款四项基本业务。定期储蓄又分为整存整取、零存整取、存本取息、定额定期和整存零取五种。活期储蓄分为活期本地存取和活期异地存取两种形式。除了基本业务之外,根据社会的需要,还开办了一些拓展性的业务,如一本通、代理业务、银证转账、银联卡、一卡通、转账通、网上支付等。

1)活期储蓄存款

活期储蓄是指随时可存入、随时可支取的一种储蓄业务。其特点是受众面广、存取频繁、利率低。活期储蓄储户凭银行卡或存折,按规定业务流程,通过柜面或银行自助设备随时存取现金的服务。

2)定期储蓄存款

定期储蓄存款是指储户在存款时约定存期,一次或分次存入款项,到期一次或分笔支取本金和利息的储蓄方式。其特点是存期长、金额大、利率高、存款稳定,管理相对简单。定期储蓄又分为整存整取、零存整取、存本取息、整存零取和定额定期五种。

(1)整存整取定期储蓄。在储户开户时约定存期(即存款期限),一次性存入本金(在储蓄机构存放的原本金额),到期一次性支取本金和利息的一种定期储蓄。

(2)零存整取定期储蓄。在开户时由客户选定存期,由储蓄机构开具零存整取存折作为交易凭证,客户在存期内按月存入固定金额,到期一次支取本息的一种定期储蓄。

(3)存本取息定期储蓄。是指一次存入本金、分期均等支取利息、到期一次性支取本金的定期储蓄。

(4)整存零取定期储蓄。是指一次存入本金、分期支取固定本金、到期清户时支取利息的一种定期储蓄。

(5)定额定期储蓄。面额固定、存期固定的存单式定期储蓄。

3)定活两便储蓄

定活两便储蓄是指储户在存款时不确定存期,储户可随时支取,利率根据实际存期长短而变动的一种介于定期与活期之间的储蓄。定活两便分固定定活两便和不固定定活两便两种。

4)通知存款业务

通知存款是指客户开户一次存入本金,约定品种,由邮政储蓄机构出具通知存款存单作为交易凭证,客户根据需要凭存单约定支取日期和金额,再支取其储蓄存款的一种储蓄存款种类。当客户拥有大量现金,短期内暂无使用目的,为确保资金安全,同时也为取得较高收益,可选择使用通知存款这个储种。

2. 外币储蓄存款业务

邮政外币储蓄存款基本业务包括活期储蓄、定期储蓄、协议储蓄、个人存款证明、个人外币携带证等业务。

三、邮政储蓄业务的基本规定

(一)储蓄实名制

从2000年4月1日起,我国个人存款账户实行储蓄实名制。个人存款账户实名制,是指个人在金融机构开立存款账户办理储蓄存款时,应当出示本人法定身份证件,使用身份证件上的姓名,金融机构要按照规定进行核对,并登记身份证件上的姓名和号码,以确定储户对开立账户上的存款享有所有权的一项制度。实行储蓄实名制的目的是为了保证个人存款账户的真实性,保护存款人的合法权益,使储户在挂失或定期存款提前支取时可顺利办理,减少并有效处理存单纠纷。

(二)邮政储蓄基本业务处理

1. 活期储蓄

人民币个人活期存款账户开户起存金额为1元,开户后可随时存取,取款后账户的留存金额可为零。活期存款按季结息,每季末月20日为结息日,按结息日中国人民银行挂牌活期利率计息。利息次日并入本金起息。未到结息日清户时,按清户日中国人民银行挂牌公告的活期利率计息到清户前一日止。活期存款账户正常清户时,客户应交回活期存折或绿卡。活期存款账户为卡折合一户时,须同时交回活期存折与绿卡。签订中间业务协议的活期存款账户清户前,须撤销中间业务协议。

2. 定期储蓄

(1)整存整取定期储蓄。整存整取储蓄存款要求客户50元起存,多存不限;存期分为三个月、半年、一年、二年、三年和五年。存款的期限按存入日为准,存入日在到期月份没有对应日期的,以到期月份的月末日为到期日;存入日在到期月份有对应日期的,以到期月对应日为到期日。整存整取定期储蓄存款(包括转存后)可多次(至多5次)办理部分提前支取。部分提前支取后剩余部分资金不得低于50元。剩余部分资金按开户局重新生成新账号,起息日为原起息日。

(2)零存整取定期储蓄。零存整取5元起存,多存不限,存期分一年、三年、五年,要求客户每月存入金额固定。客户在存款中途如有漏存,应在次月补存时,将本月应存和本月补存一次办理;未补存者,视同违约。违约后存入的部分按活期计息。客户在办理续存时,若账户已违约,应提示客户违约情况,根据其意愿确定是否继续续存。

(3)存本取息定期储蓄。存本取息5 000元起存,多存不限;存期分为一年、三年、五年,支取利息分每一个月、三个月、半年、一年一次,由客户开户时约定。

(4)整存零取定期储蓄。整存零取1 000起存,多存不限;存期分一年、三年、五年,支取本金可分一个月、三个月、半年一次,由客户开户时约定。利息于期满结清时支取。未到约定支取期,客户可以提前支取固定本金一次,以后停取一次。

(5)定额定期储蓄。定额定期存单有100元、200元、500元、1 000元等多种面额,存期为一年。定额定期不能约定转存也不自动转存。定额定期单张存单不办理部分提前支取。凭全部或部分存单可以到期支取,也可提前支取,提前支取凭存单和实名证件。

3. 定活两便储蓄

不固定定活两便50元起存，多存不限。固定定活两便分为100元、200元、500元、1 000元等多种面额。客户一旦选择使用该储种，则在以后的存期中定活两便存单不可部分支取，只能一次性结清该定活两便账户。

4. 通知存款业务

通知存款5万元起存，一次性存入本金，单笔存款最高金额为500万元(含)，当存款金额超过500万元以上的，需分笔开户。此储种可由客户确定一次或分次支取，但最低支取金额为5万元。

通知存款分一天通知和七天通知两个品种，供客户开户时选择。通知存款如若需要部分支取，留存部分高于最低起存金额的，需重新开立通知存款新账户，从原开户日计算存期；留存部分低于起存金额的予以清户，按清户日挂牌公告的活期存款利率计息，或根据存款人意愿转为其他存款。

2008年1月12日以后开户的个人通知存款提供自动转存服务，以一天或七天(一天通知存款为一天，七天通知存款为七天)为一个存款周期转存通知存款，每存满一天或七天储蓄业务处理系统自动进行一次结息，次日将本息和(扣除利息税)自动转入下一个存款周期复利计息。

2011年7月7日起执行的人民币利率见表10－1。

表10－1　现行的人民币利率表

种类	活期存款(%)	定期存款(%)								
		整存整取						零存整取、整存零取、存本取息		
		三个月	半年	一年	二年	三年	五年	一年	三年	五年
利率	0.50	3.10	3.30	3.50	4.40	5.00	5.50	3.10	3.30	3.50

注：1. 零存整取、整存零取、存本取息利率相同；
2. 定活两便储蓄存款按一年内定期整存整取同档次利率打六折执行；
3. 通知存款利率：一天0.95%；七天1.49%。

(三)邮政储蓄特殊业务处理

1. 挂失规定

挂失是客户遗失存单、存折、绿卡、挂失申请书等凭证，或遗忘密码、丢失预留印鉴时，向邮政储蓄机构提出申请，邮政储蓄机构根据客户的挂失请求，在一定的期限内对客户账户进行止付的处理。

(1)客户办理挂失业务时，需填写“挂失申请书”，在挂失申请书上详细注明地址和电话等信息，普通柜员根据客户账/卡号或有效实名证件查询客户信息，与客户挂失时填写的地址和电话进行核对。若不符应问明原因，在挂失申请书上手工注明。

(2)邮政储蓄机构对客户挂失时提供的账户信息和账户对应的有效实名证件详细核对相符无误后，在客户确认其账户资金余额后，可以办理挂失。由代理人代为办理挂失的,除核对账户对应的有效实名证件外,还需提供代理人有效实名证件,在挂失申请书上注明代理人的有关证件内容。对长期不动户,发现挂失人提供的证件可疑时,应与发证机关或存款人进行核对,无误后方可办理。

(3)账户余额在5万元(含)以上的正式挂失为大额挂失。大额挂失和同时办理凭证密印双挂失的需双人经办,大额挂失由综合柜员授权,凭证密印双挂失经综合柜员核对后由支行(局)长授权。

(4)凭证或密码挂失后即时生效,其对应的账户同时止付,挂失期间,禁止办理该账户所有支取类交易(扣划和已签有协议的自动扣款除外)。

2. 查询规定

查询指客户、有权机关或中国邮政储蓄银行内部对系统内的某一存款账户或已清户账户的相关信息的调阅和查看,以及营业网点和各级管理信息的查询,分为客户查询、司法查询(协助查询)、内部查询和信息查询。这里主要介绍客户查询的要求:

客户查询指中国邮政储蓄银行根据客户要求,在客户授权下将其本人存款账户的基本情况、交易明细等资料提供给客户查阅的行为。客户查询的要求如下:

(1)有密户在网点办理查询时,客户持存款凭证的,输入密码办理;未持存款凭证的,应由客户本人提供账号/卡号和有效实名证件,输入密码办理;账户已清户的,应由客户本人提供账号/卡号和有效实名证件办理。

(2)无密户办理查询时,由客户本人持存款凭证和有效实名证件在开户网点办理,需综合柜员授权。印鉴户由客户持存款凭证和印鉴在开户网点办理,需综合柜员授权;未持存款凭证的,应由本人提供账号、有效实名证件、印鉴在开户网点办理,需综合柜员授权。

储蓄机构及其工作人员对客户的账户情况负有保密责任。储蓄机构除客户本人外,不得代任何单位和个人查询储蓄存款,国家法律、行政法规另有规定的除外。

3. 止付交易规定

止付交易指因普通柜员操作错误造成客户分户账余额有误且未能及时纠正错误或由于急付款等原因而采取的一种将客户账户内全部资金或部分资金暂时锁定的一种交易。止付包括账户止付和限额止付两种。止付交易有如下规定。

(1)止付交易只能因银行内部差错、急付款而办理,柜员不得应客户的要求办理止付交易。特殊情况下要求办理止付的,需通过法律主管部门审核。

(2)账户止付在开户方省中心或开户网点办理。限额止付可在开户网点、开户方省中心、交易受理网点、交易方省中心办理。办理止付时,须支行(局)长或部门主管授权,并填写“止付通知单”。账户止付未解止付前不能再次办理账户止付,限额止付不限定次数。

(3)止付后系统自动生成止付号,解止付时需输入相应的止付号。办理限额止付时,可以输入解止付日期,到达解止付日期日终时系统自动解止付;也可不限定解止付日期,不限定解止付日期的只能办理人工解止付。在自动解止付前可提前办理解止付手续。

(4)账户止付不予自动解止付。人工解止付只能在原止付交易发生机构进行,须支行(局)长或部门主管授权,并填写“解止付通知单”。对于存在账务差错而办理止付的账户,在相关差错处理全部完成后,应立即办理解止付。

4. 取消规定

取消交易是指普通柜员处理窗口账务性业务(转账交易除外)或开户时输入账户信息(包括客户姓名、存款期限和起息日等)出现差错,在客户账户尚未发生其他账务类交易的前提下,经客户在柜台进行授权后将该笔交易全额取消,把账户余额等信息恢复为差错交易执行前的状态的一种修正交易。取消交易必须经客户授权,其中有密户必须凭客户密码授权。取消交易业务规定如下。

(1)取消交易只能为纠正普通柜员操作出现差错而办理,除前述原因之外,普通柜员不得应客户要求办理取消交易。

(2)被取消的交易应为该账户当日所做的最后一笔成功的账务性交易。

(3)取消交易只能在原交易受理网点由办理该笔交易的普通柜员办理。

(4)转账交易金额输入错误不能办理取消交易,只能办理冲正交易。

(5)每笔交易只能办理一次成功的取消,因取消交易操作错误而导致取消交易有误且可能造成资金风险的,要对该账户办理限额止付,并于次日采用相应处理。

(6)对取消交易、被取消交易、冲正交易、被冲正交易不可办理取消交易。

(7)取消交易生成未登折项或对账单明细。取消交易分别登记“特殊账务性交易登记簿”、“柜员差错登记簿”。

5. 冲正交易

冲正交易是指柜员或自助设备处理账务性业务处理出现差错,在客户已离开的情况下,对该笔差错交易进行处理,把账户余额修改为正确金额的一种修正交易。其业务规定如下。

(1)冲正交易只能为纠正柜员操作或自助设备出现差错而办理,不得应客户要求办理冲正交易。

(2)冲正交易只能在原交易受理网点办理。办理时须经支行(局)长授权,并填写“中国邮政储蓄银行修改分户账通知单”。

(3)普通柜员发现差错后可以在差错交易发生日当天办理冲正,也可以在以后发现差错时办理冲正交易。但冲正交易必须自差错交易发生日起31天(含)内办理,超过31天有效期的只能对该交易进行其他处理。

(4)发现差错交易后,应及时与客户联系,告知差错情况和处理措施。无法联系上客户时,对于差错交易发生时的情况有监控录像的,应延长此监控录像保存时间,以利于与客户发生纠纷时取证。保存时间各省可自定,原则上至少应保存到此客户再次到柜台办理业务后,寄送对账单的,至少寄送过两次账单后。

(5)每笔交易只能办理一次成功的冲正交易,因冲正交易操作错误而导致冲正交易有误且可能造成资金风险的,要对该账户办理限额止付,并于次日采取其他处理。

(6)对取消交易、被取消交易、冲正交易、被冲正交易不可办理冲正交易。账户清户后不能再做冲正交易。

(7)冲正交易生成未登折项或对账单明细。

(8)涉及现金类的冲正交易应根据原差错交易先做长短款挂账处理。

(9)若原账户余额不足冲正,须办理账户限额止付,不足部分暂挂账。

6. 账户信息修改

账户信息修改是指在客户已离开邮政储蓄网点后发现由于普通柜员操作失误造成客户姓名、存款期限、通知存款品种、支票类存款起息日等要素输入有误,经与客户联系后修改错误信息的一种修正交易。其相关规定如下。

(1)账户信息的修改只能为纠正普通柜员操作出现差错而办理,普通柜员不得应客户要求办理账户信息修改。

(2)发现账户信息差错后,网点应立即与客户取得联系,客户姓名、支票类存款起息日输入错误的,应要求客户尽快带原凭证到开户网点办理账户信息修改。存款期限和通知存款品种输入错误的,应与客户协商后决定是否修改账户信息,客户认可当前账户信息的,不对当前账户信息进行修改,并将情况手工记录在凭单的背面;客户不认可当前账户信息的,应要求客户尽快带原凭证到开户网点办理账户信息修改。

(3)账户信息修改时必须调取交易原始凭证,并经综合柜员授权,填写"中国邮政储蓄修改分户账通知单",修改完毕将原交易凭证的复印件与修改分户账通知单一同保存。普通柜员在客户的存单上红笔划销错误信息,手工注明正确信息,并加盖名章。存折姓名错误的必须换发新折。

(4)未与客户联系上的,暂不办理账户信息的修改。当客户再次办理业务时对该账户有关信息产生异议的,按照保护客户经济利益的原则采取相应处理。

(5)修改账户存期交易只能在开户后三个月内办理。改起息日交易只能在自动转存或约定转存前办理,存本取息已经取息、整存零取和通知存款已经取款的,不能办理。

7. 密码维护

密码维护指邮政储蓄网点根据客户的申请,为相关账户加办、变更、撤销密码的交易。其相关规定如下。

(1)客户在网点申请维护账户密码时,应填写"密码申请书",并根据要求提供相关账户对应的本人实名证件和凭证。客户维护密码时必须是本人办理。

(2)加办密码由客户凭有效实名证件、存折/单在县(市)内任一联网网点办理。变更密码由客户凭有效实名证件、存折/单、绿卡和原密码在该账户通存通取范围内任一联网网点办理。撤销密码由客户凭有效实名证件、存折/单和原密码在该账户通存通取范围内任一联网网点办理。

(3)绿卡及绿卡对应的存折不能撤销密码。

（4）账户撤销密码后，该账户的存款交易和加办密码交易可在县（市）内任一联网网点办理，其余交易只能在开户网点办理。

8. 协助冻结、扣划

协助冻结是指中国邮政储蓄银行依照法律的规定以及有权机关冻结的要求，在一定时期内禁止个人提取其存款账户内的全部或部分存款的行为。协助冻结分为账户冻结和账户部分冻结。账户冻结是将客户分户账进行全额锁定，账户冻结期间客户不得办理任何使分户账余额减少的业务，同时也不得办理存款证明等业务；账户部分冻结的，其被冻结余额不得办理任何账务类交易。

协助扣划是指中国邮政储蓄银行依照法律规定以及有权机关扣划的要求，将个人存款账户内的全部或部分存款资金划拨到指定账户的行为。协助扣划分为全额扣划（等同扣划清户）和部分扣划，按规定计付利息或不计利息。

第三节　邮政汇兑业务

邮政汇兑业务是汇款人委托邮政企业把款项汇往异地收款人的一种个人资金结算业务。邮政汇兑业务是邮政企业利用点多面广的优势，为沟通人民群众异地经济往来而开办的一项金融业务。

邮政汇兑业务在实际运作中一直延续手工操作、事后清算的模式。这种业务处理模式和资金清算调拨体制已经不能适应经济发展和居民对金融服务的需要，因此，2001 年中国邮政推出了邮政电子汇兑业务。

我国邮政电子汇兑系统是以邮政综合网为支撑，以邮政基层联网网点为基础，在全国范围内建立的集国内、国际汇兑业务处理、资金清算和会计核算为一体的计算机系统。目前，中国邮政汇款网络是全国最大的个人汇款网络。全国已完成了覆盖所有市县的邮政电子汇兑系统骨干网络建设，建成了联接 31 个省（自治区、直辖市）、2468 个县市、3.1 万个联网网点的邮政电子汇兑计算机处理系统。遍布城乡的 4.4 万个汇兑网点（包括 3.1 万个联网网点），均可办理邮政汇兑业务。

一、邮政汇兑业务的业务范围

邮政汇兑业务主要办理居民个人的汇款。具体业务范围包括：

（1）个人汇出的汇款；

（2）机关、部队、企业、事业、团体和乡镇等一切国家和集体单位交邮局汇给个人不属于采购性质的汇款，如职工工资、退休金、福利费和差旅费等；

（3）邮政公事汇款。

二、邮政汇兑业务分类及特点

中国邮政汇款网络是全国最大的个人汇款网络。目前，全国已完成了覆盖所有市县的邮政电子汇兑系统骨干网络建设。以邮政电子汇兑系统为平台，目前中国邮政开通了按址汇款、密码汇款、入账汇款、网上支付汇款和商务汇款五种电子汇兑基本业务。在此基础上，中国邮政汇款为百姓量身提供了汇款附言、投单回执、手机短信通知服务、商务汇款兑付明细清单等贴心服务。

(一)邮政汇兑业务的分类

1. 基本业务

(1)按址汇款。客户办理的汇往某一指定地址的汇款业务,收款人凭取款通知单和有效证件到全国任一联网网点取款。

(2)密码汇款。客户办理的预留取款密码的汇款业务。汇款成功后,由汇款人自行将汇票号码、汇款金额及取款密码等信息通知收款人,收款人凭以上信息和有效身份证件在全国任一联网网点取款。

(3)入账汇款。入账汇款是指将汇款金额自动转入收款人账户中的汇款业务。按照收款人账户性质不同,入账汇款分为个人账户入账汇款和对公账户入账汇款。

(4)网上支付汇款。网上支付汇款是利用邮政网络、网点的优势开发的一种向互联网客户提供网上支付服务的产品,实现非账户的网上支付功能。网上支付汇款包括网汇通汇款、网汇 e 汇款、网汇通卡和礼仪卡。

网汇通汇款:是指客户在联网网点办理的直接将款项汇入客户指定的网汇通账户号的业务。

网汇 e 汇款:是指客户在联网网点办理的网汇 e 汇款业务。汇款成功后,客户凭汇票号码和密码在签约网站(支付宝)进行全额充值,也可凭收款人有效实名证件、汇票号码和密码在全国任一联网网点办理取款。

网汇通普通卡/礼仪卡:是指由邮政印制并通过营业网点销售的,可在网汇通系统进行充值、消费,也可在前台兑付的一种重要凭证。礼仪卡是指由邮政印制并通过营业网点销售的,可在网上进行充值或消费,也可在营业网点全额兑付现金的一种重要凭证。

(5)商务汇款。商务汇款是指借助汇兑系统优势,为企业、事业、机关、部队和社会团体等单位提供资金结算服务的业务。

2. 附加业务

邮政汇兑的附加业务包括回执和附言。回执包括短信回执、投单回执、回执清单。

按址汇款可以附加投单回执、短信回音、短信寄出通知、短信兑付通知和附言,附言有固定附言可供用户选择。入账汇款、密码汇款只能附加短信回音、短信寄出通知、短信兑付通知。

3. 特殊业务

邮政汇兑的特殊业务包括查询、改汇、退汇、挂失、止付/解止付、入账限额止付/解止付、冻结/解冻结、扣划。

(二)邮政汇兑业务的特点

(1)网络覆盖全国。邮政拥有众多网点,而且分布合理,随时随地都可以办理。

(2)汇款方式简单。在办理邮政汇款时,只需提供收款人邮编、地址或者邮政储蓄结算账号、单位账号即可办理。

(3)收款便捷快速。已经实现了全国任一邮政汇兑联网网点实时通兑。

(4)汇款手段多样。提供了多种汇款方式供用户选择使用,包括现金到现金、现金到账户、账户到现金、账户到账户。

三、邮政汇兑业务基本规定

(一)汇兑业务的汇款方式

客户可持现金或有效存款凭证(指活期存折、储蓄卡、信用卡、支票等)到邮政网点办理以下四种交易方式的汇款。

1. 现金到现金

指以现金收汇,兑付时直接支取现金。

2. 现金到账户

指现金收汇,兑付时直接转入汇款人指定存款账户。

3. 账户到现金

指收汇时从汇款人指定账户划账,兑付时直接支取现金。

4. 账户到账户

指收汇时从汇款人指定账户划账,兑付时直接转入汇款人指定存款账户。

(二)汇兑基本业务处理

1. 按址汇款

按址汇款可以单笔办理收汇,也可以通过商户批量办理收汇。批量办理收汇包括一对多按址汇款和多对多按址汇款,只有联网网点方能办理批量收汇业务。

2. 密码汇款

密码汇款只能在联网网点办理。密码汇款不需要收款人邮编、地址的信息,由汇款人输入取款密码,两次输入必须一致,其他同按址汇款的操作处理。密码汇款全国通兑,客户凭"中国邮政储蓄银行汇款取款凭单"、预留的取款密码和收款人(含代领人)有效身份证件办理。

3. 入账汇款

入账汇款只能在汇兑联网网点办理。

个人账户入账汇款的收款账户必须是有效的中国邮政储蓄银行人民币活期储蓄结算账户(活期存折或借记卡);客户必须提供正确的收款人姓名和账号,只有在收款人姓名和账号与系统信息完全一致时方能入账。如汇入账户状态为账户不存在、账户已清户或账户已没收,汇入卡号为卡挂失、卡没收或卡销毁时,汇款无法入账。

单位账户入账汇款的收款账户必须是在中国邮政储蓄银行开立的公司业务账户。客户必须提供收款单位账户名称(全称)和账号,只有收款单位名称与其所开立的公司账户名称、账号完全一致时方能入账。

4. 网上支付汇款

(1)网汇通汇款可以单笔办理,也可以通过商务汇款批量办理。单笔办理时,客户必须填写"中国邮政储蓄银行网上支付汇款单",柜员审核后输入汇户号、汇款金额(两遍)、附言,其他同按址汇款处理。

(2)网汇e汇款。客户必须填写"中国邮政储蓄银行网上支付汇款单",柜员审核后输入收款人姓名、汇款金额(两遍)、汇款人邮编、汇款人姓名、地址或电话,客户输入取款密码,其他同按址汇款处理。

(3)网汇通卡、礼仪卡可以单张销售,也可以批量销售。客户不需要填写单式,柜员根据客户告知的卡种类、卡金额,选择售卡类型(网汇通卡、礼仪卡),选择汇款方式(现金、账户、支票),输入起止凭证印刷号、单卡金额两遍。该凭证不记名、不挂失,收取汇费,一经售出不得退换。

5. 商务汇款

商务汇款分为收汇和兑付两大类,即商户汇出和向商户汇款。收汇是指将单位汇款人一次性交汇的资金集中汇往其指定的多个收款人的结算服务。兑付是指将不同汇款人汇来的资金,集中兑付给同一单位收款人的结算服务。

(三)汇兑特殊业务处理

1. 查询

查询指客户、有权机关或汇兑业务机构内部人员对系统内的某一汇款的相关信息的调阅和查看,以及各级管理信息的查询,分为客户查询、协助查询和内部查询。这里主要介绍客户查询。

客户查询指汇兑业务机构根据客户要求,将客户汇款信息、兑付信息等交易明细提供给客户查阅的行为。

客户凭汇款收据或汇票号码、本人有效实名证件可在全国汇兑网点查询。联网网点查询结果应现场提供。手工网点收汇必须在原汇款网点查询,查询结果由一级支行(县市机构)事后提供。代理查询的需提供汇款收据,以及代理人和被代理人的有效实名证件;不受理客户提出的调阅原始单据的查询,可向客户提供该原始单据的复印件。对于超过一年的查询,由客户提出申请,登记客户有效实名证件信息,并约定联系方式,事后提供查询结果。

2. 改汇

汇款人办理按址汇款和密码汇款后,如需更改收款人姓名或收款人地址(含邮编)的,在汇款为正常待兑状态下,可以申请办理改汇。改汇时汇款人需要填写《特殊业务事项申请书》。

联网网点收汇的汇款,客户凭收据和有效身份证件可在原收汇省中心内任意联网网点办理改汇。委托他人代理的需出示代理人和被代理人的有效身份证件。柜员受理改汇业务时,对客户只改其中一项时需综合柜员授权;同时改收款人姓名和收款人地址的需支行(局)长授权。

客户申请改汇的汇票为汇往非联网网点的汇票时,须待非联网网点作相应的改汇应答处理;只有非联网网点改汇应答成功,汇款人改汇才成功。

3. 退汇

(1)客户申请退汇

汇款人办理汇款后,如有需要撤回汇款的,填写《特殊业务事项申请书》,在汇款为待兑状态下可以办理申请退汇。待兑的密码汇款和在有效兑付期内待兑的按址汇款均可申请退汇,其他种类的汇款均不受理退汇业务。

联网网点收汇的汇款,客户凭收据和本人有效身份证件可在原收汇省中心内任意联网网点申请退汇。委托他人代理的需出示代理人和被代理人的有效身份证件。按址汇款退汇后,客户凭退汇的"中国邮政储蓄银行汇兑取款通知单"办理退汇兑付。待兑的密码汇款凭原预留密码直接办理退汇兑付。客户申请退汇的汇票为汇往非联网网点的汇票时,须待非联网网点作相应的退汇应答处理;只有非联网网点退汇应答成功,汇款人退汇才成功。

(2)无法兑付退汇

按址汇款遇收款人拒收、地址不详或原址查无此人等特殊情况无法正常兑付时,兑付机构应主动在汇兑业务处理系统中办理无法兑付退汇,并据实输入无法兑付退汇原因,将汇款退回给原汇款人,打印中国邮政储蓄通用凭证,日终随无法投递的取款通知单一并上缴事后监督部门。

(3)逾期退汇

汇款有效兑付期满,收款人仍未领取汇款的,汇兑业务处理系统于兑付到期日日终将汇款退回给原汇款人。密码汇款逾期退汇后,客户可凭原预留密码直接办理退汇兑付;按址汇款逾期退汇后,客户应凭退汇的"中国邮政储蓄银行汇兑取款通知单"办理退汇兑付。

4. 挂失

客户丢失取款通知单或遗忘密码时,应办理挂失手续。挂失包括取款通知单挂失和密码挂失。待兑的按址汇款、密码汇款和网汇 e 汇款在有效兑付期内或无着上缴前均可申请挂失。其他种类的汇款均不受理挂失业务。

5. 冻结、扣划

汇兑业务机构接到有权机关协助冻结、扣划汇款通知书后,应立即处理,不得向被查询、冻结、扣划单位或个人通风报信,帮助隐匿或兑付转移汇款。

两个以上有权机关对同一单位或个人的同一笔汇款采取冻结或扣划措施时,汇兑业务机构应当协助最先送达协助冻结、扣划通知书的有权机关办理冻结、扣划手续。如有争议,应当按照有关争议机关协商后的意见办理。

第四节　邮政金融绿卡及代理业务

一、邮政绿卡业务

(一)银行卡

银行卡是商业银行向社会公开发行,具有消费信用、转账结算、存取现金等全部或部分功能，作为结算支付工具的各类卡的统称。是商业银行签发的允许信用良好者据以赊购商品和劳务的身份证明卡(信用凭证)。

银行卡通常用塑料磁性卡片制成。银行卡上印有持卡人姓名、号码、有效期等信息。银行卡业务是集结算和信贷两项基本功能为一体的一种业务。

随着商品经济的发展和金融电子化步伐的加快，银行卡与计算机技术紧密结合，使银行卡已远远超过了它本来的含义。持卡人不但可以凭卡购买商品、在加油站加油、支付旅馆账单等，而且可以据此转账、存款、取款。高级的银行卡，除了用作信用凭证、综合实现各种银行卡功能外，还可以有个人身份证明卡、病历档案、地铁月票等各种用途。

(二)邮政储蓄“绿卡”

邮政储蓄“绿卡”是银行卡的一种。“绿卡”储蓄卡是邮政部门向客户提供的一种多功能电子理财工具。绿卡除具有存款、取款、查询等基本功能外，持卡人还可以享受工资收入进账、缴纳费税及有关支付结算服务。储蓄卡先存后支，不能透支，申办时无需担保，存取安全方便。目前，邮政储蓄“绿卡”主要功能如下。

(1)储蓄存取款功能。通过邮政绿卡，可以在邮政储蓄的任一储蓄柜台办理各类储蓄业务。绿卡一折一卡对应，用户可凭存折在一地邮局存款，在另一地邮局取款，也可凭存折在一地邮局存款，凭卡在另一地邮局 ATM 机上取款，只要在全国绿卡联网城市范围内，折卡都可以分开使用。

(2)异地存取款功能。邮政绿卡用户可在任一绿卡联网网点(凭折)或 ATM(凭卡)办理人民币活期异地存取款业务。异地存取款仅按金额的 0.5% 收取手续费，存款手续费最低 2 元，最高 20 元，取款、转账手续费最低 2 元，最高 50 元。

(3)购物消费功能。邮政绿卡客户可在邮政储蓄特约商户和加入金卡工程的特约商户，如商场、酒店、宾馆等场所购物或消费，只凭邮政绿卡刷卡，无须支付现金或其他额外费用。

(4)电话银行功能。客户凭邮政绿卡的卡号和电话银行密码，拨通 11185 邮政特服电话，根据语音提示，即可进行查询持卡人账户余额、历史交易，也可办理修改电话银行密码、电话挂失、电话缴费等业务。

另外，邮政部门提供绿卡电话查询功能。客户到邮政储蓄柜台或在任何一部电话上拨通 11185 邮政特服电话，根据语音提示，可查询持卡人储蓄存款余额、历史交易等。

(三)邮政“绿卡”资费

邮政“绿卡”资费标准具体见表 10－2 所示。

表 10－2　邮政“绿卡”资费表

项目名称	收费处理	基准价格	说　明
年费	账户内扣	每年 10 元	省公司在不高于基准价格的基础上自定服务价格

续表

项目名称		收费处理	基准价格	说　明
工本费		外收现金	5 元	省公司在不高于基准价格的基础上自定服务价格
挂失手续费		外收现金	10 元	中国邮政储蓄银行规定服务价格
省内跨地（市）异地柜台	现金取款	账户内扣	交易金额的 5‰、最低 2 元、最高 50 元	凭绿卡和密码办理取款，省公司在不高于基准价格的基础上自定服务价格
	现金存款	账户内扣	交易金额的 5‰、最低 2 元、最高 20 元	凭绿卡办理存款，省公司在不高于基准价格的基础上自定服务价格
	账户转账	账户内扣	交易金额的 5‰、最低 2 元、最高 50 元	凭转出绿卡和密码办理转账，中国邮政储蓄银行规定服务价格
	现金转账	外收现金或账户内扣	交易金额的 5‰、最低 2 元、最高 50 元	用现金直接办理入账存款，中国邮政储蓄银行规定服务价格
跨省异地柜台	现金取款	账户内扣	交易金额的 5‰、最低 2 元、最高 50 元	凭绿卡和密码办理取款，中国邮政储蓄银行规定服务价格
	现金存款	账户内扣	交易金额的 5‰、最低 2 元、最高 20 元	凭绿卡办理存款，中国邮政储蓄银行规定服务价格
	账户转账	账户内扣	交易金额的 5‰、最低 2 元、最高 50 元	凭转出绿卡和密码办理转账，中国邮政储蓄银行规定服务价格
	现金转账	外收现金或账户内扣	交易金额的 5‰、最低 2 元、最高 50 元	用现金直接办理入账存款，中国邮政储蓄银行规定服务价格
省内异地 ATM 取现		账户内扣	交易金额的 5‰、最低 2 元、最高 50 元	省公司在不高于基准价格的基础上自定服务价格
跨省异地 ATM 取现		账户内扣	交易金额的 5‰、最低 2 元、最高 50 元	中国邮政储蓄银行规定服务价格
同城跨行 ATM 取现		账户内扣	2 元/笔	人民银行规定
省内异地跨行 ATM 取现		账户内扣	交易金额的 5‰ + 2 元/笔	省公司在不高于基准价格的基础上自定服务价格
跨省异地跨行 ATM 取现		账户内扣	交易金额的 5‰ + 2 元/笔	中国邮政储蓄银行规定服务价格
境外 ATM 取现		账户内扣	交易金额的 5‰ + 12 元/笔、最低 15 元、最高 62 元	中国邮政储蓄银行规定服务价格
境外 ATM 查询		账户内扣	4 元/笔	中国邮政储蓄银行规定服务价格

（四）“银联”卡

为促进银行卡联网通用、联合发展，进一步普及推广银行卡，方便广大持卡人的使用，经国务院批准，人民银行决定在符合统一业务规范和技术标准、联网通用的银行卡的指定位置加印“银联”字样的标识。

加印“银联”标识的银行卡，必须符合中国人民银行规定的统一业务规范和技术标准，并经中国人民银行批准。“银联”标识推出的目的是：为各种自动柜员机（ATM）和销售点终端机（POS）受理各商业银行发行的银行卡提供一种统一的识别标志，以便使不同银行发行的银行卡能够在带有“银联”标识的自动柜员机和销售点终端机上通用，为广大消费者提供方便、快捷、安全的金融服务。

"银联"标识卡的推行，将有利于我国商业银行发挥整体资源优势，通过联网联合，实现各行设备和网络资源的共享，为提高服务质量和竞争能力创造条件；有利于推动我国银行卡的产业化、市场化发展；有利于调动全社会的力量，共同营建银行卡业务发展的良好环境。

在国内创建统一的"银联"标识卡，并不是要取代各商业银行自己的银行卡品牌，如牡丹、金穗、长城、龙卡、太平洋卡、一卡通、邮政绿卡等，各行的品牌，对于各行根据各自特点和优势，发展持卡人市场、促进产品竞争、提高服务水平仍将发挥积极作用。而全国统一的"银联"标识，主要是为了发展国内银行卡受理市场、规范商业银行竞争、保障持卡人和特约商户的权益。因此，统一的"银联"标识与各行的品牌相互依存，相互促进，共同构建我国统一的银行卡市场。

目前银联卡已经走出国门，在二十多个国家的 POS 和四十多个国家的 ATM 上可以使用。2009 年 8 月 10 日，中国银联和财团法人联合信用卡处理中心（联卡中心）在台北隆重举行仪式，宣布银联卡台湾受理业务正式开通。

二、邮政金融代理业务

邮政金融代理业务，是邮政部门接受客户（法人或自然人）的委托，依托邮政和邮政金融网络优势，利用自身的经营能力和经营手段，按照委托代理协议代理委托人提供各种金融服务的经营行为，邮政金融代理业务包括代理和代收代付两大类业务，代理业务主要包括代理保险、代理基金、代理国债、代理彩票、代售 IC 卡等业务；代收代付业务主要包括代发工资、代发养老金、代收电信资费、代收公益事业费、代缴税金等业务，品种达数十种。

（一）代理业务

1. 代理保险业务

代理保险业务是指邮政部门接受保险公司的委托，利用遍布城乡的网络优势，在保险公司授予的代理权限内，代理保险公司销售保险产品，代理收取保险费、代理支付保险金等业务，为客户提供方便、快捷、全面的金融服务。

从 1988 年起邮政部门就开始代办保险。1999 年，正值中国保险市场大发展的时期，中国邮政在 4 月份于西安召开了首次全国代理保险业务工作会议，并下发了《加快发展邮政代理保险业务的指导意见》，全面恢复开办代理保险业务。2000 年，国家邮政局出台了《邮政金融代理保险业务管理办法（试行）》，明确了代理保险业务的业务流程、会计核算、资金清算等管理制度，促进了代理保险业务的规范发展。按照中国保监会的总体要求，各级邮政部门积极申办《保险兼业代理许可证》，鼓励从业人员考取《保险代理从业人员基本资格证书》，确保业务的合规经营，同时，积极搭建代理保险业务经营管理架构。2005 年 3 月中国邮政完成了代理保险计算机应用系统统一版本的推广应用，实现了代理保险业务的计算机标准化处理。邮政代理保险计算机应用系统已实现与中国人寿、太平洋人寿、泰康人寿、新华人寿、太平人寿、平安人寿等 6 家公司的实时联网，客户可以在联网网点直接拿到正式保险单，拓展了代理保险业务的种类，更好地满足了客户的多样化金融需求，显著提升了代理保险业务的服务质量和水平。

2006 年办理代利保险业务的网点达 3 万余处，保户达 591.5 万户，代收保险费 337.03 亿元，手续费收入达 7.885 亿元。

2. 代理基金业务

为适应城乡居民理财的需要，2006 年邮政金融机构在全国试点开办了代理开放式基金业务，2007 年 6 月 18 日在全国范围内正式开办基金代销业务。

开放式基金是一种投资产品，通过集合投资人的资金，由专家投资理财，寻求高于市场平均收益率的回报，扣除各基金公司招募说明中约定的有关费用后，剩余收益归投资人所有，达到盈利目的。根据投资对象不同，大致分为股票基金、债券基金、配置基金和货币基金四种类型。与储蓄和股票相比，开放式基金投资收益高于储蓄，风险低于股票，投资管理比保险透明，是一种风险收益相对适中、市场管理比较规范的投资工具。对投资者来说，开放式基金具有资金流动性好、信息透明度高、资金安全性高等优点，可以在证券公司等金融机构进行交易外，还可以任意在开通该业务的遍布城乡的邮政储蓄网点购买，交易非常方便。

3. 代理国债业务

代理国债业务是指邮政部门代理财政部、中国人民银行发行销售、兑付国债的业务。中国邮政利用自身的网络和服务优势，为用户购买、兑付国债提供最省时、最快捷的服务。

目前邮政企业主要代理发行、兑付凭证式国债。凭证式国债是一种国家储蓄债，可记名、挂失，以“凭证式国债收款凭证”记录债权，但不得更名，不能上市流通转让，从购买之日起计息。凭证式国债的期限一般为二年期、三年期、五年期。凭证式国债可提前兑付，但只能全额而不能部分提前兑付；凡办理凭证式国债提前兑付的，均按兑付本金的规定比例收取手续费。

（二）代收代付业务

代收代付业务是指邮政部门接受委托单位委托，为其向邮政储蓄客户收取或支付相关款项服务。这是邮政企业最先开拓的中间业务种类。主要业务种类有：

1. 代收业务

（1）代理公用事业单位收取水费、电费、煤气燃气费等。

（2）代理移动、联通、电信收取固定电话费、移动电话费等。

（3）其他代收业务：如代收税款、代收学费、代收烟草款等。

2. 代付业务

（1）代理企事业单位发放工资。

（2）代理社会保险经办机构发放养老金。

（3）其他代付业务：如代理报社、杂志社发放稿费等。

（4）代扣代缴储蓄存款利息所得个人所得税。

第五节　邮政金融业务的经营管理

中国邮政储蓄银行成立后，按照《公司法》、《商业银行法》等法律规定和现代商业银行运行管理要求，建立健全法人治理结构，完善内部控制制度和风险管理机制，建立独立的财务会计核算体系、IT系统和专业人才队伍，实现稳健经营和可持续发展。通过引进先进银行管理理念，对现有邮政储蓄机构、业务和人员管理体系进行重组改造。按照“扁平化”的机构管理模式，组建邮政储蓄银行分支机构；按照“流程银行”的业务管理模式，重塑业务管理线条；本着与邮政业务“资源共享、分账核算”的原则，将现有的邮政储蓄网点改造成为管理科学、运行安全的邮政储蓄银行经营机构，为邮政储汇业务的发展奠定了坚实的基础；利率市场化逐步深化、人民币汇率机制改革和金融管制的放松，为邮政储汇业务的创新提供了前所未有的机遇；金融信息化建设将为储汇业务的发展提供有力的技术支撑。

一、邮政金融业务的市场定位

邮政金融业务的市场定位是：充分依托和发挥网络优势，完善城乡金融服务功能，以零售业务和中间业务为主，为城市社区和广大农村地区居民提供基础金融服务。

作为中国第五大国有商业银行的中国邮政储蓄银行将依托邮政网络，确立服务城乡大众、支持“三农”的零售银行定位，走低成本、差异化特色经营之路，以资本节约型业务为基础，不断加强风险管理，努力将邮储银行建成国内网络强大、客户众多、资产优良、资本充足、特色鲜明、竞争力强的大型商业银行。

二、邮政储蓄银行的竞争优势

1. 网点覆盖广

中国邮政储蓄银行拥有覆盖城乡网点最多的个人金融服务网络，特别是在一些边远地区，往往只有邮政储蓄机构能为当地居民提供便捷的金融服务。依托邮政网点和服务设施，可以保持邮政金融网络的完整性和低成本运行，实现银行的经营效益与社会责任相统一。

2. 服务时间长，品牌深入人心

邮政储蓄提供的基础金融服务已经深入人心，在广大城乡居民中享有良好的品牌信誉。目前，邮储余额约占全国城乡居民储蓄存款总额的十分之一，且没有不良资产的包袱，为全面拓展商业银行资产类业务打下了坚实基础。

三、邮政储蓄银行的发展对策

1. 突出邮储银行的特色

坚持自身服务“三农”、服务小微企业的定位，坚持“自营+代理”的经营管理模式，要在初步实现向商业银行成功转型的基础上，明晰邮储银行零售银行战略定位，进一步统一思想，尽快明确业务发展模式和赢利增长模式，将邮储银行打造成一家特色鲜明的商业银行。

2. 突出重点业务，提升核心竞争力

邮储银行各级机构应按照集团公司和总行的统一安排，把信贷、公司、资金运用等银行新业务做大做强，不断提高在银行业的核心竞争力，进一步提升社会各界对邮储银行的认知程度。自营网点要侧重于资产类业务和公司业务的发展，代理金融要侧重于负债业务的发展，实行错位经营和优势互补，提高各方面发展业务的积极性。

3. 创新发展，满足客户需求

大力推进产品创新，建立完善的及时掌握市场需求信息及了解客户体验的渠道和机制，选择部分分行设立产品创新基地。加快对现有产品的整合创新，完善产品功能，增加产品的价值含量，更好地契合客户需求。推进科技创新，着力实现信息科技建设目标从重点提高业务处理效率逐步扩展到提高管理效率和决策支持能力上来。

4. 强化管理，加强风险防范

以精细化管理为主旋律，建立健全管理机制，有效落实管理制度，强化考核监督，努力向管理要效益、向管理要质量、向管理要能力、向管理要未来。积极探索推进流程银行建设，建立健全科学化、数量化、精细化的管理体系，努力探索适合邮储银行特色的管理模式，大力加强成本控制，不断提升赢利水平，为创造集团利益最大化多作贡献。尤其要把风险防控摆在更加突出的位置，增强全员风险意识，培育合规文化，进一步完善全面风险管理体系，为邮政金融持续健康发展提供坚强保障。

5. 坚持错位经营，促进邮银和谐

根据邮政企业和邮储银行的不同特点以及监管部门的要求，邮银双方在业务发展上要做到"错位经营，各有所重"。邮储银行要认识到与邮政的"血缘"关系，增强归属感和责任意识，积极维护好"自营 + 代理"的模式，充分发挥好专业指导作用，在储蓄、汇兑、理财等方面加强对邮政企业的支持和培训，协助邮政企业做好"四进"工程，促进邮政代理金融业务的稳定、健康发展。通过科学、合理的委托代理机制设计，最大限度地发挥邮政企业发展代理储蓄业务的积极性，不断优化存款结构，实现业务收入持续稳定增长。邮政企业也要支持帮助邮储银行快速发展。

阅读材料

优化网点布局　提升窗口形象

——黑龙江鸡西市局金融业务发展驶入快车道

2009 年，黑龙江省鸡西市邮政局通过优化储蓄网点布局、提升窗口形象、提高人员素质，不断增强储蓄网点吸储能力，实现了邮政储蓄余额规模的迅速扩大。截止 2009 年 10 月，全局储蓄存款余额达到近 90 亿元，比上年同期增加近 25 亿元。

一、调整网点和台席设置

通过调整网点占领储蓄市场，不断提高邮政储蓄网点吸储能力，是鸡西市邮政局实现邮政储蓄业务长远发展的重要举措。为提高邮政储蓄网点单点吸储能力，在网点布局上，该局采取"远迁近改"的工作思路，对农村、矿区等偏僻网点及储蓄余额在 2 000 万元以下的网点，积极选址搬迁。针对部分网点资金紧张、网点偏远、急于迁址的实际，还灵活采取了租赁房屋等形式，逐步提高网点的创收能力。同时，重点推进市局旗舰店、精品店和县局精品店、标准店建设，加强对现有网点的维护和改造，不断扩大规模、改善环境。其中，旗舰店园林所自 2008 年 11 月 21 日装修改造以来，邮政储蓄余额净增 7 500 万元，余额规模达到 2.07 亿元，增幅达 56.82%，平均每月增加 1 071 万元。

在现有条件下为尽量增加储蓄台席，该局加大了对台席结构的调整力度，通过大力压缩邮政台席，甚至在一些场地紧张的网点将邮政台席转为专柜，极大地满足了余额规模扩大对储蓄台席的需要。自2008年以来，全局投资500余万元，新增储蓄网点3处，改造网点22处，新增储蓄台席35个。

二、通过多种方式强化吸储能力

在网点自然吸储能力不断提高的良好基础上，鸡西市邮政局还组织开展有针对性的竞赛活动，促使网点成功抓住农民卖粮、农场地税款缴纳、商贸资金流动等有利时机，推动了储额的迅速增长。该局提前出台业务发展奖励办法，有效地调动了营销人员发展业务的积极性，使网点的吸储能力得到进一步增强。

针对储蓄业务付息成本加大、老存款转出、资金运作收益率下降等客观因素对企业收入的严重影响，鸡西市邮政局围绕"保规模，调结构，增收入"的储蓄发展思路，加大了对活期储蓄的政策倾斜，调动职工发展活期储蓄的积极性，有效提高了活期开户率，降低了付息成本。目前，全局付息成本为1.768 6%，比上年年末下降0.782 7个百分点。

三、锁定重点业务，带动收入提高

为不断提高活期比重，年初该局就将调整结构的工作重点锁定在绿卡业务、商易通、公司业务的发展上，开展了绿卡发放、商易通布放等业务竞赛，以及ATM使用引导和商易通睡眠户清理活动，以此提高活期比重。目前，全局累计新增活期比重45.71%，同比提高22.3个百分点。

做好"代"字类业务发展，是调整金融类业务结构、提高收入质量的有效手段。自今年年初以来，该局抓住有利时机，提早开展保险业务竞赛，推行"一日一所一单"活动，推动了保额增量前移。同时，加强与多家保险公司的沟通与合作，争取优惠的酬金政策和代理的主动权，提高了前台人员发展业务的积极性，并积极调整代理保险的产品结构，加大期缴险和财险的推介力度，努力拓展农村保险市场，进一步促进了保额的增长。截止2009年10月，全局代理保费达到1.41亿元，完成计划的72.31%。

四、强化员工素质，提升服务水平

邮政储蓄有着良好的信誉和品牌优势，在社会和公众中具有较高的认知度和美誉度。为了提升这一价值，鸡西局以提高员工素质为根本，不断强化培训，切实提升对外服务水平，完善了企业教育培训体系，制定了2009年业务培训计划，推行窗口营业员、支局、所长大专化，组织开展了鸡西局第一届职工职业技能大赛等多种岗位练功活动，在企业中形成良好的学习氛围。

同时，该局深入开展"每日一题"活动，并与营投人员"星级评比"有机结合，将"每日一题"形成题库，在"星级评比"理论考试中进行考核，实现窗口对外服务人员对基础业务知识的应知应会，促进了各网点之间的交流，并逐步提高了干部职工思考问题的能力和主动学习意识，使各级职工的素质得到了整体提升。

在活动中，该局还实施了星级评比考核末位淘汰制，促进职工适应岗位需要，自发提高业务操作技能，有效缩短用户等候时间，准确提供咨询解释服务，提高了邮政储蓄窗口的办事效率。

资料来源：中国邮政报

思 考 题

1. 邮政企业经营金融业务的优势条件是什么？

2. 邮政金融业务与银行的关系是怎样的?
3. 邮政储蓄业务的种类有哪些?
4. 邮政储蓄业务的处理规则是什么?
5. 邮政汇兑业务的分类及特点是什么?
6. 邮政汇兑的资费标准是什么?
7. 邮政金融代理业务的种类有哪些?
8. 邮政汇兑特殊业务的处理规定是什么?

◆ 案例分析

案例一:工作粗心大意 存款被人冒领

某日,一名自称胡兵的人,拿着身份证,十分着急地对值班的营业员李某说:“我的活期存折丢失了,我要求挂失领取。”李某没有认真验视身份证的相关内容,就为其办理了挂失手续。几天后,挂失者胡兵取走了存折上的8 500元钱。

3个月以后,又有一个自称是胡兵的人拿着身份证来取这笔存款,当被李某告知存款已被挂失后取走时,这位储户非常生气地说:“我的身份证因为已经过期,就把它扔掉了,新的身份证今天刚办好,一定是有人用我的过期身份证冒领了我的钱!”李某一听傻了眼,这才想起,当时因为粗心大意,竟没有注意身份证的有效期,导致8 500元的存款被人冒领。于是,储户胡兵向法院申诉,要求营业员给他赔偿。

请问:营业员是否应该给胡兵赔偿?请说出你的理由。

案例二:退汇是唯一的办法吗?

用户刘子文因急需一笔钱,让妹妹从外地用电子汇款汇来8 000元钱。这天收到汇款通知单的刘先生兴冲冲地到邮局取款,邮局营业员看到后说不能兑付,原来收款人的姓名是刘方文。

刘先生十分着急地问营业员怎么办,营业员的主意是让刘先生在取款单上批注“收款人拒收汇款”,将款退回汇款人,再由汇款人按正确的收款人姓名重新汇一次,并说这是唯一的办法。

请问:营业员的说法是否正确?请说出你的理由。

实践项目

1. 实训。邮政储蓄营业操作技能实训。
2. 实训。利用邮政电子化支局系统进行邮政汇兑营业操作技能实训。

第三篇

速递物流业务

第十一章　速(快)递物流业务概述

速(快)递物流是我国国民经济重要的行业之一,也是中国邮政大力发展的核心业务。本章主要站在行业发展的角度,重点介绍了速(快)递和物流行业方面的基础知识,主要包括速(快)递物流的概念及其产生背景、业务分类、行业格局、行业发展趋势等。

第一节　速(快)递基础

一、快递的概念

速递又称快递,在我国国民经济行业分类标准(GB/T 4754-2002)中,隶属于邮政业(代码 F59)。

快递是 20 世纪 60 年代末在美国诞生的一个新的行业。2004 年美国国际贸易委员会对快递定义如下:快速收集、运输、递送文件、印刷品、包裹和其他物品,全过程跟踪这些物品并对其保持控制;提供与上述过程相关的其他服务,如清关和物流服务。我国 2008 年 1 月 1 日起施行的《快递服务标准》中对快递服务的定义为:快速收寄、运输、投递单独封装的、有名址的快件或其他不需储存的物品,按承诺时限递送到收件人或指定地点并获得签收的寄递服务。

(一)快递产生的背景

1969 年 3 月的一天,一位美国青年在一家海运公司内等朋友,偶然得知当时正有一艘德国船停泊在夏威夷港等待正在旧金山缮制的提单。如果通过正常的途径,提单需要一个星期才能到达那里,这个年轻人提出他愿意乘飞机将文件送到夏威夷,船公司管理人员通过比较发现此举可以节约昂贵的港口使用费和滞期费用,于是将文件交给了这个年轻人,年轻人完成任务后立即联络朋友创立了世界上第一家快递公司,专门从事银行、航运文件的传送工作,后来又将业务扩大到样品等小包裹服务。由于强调快速、准确的服务,从一出现,快递服务就深受从事跨国经营的贸易、金融各界的热烈欢迎,行业发展非常迅速。

(二)快递的作用

1. 快递满足了商业活动中文件、包裹、样品等快速传递的需要

快递解决了对外贸易和商业活动中人们期盼已久的“物品快速交换的问题”。可以说,快递是国际贸易的先行官和首要环节,其次才是成交、运输和结汇。例如,1988 年 DHL 公司协助“中国成套设备进出口公司”赶制紧急标书,及时发往沙特阿拉伯,使该公司顺利中标 4 000 万美元。

2. 快递满足了普通百姓传递私人信息和物品的迫切需要

随着我国经济对外开放程度的逐步打开,我国公民的学术交流、出国留学、旅游访

问等活动日益增多,经常会有普通百姓委托寄送各种证件和包裹的事情,国际快递真正给普通百姓解了燃眉之急。

3. 快递是国际交往中不可缺少的传送工具

快递极大促进了各国之间经济、外交、文化、体育、科技、旅游等各领域的往来,成为国际交往中不可缺少的传送工具。

4. 快递拉动了全球国民经济的增长

国民经济的发展离不开对外贸易,有数据显示,GDP 的增长五分之一依靠外贸拉动,外贸的发展则依靠国际间信息和物品的快速流动。

5. 快递是各国发展物流业的基础,也是检验开放程度的标准

事实证明,哪个国家快递业发达,其物流业就发达。凡是经济发达的国家,其国内快递和国际快递都基本放开,因此,快递是检验一个国家开放程度的标准之一。

(三)快递的特点

1. 服务性

快递需求是衍生需求,属于第三产业中的服务行业。服务性是快递的基本特征,因此服务质量直接决定了企业的运营状况。快递以满足个性化需求为宗旨,以市场竞争为基础,提供个性化的附加服务,实行差别化的竞争性定价政策。

2. 网络性

快递企业的规模发展,依赖于网点的建设。网点的增加对业务量的影响有两个,一是由于新增网点的快递业务直接增加业务总量,二是由于便利性提高及公司影响的扩大,原有网点的业务量也间接增加。但另一方面,网点增加会带来成本的增加,增加网点是否能够使整体盈利增加,以及网点覆盖面扩大到什么程度能够实现利润最大化,值得快递企业思考。

3. 时效性

在全球都讲究效率的前提下,时效性更是快递的本质要求,时效性是信息、物品类传递服务的基本要求。快递的实物传递性,决定了快递服务在保证安全、准确的前提下,传递速度是最重要的服务质量衡量标准之一。

4. 规模经济性

规模效应是所有企业都追求的,当然也包括快递。当快递物品的数量达到一定规模时,无论是分拣还是运输效率都会得到很大的提高。

5. 技术支撑性

快递的发展,依托于航空等快捷交通工具和信息技术的发展普及。因为没有快捷的交通工具,没有先进的信息技术,要承诺向客户提供比传统邮政更加快捷、安全、可靠、全程跟踪、监控的递送服务几乎是不可能的。特别重要的是,从国内市场需求看,快递寄递的物品主要是商务文件、小包裹和样品等,而在传统邮政寄递业务中占绝大比重的是私人信函等信件。

二、快递业务的分类

随着我国经济发展水平快速提高,人们对货物送达的时间要求越来越高。不仅传

统的文件、包裹,而且越来越多的高价值、小批量、个性化的货物都成为寄递内容,这给快递市场的发展带来了机会。按照运输的空间距离远近,快递业务可分为国际快递业务、国内异地快递业务和同城快递业务。通常可以把国内异地快递业务和同城快递业务统称为国内快递业务。

1. 国际快递业务

国际快递业务是指寄件人和收件人分别在中华人民共和国和其他国家或地区的快递服务。

国际业务是快递业务中利润较高的高端市场,所以市场竞争的焦点在于能不能拿到高端客户群。在这方面,快递业四大家族已占据优势。相对来说,邮政 EMS 还有一定差距。为 EMS 承担航空快递运输任务的是中国货运邮政航空公司,其航空网覆盖中国的主要中心城市。通过二级幅射网络,中邮航的全夜航网络实际覆盖了 200 多个城市。尽管如此,与世界知名的快递公司相比,仍相形见绌。例如,仅 FEDEX 一家就有大小飞机 670 多架,在全球 220 多个国家有独立的服务网络。这样明显的差距,使得中国邮政 EMS 在国际快递上处于一定的劣势。而巨头们把市场定位在业务量最为密集的沿海大中城市,因为那里外商集中。这不仅仅提高了业务收益率,而且避免了不必要的损耗成本,所以,在国际业务上,DHL、UPS、FEDEX 等国际巨头具备国际网络的优势以及规范的经验,更重要的是服务于国际大公司的一致性优势一直牢牢地占据着高端业务,EMS 面临着巨大压力,包括品牌、经验、管理以及客户资源方面的巨大的压力。

2. 国内快递业务

国内快递市场可又分为城际快递业务和同城快递业务。同城快递业务是指同一个城市区域内互寄的快递业务。同城快递的时限标准一般可分为“限时递”、“当日递”和“次日递”等。城际快递业务在国内城际市场按照空间运距,还可以细分为跨区城际快递和快递,如华南区、华东区等。区域内城际实际是一种大同城的概念,一般地,区域是以国家行政区域划分为准,但不同的快递企业在设定企业的服务区域时可能会有所不同。

三、行业竞争格局

中国国际速递业务于 20 世纪 80 年代初兴起,当时中国邮政一枝独秀,20 世纪 90 年代随着外商投资和对外贸易的迅猛发展,中国速递业务进入了迅速膨胀的时期。1990 年—1999 年间,中国的国际速递业务以年平均 17% 的速度增长,在这一时期,国际跨国公司也开始向中国速递市场进军。20 世纪 90 年代,全球最大的四家速递公司 DHL、TNT、UPS、FEDEX 都在我国设立了分公司,与中国邮政 EMS 展开激烈的竞争。

随着国内市场经济体制的初步建立,20 世纪 90 年代初,民营快递的产生也打破了邮政国内快递一揽天下的格局。由于对外开放力度的加大,区域经济的超常规发展,如苏、浙、沪、粤等地,使得邮政 EMS 不能满足市场增长与时限的需求。市场经济的最大特点就是竞争，竞争则给民营快递带来了广阔的发展空间与机遇，民营快递自诞生之日起，每年的业务量以60%～120%的速度递增。

快递的巨大市场前景，吸引着国内外相关企业都积极参与这一领域的竞争，并正在形成一种多元化的竞争格局。目前主要有以下四种力量在争夺国内和国际快递市场。

1. 国有企业

国有企业中的一些传统物流企业，如由原来的传统国营公司演变而来的物流公司，如中外运、中铁快运、中储物流等老的国字号的传统企业，这些企业有着自己独特的强大速递和物流优势，是速递物流业现在不可忽视的力量。而且他们纷纷与外资企业合作，寻求更好的发展空间。在1990年初，中国邮政EMS仍然垄断着中国国内外快递市场。而就在2004年底，中外运也突然进入快递市场，其最大的优势便是其50余年的物流背景和较为完善的网络。除此之外，一些有网络背景的大型国企也纷纷进入快递市场。

2. 国际速递巨头

国外能够提供快递服务的企业非常多，全球速递业四大巨头——中外运敦豪（DHL）、联邦快递（FEDEX）、联合包裹（UPS）及荷兰天地快运（TNT）均已进入中国，并积极囤积力量，发展各自的分销和运输网络。对于这些企业来说，丰富的经验、雄厚的资金以及完善的全球网络将其竞争实力提高到了一个相当强大的程度。但由于外资企业来中国发展，他们不可能在中国建立自己的运输网络，必须寻找国内的企业与之合作，这对于国内的快递企业来说，有着非常强的吸引力，因为与先进的外资企业合作不但可以共享外资企业的国际网络，而且可以学习到先进的公司组织形式和先进的管理理念。

3. 大中型民营企业

中国的一些民营快递公司经过近10年的发展，已逐渐壮大，其中比较著名的包括顺丰速递、申通快递等。这些公司基本都经过了原始积累的阶段，资产规模在亿元人民币以上。这一类企业往往在某个区域范围内拥有相当强的优势，并在这一优势的基础上进一步在全国范围内开展业务。

4. 小型快递企业

第四股力量数量最多也最为混乱，这类企业凭借自己的实力往往只能承担同城快递业务或是省内业务，当面对全国甚至国际速递物流市场时便会显得力不从心。

四、行业发展趋势

（一）市场规范程度不断加强

国家邮政局是快递市场的监管机构，随着行业法律法规的不断完善，市场规范程度不断得到加强。《快递服务标准》、《禁寄物品指导目录及处理办法》、《邮政业消费者申诉处理办法》、《邮政业标准体系研究》、《邮政行政执法人员行为规范》、《寄递服务企业收寄物品安全管理规定（试行）》、《快递员国家职业标准》、《快递封装用品标准》等标准相继出台。促进了快递市场有序、健康与可持续地发展。同时，政府协调联动机制和规范的指导与服务标准的实施都将促进快递企业建立企业标准化体系。

（二）行业集中度进一步提高

在快递领域，由于该产业进入壁垒较低，同时大量跨国企业进入，致使该产业竞争较为激烈。在市场竞争的初期，企业数量多规模小，市场集中度低下，为市场的无序竞争埋下了隐患，为行业市场的监管带来了困难。

新《邮政法》的出台以及人力等成本不断上涨必将促使国内快递企业，特别是同城快递企业和加盟模式的快递企业加速优胜劣汰的步伐。预计将有40%左右同城快递企业、30%的加盟网点面临转型为联合、重组、代理或倒闭。对于规模较小的区域性加盟快递企业，或规模较小的全国性加盟快递企业，就处于同质化竞争的状态而言，随着这类快递企业亏损的增多，同时也将有3～5家这类快递企业面临优胜劣汰。

专业从事同城快递面临的优胜劣汰最严重，这是由于从事异地的快递企业已经开始向同城快递“上午取下午达、下午取次日上午达”的市场延伸，并已处在主导地位，把同城快递企业的业务挤压到“限时达”的单一服务产品上。同时，从事异地的快递企业把同城快递与异地快递兼容在一起，大大降低了取件与派件成本。同质化的竞争已经使同城快递的价格降到5元一票，这个价格对于规模较小的专业从事同城快递的企业来说是一个亏损的价格。由于产业集中度的不断提高，快件量将向规模较大的快递企业聚集。

（三）国内竞争国际化，国际竞争国内化

随着市场开放程度日益提高，国际化竞争日趋激烈，国内竞争也呈现出国际化的特点。利用国际的资金、技术、人才、理念、惯例、规则来提高自身的综合竞争力和可持续发展能力，已成为众多企业谋求发展的战略之一。

（四）快递增长速度减缓

2008年开始，受全球金融风暴引起的经济萧条将造成中国外向型经济增速减缓，与之相关的快递产业也将受到经济减速影响。预计近年快递增速将低于多年来30%左右的幅度，中国速递市场年增长率在25%～30%，现已降至在15%～25%，快递的市场容量在750亿元左右。

从影响程度看，金融风暴对国际快递的影响程度要大于国内快递。外贸回落，面向企业的批量物品型国际快递业务将受到较大影响。商务型需求，特别是批量物品型快递需求下降较快。

从影响的区域看，长三角、珠三角、环渤海湾是中国外向型产业的主要集聚区域，也是国际快递与国内快递市场容量的集聚区域，因此，对这些区域快递的市场影响程度最大。

（五）技术进步影响客户需求并改变快递服务模式

互联网对许多国家的商务和社会生活产生巨大影响，这种影响正在持续发生。另外,多用途无线个人通信和数据交换设备引起了技术环境的全新变化。一部分纸质资料的寄递服务包括快递服务将被替代,而新的寄递需求正在产生。

在科学技术作用日益重要的今天,广泛应用先进的信息技术是企业发展的一个主要特点。信息技术、快件处理技术、物流技术、配送技术的发展将进一步改变快件业务模式。射频识别技术、全球定位系统、路径规划软件、无线通信技术、顾客接入技术以及顾客关系管理技术正在改变和优化快递企业的业务流程。在技术进步的背景下,能够采用新技术的企业与没有采用新技术的企业之间将形成更为宽阔的技术鸿沟。

(六)电子商务快递成为市场发展重点

近几年来,B2C、C2C是快递市场保持高速增长的重要因素之一。"网购"交易额的不断攀升与交易次数的日趋增加,给快递配送提供了可持续的发展空间。据统计,2008年全国网络购物人数总规模为4 641万人。根据艾瑞咨询2007年中国网购报告中的数据显示,2007年中国网络购物总额达到了594亿元,而在2008年这个数字突破1 000亿元大关。据淘宝网统计,2008年上半年的交易量为413亿元,接近2007年的433亿元,年增长率超过150%。而快递方式将继续成为电子商务实现实物配送的主要渠道。据了解,"网购"商品的快递已经占到部分加盟模式快递企业业务量的25%左右,预计未来"网购"商品的快递业务将超过30%以上。

(七)快递服务产品细分化程度加强

继2008年邮政EMS、联邦快递、顺丰速递先后推出"次晨达、次日下午达、隔日达"后,竞争方式由价格竞争开始转向服务产品细分、增值服务与承诺服务竞争。预计未来将有更多的快递企业推出细分市场的快递服务产品、增值服务产品和承诺服务。增值服务与承诺服务将成为新的竞争热点。

第二节　现代物流基础

物流是大的商业活动,物流活动本身作为物质资料流通活动的有机组成部分,广泛存在于各类经济与非经济组织中。随着我国加入WTO和世界经济一体化的发展,物流已成为中国经济发展新的增长点。现代物流业作为生产性服务业在向生产、建设、贸易等领域延展,是我国经济结构调整、经济增长方式转变的重要途径。

一、物流的概念

(一)物流概念的产生与发展

物流是一个十分现代化的概念,由于它对商务活动的影响日益明显,所以越来越引起人们的注意。物流一词最早出现于美国,1915年阿奇·萧在《市场流通中的若干问题》一书中就提到物流一词,并指出"物流是与创造需求不同的一个问题"。因为在20世纪初,西方一些国家已出现生产大量过剩、需求严重不足的经济危机,企业因此提出了销售和物流的问题,此时的物流指的是销售过程中的物流。

在第二次世界大战中,围绕战争供应,美国军队建立了"后勤"(Logistics)理论,并将其用于战争活动中。其中所提出的“后勤”是指将战时物资生产、采购、运输、配给等活动作为一个整体进行统一布置,以求战略物资补给的费用更低、速度更快、服务更好。后来“后勤”一词在企业中广泛应用,又有商业后勤、流通后勤的提法,这时的后勤包含了生产过程和流通过程的物流,因而是一个包含范围更广泛的物流概念。

1978 年党的十一届三中全会后,改革开放首先从农村突破,进而向城市推进,引入外资。伴随着市场取向的经济体制改革,为经济发展注入活力。党的十一届三中全会前夕,由原国家物资总局牵头,组织国家计委、财政部、山东省等政府相关部门和部分大专院校考察了日本物资管理,首次把“物流”概念介绍到中国。1984 年 8 月,我国第一个物流专业研究团体——中国物流研究会成立。2001 年 4 月,经国务院批准,中国物资流通协会更名为中国物流与采购联合会(China Federation of Logistics & Purchasing 简称 CFLP),与各相关行业协会共同推进物流业发展。

2001 年 8 月 1 日正式实施的中华人民共和国国家标准《物流术语》(GB/T 18354－2001)中对物流(Logistics)是这样定义的:“物品从供应地向接收地的实体流动过程。根据实际需要,将运输、存储、装卸搬运、包装、流通加工、配送和信息处理等基本功能实施有机结合。”从物流定义看,物流一方面具有自然属性,另一方面也具有社会属性。要准确理解这个定义,我们必须把握以下几点内容。

(1)物流的研究对象是贯穿流通领域和生产领域的供应链中一切的物料流以及有关的信息流,研究目的是以系统的观念对其进行科学规划、管理与控制,使其高效率、高效益地完成预定的服务目标。

(2)物流活动包括运输、存储、装卸搬运、包装、流通加工以及有关的信息处理,并且是这些活动的有机的构成。要完成物流实体的定向流动,并且产生效益,物流决不是单纯的运输等某项活动,也不是装卸搬运、包装等活动的简单组合,而是这些活动的有机构成。

(3)物流的作用是将物资由供给主体向需求主体转移,创造空间效用、时间效用和形质效用。

生产和消费之间必然存在着空间上的间隔,即生产地和消费地的隔离,物流中以运输为主的相关活动完成了物品的空间转移,由此产生的空间效用是指通过改变物质资料的场所而创造的价值。空间效用有助于解决集中生产与分散需求的矛盾以及分散生产与集中需求的矛盾。

同时,物品的生产与消费还存在时间上的间隔,如农产品秋收,一年四季消费,要想持续地满足生产生活的需要,就要通过以仓储为主的一系列物流活动来改变物品的时间状态,由此产生的时间效用是指通过加快物质资料的转移速度或者延长物质资料的保管时间而创造的价值,它有助于解决季节生产和常年消费的矛盾以及常年生产与季节消费的矛盾。

形质效用则是指通过物流过程中的包装加工增加产品的附加价值,这是为了满足人们个性化的需求，在物流过程中通过流通加工活动使物品发生形状或性质上的改变，这在满足消费者多样化需求的同时，还创造或提高了商品的附加值。

(4)物流作为供应链的一个组成部分，是供应链管理与整合中主要的研究内容。

(二)现代物流特点

由于物流与经济发展密切相关，现代经济条件下的物流具有独特性，现代物流是相对于传统物流而言的，是信息网络化时代下对传统物流的升华。它涉及多学科、多领域，以满足顾客的需求为目标，统筹考虑制造、运输、销售等市场情况，对信息、运输、仓储、库存、装卸搬运以及包装等物流活动采取集成式管理，从而形成一条完整的供应链，以尽可能低的物流总成本，为客户提供多功能、一体化的增值服务。

现代物流阶段与物流早期阶段的特点比较详见表 11－1 所示。

表 11－1　现代物流的特点

特　征	物流早期阶段	现代物流阶段
物流服务特点	各种物流功能相对分散；以第一方、第二方物流为主；供应链的局部环节管理；限于地区物流服务；供需方短期合约	一体化综合服务；第三方物流被普遍接受和采用；采用物流中心；供应链的全面管理；提供国际物流服务；供需方长期合作
物流服务侧重	价格竞争；提供运输、仓储标准服务	以降低总物流成本为目标；提供物流的增值服务；为顾客提供“量身定做”的个性化服务
物流信息技术	无外部整合系统；有限或无 EDI 联系；无卫星跟踪系统	实时信息系统；与顾客、海关等的 EDI 联系；卫星跟踪系统；存货管理系统
物流管理	没有或有有限的现代管理	全球质量管理；时间基础管理；业务过程管理

(三)物流的分类

按照物流的作用、属性及作用的空间范围，可以从不同角度对物流进行分类。我们给出两个分类方法。

1. 按照物流的系统性质分类

(1)社会物流。社会物流一般指流通领域所发生的物流，是全社会物流的整体，所以有人称之为大物流或宏观物流。社会物流的一个标志是：它是伴随商业活动(贸易)发生的，也就是说物流过程和所有权的更迭是相关的。

社会物资流通网络是国民经济的命脉，流通网络分布的合理性与渠道是否畅通至关重要，必须进行科学管理和有效控制，采用先进的技术手段，保证高效率、低成本运行。这样做可以带来巨大的经济效益和社会效益。

(2)行业物流。同一行业中的企业是市场上的竞争对手，但是在物流领域中常常互相协作，共同促进行业物流系统及物流活动的合理化。例如，日本的建设机械行业中所提出的行业物流系统的具体内容包括：各种运输手段的有效利用；建设共同的零部件仓库，实行共同的配送；建立新旧设备及零部件的共同流通中心；建立技术中心，共同培训操作人员和维修人员；统一建设机械的规格等。行业物流系统化的结果使参与的各个企业都得到相应的利益。各个行业的协会或学会应该把行业物流作为主要的研究课题之一。

(3)企业物流。企业根据生产和经营的需要在企业经营范围内安排的物品实体流动称为企业物流。企业是为社会提供产品或某些服务的一个经济实体。一个生产制造工厂,要购进原材料,经过若干工序的加工,形成产品销售出去;一个运输公司要按客户要求将货物输送到指定地点。因此,企业物流也是指企业经营范围内由生产或服务活动所形成的物流系统。

2. 按照物流的作用分类

(1)供应物流。生产企业、流通企业或消费者购入原材料、零部件或商品的物流过程称为供应物流,也就是物资生产者、持有者至使用者之间的物流。供应物流的严格管理及合理化对于企业的成本有重要影响。

(2)销售物流。生产企业、流通企业售出产品或商品的物流过程称为销售物流,是指物资的生产者或持有者到用户或消费者之间的物流。

(3)生产物流。从工厂的原材料进入起,直到工厂成品、半成品发出为此,这一全过程的物流活动称为生产物流。生产物流是制造产品的工厂企业所特有的,它与生产流程同步。

(4)回收物流。生产及流通活动中有一些物资就是要回收并加以利用的。回收物资品种繁多,流通渠道也不规则,且多有变化,因此,管理和控制的难度大。

(5)废弃物流。生产和流通系统中所产生的无用的废弃物,但如果不妥善处理,不但没有再利用价值,还会造成环境污染,就地堆放会占用生产用地以至妨碍生产。对这类物资的处理过程产生了废弃物流。

3. 按照物流活动的空间范围分

(1)地区物流。所谓地区物流是指在一定的行政区域或地理位置发生的物流过程。如按行政区域可划分为西南地区、西北地区、河北地区等;按经济圈划分,如苏锡常经济区,黑龙江边境贸易区;按所处地理位置可划分为长江三角洲地区、河套地区等。

(2)国内物流。国内物流是指在一个国家内发生的物流活动,物流活动的空间范围局限在一个国家内。

国内物流系统化的推进,必须发挥政府的行政作用,具体说有以下几方面。

第一,物流基础设施的建设。如公路、高速公路、港口、机场、铁路的建设,以及大型物流基地的配置等。

第二,制订各种交通政策法规,例如铁路运输、卡车运输、海运、空运的价格规定,以及税收标准等。

第三,与物流活动有关的各种设施、装置、机械的标准化,这是提高全国物流系统运行效率的必经之路。

第四,物流新技术的开发、引进和物流技术专门人才的培养。

(3)国际物流。国际物流是指在国与国之间开展的物流活动,包括两国之间或多国之间开展的物流活动。物流活动是伴随着国际贸易和国际分工合作出现的,随着经济的全球化进程,国际物流的重要性将逐步增强。

二、行业政策环境

由于中国使用的“物流”一词是在20世纪70年代末从日本引进的。《中华人民共和国国家标准物流术语》中没有对“物流行业”明确定义,而关于物流到底是行业还是产业这个问题,学术界也多有争论。产业是诸多相关行业聚合形成的群体。一般而言,产业是相对于工业而言的,如产业革命,主要指的是工业革命;行业是相对于工商业而言的,如零售行业,指的是商业。但是现在这两个词的理解也在发生一些变化。产业可指工业以外的行业,并且是由多个相对独立但业务性质完全一致的行业组成的(产业概念的外延要大于行业),或者说是由分散在多个行业、具有同样的业务性质的经济组织组成的,比如物流产业就属于这两种情况。

物流产业是由多个部门组成的综合性、服务性、基础性产业,其产业构成相当复杂。一般将物流业分为两类:第一类是大行业,包括交通运输业、储运业、通运业和配送业;第二类是小行业,其中不少小行业既隶属于这一大行业,又属于另一大行业,如铁道运输业、汽车货运业、远洋货运业、沿海船运业、内河船运业、航空货运业、集装箱联运业、仓库业、中转储运业、托运业、运输代办业、起重装卸业、快递业、拆船业、拆车业、集装箱租赁业、托盘联营业等。

1. 管理机构

2008年3月11日,十一届全国人大一次会议通过《国务院机构改革方案》。国务院新组建交通运输部,设立工业和信息化部,国家发改委等部门机构和职能的变化,也对物流业的发展产生积极影响。

2008年3月23日,新组建的交通运输部正式挂牌。将原交通部、中国民用航空总局的职责,建设部的指导城市客运职责,整合划入该部。同时,组建国家民用航空局,由交通运输部管理。为加强邮政与交通运输统筹管理,国家邮政局改由交通运输部管理。考虑到我国铁路建设和管理的特殊性,保留铁道部。

2. 行业政策

进入21世纪以来,我国经济高速发展。党中央提出科学发展观,推动经济结构调整和发展方式转变,把大力发展服务业作为经济发展的重要举措。我国加入世贸组织后,对外开放迈出新的步伐,外资物流企业“抢滩”中国。国有物流企业重组转型,民营物流企业加速成长。国有、民营、外资物流企业在竞争中合作,出现了“三足鼎立”、共同发展的局面。在这个过程中,政府开始重视和支持现代物流业发展,并出台了一系列相关政策来扶持行业发展。

(1)《中华人民共和国国民经济和社会发展第十个五年经济纲要》特别提出,要“健全综合运输体系”,对铁路运输、公路运输、内河与海洋运输、航空运输、邮政业的发展都提出了明确要求;要“充分发挥各种运输方式的优势,发展和完善城市间旅客快速运输、大城市旅客运输、集装箱运输、大宗物资运输和特种货物运输五大系统”；要“引入竞争机制，加快电子、铁路、民航、仓储、公用事业等垄断性行业管理体制改革”等。

(2)2001年3月2日，国家经贸委、铁道部、交通部、信息产业部、对外贸易经济合作部、中国民用航空总局联合下发了《关于加快我国现代物流发展的若干意见》，标志着中国物流业开始起航。

(3)2001年，发展现代物流已被列入国家计委、国家经贸委、铁道部、交通部、民航总局、国家邮政局等部门的议事日程；交通部在2月28日发出了《关于促进运输企业发展综合物流服务的若干意见》。

(4)中国物流与采购联合会牵头组织编写的“物流术语”国家标准，2004年8月1日正式实行，这是我国第一个物流术语国家标准，对于我国物流业的发展和规范管理正起到重要作用。

(5)2004年8月5日，由国家发展改革委等九部委联合发布了《印发关于促进我国现代物流业发展的意见的通知》，明确提出促进现代物流业发展是一项跨行业、跨地区、跨部门的综合性的工作，涉及面广、政策性强，需要各地政府和各有关部门协同。

(6)2006年3月，十届全国人大四次会议批准的《国民经济和社会发展“十一五”规划纲要》提出“大力发展现代物流业”，标志着现代物流的产业地位在国家层面得到确立，我国现代物流业进入全面快速、持续稳定发展的新阶段。

(7)2008年3月，国务院办公厅下发《关于加快发展服务业若干政策措施的意见》。从加强规划和产业政策引导、深化服务领域改革、提高服务领域对外开放水平、大力培育服务领域领军企业和知名品牌、加大服务领域资金投入力度、优化服务业发展的政策环境、加强服务业基础工作、狠抓工作落实和督促检查等8方面提出政策措施，促进“十一五”时期服务业发展主要目标的实现和任务的完成。

(8)2008年11月，温家宝总理主持召开国务院常务会议，研究部署扩大内需、促进经济平稳较快增长的10项措施。其中包括物流基础性投资，如加快铁路、公路和机场等重大基础设施建设、重点建设一批客运专线、煤运通道项目和西部干线铁路，完善高速公路网，安排中西部干线机场和直线机场建设，加快城市电网改造等。

(8)2009年2月，国务院总理温家宝主持召开国务院常务会议，审议并原则通过了《物流业调整振兴规划》等，物流业被列入十大产业调整振兴规划。

3. 物流业调整和振兴规划

现代物流业正在世界范围内广泛兴起，物流产业已经成为世界各国国民经济发展的动脉和基础产业。当前，世界经济回暖趋势明显，我国国民经济平稳、快速增长。为推动物流业的健康、快速发展，2009年2月国家出台了《物流业调整和振兴规划》等宏观政策，扶持物流市场的快速发展。

(1)规划目标。力争在2009年改善物流企业经营困难的状况，保持产业的稳定发展。到2011年，培育一批具有国际竞争力的大型综合物流企业集团，初步建立起布局合理、技术先进、节能环保、规划便捷高效、安全有序并具有一定国际竞争力的现代物流服务体系，物流服务能力进一步增强；物流的社会化、专业化水平明显提高，第三方物流的比重有所增加，物流业规模进一步扩大，物流业增加值年均递增10%以上；物流整体运行效率显著提高，全社会物流总费用与GDP的比率比目前的水平有所下降。

(2)主要任务。积极扩大物流市场需求；大力推进物流服务的社会化和专业化；加快物流企业兼并重组；推动重点领域物流发展；加快国际物流和保税物流发展；优化物流业发展的区域布局；强化物流基础设施建设的衔接与协调；提高物流信息化水平；完善物流标准化体系；加强物流新技术的开发和应用。

(3)重点工程。主要包括多式联运、转运设施工程；物流园区工程；城市配送工程；大宗商品和农村物流工程；制造业和物流业联动发展工程；物流标准和技术推广工程；物流公共信息平台工程；物流科技攻关工程；应急物流工程。

(4)政策措施。加强组织和协调；改革物流管理体制；完善物流政策法规体系；制订落实专项规划；多渠道增加对物流业的投入；完善物流统计指标体系；继续推进物流业对外开放和国际合作；加快物流人才培养；发挥行业社团组织的作用。

三、行业发展趋势

(一)企业物流社会化、专业化

在物流需求扩大、成本上升的压力下，越来越多的制造企业开始从战略高度重视物流功能整合。分离外包物流业务的行业已经从前几年的家电、电子、快速消费品等企业向钢铁、建材、汽车等上游企业扩展。外包的环节由销售物流向供应物流、生产物流、回收物流，由简单的仓储、运输业务外包向供应链一体化延伸。制造企业与物流企业将会加强深度合作，结成战略合作伙伴关系，我国物流社会化程度将会进一步提高。

企业物流的专业化趋势也相当明显。不少的企业，特别是商贸企业正在加大投资力度，强化自身物流功能，几乎所有大型连锁企业都在力图优化自己的专业供应链。一些具有强势品牌的生产企业，如海尔、联想、双汇等已发展了大批连锁专卖店，并相应发展自身的物流配送网络。制造企业对第三方物流提出了面向高端的物流服务需求，要求物流企业能够提供专业化的解决方案和运作模式。总体来看，制造企业的外包意向强于流通企业。

(二)物流企业规模化、个性化

随着物流服务需求的高速增长，物流企业物流业务量上升较快。物流企业个性化发展的趋势，主要表现为传统服务的整合和专业化服务的创新。

普通型的低端服务利润会越来越薄，而创新型业务、增值型服务和适合客户需要的特色服务将获得更大发展空间，专业化物流的发展会更加深入。制造、商贸企业对供应链管理的重视，将会推动物流企业向专业领域渗透，加速与供应链上下游的联动。物流企业针对客户个性化的需求，大力发展增值型、创新型业务，自主物流服务的品牌价值越来越重要。

(三)物流市场细分化、国际化

由于各行业物流的规模、结构和要求不同，其物流需求的速度、成本和服务也有很大差别，这就加速了物流市场的细分化。从各行业物流费用率的差异来看，工业生产行业物流费用率较高的是橡胶制品业、家具制造业、造纸及纸品、煤炭开采和洗选业及农副产品加工业等行业；流通企业物流费用率较高的是纺织服装日用品零售、文体用品零售、综合零售和食品饮料烟草零售行业。相对来说，物流费用占销售额比例较高的行业，采用现代物流方式的压力和动力就会比较大。

作为世界第三大贸易国和第四大经济体，中国的物流市场正在成为国外企业关注的重点，投资的热点。一些国际化的企业将加快并购国内企业，完善在中国的网络布局，国内物流网络逐步成为全球供应链网络的一部分。同时，随着全球化配置资源的推进和中国劳动力成本等方面优势的减弱，国外企业也会把产业转移的目标选择在其他的发展中国家。面临国际化竞争的中国物流市场，国内大型物流企业将加快资源重组，组建具有国际竞争力的企业集团，随着中国的产品和服务"走出去"，物流业的国际化程度会进一步提高。

（四）区域物流集聚与扩散并重

区域物流的集聚表现在以下方面。

一是围绕沿海港口形成的"物流区"。除传统的"广（州）、大（连）、上（海）、青（岛）、天（津）"等地以外，处于海峡西岸的厦门港、处于欧亚大陆桥最东端的连云港，特别是处于北部湾地区的"南（宁）、北（海）、钦（州）、防（城港）"等都有大的动作。

二是围绕城市群崛起的"物流带"，如成、渝地区的综改试验区，武汉周边的"两型社会"试点，辽宁中部城市群，黑龙江的"哈（尔滨）、大（庆）、齐（齐哈尔）"，湖南的"长（沙）、株（洲）、（湘）潭"等。

三是围绕产业链形成的"物流圈"，如青岛的家电、长春的汽车、上海的钢铁、汽车和化工等。

区域物流的扩散表现在以下方面。

一是配合国家区域经济发展战略，东部沿海地区物流发展稳步提升，物流服务向中西部地区渗透和转移。

二是农产品进城和日用工业品及农用生产资料下乡推动的城乡"双向物流"，带来现代物流方式由城入乡的扩散。

三是大量依靠国外进口的资源型企业由内地向沿海外迁，以优化产业布局，降低物流成本。

四是区域间物流合作逐步加强，特别是长三角、珠三角、环渤海、北部湾地区和海峡两岸的物流合作可望有实质性推动。

（五）物流基础设施加强整合与建设

我国物流基础设施已有相当规模。2007 年全国铁路营业总里程已达 7.8 万千米。根据《中长期铁路网规划》，铁路系统计划在北京、天津、上海等地建设 18 个物流中心。全国公路通车总里程达 357.3 万千米，其中高速公路 5.36 万千米。按照《国家公路运输枢纽布局规划》，将整合与建设 179 个国家公路运输枢纽。我国拥有 1 400 多个港口,各类生产性泊位35 753个,其中万吨级深水泊位1 403个,内河通航里程12.3万千米。全国运输机场总数从2006年底的147个增加至152个。物流园区建设各地普遍制定了规划,已有一批投入运营。

(六)关键领域和薄弱环节物流优先发展

2008年中央1号文件提出"加强农业基础地位,走中国特色农业现代化道路"。党的十七大提出"加快推进以改善民生为重点的社会建设"。农村和民生的发展,回归"以人为本"的治国理念,促进人口资源环境的协调,对稳定经济社会发展大局具有特殊重要的意义。建立健全农村市场服务体系,将促进发展适应现代农业要求的物流产业,为农产品进城和工业品下乡提供便捷通道;社会保障体系和公共卫生体系的发展,将支持发展关系民生的食品、药品及危险化学品物流,保障人民生命安全和社会稳定。发生在2008年春节前后的雨雪冰冻灾害,暴露了我国应急物流体系的脆弱。总结抗冰救灾的经验,国家必然重视应急物流体系的研究和建立。

(七)物流信息集成化、移动化

目前,国内的一些公共信息平台在经过几年的探索后,逐步走向成熟。一是电子商务物流平台:2007年中国B2B电子商务交易规模达到12 500亿元人民币,增长率高达25.5%;B2C电子商务市场营业收入规模达到52.2亿元人民币,增长33.5%;钢铁、煤炭、粮食等大宗商品批发市场以及新兴的电子商务企业,利用电子商务平台信息技术,发展的势头很猛。二是物流园区信息平台:一方面是在园区内建立信息平台,让进驻的企业共享信息;另一方面是以园区复制的模式,把成功的园区模式复制到其他区域,并开展联网经营。三是电子口岸平台:可以实现一个门户入网、一站式通关服务、统一用户管理,为用户提供高品质、多功能、全方位的口岸通关服务。四是政府监管物流平台。这几类信息平台,在政府和企业双重推动下,还会获得快速发展。

网络运营商为寻找新的业务增长点,纷纷将服务和竞争的触角伸向物流信息化应用市场。中国联通推出了专业服务品牌——"物流新时空",中国移动推出了物流行业移动信息化解决方案,中国网通以供应链管理系统为核心,定制整合成物流行业解决方案,中国电信推出"一站式"服务,利用信息技术改造传统物流。移动与物流的结合,显示了物流信息化的新趋势。

(八)物流经营成本进一步上升

2008年,是物流企业遇到经营困难最多的一年。物流资源要素全面紧缺,经营成本持续上升,平均利润率进一步下降。现有的仓储能力已显不足,新建物流设施取得土地难度加大,所需费用大增;铁路运力持续偏紧,部分海运航线订舱困难,公路运输也在一定程度上出现了车源紧张的状况;企业发展资金短缺,融资困难;高端管理人才严重不足,操作性员工成本持续上升,稳定性下降。与此同时,行业竞争激烈,特别是运输、仓储等基础性普通服务,同行间"价格战"有增无减;油价不断攀升,油价已占据运输企业总成本的35%~40%,而且还不时出现加油受限的问题。

由于上述几方面的挤压，物流行业平均利润率进一步下降。有企业反映，物流企业平均毛利率已由 2002 年的 30% 降低到 2007 年的 10% 以下，仓储企业只有 3% ~5%，运输企业只有 2% ~3%。在运营成本持续上升、主营业务“要价”很难提高的情况下，企业的利润空间将进一步受到挤压，市场主体重组“洗牌”的趋势将会加速。

(九)物流发展政策环境更加宽松

2008 年 3 月，国务院办公厅发出《关于加快发展服务业若干政策措施的意见》，提出了促进服务业发展的具体政策措施。政府有关部门将会按照党中央、国务院的要求，加大对物流业的政策支持力度：①国家发改委正在研究提出推动物流业与制造业联动发展的政策措施；②商务部已经出台《关于加快流通领域现代物流发展的指导意见》；③各有关部门将会研究解决物流企业发展中遇到的交通、税收、土地和融资等现实问题，新一批物流企业营业税差额纳税试点企业将获批；④有关部门将会继续推进铁路、公路、民航、水运等基础设施建设，特别是综合运输体系和物流信息化建设；⑤进一步研究打破区域间的市场壁垒，推进区域间物流合作；⑥重点领域、重点行业和重点品种的物流发展，将会得到政策扶持；⑦物流标准、统计、人才教育培训及理论研究等行业基础性工作，物流企业信用等级评价体系将会进一步完善。

阅读材料

我国物流业发展现状

当前，我国物流业处于快速增长期，物流总需求增长很快，物流企业快速成长，物流业市场化、社会化、专业化水准提高。物流业发展对于提高国民经济增长质量和效益的作用日益明显。

从 1978 年我国从国外引进物流这一概念，到 2008 年正好 30 年，这 30 年间我国现代物流业经历了知识普及、实践起步和全面发展 3 个阶段，现代物流业的真正快速发展是进入 21 世纪以来，特别是加入世贸组织以后。我国物流业的现状可以从以下两个方面来分析。

(一)取得的成绩

一是物流业处于快速增长期。我国经济的快速发展，特别是处于工业化中期，城镇化加速，经济总量快速增长，使物流的总需求增长很快。二是物流业在国民经济中的重要性越来越显现。物流业已成为生产性服务业中的重要组成部分，国民经济的发展，特别是转变经济发展方式需要物流业的基础性支撑。三是物流企业快速成长。我国已形成由国有物流企业、民营物流企业、外资物流企业“三足鼎立”的格局。国有物流企业加快重组改制和业务转型，民营物流企业快速发展，外资物流企业利用其优势抢占市场份额。四是物流业市场化、社会化、专业化水准有所提高。农业物流，特别是农业生产资料物流与农产品物流得到积极探索，并取得明显成效。五是加强物流基础性设施建设，物流通道明显改善，物流信息化工程加速推进。六是物流标准化进程扎实推进。按《全国物流标准2005年—2010年发展规划》，“十一五”期间完成300项左右物流标准的制修订工作。现已完成《物流术语》、《企业物流成本构成与计算》等基础性标准的制订。七是全方位推进物流人才教育工程。到2007年底，已有273所本科院校设立了物流管理与物流工程专业，200多所高职、1000多所中专开设物流专业，在校生达到50万人。八是优化了物流发展的外部环境。建立了全国现代物流工作部际联席会议制度，综合协调涉及现代物流发展的政策、战略和规划。“十一五”规划纲要明确提出“大力发展现代物流业”。《国务院关于加快发展服务业的若干意见》也提出“提升物流的专业化、社会化服务水平，大力发展第三方物流”。

（二）存在的问题

（1）我国物流业尚存在“三高一低”的问题，与发达国家差距较大。“三高”是指：一是物流总费用与GDP的比率高，2007年中国为18.4%，而发达国家一般为8%至10%，说明我国物流成本较高，这与产业结构有关，但从另一方面也说明物流发展的空间很大；二是库存水平高，中国历年库存占当年GDP的20%左右，而发达国家一般在3%左右，库存过高，占用资金多，资金周转速度慢，加大了生产与经营成本，降低了市场竞争力；三是管理费用高，我国物流管理费用占GDP的比重2007年为2.3%，而美国、日本只有0.4%，这一问题反映我国物流的体制性和机制性约束，部门分割、地区封锁的现象依然存在，尚未建立公正、公平、公开的物流竞争市场。“一低”即物流总体水平偏低，包括物流基础设施、物流标准化、物流信息化、物流人才、物流科技、物流企业等方面，我国物流业还处于初级阶段，与发达国家差距较大。

（2）有效物流需求与有效物流供给双不足。由于我国企业习惯于“大而全”、“小而全”的运作模式，物流外包速度较慢，要外包的大量是运输与仓储，物流的高端服务少，物流企业一般承接销售物流，很难进入供应物流与生产物流，使物流企业都挤在运输与仓储环节进行恶性竞争。

所以制造业与物流业联动发展，物流业首先要在制造业突破。据研究，我国制造业传统物流、实物配送物流、一体化物流与供应链管理物流“四世同堂”，物流的社会化程度较低，基本上还停留在自己采购、自己库存、自己销售、自己结算的模式。另外，物流企业虽然发展很快，但集中度低，从总体讲，一体化运作的水平差，功能单薄，具有国际竞争力的企业少。

（3）在管理方面，有关部门并没有完全形成合力，管理费用较高，市场化不足，体制性约束仍较普遍。由于物流业刚兴起，物流企业是企业大家族中新的成员，如何管理这一产业，如何管理这种企业，正处于摸索阶段，在这一阶段，不同的部门如何分工，形成合力是一个重要问题。

（4）目前我国物流业注意力主要集中在工业物流以及相关联的商贸物流，而对农业物流、再生资源物流缺乏必要的关注。城乡一体化物流，不仅是把工业品送到农村，更重要的是如何实现农产品物流的现代化，在这方面，有些发达国家的经验是值得借鉴的。至于再生资源，我国可回收的品种多，数量大，如废钢铁、废纸、废塑料、废玻璃、废汽车、废家电等，这个领域空间很大，但需要工程物流的支撑，也需要财力支持。

思　考　题

1. 快递有哪些特点？
2. 快递业务的分类有哪些？
3. 简述物流的概念。
4. 物流业务是如何进行分类的？
5. 试分析快递业和物流业的发展趋势。

实践项目

1. 实地调查。选择一地市物流企业进行实地调研，重点了解该公司经营物流业务的种类、业务发展情况，写出调研报告。

2. 实地调查。选择快递公司进行实地调研，重点了解该公司经营的快递业务的种类、业务发展情况，写出调研报告。

3. 分组讨论。3～5 人一组，通过搜集资料，分析目前我国快递业和物流业发展的现状及未来的发展趋势，并选取一名同学发表意见。

第十二章 国内邮政特快专递业务与管理

特快专递业务于20世纪70年代首先在欧美经济发达国家兴起，逐步扩大业务范围和服务区域，发展至今已经遍及世界大多数国家和地区，形成国际性、最庞大、最完整的特快专递网络。由于特快专递业务的特殊作用和发展前景以及在邮政业务中的重要地位，联合国万国邮政联盟已将其纳入邮联业务范围，并且统一规定邮政特快专递业务的标志为EMS(Express Mail Service)。

第一节 国内邮政特快专递业务概念、特点与分类

一、特快专递业务概念

国内邮政特快专递业务是邮政部门采取专人、专车、专门组织处理方式，以最快速度传递实物信息和物品的邮件寄递业务。因其寄递速度最快，所以又称“速递业务”。特快专递业务以高效率和高质量为用户寄递各种紧急信函、文件、资料以及商品货样等物品，是适应市场经济发展、科学技术进步以及市场竞争的需要而产生的邮政新型业务。

改革开放和市场经济促进了我国经济发展和国际之间的交往联系，人们对信息、资料和商品交流的时效要求越来越高。为了适应这些客观需要，我国原邮电部于1980年7月15日首先开办了国际特快专递业务，继而又于1984年11月开办了国内特快专递业务。目前，我国邮政特快专递业务在国际上已经通达200多个国家和地区，国内开办特快专递业务的城市已增加至2 100多个。2006年底，邮政速递综合信息平台在全国325个统版站点全面完成上线工作，该系统的投入使用，实现了“全国速递邮件实时动态跟踪查询和全国生产作业处理大集中”等核心功能，更好地满足了速递生产作业和对内、外查询服务的需要，进一步提升了速递信息化水平，速递业务的服务水平和质量也有明显提高。

二、特快专递业务的特点

与其他邮政业务比较，特快专递业务具备以下明显特点。

(一)速度最快、服务最好

特快专递业务是为适应商品经济需求而开办的高层次、新型邮政业务。邮政部门利用最快而有效的传递工具，规定了明确的全程传递时限，而且通过专人、专车上门揽收和投递到户，提供方便及时的服务；内部设立专门组织实施处理，最大限度减少内部处理环节和层次，确保以最快速度完成邮件的传递，特别是根据用户要求提供定时服务和特需服务，迅速、周到，体现“特、快、专”的服务。

（二）并非专营，竞争激烈

用户使用特快专递业务所寄递的内容一般以物品为主，当然也可寄递信件和文件资料。但是，按照国际上的习惯，速递业务是按照寄递时限要求而不是按寄递内容分类的，所以其所寄递内容包括邮政专营的信件，但从业务种类上区别，速递不是专营业务。即除邮政部门外，其他部门、单位都可办速递业务。当然，也应明确，用户若使用特快寄递信件之类邮件，应该向邮政企业交寄，以维护邮政对信件寄递的专营权。

由于速递业务利润丰厚，激烈的市场竞争不可避免。20 世纪 90 年代，全球最大的四家速递公司 DHL、TNT、UPS、FEDEX 都在我国设立了分公司，与中国邮政 EMS 展开了激烈的竞争。近 10 年来，民营快递企业发展迅速。民营快递依靠人力、机制、业务覆盖范围等方面的低成本运作，在我国快递市场上，特别是快递同城业务、区域范围业务或特定的跨区域的业务上占据一席之地，同时也加剧了快递市场的竞争。

（三）发展快、效益较好

我国邮政特快专递业务开办以来，发展十分迅速，既表明该项业务适应社会需求的趋势，也体现了此项业务正处在上升发展时期。据统计资料显示我国 GDP 每增长 1%，快递业务需求增长 2.93%。快递业是邮政业务中增长最快的一个板块，2008 年全国快递业务收入 408.4 亿元，已经占到邮政业务总收入的 42.5%。

由以上分析可知，邮政特快专递业务是一项高效益、适合邮政经营的新型业务，具有很好的发展前景。为了办好邮政速递业务，发挥这项业务的特殊功能和效用，中国邮政应该坚持“优质服务、确保时限、开拓市场，特快特办”的业务指导方针，并且进一步“提高竞争意识，增强竞争能力，在竞争中求发展”。通过改善经营、加强管理，发挥邮政优势，办出邮政特色，让邮政特快专递占有更广阔的市场、发挥更出色的作用。

三、特快专递邮件的分类

特快专递邮件一律按给据邮件处理，可按照内件性质、赔偿责任、寄达区域和服务方式进行不同的分类。

（一）按内件性质分类

按内件性质分为特快专递信函、特快专递包裹。

特快专递信函准寄内容包括书面通信、各种公文、合同、各类单据、报表、票据、有价证券、事务通知、稿件、证件及其他具有信件性质的物品。除上述规定以外，其他适于邮寄的各种书籍、报纸、期刊、教材、目录及各种图文资料等，也可按特快专递信函交寄。

除国家法律法规规定禁止寄递的物品以外，凡适于寄递的物品，均可按特快专递包裹寄递。

（二）按邮局所负的赔偿责任分类

按邮局所负的赔偿责任分为保价邮件和非保价邮件。

国内特快专递邮件是否保价由客户自愿选择。按保价邮件交寄时，保价金额每件最多以人民币 10 万元为限，保价费按保价金额的 1% 收取，每件最低收费 1 元。

（三）按照寄递区域分类

按寄递区域分为国际及港澳台业务、国内业务和同城业务。

（1）国际及港澳台业务。主要包括国际速递业务和港澳速递及台湾快件业务，中国邮政通过与其他国家和地区的邮政部门合作，共同完成跨国界和跨区域的邮件寄递；还通过与国际上的非邮企业合作，共同完成跨国界和跨区域的快件传递。

（2）国内业务。主要包括省内异地和省际异地业务，通过邮政网点实现邮件的最快寄递。

（3）同城业务。在城市规定的范围内，实现邮件的快速寄递。同城的范围各地有所不同，当前邮政速递广泛推出“大同城”概念。

四、特快专递业务的种类

国内特快专递业务自开办以来，业务量逐年增长，业务种类不断丰富，服务质量不断提高。除提供国内特快专递服务外，相继推出国内次晨达和次日递、承诺服务和限时递等高端服务，同时提供代收货款、收件人付费、鲜花礼仪速递等增值服务以及与网络运营商合作的电子商务速递服务。

（一）国内特快专递业务

1984 年，我国邮政开办了国内特快专递业务。该项业务作为邮政的精品业务，以高速度、高质量为用户传递国内紧急文件资料及物品，同时提供多种形式的邮件跟踪查询服务。

国内特快专递业务包括国内异地特快专递业务和同城特快专递业务。国内异地特快专递业务是指国内不同城市之间互寄的特快专递邮件业务。同城特快专递业务是指同一个城市区域内互寄的特快专递邮件业务。

特快专递业务自开办以来，一直坚持特快专递“特、快、专”的特性，采用特殊服务方式、专门作业组织、确保邮件以最快速度传递，及时准确投交收件人。

（二）国内限时服务业务

国内限时服务业务是指中国邮政速递部门按照约定的时限，将特快专递邮件送到客户需要投递的地方，并且承诺“限时未达、原银奉还”。目前，国内限时速递服务主要包括次晨达、次日递、承诺服务、当日递等。随着速递服务质量和水平的提高，以及市场需求的进一步发展，限时服务将会在快递市场上成为重要的服务项目。

1.“次晨达”业务

“次晨达”业务包括区域“次晨达”业务和跨区域“次晨达”业务。区域“次晨达”业务是邮政 EMS 在环渤海区域、长江三角洲、珠江三角洲、东北区域、川渝区域城市间开办的限时专递业务，在指定开办范围内当日交寄的 EMS 邮件，邮政速递部门保证在次日上午 10:00 前（珠三角 11:00 前）投交收件人。跨区域“次晨达”业务是中国邮政集团公司在中国经济最发达的三大区域内成功推出的。区域“次晨达”业务推出后，充分发挥邮政“全夜航”的网络优势，对邮政资源再行整合，在更大范围内推出“次晨达”高品质业务。目前，开通跨区域“次晨达”业务的城市有北京、上海、天津、南京、苏州、无锡、杭州、广州、深圳、东莞、佛山、中山、珠海、沈阳、大连、福州、厦门、青岛、武汉、江门、海口、成都22个城市。

2. 全夜航“次日递”业务

此业务是中国邮政通过调整内部作业组织，邮政航空飞机全部实行夜间航行，EMS邮件实现了在全国136个大中城市间的“次日递”。

3. 国内EMS时限承诺服务

国内EMS时限承诺服务是指对纳入承诺范围城市间互寄的特快专递标准型邮件，承诺全程时限；对超过承诺时限的邮件，退还已收取的邮件资费。这是中国邮政EMS在2009年2月推出的一项兼具时效性和稳定性的高品质速递服务。用户可登陆中国邮政EMS网站，或拨打中国邮政全国统一服务电话11185，了解时限承诺服务方式和开办的城市，并通过投寄人和收件人邮政编码精确查询到达时限。邮件投递后，还可通过网站查询邮件投递全过程。

4. “当日递”业务

此业务是中国邮政速递公司为适应日益增长的客户需求以及提升市场核心竞争能力，在有条件的地区开办的一项国内限时业务。目前中国邮政在京津之间和东三省沈阳、长春、四平、哈尔滨4个城市之间开办了“当日递”业务。“当日递”业务的开办，丰富了速递“卓越型”业务的种类。

京津“当日递”业务是2008年8月1日试办，2008年10月8日正式开办的。东三省4个城市“当日递”业务是2008年11月18日试办，12月18日正式开办的。此业务的收寄范围暂定为500 g以内的文件类邮件，不提供保价服务。邮政部门承诺当日上午11:00前收寄的邮件，投递局应于当日下午18:00前投递完毕。收寄方式为上门揽收和指定邮政支局、所窗口收寄。除标准资费外，对于窗口和“11185”零散收寄的邮件，每件另加5元的特殊服务费。对于大客户，可以根据情况免收特殊服务费，并可针对不同档次的客户给予不同幅度的优惠政策。

（三）国内经济快递业务

国内经济快递业务是中国邮政集团公司为进一步满足社会需求，于2007年8月28日推出的一项新业务。主要是为批量交寄且量大、邮件内件重和对邮件安全、信息反馈及服务综合性价比要求较高的物品类业务大客户提供服务，不针对零散客户。邮政速递部门采取专人专车定点上门服务、派驻制等方式进行收寄。此业务的开办，能够进一步满足社会需求，完善邮政物品类业务产品结构，增强邮政速递的市场竞争力。

全国（除西藏外）地、市及以上特快专递业务开办局，均可作为经济快递业务收寄局，收寄寄往全国（除西藏、海南、新疆外）各特快专递业务开办局的经济快递邮件。全国116个重点城市所属经济发达县也可收寄。

（四）电子商务速递业务

该业务是作为高端物流体系的中国速递服务公司（EMS）在与阿里巴巴旗下淘宝网、支付宝公司合作后，全面进行产品整合并逐步推进的背景下，于2007年1月开办的。这是中国邮政特别为电子商务网站量身定做的速递服务。自开办之日起，陆续在全国248个城市开办业务。在目前与阿里巴巴集团的合作中，收寄范围覆盖了阿里巴巴集团旗下淘宝网90%的交易区域，邮件可寄达全国2 000余个城市。

电子商务速递业务包括两项子业务：电子商务EMS标准型速递业务（简称“e－EMS”）和电子商务经济型快递业务（简称“e邮宝”）。“e－EMS”业务是邮政国内特快专递业务在电子商务网站上的重新集成，适用于对传输时限要求最快、货物价值高、重量轻的物品，空运为主，使用EMS标识。而“e邮宝”是中国邮政首次在全国范围内推出的经济型快递业务，也是专门针对个人电子商务物流需求开发的速递业务，适用于寄递对传输时限要求较快、要求邮寄服务价格更经济的物品。“e邮宝”全程特快陆运，使用专用标识。

（五）国内特快业务延伸服务

国内特快业务延伸服务主要包括国内特快专递代收货款业务、国内特快专递收件人付费服务、国内特快专递礼仪业务、同城业务等。

1. 国内特快专递代收货款业务

该业务是综合利用邮政速递现有条件和优势，为适应市场需要而推出的一项新的邮政速递延伸服务项目，是邮政速递部门为各类邮购公司、电子商务公司、电视直销企业、商贸企业、金融机构等单位提供的快速传递实物、代收货款或其他款项并代为统一结算的一种特殊业务。

2. 国内特快专递收件人付费业务

该业务是指寄递国内特快专递邮件时，寄件人不需交纳邮费，而由收件人支付相关费用的一种特殊服务，包括分散交寄分散付费、分散交寄集中付费、分散交寄第三方付费、集中交寄分散付费等4种。目前仅办理国内特快专递收件人集中付费业务、国内特快专递第三方付费业务2种。国内特快专递收件人集中付费业务是为分散交寄、集中纳费的大客户提供的一种特殊服务。国内特快专递第三方付费业务是为分散交寄、第三方集中纳费的大客户提供的一种特殊服务。

3. 国内特快专递礼仪业务

该业务是邮政部门为满足广大人民群众日益增长的礼仪文化需求，将邮政业务网络和现代礼仪服务有机结合，为社会提供的一种礼仪服务类邮政新业务。国内特快专递礼仪业务根据客户需要，以专人、专车的方式，提供鲜花、礼品等礼仪专递服务以及为会议、庆典、婚庆、生日等提供策划、创意等系列礼仪服务。目前速递礼仪业务主要包括的子品牌有：思乡月、五节联送、吉时礼和家乡速递等。

“思乡月”专项营销活动是中国邮政EMS在中秋佳节期间推出的以“百年邮政，与您共贺中秋”为主题，以“明月寄相思，千里递真情”为主旨，为广大客户提供的月饼选购、寄递"一条龙"速递服务。五节联送是指在圣诞、元旦、春节、情人节及元宵节等中西文化中最重要、最隆重的5个节日,凡在中国邮政此业务开办范围内,订购礼仪产品的用户均享受市内免费投送,10元寄达全国(不包括港、澳、台地区)的服务,为人民群众在节庆之日传递祝福信息、寄递礼品提供最贴心的服务。

在原有的同城业务的基础上,各省(自治区、直辖市)邮政速递部门大力开拓了单证照类、重点行业类同城速递业务市场,如法院专递业务、二代身份证业务、高考录取通知书业务等,取得了较好的效果。

第二节　国内邮政特快专递业务处理

特快专递业务的特点集中表现为"特、快、专",通过运用特殊的经营政策、特殊的组织管理办法和特殊的服务方式,采用专人、专车、专门作业组织处理,确保以最快的速度寄递邮件。

一、特快专递业务基本规定

为了保证特快邮件迅速、准确、安全、方便的寄递,为用户提供优质高效的特快业务,有必要对这一业务的开办和组织制定并执行统一的要求和规定。

(一)开办特快专递业务的条件与要求

特快专递业务是一项高层次的邮政服务,用户对服务方式、质量,特别是对传递时限有着特别的要求。所以,特快专递业务的开办,只能根据客观需求和邮政能力的发展变化,逐步扩大范围。特快专递业务一般只在省会城市和地、市城市以及经济比较发达的县、市开办。凡属开办特快业务的邮政局,均应由主管省速递物流公司向中国邮政速递物流公司提出申请,经批准后方可办理。未经批准的局不得擅自收寄特快邮件,也不能列入各开办局的通达范围;各开办局要以中国邮政速递物流公司批准的业务开办局为邮件通达范围,并以此范围编制邮件发运路由和局内作业计划;也可根据需要设立收寄点和代办处,负责收寄特快邮件。所有特快专递业务开办局均应设立单独的速递部门专门处理特快邮件,其分拣封发和投递均不得与其他邮件混合作业。

(二)特快专递邮件准寄范围和封装规格

1. 准寄范围

特快专递邮件是按寄递时限要求不同而设置的新型邮件类别,不分内件性质和内容,凡适合于邮政寄递的各种信件、文件资料和各类物品包裹均可收寄,特快邮件的禁寄、限寄规定及其违反禁限寄规定的处理,与国内普通包裹邮件基本一致。

2. 特快专递邮件重量尺寸限度和封袋规格

特快邮件每件重量尺寸限度具体见表12-1。

表 12－1　国内特快专递邮件重量尺寸限度

最大重量限度	尺寸限度			附注
	种类	最大尺寸限度	最小尺寸限度	
40 kg（“红杯”或“红杯水”邮件 10 kg）；环渤海区域省际间“次晨达”邮件限重 5 kg	特快专递信函	特快专递邮件专用封套规格：长度324 mm、宽度 229 mm、公差 2 mm		无法装入专用封套的应封入纸质包装箱
	特快专递包裹	包装箱、盒的最大尺寸长度不超过1 500 mm，长度和长度以外最大横周合计不超过3 000 mm，公差 2 mm。特殊情况以能装入 51 号邮袋为限	包装箱至少有一个面的长度尺寸不小于 250 mm，宽度不小于 170 mm（公差 2 mm）	圆卷形包装的最小尺寸为：长度 300 mm、直径 60 mm（公差 2 mm）；其最大尺寸为直径的 2 倍和长度合计为 1 500 mm（公差为 2 mm）

特快邮件的封面书写与普通邮件要求相同，邮件封装也有规格要求，见表 12－2。

表 12－2　国内特快专递邮件封装要求

邮件类别	包装方法
国内特快专递邮件	1. 函件型封装规格要求 （1）一般应装入特快专递邮件专用封套内寄递 （2）扁平型、厚度不超过 10 mm 的，应装入速递邮件专用封套内寄递；厚度超过 10 mm 的，应用大小合适的包装箱、盒封装。封装时箱内空隙处做好衬垫、充填，包装箱盒外用专用胶带封固 （3）圆卷型的，封皮不得短于内件，圆卷尺寸应符合规定的尺寸限度，长度较大时，应内衬坚实的圆棍或采用硬质塑料的圆筒作外包装物 2. 包件型封装规格要求 （1）应按所寄物品的性质、大小、轻重、寄递路程远近和运输情况等，选用适当的包装材料妥为包装，以能防止发生：封皮破裂、内件散落；封皮材料变形；伤害处理人员；污染或损毁其他邮件；因寄递途中挤压碰撞、磨擦震荡或气候、湿度影响而发生损坏 （2）柔软、干燥、耐压的轻型物品（如衣服、布料、袜子等）可用塑料袋套包装，再装入特快专递邮件专用封套或邮政包装箱内 （3）硬质物品不得使用特快专递邮件专用封套封装 （4）较轻的金属物品或贵重物品，应用坚实的金属或硬塑料制成的内箱匣或特制的包装箱匣封装。包装箱、匣的尺寸应符合相关规定。一般 20 kg 以内的金属物品，可使用双层邮政包装箱封装，箱内用硬泡沫塑料将内件衬垫、填塞妥当 （5）油腻、腥味和容易返潮的物品应先用塑料袋妥为封装，用热压封口（或其他方法密封），再用邮政包装箱包装 （6）易碎物品，封装时应在内件之间及内件与箱板之间用柔软、轻质的填充物（泡沫塑料填充品、棉絮、瓦楞纸等）填塞妥当，使其不能在包装箱内晃动，以防在运输途中损坏 （7）流质和易融化物品以及着色干粉应装入完全密封的容器内，再装入纸质箱、盒内，箱盒内要用吸附性强的填充物填塞妥当，以备容器破损时能把流质吸尽 附注 （1）不准使用旧封套和自制的封套 （2）需要使用箱、盒封装时，一律采用纸质包装箱、盒；瓦楞纸板表面不得出现露楞现象 （3）包装箱、盒应用透明邮政专用胶带封固 （4）邮件重量超过 5 kg 时，箱、盒外必须用非金属捆扎带箍紧 （5）需要捆扎的邮件，应先将邮件详情单牢固粘贴在邮件封面上再行捆扎，但捆扎带不应覆盖详情单条形码

(三)特快专递邮件资费

1. 特快专递邮件的资费政策与标准

特快专递业务提供"特、快、专"的高层次服务,邮政部门为此付出的劳动和价值消耗比较高。按照以质定价和价格符合价值的原则,特快邮件与普通邮件相比采取较高的资费标准。

国内特快邮件目前采用首重均一资费、续重分区计费的制度,资费标准由中国邮政集团公司制定并公布实行。现行特快信函、特快包裹的资费标准相同。首重资费,500 g及500 g以下邮件资费为20元;续重资费,对500 g以上邮件续重资费实行分区计费,即将寄达地所在省(区、市)参照省会城市间运距归为5个计费区,分别执行不同的资费标准。特快专递邮件的资费见表12-3。

表12-3 国内特快专递邮件资费

计费单位	起重500 g及以内	续重500 g或其零数				
		500 km及以内(一区)	500 km以上至1 500 km(二区)	1 500 km以上至2 000 km(三区)	2 000 km以上至2 500 km(四区)	2 500 km以上(五区)
资费标准	20元	4元	6元	9元	10元	17元

同城特快专递业务资费由各省邮政公司会同省物价部门商定。

次晨达、当日递、经济快递、电子商务速递等业务的资费根据具体情况也有所不同。

此外,国内特快专递邮政公事邮件免付邮费。"邮政公事"特快邮件,仅限于特快业务档案、生产部门交寄的特快专递邮件验单、复验、必须递查的查单、查询答复单及其附件,上缴的特快专递"无着邮件"。其他邮件不得使用特快"邮政公事"交寄。

2. 特快邮件资费的纳付方式

国内特快邮件资费的纳付方式是交付现金、出给收据,在邮件详情单上打印带有"EMS"字样的收寄日戳表示邮资已经纳付。

二、特快专递邮件的收寄

特快专递收寄方式有营业窗口收寄、到户揽收和设置代办点收寄3种。其中以到户揽收为主,定点收寄为辅。除上述方式外,各局还可以根据当地的需要,采取其他方式收寄,如在贸易洽谈会和商品展览会会场设置临时服务处收寄等。

(一)窗口收寄

营业窗口的收寄手续如下。

符合条件经中国邮政集团公司批准的特快专递业务开办局,可以收寄特快专递邮件,非特快专递业务开办局不得收寄特快专递邮件。

1. 验视、发单

(1)首先验视内件是否夹寄禁、限寄物品。无法确定内装物品是否符合禁、限寄规定的，应请寄件人提供相关证明材料，存局备查；无法断定所寄物品是否属易燃易爆等具有危险性质的化工物品时，应要求寄件人提供省级以上化工检验部门或指定化工产品检测单位出具的确非危险品的证明，并随附在邮件上，复印件存局备查。

(2)请寄件人按规定填写国内特快专递邮件详情单。

(3)检查详情单的书写是否符合规定，邮件内件的性质、数量是否与邮件详情单填写的内容一致，寄件人是否在详情单上签名；邮件的重量、尺寸、封装是否符合规定；邮件寄达地点是否属于通达范围。如有与实际情况不符，要当即向寄件人指出。

国内特快专递邮件详情单填写要求：①用蓝色、黑色圆珠笔或用打字机、打印机填写，各联字迹都应能清晰辨认；②在指定位置填写收、寄件人姓名(或单位名称)、电话号码、详细地址及邮政编码，如有用户代码要填写该代码；③选择内件性质，在选择处打“×”，内件如系包裹类，在指定位置填写内件品名、数量，如需保价，在“保价”选择项前打“×”，填写保价金额(大写)并请寄件人在详情单指定位置签名确认，保价金额，最高不应超过10万元人民币

2. 称重、计费、录入、打印详情单和收据

验视后与用户眼同封装，并称重计费；称重以克为单位，邮费以元表示；将收寄的相关信息完整录入营业收寄操作系统，打印特快专递详情单和“特快专递邮件收据”一式三联。

3. 抽单、贴单，盖章戳

将详情单第二联、第三联抽出，第一联及第四联牢固粘贴在特快专递邮件专用封套指定位置或邮件包装箱、盒的最平整面。收寄的如是易碎物品，应在邮件封面和详情单上加盖“红杯”或“红杯水”戳记。

如果是手工处理，应在邮件正面右上角处，加盖特快专递邮件收寄日戳；若无法清晰加盖，可盖在“特快专递邮件收寄日戳印志”签上，使用时可将特快专递邮件收寄日戳印志签逐枚揭下，牢固粘贴在邮件正面右上角(使用计算机收寄系统的，收寄日戳自动生成)。

4. 收费、给据

收寄人员收取邮费并将收据的第一联连同国内特快专递邮件详情单的第三联一并交寄件人收执，收据的第二联连同国内特快专递邮件详情单的第二联一起作为缴款凭证，收据的第三联留存。

5. 复核、登单

办完收寄手续的国内特快专递邮件检查无误后，逐件登入“国内特快专递封发邮件清单”一式两份，一份留存，另一份装入清单套内随邮件按规定的出口频次、时限封往或送交特快专递邮件出口分拣封发部门。

(二)到户揽收

到户揽收是一项改善服务、稳定用户、争取业务的主要方法和手段。对于一些交寄量大的单位，应及时上门收寄，为用户提供优质服务。

到户揽收邮件可采用交付现金或邮资计账总付方式，其他应办理事项与窗口收寄相同。可以按次向用户收取揽收服务费；经上级批准，视业务市场情况，也可以免收揽收服务费。

如果在揽收时不能当场办理收寄手续，揽收人员应请寄件人将填妥的邮件详情单粘贴在相关邮件上（签名确认），由揽收人员填写"揽收特快专递邮件交接清单（邮特2003）"一式二联，第一联交寄件人，第二联连同寄件人预付邮费带回与指定接收人员办理下列手续。

（1）由接收人员按上款规定逐件办理收寄手续，将应交给寄件人收执的收据、邮件详情单寄件人存联由揽收人员代收。

（2）揽收人员应将邮件收据、邮件详情单寄件人存联、邮费余额及时转交寄件人收执，并由寄件人在交接清单第二联签章后交揽收部门存档。

待办妥手续后，再将邮件详情单第三联交寄件人。

揽收人员回局后，应与指定的复核人办理交接手续。

（三）代办处收寄

开办局除设立必要的收寄点外，还可以根据实际需要，设立代办特快专递邮件收寄处（简称代办处）。代办处收寄邮件也应参照窗口收寄和上门揽收的规定办理。开办局对代办处收寄的邮件应按日办理邮费结算手续，并按照合同规定的酬金标准按月（季）支付酬金。

三、特快专递业务的频次与时限规定

特快专递业务是一项对时间要求特别高的新型业务，科学地制定与严格执行处理传递的频次和时限规定，是特快专递业务发展的关键因素。频次与时限的制定和实施，涉及邮件寄递的全部过程，即收寄、分发、运输、投递各个环节，各级邮政业务管理部门和职工，都应确立严肃的频次和时限观念，制定有效措施，保证特快邮件处理传递的频次和时限规定的贯彻执行。特快专递邮件的频次和时限的制定和执行，还应以专办为基础，形成以专人专车为主体的处理和市内运送传递系统，尽可能缩短局内处理传递时限。同时，频次、时限的管理工作还必须纳入全局邮政通信组织管理系统，实行统一的指挥调度和监督检查。特快专递邮件寄递的全程时限资料，进出口分发作业计划，应由生产指挥调度部门统一核定和编制。只有各个环节和各级业务管理部门切实加强特快业务的管理，确保其处理传递频次和时限规定的正确贯彻实行，才能保证特快邮件迅速、准确寄递，从而向广大用户提供优质高效的特快寄递服务。

（一）特快邮件处理传递频次、时限的确定

1. 频次、时限的三级管理

特快专递时限实行集团公司、各省公司、开办局三级管理。

（1）集团公司负责特快专递业务时限、频次标准的制定、修改及执行情况的检查、考核。

（2）省公司负责对省内特快专递业务时限、频次的统一管理与协调，并加强对省内各开办局的监督检查与考核工作。

(3)开办局负责在本局范围内落实特快专递时限、频次标准,严格按时限、频次规定组织生产作业。

2. 确定频次和时限的依据

制定特快邮件处理传递频次和时限的依据,除了必须以快为核心的要求外,还有其他影响因素,这些因素也是确定频次和时限的依据,主要有:①进出口运邮车(航)次的频数及其到开时刻;②航运进口邮件的航邮交接和趟车运递时间;③各环节工种的内部作业组织方式和处理时间。

(二)时限的基本规定

1. 特快专递邮件传递时限基本规定

具体见表12－4。

表12－4　国内特快专递邮件传递时限规定

局	出　口	进　口	转　口
邮航通达局	11点前收寄的(专趟揽收的为12点,下同),日均出口1.5万件以上的局,赶发4小时以后的有效车次及6小时以后的有效航班。1.5万件以下的局赶发3小时以后的有效车次和5小时以后的有效航班。营业终了收寄的,日均出口1.5万件以上的局,赶发5小时以后的有效车次和6小时以后的有效航班。1.5万件以下,0.3万件以上的局赶发4小时以后的有效车次和5小时以后的有效航班。0.3万件以下的局赶发3小时以后的有效车次和5小时以后的有效航班	5点前到站(局)的,12点前投递完毕。11点前到港的航班或13点前进站(局)的,17点前投递完毕	比照出口时限要求办理
其他航空通航局和省会局	同邮航通达局	5点前到站(局)的12点前投递完毕。11点前到港的航班或14点前进站(局)的,17点前投递完毕。“全夜航”快速汽车14点到15点进局的,第二频次可当天投递完毕	同邮航通达局
非航空通航局	同邮航通达局	8点前到站(局)的上午投递完毕。15点前到站(局)的当日投递完毕	同邮航通达局

2. 总包经转时限规定

联航时限:同一机场为5小时,同一城市两个机场为7小时。

航转陆时限:北京、上海、广州三局为5小时,其他局为4小时。

陆转航时限：北京、上海、广州三局为5小时，其他局为4小时。

四、特快专递邮件的投递

（一）投递的一般规定

1. 直投范围与投递深度

（1）直投范围。直投范围是指由速递部门组织专门人员、专车直接投交收件人（单位）的投递区域范围。特快专递邮件原则规定应由速递部门直接按址投递，开办速递业务的局，应以城市行政市区（包括市区、近郊区和经济技术开发区）为直投的区域范围。

随着速递业务的不断发展，新业务种类的推出，速递邮件总量的迅速增长，客户对速递服务要求也日益提高，中国邮政集团公司近几年也在不断改进和完善投递服务工作，提升速递邮件的投递质量，其中一个措施就是进一步扩大直投范围，将邮件量集中的工业园区、科技园区、发达郊县纳入直投范围，而随着服务能力的提升，直投范围将会不断扩大。

对于寄至直投范围以外的特快专递邮件，如收件人愿意付超远投递费的，应由投递部门组织超远投递。因地点偏僻，无法与收件人进行电话联系，也不便组织超远投递的，可以最快的速度递交普邮最近班次投递。

（2）投递深度。特快专递邮件收件人是个人姓名的，直接投交本人；收件人是单位名称或收件人是个人姓名，但地址只写是单位名称，未写明具体分支部门，也未写明具体房间号、联系电话的，可投到收件单位收发室或总服务台，如有收件人联系电话，须电话联系后，投交收件人。严禁擅自将邮件投交收发室代转。对于不许投递员入内将邮件投交收件人本人的军政保密单位，可投到单位收发室，但投递部门应与该单位签定书面协议，明确邮件妥投收发室后由收发室负责将邮件及时、安全地转交收件人。国内法定节假日照常投递。

2. 投递前的内部处理

投递部门接收分拣封发部门封来或直接交来的进口特快专递邮件应按照有关规定进行交接、开拆和核对。对于不符事项应补办或更正。必要时将不符或差错事项用验单通知封发部门。

（1）规格验视。对于邮件质量和规格的查核和验视，是保证投递质量的重要因素之一。应逐件查验邮件封装是否完好，如发现封皮破损，应用邮政专用粘胶纸代为粘封；对于物品类邮件的破损，应代为捆扎，然后用专用的粘胶纸粘封，防止内件散漏。

（2）编制投递清单。经验视后的邮件应逐件在背面加盖投递日戳，对于经常有大宗邮件的收件单位可按收件单位单独登列清单。国内特快专递邮件附有详情单第一联的，应做投递清单，由收件人签收。

3. 投递方式

特快专递邮件有两种投递方式。

（1）按址投递。按址投递是主要的投递方式，由专业投递员按照邮件封面的名址，将邮件直接投给收件人。

(2)窗口投交。窗口投交是指将邮件在邮局的营业窗口投交给收件人,属于下列情况的特快专递邮件可按窗口投交方式办理:①由于邮件出现不正常情况,如重量或内件短少等,需要收件人到邮局来领取的;②经按址投递两次,因收件人方面的原因,无法投交的邮件(收件人要求再次上门投递的除外);③应用户要求在营业窗口投交的邮件;④寄件人要求撤回的邮件;⑤因无法投递而退回的邮件。

(二)投递的流程

国内特快专递邮件的按址投递流程主要包括4个环节:接收盖戳→细排复核→出班投递→回局交接。

国内特快专递邮件的窗口投交流程主要也包括4个环节:转交营业、接收保管、验证投交和平衡合拢。

(三)投递的处理手续

1. 按址投递的手续

(1)接收盖戳。投递部门接收分拣封发部门封来或直接交来的进口投递邮件应在其背面加盖投递日戳,按投递道段分拣,登入"特快专递邮件进口合拢表",然后与相关投递人员办理交接手续。

(2)细排复核。投递员领取邮件后,应核点件数,检查邮件封装,签收后按本投递段路线进行细排,细排后进行复核,并检查现场有无遗落邮件。

(3)出班投递。投递员必须按照规定的时间出班。投递途中严禁将邮件交给他人翻阅和看管,投递时要认真复核点交,做到"收投相见"。

(4)回局交接。投递人员每班或每日工作完毕,应向主管人员交回"国内特快专递邮件详情单"第一联和应收的款额,详情单第一联应指定人员整理归档。对当班无法投出的邮件按规定妥善处理。

2. 窗口投交的处理手续

(1)转交营业。对营业窗口投交的邮件,由指定人员逐件填写"特快专递邮件通知单",并交投递人员当班投递,相关邮件交营业人员待投。

(2)接收保管。营业部门接收投递部门交来的窗口投交邮件,应核对邮件数量和封装情况,如发现数量不符或封装不合格时由交方处理。

(3)验证投交。营业窗口投交邮件时,应查看收件人的身份证和领取邮件通知单上收件人的签章,批注证件节目。

局内投交邮件自发出领取特快专递邮件通知单或属再投邮件转来后3天仍未领取应及时催领,催领方式可采用电话(传真)通知催领或填写"领取特快专递邮件通知单"加盖红色"催领"戳记方式催领。每隔3天催领一次。经两次催领(即自第一次发出通知之日起满12天)仍未领取的按无法投递邮件处理。

(4)平衡合拢。每日营业终了,营业人员对窗口投出邮件的详情单第一联整理归档,同时对已投出和待领邮件的数量进行清点结算,做到平衡合拢。

五、特快专递邮件的特殊处理

（一）邮件的撤回

国内特快专递邮件在投交收件人之前，寄件人可以向收寄局申请撤回。申请撤回时应出示个人身份证件或单位证明、交寄邮件收据和详情单第三联，填写“国内特快专递邮件撤回申请书”，并缴纳申请费3元。

当同一寄件人同时在同一邮政局寄交同一收件人的数件邮件要求撤回时，可以填写一份申请书，按一件收取申请费。

收寄局受理撤回邮件申请书后，如邮件尚未发出，将邮件退交寄件人，所收邮费退还寄件人（但揽收服务费等已提供服务的费用不退）。如邮件已发出，收寄局应向相关投递局编发撤回邮件传真电报。投递局收到撤回邮件传真电报后，应立即查明邮件处理情况，如邮件尚未投交收件人，应在邮件上加贴“改退批条”，批明“寄件人要求撤回”字样，按特快邮件退回收寄局；如邮件已投交收件人，应将邮件投递情况在24小时内用传真电报通知收寄局，由收寄局转告寄件人。撤回的邮件由寄达局退回收寄局后，应在营业窗口投交寄件人，但所收邮费不退，也不另收退回费。

（二）邮件的查询与补偿

1. 特快专递邮件的查询

（1）查询的有效期。国内特快专递邮件自交寄之日起4个月内受理查询。

（2）查询的方式。特快专递邮件的查询方式有营业窗口、11185电话、手机短信、网上查询、传真等。查询时免收查询费。

（3）查询处理方式。国内特快专递邮件的查询处理方式包括直查和递查。直查是指收寄局按直封关系直接向投递局或投递信息录入局查询；递查是指收寄局按邮件（总包）传递各环节依次进行的查询。

（4）查询处理时限。国内特快邮件的查询在收寄局内处理时限为2小时。如在直查查单发出后的48小时内未收到被查局所查邮件下落的答复，应再催查一次。被查局应于24小时内答复查询局，否则为赔偿责任局。对于非直投邮件可放宽至36小时。

（5）查询全程最大时限。自邮局受理查询之日起，最迟必须在下列期限内答复查询人。

采用直查方式查询的，投递局有总包进口时，收寄局、投递局均为非投递信息录入局的为5天，其余的为3天；无总包进口时，按递查时限执行。

采用递查方式查询的，省会局之间及省内互寄的为6天；其余的为15天。

2. 邮件的补偿

（1）补偿范围。国内特快专递邮件在寄递过程中因邮局过失而丢失、短少、损毁，致使失去邮件本身全部或部分价值时，邮局按规定标准予以补偿。但对非邮局过失所致的损失，邮局不承担补偿责任。

（2）补偿标准。保价邮件最高赔偿金额不超过所申报的保价金额；保价邮件丢失或全部损毁按保价金额赔偿；部分损毁或短少按实际损失的价值予以赔偿，但赔偿额不得超过保价金额；对未保价的邮件应按实际损失赔偿，但最高赔偿金额不超过所付邮费的3倍。

因丢失或全部损毁而进行赔偿时，应退回已收取的邮费，但保价费不退。

因邮局的责任使特快专递邮件逾限（以对外公布的全程最大时限为准）造成寄件人申告时，应将全部邮费退回寄件人（保价费不退）。

（3）补偿款的处理。对已确定邮件在传递过程中发生丢失、损毁、短少或因邮件逾限而客户申告的，收寄局应在1周内向客户赔偿，责任局归垫；对已超过查询全程时限仍无结果的，视作该邮件丢失，收寄局应在1周内向客户赔偿，责任局归垫。

对查清责任局属民航等非邮政部门责任的或确属无法查清责任的（属各处理环节严格执行规章制度，但邮件确属我邮政内部发生质量问题），由收寄局先行归垫后，将有关材料上报省速递物流公司主管部门。省公司审核后，最迟于1周内上报中国邮政速递物流公司。经审核情况属实的，按月将归垫款拨付给各省公司；情况不符的，则仍由相关责任局赔偿。

（三）无法投递邮件的处理

国内特快专递邮件有下列情况之一的作为无法投递邮件处理：① 收件人地址书写不详或错误；②原书写收件人地址查无此人；③收件人迁移新址不明；④收件单位已撤销又无合法的代收单位；⑤收件人死亡又无合法代收人；⑥收件人拒收邮件（非邮局责任）或拒付应付的费用；⑦局内投交逾期不领。

无法投递的国内特快专递邮件，应将"国内特快专递邮件详情单"的收件人名址画销（原字迹应可以看出），在详清单上粘贴"改退批条"，退回原寄局。原寄局收到退回邮件后投交寄件人，免收退回费。

（四）无着邮件的处理

无法投递邮件退回原寄局后，如无法退给寄件人，保管期满1个月且寄件人仍不认领的，按无着邮件处理。无着邮件由指定人员负责保管，每月向无着邮件处理处寄送1次。

国内特快专递邮件在无着邮件处理部门保管期限为3个月。保管期间如寄件人申请索回，应在营业窗口投交寄件人。保管期满，由双人开拆作相应的处理。

第三节　国内邮政特快专递业务的经营管理

在中国邮政的三大板块业务当中，速递业务属于竞争性业务，利润较高，效益较好，但市场竞争也非常激烈。面对民营、外资速递物流公司越来越猛烈的夹击之势，中国邮政集团公司开始通过整合资源来抢夺市场。从2008年12月开始，云南、北京、宁夏先后宣布成立了邮政速递物流公司。2009年9月，中国邮政集团公司下属的中国速递服务公司和中邮物流有限责任公司进行了合并，中国邮政各地子公司的速递和物流业务也在陆续合并。

一、国内特快专递业务发展分析

（一）特快专递业务总体情况

中国速递业市场年增长25%～30%，市场空间大，竞争激烈。四大家族实力雄厚，不仅拥有先进的运输工具、通达广泛的全球性网络，而且在人才和高科技应用方面也比邮政EMS明显占优势，目前四大公司在国内均以独资或合资的方式开展业务，其在主营国际特快业务的同时，也兼营部分国内业务；民航、铁路改革力度非常大，民航、铁路依托自己得天独厚的运输网络而开办的速递公司，如中铁快运、航空快递等，其经营的范围主要是铁路、民航所能涉及到的所有地区，主要的客户群是一些大的公司、企事业单位，大宗、零散兼顾，对邮政EMS极具威胁；一些私营速递公司机动灵活，在经济发达地区以低资费揽收邮件；此外，电子商务的发展，电话以及传真技术的普及，也会给邮政速递业带来一定的冲击。

从特快专递对全国业务收入的贡献看，大部分时间特快专递业务收入占全国业务收入的10%左右，是邮政的支柱业务之一；自特快专递业务开办以来，业务量一直呈现平稳上升趋势（只有1997年呈现负增长）。2008年末，速递业务量5亿件左右，比2003年增长超过100%。随着我国经济的持续快速发展和消费者对安全可靠、成本效益高的包裹限时投递服务需求的提高，以及邮政对特快专递投入的增加，预计未来几年中国内速递市场还将继续扩大。2007年特快专递业务收入突破100亿元，2008年达到122亿元，2002年—2008年特快专递业务收入年均增长率为16.61%。目前已经形成了以EMS为主品牌，以优质服务品牌（次晨达、次日递、e邮宝、商e通等）、个性化服务品牌（思乡月、五节连送、吉时礼等）和强势网络品牌（全夜航）为子品牌的产品体系。同时网络能力不断提升，“全夜航”自主航线规模逐步扩大，现有16架飞机、16条航线、41个航段，自主航空运邮量占全部航空邮件运输量的48%左右。

尽管近年来邮政速递业务总体上保持较快发展，但市场占有率逐年下降。据统计，国内速递市场占有率下降到26.87%左右，国际速递市场占有率下降到不足15%。

（二）特快专递业务面临的机遇和挑战

1. 特快专递业务面临的机遇

（1）宏观经济的稳定发展。近十几年来，我国经济保持快速发展势头，同时也是我国快递业发展的黄金时期，随着中国经济的进一步发展，企业间的合作与交流越加频繁，国际往来日益增多，这都给快递业的发展带来了直接动力。虽然近两年受到了金融危机的影响，但金融危机的严竣形势，将使快递行业加快洗牌，使行业进一步发展和净化。邮政速递作为行业领军企业，必将努力奋进，通过创新抢占市场。

（2）物流行业的蓬勃发展。与快递业息息相关的物流业，正处于高速发展阶段，物流的发展带动企业间的往来，代表经济活跃程度，特别是国际物流的发展。因此，我国快递业正处于高速发展时期。而中国邮政通过整合速递物流业务，打造整体品牌优势，也必将推动速递业务的发展。

（3）电子商务的迅猛发展。随着互联网的发展和人民生活水平的不断提高，我国人均消费快递将保持高速增长，特别是电子商务“网购”拉动快递业务异军突起。2008年全国个人间网上购物销售额1 320亿元，由此带动的包裹快递量约5亿件。国内最大的网络购物平台“淘宝网”，2008年全年交易金额为999.6亿元，日均使用快递服务达到150万笔以上，较2007年增长超过100%。部分大型快递企业电子商务快递（异地、同城）的市场份额也超过50%以上。预计未来10年电子商务快递将继续保持高速增长的态势。而中国邮政适应网购发展的需要，在2007年底推出了电子商务速递业务，随着网络购物的迅猛发展，必将带动电子商务速递业务的发展。

2. 特快专递业务面临的挑战

（1）快递巨头在华发展加力。为了抢占国内快递市场，国际四大快递巨头UPS、FEDEX、DHL、TNT都不惜重金投入，发展其在中国的网络，纷纷成立转运中心，针对国内市场推出一些个性化业务。如FEDEX在2008年6月1日起推出区域12元、跨区域15元起价的次早达业务，UPS在2008年5月，在全国二、三级城市新增10家分公司，DHL推出“门到门快递代金券”，TNT将经济快递门槛降至15 kg等等，这些措施都表明，四大快递巨头已经将国内快递市场作为在华业务发展的重点。

（2）民营快递通过改革建立高端竞争优势。规模民营快递纷纷委托著名咨询公司制定改革和调整方案。如顺丰已经完成改革，牢固确立直营模式，发展迅速；申通逐步完成各地分公司的直营改造；宅急送通过改革立足速度、品质提升，改变家族管理方式等。

（3）其他国有企业的竞争优势。以民航、中铁快运为主的其他国有快递企业具有明显的网络优势。民航快递是唯一提供全面的当日递服务能力的快递企业。中铁快运的价格约为EMS的60%，在铁路沿线非常有杀伤力。这些企业也成为邮政发展速递业务有力的竞争者。

从以上可以看出，中国速递市场将成为世界各大快递公司和本土公司拼抢的重点，竞争将十分激烈。随着《快递市场管理办法》和新《邮政法》的颁布实施，国内快递市场将进一步规范化。而中国邮政依托自身的品牌和网络，在国内票证、异地业务市场上有相对明显的优势，2008年市场占有率达到25%左右。而同时也应该看到，邮政速递仍然存在很多问题，如运营机制和市场反应能力较差，速递专网不完善，同城、区域速递业务竞争力不强，产品价格和市场没有接轨等。

二、特快专递业务的市场定位

速递业务是邮政核心业务，是高投入、高效益的业务。今后应继续保持在中国速递市场上的领先地位，大力发展国内速递业务，尤其是区域性业务和经济快递；进一步实行专业化经营，形成邮政速递参与市场竞争的合力。同时以速递专业为龙头，逐步整合竞争性寄递类业务。

三、特快专递业务专业化经营

（一）专业化经营的概念

专业化经营，指在速递业务竞争激烈的重点城市，以生产经营管理一体化为核心，加大政策扶持力度和能力建设，对速递专业实行市、县一体化的经营和管理，形成邮政速递参与市场竞争的合力。

（二）专业化经营的含义

1. 生产一体化

（1）速递业务的整个生产环节，由市速递公司规划、组织和主要控制。

（2）不隶属于市速递公司的生产环节，按市速递公司的要求进行生产，并接受市速递公司的业务指导。

（3）市速递公司组织生产，不受市、县行政区域限制。

2. 经营一体化

（1）市速递公司对全市速递业务发展和效益负全责。

（2）对市、县营业平台和未纳入市、县一体化的县局，市速递公司有指导其发展速递业务的职责。

（3）市速递公司负责全市市场开发和大客户管理。

（4）县成立速递营业部，直属市速递公司，经营活动由市速递公司组织。

3. 管理一体化

（1）市邮政局划清市、县速递专业人员、资产界面，由市速递公司实施管理。

（2）对市速递公司实施市、县一体化损益核算，清晰与其他各中心的财务关系。

（3）对全市范围内速递专业的人员资产流动，市速递公司可合理调配。

4. 市、县一体化

（1）集团公司确定的108个速递业务重点城市，均应实施市、县一体化专业经营。

（2）纳入市、县一体化的县，由省邮政公司确定。除经济欠发达、速递业务规模小的县，重点城市所属县均应纳入市速递公司。

（3）对重点城市未纳入市、县一体化的县局，市速递公司要加强专业管理。

（4）对未纳入集团公司所定重点城市的其他城市，其经营管理模式由各省公司自主决定。

（三）省、市速递公司的角色转变

省速递公司要向以经营服务为主转变；市、县生产、经营、管理一体化，市速递公司要向实体化转变；市速递公司成为市、县营销体系的核心，必须树立市场导向观念，贴近市场，深度参与竞争。

四、特快专递业务的发展对策

（一）积极推进各项改革

继续推进专业化经营、整合资源、进行生产流程优化和资费体系的改革。实行专业化经营，建立全网性的总、分公司模式，给予必要的、自主掌握的网络资源；根据不同的产品类别，制定不同的资费标准。根据寄递路程远近设计不同的资费标准，鼓励各级专业公司发展不同层面的区域性业务，并给予一定的定价权限。

（二）加强网络建设

在实物网的建设上，要“快”、“好”，区别于其他邮件真正做到“特快”和“专递”，实施统一、规范的生产指挥调度。加快以南京为空运集散中心的航空运输网络建设,加快速递物流省际干线网络建设,加快区域和省内快速集散网的建设。

大力改造投递网和信息网,在竞争激烈的大城市建立速递投递专网,其他城市分层运作,保证速递业务质量和时限。同时综合信息系统的建设投入和资源利用应体现"竞争业务优先、高效业务优先"的原则。

(三)做强国内业务,打造 EMS 品牌

大力发展国内速递业务,搞好宣传,提高服务水平,着力打造邮政 EMS 品牌优势和新形象。建立和完善邮政速递服务质量管理体系,全面开展创"优 +"服务,不断提升现有产品品质,结合邮政实物网点多、线长、面广的优势,紧密围绕速递的核心业务,丰富 EMS 业务的时限层次,拓展区域性业务,并重点拓展高端业务市场,大力发展代收货款等增值业务,提高速递整体抗风险能力。

1. 做优标准业务

对于标准业务,首先要优化业务结构,重视文件类和小件物品类业务的市场开发,深度挖掘文件类业务市场;其次要做好国内时限承诺服务,提高时限稳定性和次日递、隔日递邮件比重,提高时限竞争力;第三要优化和完善现有 EMS 国内资费价格体系,细分资费划分区域,体现服务内容与价格的差异化;第四要强化业务创新,积极推广"按箱定价"的好运箱业务,试点推出异地预付费业务。

2. 积极发展同城和区域业务

同城和区域快递业务竞争非常激烈,而邮政在各区域市场占有率较低,针对这种情况,应该采取措施,尽快扭转竞争中的不利局面。首先应建立超常规发展意识,以增强竞争能力和提高市场占有率为出发点,迅速采取超常规的举措,提升同城和区域业务的竞争能力;其次要创新业务运作模式,加快同城邮件处理中心和市内专网建设,推行"网格('投揽站') + 移动集散"的新型揽投模式,深化区域协调机制;三是要研究利用社会资源、合作发展的运营模式,解决自身能力不足问题;四是要巩固对单证照业务市场开发的主导地位。

3. 突出重点抓好电子商务类业务发展

(1)大力发展电子商务速递业务。第一要抢占"平台式"电子商务市场份额,在深化与阿里巴巴、淘宝网合作的同时,积极推动与拍拍网、百度两大"平台式"电子商务运营商开展合作;第二要拓展"自主式"电子商务服务领域,通过将现有的卓越型、标准型和经济型多种服务产品进行打包服务,推出集仓储、理货、包装和配送一体的全功能服务(如移动积分项目),在提供电子商务速递业务和代收货款服务的基础上,为其设计物流系统,满足企业信息流、资金流和物流的综合需求等措施,积极探索"仓储 + 理货 + 封装 + 配送"电子商务集中服务模式,与竞争对手形成差异化优势。

(2)代收货款业务继续保持市场领先地位。以外资银行、商贸企业、电子商务公司、电视购物企业等规范化品牌客户为开发重点,进一步优化代收货款业务客户结构。加大对网络式电子商务市场的开发力度,利用行业博览会、行业论坛,主动与客户接触，积极进行宣传和营销。总结家庭电视购物类、保险类、回执类省内代收货款业务取得的成功经验，积极推广，形成业务发展合力。

(3)加快礼仪业务的电子商务化运营。促进礼仪业务的电子化转型，扩大“思乡月”、“家乡速递”等营销活动的服务内涵，加快业务发展。

4. 做大经济快递业务

以抓大项目、发展大客户为主导，通过为客户提供多品种、多层次的综合服务方案，提高整体竞争能力。经济快递业务的目标市场主要是批量交寄量大、邮件内件重、对邮件安全、信息反馈和服务综合性价比要求比较高的物品类业务大客户，如医药、机械、电子、服装、金融、保险、通信等。同时应加快陆运网络建设，优化业务运作流程，确保服务质量，提升服务品质。

思考题

1. 国内邮政特快专递业务的概念和特点是什么？
2. 目前国内特快专递邮件的种类有哪些？
3. 国内特快邮件资费的纳付方式有哪些？
4. 国内特快专递邮件的收寄流程是什么？
5. 特快专递邮件的投递深度是什么？
6. 国内特快专递邮件有哪些查询方式？
7. 国内特快专递邮件是如何进行补偿的？

◆ 案例分析

案例一：详情单上的电话号码不能忽视

张先生租借的住房位于某市郊区，无正规的门牌号码，但安装有电话。他在某邮局交寄一件国内特快专递邮件时，详情单上寄件人地址书写为：草屋村××号。收、寄件人电话号码均未填写，营业员也没提醒客户补写。该特快专递邮件由于收件人地址书写不详，寄达局根据《国内邮件处理规则——特快专递分册》第113条规定，收件人地址书写不详，作无法投递邮件处理；第114条规定，无法投递邮件，如果通过与收件人电话联系，能够补救的，应予补救，不得任意退回；第115条规定，经补救，确属无法投递……退回收寄局。寄达局很无奈，只能退回收寄局。

当该特快专递邮件被退到收寄局处理时，按规定应在局内投交，又由于寄件人留下的住址门牌号码不正规，且没有寄件人联系电话号码，无法通知寄件人来领取被退回的特快专递邮件，只好将该特快专递邮件留在无着邮件处。过了多天，当寄件人找到收寄局投诉时，收寄局才从无着邮件处取回该件交给寄件人。但是由于未能及时妥投收件人又未及早收到退件致使寄件人利益受到严重损失。

请问：这件事情产生的原因是什么？收寄局是否应该承担赔偿责任？

案例二：特快邮件丢失责任由谁负

一用户来到邮局投诉，称上个月他寄给母亲的一件特快专递包裹一直没有收到，内装价值5 000元的营养品。后来经过查询得知该邮件丢失。当他要求赔偿时,营业员告诉他,邮局只能按规定的限额给他邮费三倍的赔偿。他感到不能接受,要求邮局给个说法。

邮局业务部门立刻开始调查此事,并找来了当天为该用户办理业务的营业员小张询问情况。小张回忆道,该用户邮寄时,他曾两次提醒他应按保价邮件交寄。但用户得知按保价邮件交寄要多付50元保价费时,坚持不按保价邮件交寄。该用户经过回忆,也想起了营业员当时确实是提醒过他保价的事。

请问:邮政应如何对用户进行赔偿?

实践项目

1. 讨论。将全班同学分成若干组,每组4~6人,就国内快递业的发展趋势和邮政的应对策略进行分组讨论。

2. 考察与访谈。到附近一邮政营业厅,观察营业窗口特快专递邮件的收寄处理过程,并就自己关心的相关问题向营业员进行咨询。

3. 模拟测试。利用《邮政业务学习报》上的职业技能考核参考试题对学生进行职业技能考核模拟测试。

4. 实训。采用邮政营业支局系统练习收寄特快专递邮件。

第十三章　邮政现代物流业务与管理

当今世界邮政是一个改革的时代，中国邮政处在世界邮政改革和我国经济改革形成的巨大浪潮中，需要选择和决定适合中国邮政未来发展的核心业务，在不断探索中，中国邮政选择了现代物流。

第一节　邮政物流业务概述

一、邮政发展现代物流业务的背景

随着全球经济一体化发展趋势的加快，作为企业“第三利润源泉”的现代物流，已成为我国经济新世纪发展的重要产业和新的经济增长点。中国邮政，作为传统物流产业的重要组成部分，积极发展现代物流服务，不仅是企业自身发展的需要，也是我国国民经济和社会发展的必然要求，是中国邮政继续保持持续、健康、快速发展的战略选择。它对于新时期邮政的发展具有重要而深远的意义。

在这样的背景下，中国邮政在不断地探索中，逐步明确了发展现代物流业务的思路。中邮物流有限责任公司于2003年1月18日正式挂牌运营，表明中国邮政开拓新的业务空间迈出了重要一步。面对物流业良好的发展势头，中国邮政如何抓住机遇，促进邮政现代物流业务的发展，是中国邮政需要研究的重要课题。

二、邮政发展现代物流业务的战略目标

（一）整体战略目标

通过发展物流，进一步提高邮政网络的运行效率与效益；提升邮政企业整体素质，带动邮政整体产业的升级；促进邮政贴近市场、转变观念、改善服务，以满足国民经济和社会发展的需要。最终把中国邮政建成以现代物流为核心竞争能力的现代物流企业。

（1）努力构建现代化的社会公用物流服务平台，实现实物流与信息流、资金流的高度融合，逐步成为国内“精益物流”的龙头企业。

（2）加快邮政实物网的建设，初步建成一批适应第三方物流要求的配送中心，逐步成为全国最大的物流配送网络体系。

（3）中国邮政物流形成一个相对独立的专业，并按照现代企业制度的要求，初步形成公司体制和运行机制，并经过若干年的努力，逐步使中国邮政发展成为世界知名的物流企业。

（二）市场定位

1. 总体定位

中国邮政发展物流的总体定位是：作为一体化物流解决方案（第三方物流提供商）和功能（环节）性物流服务的提供商，运用先进的物流理念和技术手段为客户提供定制

的物流服务，并逐步向企业供应链推进，最终成为企业供应链的参与、组织和整合者。

2. 市场定位

(1)市场层次：以高层次物流市场为主，为社会提供精益化的物流服务（即“精益物流”）。

(2)市场对象：以高附加值、小体积、小重量、多批次、高时效的物品为主。

(3)涉足行业：以电子、医药、出版、汽车配件、高档消费品、烟草、电子商务等高附加值行业为主。

(4)客户群体：以国内外大中型制造企业、具有良好品牌的流通企业及电子商务企业为主。

(三)基本战略

(1)依托战略：邮政发展物流要依托邮政品牌，依托邮政现有网络资源。

(2)服务战略：突出物流集成商地位；注重以物流服务带动传统邮政业务；重点放在为大型企业提供第三方物流以及居民的社区配送服务；强调提供个性化的物流服务，在时限、查询和售后服务上提供优质服务。

(3)资源整合战略：注重利用邮政资源，积极开发利用社会资源，做到省内、外，邮政内、外各方资源的合理整合；加强与外部大企业、大客户建立多种层面、多种形式的联合。

(4)科技领先战略：以现代物流理念为指导，积极采用信息技术和现代物流技术，特别重视物流信息网的建设。

(5)体制改革战略：理顺与现有邮政业务、网络、财务的关系，按照市场机制建立邮政物流体系。

(6)人才战略：积极进行用工机制改革，采取多种灵活方式招聘物流专业骨干人才。

三、邮政发展现代物流业务的网络平台建设情况

第三方物流企业的本质是为企业（客户）提供物流解决方案，其服务能力应围绕市场的需求来建设与发展，应因客户而异，但其最核心能力是网络建设，这包括实物和信息的传递网络，还包括物流网的运作管理。

(一)实物运输网

中国邮政在全国大中城市建有201个较大规模的邮件处理中心，覆盖全国2 800多个县级以上城市，邮件处理场地4 300万平方米，经整合后，约有300万平方米的场地可以做物流仓储库或物流集散中心。依托这些资源，中邮物流拥有中国覆盖最广、最全的物流运营网点可用于承担物流的处理、存储、配送等服务。实现了北京、上海、武汉、广州、成都、西安、沈阳7个一级分拨中心间门对门配送时限36小时，7个一级分拨中心区内地、市配送时限48小时，全国范围72小时门到门配送服务。

为了进一步支撑邮政物流的发展，中国邮政先后组建了分别以北京、南京、广州（长沙）、成都、西安为中心的北方、华东、南方、西南、西北等五大物流区域集散网，并通过京广、京哈、京沪、京乌和沪广等5大行邮专列和干线邮路，将其连接成为统一指挥、

统一运作,覆盖全国31个省(区、市)、300多个地市、1 800多个县的现代物流集散网络。集散网共计开通(利用)了75条一级干线邮路,并采取集中交换式网络结构,做到实物、信息运行同步,实物一票抵达,服务一站到位。中邮物流成为拥有规模覆盖全国,运行高效、安全,管理技术领先的全国性快货运输网络。

从运输方式看,大中城市之间邮政物品送达方式与县以下尤其是乡以下的邮政物流送达方式存在很大不同。中邮物流在大城市的运输主要通过4种途径:物流专有网络、部分速递网络、邮政普邮网络和社会资源网络。对于县以下尤其是乡以下地区主要是利用普邮网进行,依照当地的能力,采用汽车、自行车等运输方式。

(二)信息网

中邮物流立足于与国际物流行业发展同步、接轨,并建设了适合现代和未来物流企业发展需求的信息系统。中邮物流公司拥有覆盖全国主要城市的一体化物流信息系统("CNPL")。该系统可为业务受理、仓储、运输、跟踪查询等提供信息支持。

功能包括:以订单流为主线,实现对货物的全程跟踪与查询管理;业务受理支持电子形式(183网站)及传统形式(11185电话、传真等);可采用XML、TXT、EXCEL等数据格式与客户信息系统无缝对接,实现双方数据交换与共享;提供仓储的入库、出库、库存、移位、盘点、仓库预警等功能。

同时,中邮物流还结合中邮物流集散网的建设,开发了支持中邮快货业务的专用信息平台,通过订单输入、上行在途、中心处理、下行在途和投递反馈等5种状态的信息管理,实现了快货业务实物流与信息流的同步管理。此外,公司还依托中国邮政综合信息网的电子邮政系统(网上支付、认证系统)、金融子系统,实现网上订货、网上支付等功能,为客户开展电子商务提供有力支撑。

第二节　邮政现代物流业务体系

中邮物流自成立以来,就致力于将中邮物流建设成为国内行业领先、亚太区域重要的第三方物流服务商之一。中国邮政现有物流业务的种类,包括一体化合同物流业务、分销与配送、中邮快货业务、货运代理,随着业务的不断发展和市场环境的变化,业务结构也在不断进行优化,其中,一体化合同物流业务、分销配送业务、中邮快货业务是当前邮政物流业务最重要的业务。截至2008年底,物流总收入中,一体化业务占33.6%;分销配送业务占25.9%;中邮快货业务占14.7%。三大板块占物流总收入的比重达到74.2%,三大重点业务的核心地位日益突出。

一、一体化合同物流业务

一体化合同物流是中邮物流的核心业务。该业务重点面向IT电子行业、快速消费品行业、汽车配件行业、医药行业、烟草行业、服装行业等,以多批次、高时效、高附加值、小批量、小体积、小重量的物品为对象,根据客户需求,定制从订单处理、运输、配送、到库存管理、流通加工、信息服务、退货处理、代收货款的端到端的一体化物流解决方案,为客户提供实物流、信息流和资金流"三流合一"的供应链管理服务。

一体化业务包括两个统计科目:全国统签一体化业务和省签一体化业务。该业务依托信息技术,服务内容更加突出供应链管理和快速反应能力。全国统签一体化项目突出“区域仓储+分拨配送+增值服务”业务模式;省签一体化项目主攻烟草、手机、通信物料的“仓储+配送”。发展思路如下。

(1)以园区市场开发为主体,以统签一体化和以经销商业务为主体的省内一体化业务为两翼,以国际物流为一体化项目延伸,以客户经理体系和仓储建设为支撑与保障,确保这项业务的快速发展。争取达到如下目标:①IT电子行业成为覆盖供应链全环节的领导型物流服务商(LLP);②快速消费品行业成为国际品牌直销企业的首选物流服务商;③汽车行业有能力提供高端的零部件入厂物流服务;④烟草行业成为各级烟草企业的主要配送服务商;⑤服装行业与国内行业领先企业合作优化供应链模式;⑥医药行业积极配合政府搭建药品仓储配送平台。

(2)园区物流服务内容如下。

(ⅰ)基础服务:①运输服务,包括整车运输、零担运输 、园区内短倒;②仓储服务,包括园区内或附近提供收货、验货、拆托(或拆箱)、上架、存储、库存管理、产品简单加工、分拣、理货、包装、扫码、制单、发货、仓储信息系统管理等服务;③仓储+区域快速配送服务,包括工厂到区域中心干线运输48小时、区域分拨中心到客户24~48小时的快速配送。

(ⅱ)增值服务:包括仓单质押、配送代收货款、利用邮储银行进行网关支付、产品逆向回收、代客户进行原材料采购、帮助客户进行产品经销、园区一日完成出口退税、报关、保税仓储等

(3)生产支撑性物流服务内容:①巡回取货,即供应商到工厂仓库的提货;②供应商库存管理,即代表客户工厂管理其供应商的原材料产品;③原材料入厂上线物流,即根据客户工厂生产计划需求,及时准确地补充生产所需原材料。

(4)产业集群物流服务内容:围绕供应链中核心企业,逐步拓展到其纵向产业链上游的原材料供应商、纵向下游的产成品客户,为围绕核心企业形成的纵向产业集群提供供应链一体化综合物流服务,要求服务涉及供应链中的1个核心企业和1个以上原材料供应商/产成品供应对象。

(5)经销商物流业务内容:①服务模式以省内经销商企业或制造企业销售机构为目标客户,按照“仓储+配送”的核心服务模式,为客户提供省内运输配送、仓储管理、包装理货、流通加工、信息管理、退货处理、代收货款等服务的省内一体化物流业务;②目标市场为烟草行业、手机行业、医药行业、通信物料行业;③发展目标包括在市场定位方面,以手机、通信物料、烟草、医药为主要目标行业,在资源配置方面要立足于本省邮政资源,以省内物流集散网及省内邮路为主、社会资源为辅,通过完善客户接入和终端配送环节的个性化服务,建立满足经销商物流业务要求的优质物流服务平台,在服务特色方面要充分发挥邮政物流企业的品牌和网络优势,充分体现安全快捷、运作规范、覆盖全省、三流合一的差异化服务优势。

二、分销配送业务

分销配送业务是邮政企业的主营业务之一,是中国特色邮政事业的重要组成部

分。它是中国邮政响应中央号召，依托邮政品牌优势，利用邮政网点（包括代办网点）、人员和车辆等资源，面向农村和城市两个市场，积极服务“三农”，丰富城乡商品流通，以连锁经营的方式组织开展农业生产资料、消费品、农产品以及其他商品销售和配送的一项竞争性的新型邮政业务。

分销配送业务的发展思路如下：围绕提升服务“三农”水平，依托现有网点，分层分类推进连锁体系建设，加快农村市场开发，将分销配送业务培育成农村邮政稳定发展的一项支柱业务。

经营策略如下：以分销渠道为核心，以商品体系为保障，以信息手段为支撑，加快推进中邮分销连锁经营体系建设；强化常态经营、强化产品结构、强化协调发展、强化精细管理、强化系统应用，提升发展能力，实现规模和效益的同步提升。

1. 强化体系建设，提升业务核心能力

要强化体系支撑和系统应用，确保直营店信息接入率和采集率均达100%；要加强财务管控，完善分销损益核算指标体系。

2. 加大发展力度，做大业务规模

加强活动组织和策划，根据阶段性的市场需求，不间断地开展营销活动；与一批龙头企业合作，积极培育精品项目，形成品牌效应；推广预收预订、代购代销、目录营销、订单销售等模式，叠加代收代缴、代理保险等邮政服务，提升综合效益。

3. 完善商品体系，增强经营发展能力

建立专业采购团队，健全项目引入机制。深入研究消费者需求和分销渠道特点，加快引入全国知名品牌、地方名优品牌商品，形成邮政特色商品体系。对合作供应商引入竞争淘汰机制，促进其与邮政的长期良好合作。

4. 突出因地制宜，推进区域间协调发展

进一步加强区域经济发展形势的研究，有针对性地制定发展措施，加强分类督导，实现区域间的协调发展。

5. 强化基础管理，保障业务健康发展

抓好各项制度的执行和贯彻；推广信息系统应用，严格执行定期盘点、对账抽查等基本管理制度，进一步加大库存欠费管理力度；加强品牌管理和品牌保护，提升品牌意识；加强业务检查和考核，强化执行力。

三、中邮快货业务

中邮物流是为中小企业协议客户量身定做的物流解决方案。主要依托邮政物流运输平台和配送平台，为客户提供包括配送时限管理、信息反馈和回单管理等物流解决方案，重点满足中小企业不断提高的产品分销物流需求，实现实物与信息同步运行管理，以可靠的时效与服务质量逐步占领中、高端零担货运服务市场。

业务发展思路如下：在品质提升基础上拓展代收货款、运费到付和电子返单等附加业务，大力发展协议客户，业务结构进一步优化。

1. 以区域发展带动全网发展

(1)围绕沿海港口形成的“物流区”，围绕城市群崛起的“物流带”，围绕产业链形成的“物流圈”,区域业务发展已经成为重点发展的业务。

(2)以市场为导向,以利益为纽带,以自愿互利为原则,以整合社会资源为主要手段,在2009年,全国已形成2~3个区域快货业务带,涵盖了业务规模较大的10~15个省份。

2. 以重点行业带动整体发展

(1)重点培育和开发医药、印刷品、服装这三类行业客户,争取实现占全网省际出口量的80%左右。

(2)将营销力量集中于中小型企业的销售物流(产成品、中间产品)市场。

(3)鼓励各省适当开发具有本省特点且适于邮政物流运作的其他目标行业市场。

3. 初步构建三级营销网络

(1)在省会城市及重点地、市和部分重点县的专业营销员数量力争达到3 000人(其中:省会城市占比不小于20%)。

(2)着重开展在省会城市及重点地、市和工业园区、开发区、货物集散地的揽货点建设。

(3)通过信息系统,实现中邮物流总部、省公司、营销局3层对营销员、揽货点的动态、统一口径的掌控。

4. 调整成本结算价格

(1)对集散网的价格重新进行核定,完善成本体系。

(2)按照集团公司“营销环节获取利润、运输配送环节弥补成本”的要求,对集散网配送结算费标准进行调整。

5. 强力推进附加服务

(1)推进代收货款(到付运费)业务,扩大业务开办省份。直至开通31个省省际或省内出口代收业务。

(2)电子返单业务将作为中邮快货的基础性服务,纳入全网标准工作流程,不再参与内部清分。

(3)完善信息系统的代收货款、到付运费、电子返单等业务相关功能,启动利用移动POS代收货款;加大对各级配送部门的基础能力建设。

6. 加大业务检查力度

(1)在区域、省集散中心设立揽收规范检查岗,根据业务发展要求,组织2~3次的专项检查和抽查,建立定期的业务质量分析制度。

(2)对详情单录入重量与实际重量不符的现象加大考核力度,避免目前成本支出和收入不匹配的现象。

四、货运代理业务

货运代理业务是指代理客户办理各种交运手续的服务。目前中邮物流重点在长江三角洲、珠江三角洲、环渤海地区及沿海、沿边地区,发展海运、空运货物的国际和国内运输代理业务,包括报关、保税等业务。同时,与铁路、航空、公路、海运等企业进行广泛合作,为其提供货物揽收和到站货物的地面配送服务,通过综合服务促进货运代理业务的稳步发展。

第三节　邮政现代物流业务流程

邮政现代物流业务是邮政企业在整合自身及社会各方面资源的基础上，将实物流、信息流和资金流进行有机的结合，利用现代信息技术和先进的生产作业手段，为用户提供多功能、个性化、一体化的专业物流服务。本节主要介绍邮政物流业务的流程和在运输、储存保管、包装、装卸搬运、流通加工、配送、物流信息的处理等环节的运作规程。

邮政物流业务总体生产流程包括业务受理、封发、装卸搬运、运输、配送、信息处理等环节构成。见图 13－1。

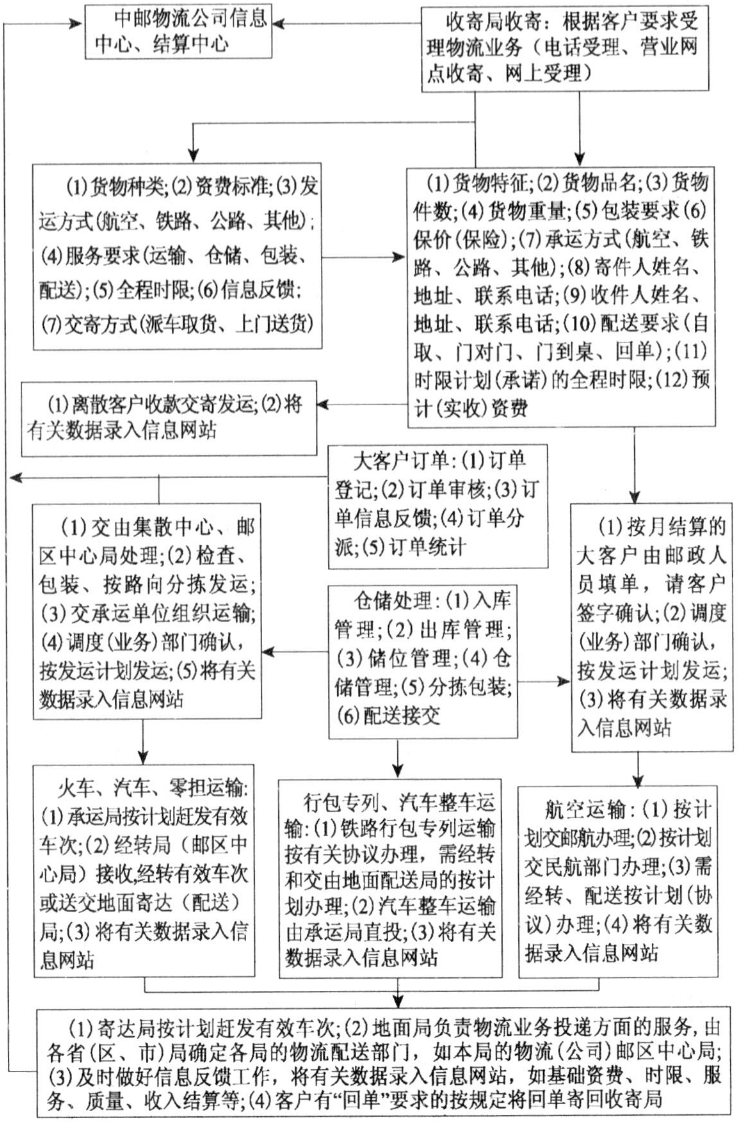

图 13－1　邮政现代物流业务流程

一、物流业务的处理

1. 业务受理

业务受理分为窗口交寄受理和协议用户受理两种形式。窗口受理是指面向社会大众,接受个人或单位委托,由邮政物流承担配送物品的一种邮政物流业务的形式。协议用户是指与邮政物流签订具体物流服务协议、制定个性化的物流服务及费用标准的用户。

(1)窗口受理的程序:①用户填写“邮政物流业务配送详情单”,并选择是否办理保险,对同一发货人同批发交同一收货人的多件物品,可按“一单多件”方式填写“详情单”;②查验内装物品是否符合邮政物流受理规定,内件性质、数量是否与《详情单》一致;③查看物品封面上书写的收、寄件人基本信息及电话号码是否完全、准确;④营业人员将相关业务信息录入前台物流管理信息系统,逐件进行称重、粘贴“邮政物流条形码标签”,并将同一发货人同批发交同一收货人的批量物品的起止号码、总件数、总重量、总费用打印在详情单上。

(2)对协议用户办理的程序:①协议用户物流物品的受理按照双方协议约定的标准执行,物流受理单据可以采用双方认可的格式,用纸质或电子数据方式进行交换;②物流物品的揽收,依据用户要求,采取上门揽收或用户到指定地点交寄的方式进行;③物流物品受理必须逐件称重、粘贴“邮政物流条形码标签”。所有协议用户交寄物流物品信息必须记入物流管理信息系统的协议用户交易记录内,以满足费用结算、用户查询和业务分析的需要。

用户委托邮政物流部门运输、配送的物流物品应符合国家法律、法规允许运递的要求,与协议用户签订协议时应做出明确规定。在承接窗口交寄物流物品时,要认真验视内件;性质难以辨别的,应由用户提供权威部门出具的相关证明方可受理。对国家限制运递的物品,应由用户办理准运证明后方可受理。严禁受理和承运易燃、易爆、易腐蚀、易污染等物品。

二、封发

利用火车邮路运输的物流物品一律装邮袋直封发运,按“非专号”处理,利用干线火车邮厢运输的物流物品要注意每件的限重和对体积的要求。采用汽车运输的物流物品原则上不装邮袋,散件(原包装)外走。利用其他运输工具运输的,其质量、尺寸限度及封装要求由各相关主管部门确定。

三、运输

(1)邮政物流运输方式。邮政物流运输方式有:① 利用现有的省际、省内航空、铁路和汽车邮运网;② 经批准组开的省际、省内航空、汽车物流专线;③ 包租铁路行包专列(或车厢)组开的物流专线;④ 整合租用社会车辆。组开省际物流航空运输、汽车专线,由中邮物流公司报中国邮政集团公司审批;组开省内物流运输汽车专线,由相关省(区、市)邮政物流公司报所属省局审批,并报中邮物流公司备案。

(2)对运输的要求:①运输邮政物流物品,要根据用户的要求合理制定发运计划,全网运作的项目需利用干线火车邮路发运的,会同相关网路(络)运行部门制订发运方案，纳入发运计划并确保容间；②邮政物流物品实行集结运输，发运时，应确保同路向的一个用户（或局）的物流物品同批发运，批量较大时，应选择干线火车邮路以外的方式进行发运，以避免对干线邮运网造成冲击；③利用邮政车辆运输物流物品时，应单独堆码、不得与其他邮件混堆。

四、配送作业的要求

从实施形态角度讲，配送就是按用户要求，在配送中心或其他物流结点进行物品的配备，并以最合理的方式送交用户的过程，包括备货、配装、理货、配送几部分。

五、装卸搬运及包装要求

在物流物品装卸、搬运以及进行包装时，都要注意物品的安全。为提高作业效率，减少货损，应逐步提高邮政物流作业的标准化、机械化水平，在邮政物流的仓储、运输、配送各环节使用工业托盘、周转箱，并配备相应的传输、装卸设备。

六、仓储作业的要求

仓储是以库房、货场及其他设施、装置为劳动手段，以改变“物”的时间状态为目的，从而克服产需之间的时间差异，进而获得更好效用的活动。

仓储作业分为入库、库存管理、出库3个环节。仓储作业要实行计算机管理，仓储单位须配备相应的计算机操作人员，配备必要的信息采集、录入、数据传输设备。

七、信息处理的要求

（1）邮政物流管理信息系统的开发、管理，由中邮物流公司负责。

（2）各省（区、市）物流公司要制定和完善各项物流管理信息系统的使用规章制度，配备满足生产和管理信息的计算机终端设备及操作人员，及时收集、录入、传递各类业务、生产作业信息，及时维护、更新数据，按规定要求上报各类报表，以满足管理需要。

八、代收货款

具有法人资格的协议用户（发货方）委托邮政物流向个人用户（订货方）运输、配送物品的货款，可委托邮政部门以代理结算的方式统一收取，邮政部门定期向企业用户结算，代理结算有网上支付（借助因特网技术）和网下支付（借助邮政储蓄网络）两种形式。

第四节　邮政现代物流业务的经营管理

拥有良好的物流实物网络和信息网络还不足以保证物流的高效服务，物流的运作流程也是关键。

中国邮政在邮件处理、邮件运输等环节的管理上拥有无可比拟的管理经验，邮政物流在业务开办之初，完全继承了邮件运输管理的整套模式，但随着项目的运作，出现了各项业务交织，造成网运压力增大、物流业务时限不稳定等问题，经过几年来的调整和网络规划，其管理模式也随之改变。可以说邮政传统的网络规划、管理与现代物流存在较大的差异性。

一个良好的网络组织管理,各环节是顺畅运行的,网络运行协调工作的多少是检验网络运行好坏的重要标志之一。目前,邮政物流的网络运作管理具备了一定的经验,同时面对市场的种种需求,邮政物流的网络运作管理水平还需要进一步加强。

邮政现代物流业务经营的重点是发展大客户,提供一体化的物流服务。因此,邮政现代物流业务的经营主体要做好大客户的开发工作。

一、邮政现代物流业务经营的基本理念和思路

1. 树立客户为中心的理念

树立以客户为中心的经营服务理念,按照现代物流的发展规律,通过调整、改造、优化自身生产作业系统和作业组织方式,满足不同客户的个性化需求,为客户提供安全、迅速、准确、方便、高效的物流服务。

2. 建立现代物流的运作模式

按照市场运行规律,建立适应大客户需要的运行机制和经营机制。运用现代物流理念和技术手段为客户提供定制化的物流服务,逐步发展成为企业供应链的参与者、策划者和整合者。在与客户结成“伙伴”式供应链联盟的同时,实现企业价值最大化与客户价值最大化的统一。

二、邮政现代物流大客户及目标市场

(一)物流大客户的选择与界定

物流大客户是指物流需求达到一定规模或潜在需求量大,在未来可为邮政部门带来持续、稳定、较大的业务量和可预期收益的客户群体,包括生产制造、商品流通等中(外)资及私营企业。根据各地经济发展和物流市场情况,各企业可将物流大客户界定为物流需求达到一定规模,并同邮政企业建立较为稳定的业务关系,具有较强的市场代表性的各类企业和个人。邮政物流大客户的确定工作,应随时进行复核、调整,以确保大客户的认定工作科学合理。

(二)邮政物流业务的市场及客户分析

1. 邮政物流的市场分析

邮政物流根据自身特点和业务发展方向,面向着3个重要市场,即一体化合同物流市场、货运市场、农村物流市场,这3个市场又存在着邮政的优势细分市场。

1)一体化合同物流市场

在一体化合同物流市场方面,以大客户营销为主要手段,目前在电子IT市场、医药市场、快速消费市场、汽车配件市场上已经开发了一些大客户,并建立了具有优势的物流服务项目的运作经验,在我国一体化合同物流市场上占据了较为重要的位置。这与邮政物流在成立之初的精准定位不无关系,特别是近年来对大客户的挖掘方面,取得了较大的成效。

数据显示,我国的一体化合同物流的市场容量在800亿以上,市场广阔,涉及的物流服务多样。邮政物流在合同物流市场上还需要进一步通过树立品牌、提升客户满意

度来扩大市场影响力，通过提供更便捷的物流综合服务和多样的个性化增值服务来扩大自身的竞争实力，开拓更广阔的市场，服务更多的行业领域，不断扩大业务规模。

2）货运市场

我国的货运市场需求较大，市场发展迅猛，但整体的服务水平和配套设施较落后，市场比较混乱，存在大量的个体经营者和各类型的物流企业相互竞争，竞争层面停留在价格上，形成低服务水平和低价竞争的局面。

借助邮政物流集散网及整合的其他网络，邮政物流提供快货业务，在全国迅速建立起了邮政物流的标准服务。通过标准化的物流服务，为广大的中小企业提供便捷的物流服务，满足大量的社会物流需求。邮政物流能够借助自身的优势，整合各类资源，推出的快货业务得到了迅速的发展，增长率保持较高的水平，但也存在服务质量不稳定的问题，亟待解决。

在货运市场上，邮政物流应发挥优势和整合资源，通过物流集散网的发展不断拓展快货业务，通过规模创造效益，在竞争环境较恶劣的情境下创造邮政物流的优势。货运市场是一个更为广阔的市场，是检验邮政物流竞争优势的试金石，也是邮政物流可以依赖的生存之本，因此，中邮快货业务的规模性成为了关键。

2. 邮政物流的客户评价分析

物流客户对物流的评价主要依据是物流质量和物流服务的个性化体现，物流企业只有站在客户的角度思考物流服务，才能获得真正的市场竞争优势，才能得到客户的满意，建立相互信任的客户关系，拥有客户的忠诚。

邮政物流在业务运作中，建立起较为完整的服务质量保障体系，包括时限、投递、信息、专项业务、综合服务等5大方面的各项指标，通过指标监控物流服务的质量。

对于合同物流客户，围绕客户的基本需求和个性化的要求，在合同中设定KPI指标，满足和保障客户对物流服务的关键需求，这些个性化的指标既是客户对邮政物流服务的要求，也是邮政物流核心能力的努力方向，促进邮政物流的积极发展，同时也不断满足客户，提高客户的满意度。这就要求邮政物流具备良好的物流服务能力和整合资源的能力。

对于快货业务客户，邮政物流提供的是标准化服务，因此通过对标准化作业的要求，设置质量指标，提供稳定的物流服务，来提升客户满意度。这就要求邮政集散网具备相应的服务能力。

三、建立大客户营销体系

（一）中邮物流公司主要职责

中邮物流公司负责指导、管理、协调、组织、策划全国物流大客户的营销工作，其主要职责有：①制订全国物流业务大客户营销目标、策略及经营管理办法；②对目标市场制订出有针对性的大客户营销服务方案，指导和协调全网的物流营销工作；③协助和指导各省（区、市）局物流大客户的开发，帮助策划和制定物流解决方案；④收集、整理市场需求信息，研究、分析市场动态，制定应对策略与措施；⑤组织管理全国物流大客户的数据资料;⑥组织全国大客户营销工作情况的交流和业务培训。

(二)各省(区、市)物流公司(局)主要职责

主要职责有:①贯彻落实集团公司有关物流大客户营销工作要求,结合本地实际,制定本省物流大客户营销工作具体实施办法;②组织、协调、监督、考核本省物流大客户的营销工作;③组织开发区域性、全国性运作的物流项目,统一签定服务协议,并组织实施;④负责承接全国性物流项目的开发和服务工作;⑤收集、整理本省重点行业的客户外包物流服务市场需求的相关信息,注意收集竞争对手的有关信息,随时掌握其发展动态,制定应对策略与措施;⑥负责组织、汇总全省物流大客户的数据资料,并负责向国家局上报全省大客户营销工作情况;⑦组织全省大客户营销工作情况的经验交流和业务培训。

(三)各地(县)市局物流机构主要职责

各地(县)市局物流机构主要负责为大客户提供和实施全方位、全过程的营销服务,具体职责由各省根据实际情况确定。

四、现代物流大客户开发程序

充分利用邮政企业信誉好、网络覆盖面广、有一定的物流运作经验的行业优势,以“中邮物流”作为全国统一的品牌,先从某些区域、物品种类、业务领域做起,根据客户的业务需求、运行模式和经营策略,为其提供专门化、定制化的物流解决方案。

(一)大客户市场调研

1. 确定目标市场

从宏观的角度,国家局发展物流大客户将市场定位在电子、医药、出版、汽车配件、高档消费品、烟草、电子商务等高附加值行业,各级邮政物流部门要通过各种会议、新闻媒体、研讨会、推介会、新闻发布会等渠道收集省(区、市)内现有物流客户和潜在物流客户的相关资料。要根据当地实际具体确定其目标市场。

2. 客户信息收集

通过上述来源进行基本信息收集,基本信息包含的内容有:姓名、性别、年龄、职业、住址、电话、电子邮件等客户个人信息;企业经营战略、生产规模、产品品种、资信级别、经营状况、销售收入、发展瓶颈、物流费用、现有物流方式、竞争对手状况等企业基本信息;客户对产品在库管理、在途管理、运输要求、包装要求、信息反馈等方面的需求信息;客户对邮政物流服务不满的投诉信息。

3. 客户信息分析

通过客户资料的收集、整理,找出大客户,对其“物流费用”的分析让邮政物流部门了解到邮政未来的经济效益;将“销售收入”与“物流费用”结合起来分析,可以计算出客户为企业物流所投入的花费,让我们了解到该企业对物流的重视程度;将企业经营战略与行业发展趋势结合起来分析,可以看出企业未来发展趋势;通过对邮政合作关系的分析,可以了解客户的忠诚度,及时调整服务从而与客户保持长期的良性接触。

(二)大客户信息管理

1. 建立客户档案

客户信息相当丰富后,要为客户建立档案,包括客户基本信息、扩展信息、相关重要人士信息和竞争者信息四大类内容。

客户扩展信息包括注册资金、财务情况、经营计划、职工人数、发展潜力、优势劣势、资金及信用情况等;相关重要人士信息包括姓名、年龄、民族、婚姻、联系方式、家庭成员、教育背景、兴趣与忌讳、重要日子、与竞争对手关系等;竞争对手信息包括产品(服务)价格、大客户使用的业务量、市场占有份额、营销手段、与大客户建立的个人联系等。各级物流部门应不断丰富客户信息,尽可能地为全部客户都建立客户档案,使之能够更好地为大客户营销工作服务。

2. 档案库的动态维护和管理

企业的经营是动态的。企业与客户之间的关系也是动态的。因此在实施大客户管理时应意识到,识别大客户是一个动态的连续过程。一方面现有的大客户可能因为自身的原因或企业的原因而流失,另一方面又会有新的大客户与企业建立关系。企业应对大客户的动向作出及时反应,既避免现有大客户的流失,又及时对新出现的大客户采取积极的行动。所以,邮政物流大客户档案库动态管理主要包括大客户满意度评价、大客户构成分析、大客户流失分析、大客户增长分析、大客户服务分析,研究制定相应的经营策略,提出合理可行的大客户营销方案并实施。

大客户档案库动态维护的基本原则是"统一管理、宽进严出、及时修改、控制访问"。

(1)统一管理原则。全国性物流业务的客户信息资料由中邮物流公司市场部统一管理,省内物流业务的客户信息资料由各省物流公司市场部统一管理。各省物流部门市场部要以大局利益为重,严格按要求将本省管理的大客户资料整理、核实后上报中邮物流公司市场部,由中邮物流公司市场部负责整理、编号后录入全国大客户资料库。

(2)宽进严出原则。全国大客户资料库建设的重要目的是收集全国客户信息,因此资料库的维护原则是"宽进严出",即尽量将各省所有商业用户的信息全部录进去。同时根据著名的80∶20定理,真正能够从20%的客户中实现80%的收益的关键在于完备的客户服务,各省物流公司要将省内特大工商企业纳入重点管理范畴,尽快搜集这些企业的相关信息,将其列为大客户营销和服务的重点。

(3)及时修改原则。客户资料库要根据大客户的变化,及时修改、完善客户信息资料。各级经营部门要时时关注大客户的动向,省内大客户情况出现变动后要及时上报省物流公司市场部,管理员要立即进行修改,并及时逐级上报中邮物流公司市场部。

(4)控制访问原则。大客户信息资料库是邮政物流至关重要的商业秘密,各省要高度重视大客户资料的保密工作。客户管理员掌握资料库访问密码,严格限制访问。中邮物流公司市场部设立"大客户信息资料库访问记录簿",除管理员外,其他一切人员访问要在记录簿上详细登记,并且管理员在场才能操作。

(三)大客户市场开发

1. 进行商务洽谈

各省物流市场部门利用电话、传真、信函、电子邮件等方式与潜在的客户进行联系,省内物流业务由省局物流业务部门出面洽谈;全国性物流业务在地面局配合下,由中邮物流公司市场部出面洽谈。要向客户介绍中邮物流和本企业物流发展状况、合作成功案例,重点介绍邮政物流为客户提供的解决方案,以吸引客户的注意,同时针对客户提出的问题及业务需求注意做好记录。

2. 提供解决方案

根据洽谈内容与客户具体的业务需求,各省邮政物流部门应向客户提供一份个性化、一体化物流解决方案。其内容主要有邮政企业简介 、经营范围、网络组织优势、物流资源优势(企业内部资源和企业外部资源)、物流服务优势、物流信息网络优势和其他相关资料和说明,例举如下。

(1)业务流程:根据客户的需求和要求,设计物流业务流程,在经过客户修改和确认后,作为物流运作的依据。

(2)作业标准:向客户提供企业的作业规程手册,如果客户对原有的作业规程提出疑义,那么,必须根据客户的具体要求对作业规程进行修改并得到客户的确认。包括仓库管理、运输管理、分拣和包装管理等业务。

(3)费用方案:仓储费用、运输费用(长途、短途和市内运输等)、收费标准以及总体费用方案。在费用方案中要注意报价技巧和留有余地,以便应付客户的讨价还价和运营风险。全国性一体化合同物流业务收费标准,由中邮物流公司测算、确定。

(4)成本分析:通过与客户现有的物流业务(服务)和成本进行对比,评价在成本和服务方面的优势。

(5)信息管理:全国性物流业务的信息管理,由中邮物流公司信息财务部信息主管负责各省的用户名、口令、权限的设立和修改,并在解决方案中确定业务具体运作过程中的物流信息管理的具体内容,比如,双方确认信息主管人员、数据(文件表单)处理方法、信息交换的方式(传真、电子邮件、快件),甚至要确定使用的电子邮件信箱等等。

3. 签订合约

全国性物流业务由中邮物流公司出面签约;省内物流业务由省公司物流业务部门签订,全国性物流业务的合同范本由中邮物流公司会同集团公司法律部门制定;省内物流业务的合同文本由省局物流业务主管部门会同省局法律部门制定,并以此作为每项业务合同的标准和依据。同时由业务部门草拟合同主要内容,交企业法律部门或法律顾问审核,必要时应对合同进行公证。在制定合同时应做到规范、得体,体现邮政特色。

4. 准备运行

全国性物流业务由中邮物流公司负责与各省物流部门协调;省内物流业务由省内各级物流业务部门将计划实施的工作逐项落实,并制定出相应的操作规程、岗位职责,应急情况处理和业务单式及统计报表的填写和上报等制度。同时还应针对客户的需求和业务的状况成立项目小组，落实具体人员和责任，并对各种管理人员、业务人员进行系统的培训（包括仓储、运输、配送、信息管理等环节），以提高邮政物流人员的服务意识。省内各级物流业务部门还应经常同大客户通报物流合作项目的进展情况，以取得客户的支持。

5. 项目运行

试运行作为合作双方的磨合期也是关键期，对出现的问题应尽快地解决和处理。对有特殊需求的客户，在运行前要进行走访，建立业务联系热线电话，设专人负责。在总结试运行的经验基础上，物流项目正式运行。省内各级物流业务部门要严格按照各项规章制度和业务流程、作业规程运行，对运行中出现的问题，要及时处理和总结，提出改进措施，并按项目管理范围逐级上报各级物流部门。

6. 客户服务

大客户服务工作主要包括大客户管理办法的实施、成立大客户管理机构、设立大客户接待室、推行大客户经理制和派驻制，及时解决和处理客户的各种问题，并逐步向大客户提供人情化、人文化、人性化的特色服务，全力提高大客户忠诚度，在与大客户之间的合作过程中充分体现出协作精神，并将这种关系发展成为持续的“双赢”关系。

五、邮政物流经营管理的措施

1. 针对客户的个性化需求，制定灵活的解决方案

通过对客户信息情况的收集、分析，按照降低企业运营成本的原则，重新提出整体流程方案，为客户制定优化的物流解决方案，从而赢得客户的信赖。

2. 加强与已有客户的深层次合作

对已发展的物流大客户，认真落实已签订的合作协议，同时要在降低成本、提升服务质量和运营效率上下工夫，提高中邮物流的品牌知名度，努力巩固和发展与现有大客户的合作关系，争取在原有基础上扩大业务合作的范围和合作的区域。

3. 加大物流业务宣传力度

在物流业务的开发过程中，要掌握和了解目标客户业务需求的基本特征，有针对性地宣传中国邮政物流发展情况和具体运营方式，可以通过将中邮物流业务发展情况和成功案例等内容制成幻灯片或印制有关业务宣传资料等方式，向大客户进行业务宣传，从而扩大“中邮物流”品牌的知名度。同时可以通过各种媒体宣传邮政物流业务，使社会全面了解邮政创办物流的整体实力和服务水平。有条件的局还可以利用各种有利时机，召开物流业务洽谈会、推介会、咨询会，利用各种场合宣传邮政物流业务。

4. 建立大客户信息档案，制定信息反馈制度，实施动态管理

建立物流大客户信息档案是做好大客户服务的重要基础工作，各局要通过调查，收集大客户信息，建立大客户信息档案，其主要内容包括客户基本信息、扩展信息、相关重要人士个人信息和竞争者基础信息四大类。要加强对大客户信息档案的管理，随时对信息内容进行分析、更新，并将更新内容及分析报告及时上报上级主管部门，逐步建立比较完整的大客户信息档案。

5. 加快各省客户服务中心平台的建设

依托"11185"邮政综合客户服务中心和物流网站的建设,建立统一的客户服务平台,为客户提供多种方便、快捷的接入手段,及时方便实现与客户服务信息对接,及时处理客户的业务咨询、投诉和信息查询等一系列服务,建立起方便大客户与公司沟通的通道。

6. 推行项目经理制和派驻制

1)项目经理制

邮政物流项目经理是邮政部门物流市场开发策略的实施者,全权负责与大客户的日常业务联系,协调内部各部门之间的关系,其职责是定期走访客户,了解客户需求,研究竞争对手动向,提出有针对性的营销措施,制订、完善并负责组织、实施针对客户的物流解决方案。原则上每个物流项目设立项目组、设立专(兼)职项目负责人。全国性的物流业务,中邮物流公司设专人负责项目的策划和管理协调工作,各省局和各省会市(地)局物流部门对全国和区域性的物流项目要设立项目组,确立专人负责项目的开发、售后服务和组织管理工作。

2)派驻制

对业务量较大、个性化需求较强、有较大发展潜力、竞争较激烈的大客户要实行派驻制。原则上物流业务年收入达500万元以上的大客户可实行派驻制,要建立派驻员档案,对派驻员实行统一管理,加强对派驻员的培训,严格服务标准。

阅读材料

中邮物流与雅芳公司合作案例

中国邮政具有丰富的物流管理经验和遍布全国的网络资源,能够为企业提供迅速、准确、安全、方便、经济的物流配送服务,从而达到降低成本、扩大市场份额、提高企业核心竞争力、实现双赢的目标。正是因为上述原因,雅芳公司高层领导决定选择中国邮政作为公司的物流供应商。

雅芳公司企业背景如下。

100多年前,美国纽约有一个名叫大卫·麦可尼的图书推销员,在推销过程中发现,随书赠送给顾客的香水礼品深受欢迎,于是创办"加州香芬公司",专门经营香水生意。到1936年,"加州香芬公司"的生意扩展到整个美容护肤系列,出于对大文豪莎士比亚的敬仰,他把公司重新命名为AVON——莎翁故乡一条河流的名字。

凭着自己独特的营销模式和经营理念,雅芳现已发展成为全美500家最大的企业之一,全球年销售额达53.6亿美元,通过300余万名独立营业代表和拓展中的零售渠道,向全球137个国家和地区的女性提供2万余种产品,在45个国家和地区有直接投资,产品覆盖护肤品、化妆品、个人护理品、香品、流行首饰、女性内衣、时装、健康食品等。1990年,雅芳(中国)有限公司进入中国,总部设在广州,在广东从化投资总额达7 000万美元,建立以经营自产自销化妆品和护肤品为主的大型中外合资企业。该公司在中国各城市建立了75个销售分公司,近5 000家专卖店的销售网络向中国国内销售近1 000余种产品,2001年销售收入达8亿元人民币,2002年销售收入达12亿元人民币,公司发展前景良好。

化妆品流通体制的变革情况如下。

在我国,化妆品市场潜力巨大,但随着国内市场的开放,行业间的竞争将更加激烈,从目前化妆品竞争环境而言,化妆品的销售现状是三国鼎立,呈现洋品牌、合资品牌、内资品牌三分天下的局面。但无论哪类品牌在科技创新、新品开发、市场定位、价格策略、促销手段等营销组合方面都各显神通。在如此激烈的竞争环境下,雅芳要想将品牌经营维护且最大化地延长品牌生命周期,就不是仅重视以上所列营销组合所能解决了的,还必须要有一个高效的物流体系来支撑化妆品企业所关注的成本控制、运作效率、服务改善等一系列战略依托,这是因为以下因素所致。

(1)目前化妆品市场已进入成熟期,销售物流的结构也逐步趋向扁平化,要求雅芳公司与消费者有更直接、更快捷的沟通,传统的多层次、长通路的生产厂—批销商—零售商—消费者的物流模式难以适应新需求。

(2)化妆品的市场销售进入重视消费者阶段,其表现特征是一切围绕着消费者转,一切以消费者的满意为目标。这就要求产品要以最方便的途径让消费者购买,要求雅芳公司以快捷的速度对消费者的购买需求作出反应,要满足客户的需求,必须有一个高度专业化和高效率的物流体系。

(3)随着雅芳公司企业规模越来越大和品牌影响力的不断增加,对产品的辐射范围的深度和广度的要求也越来越大,同样需要高效的物流系统支撑。

(4)化妆品行业是个高利润行业,必然吸引更多的竞争者使得竞争更加激烈,最终使行业利润下降,达到社会平均利润水平。化妆品企业之间在产品质量、价格方面的竞争潜力不断缩小,竞争的重点不断向物流环节转移,为了提高利润,减少物流成本占总成本的比例,雅芳公司放弃了大而全、小而全和产供销一体化、仓储运输一条龙的方式,而将企业的运输、仓储、包装、配送等服务纷纷外包给第三方物流公司运作,这也为中国邮政提供了与雅芳公司合作的机会。

雅芳现代物流体系的建立过程如下。

1. 内部信息系统的建设

2000年10月,雅芳公司提出构筑Dealer Relationship Management(以下简称DRM)系统,实现企业组织与庞大业务体系的在线管理。目前,DRM系统已建成并处于推广实施阶段,雅芳总部今后可以通过网络对日常的商业活动进行控制,并与海外总部进行信息传递,不仅把全国分散在不同区域的雅芳连锁店、区域分销商等零售渠道联系在一起,还将跨国经营的分公司、分散在各个国家的分支机构连接在一起。为配合DRM系统的推广,雅芳公司提出内部流程再造计划,考虑将物流配送外包第三方物流公司。

2. 双方的合作历程

2001年6月,雅芳公司派员与中国邮政接触,探讨双方在物流方面合作的可能性。

国家邮政局（中国邮政集团公司）领导对此非常重视，成立雅芳项目组赴广州考察、了解详细的物流需求，并向雅芳公司高层领导介绍了中国邮政物流服务的情况。2001年8月，中国邮政物流设备展期间，国家邮政局同雅芳公司签订了物流合作框架协议。2001年底，雅芳公司在广东对邮政物流配送业务进行一个月的测试，国家局雅芳项目组对珠海、中山两条路线涉及的专卖店进行了跟踪回访，双方就测试情况进行了交流，雅芳公司对测试情况基本满意。2002年初，根据雅芳公司物流招标的总体要求，国家局雅芳项目组会同广东省邮政物流配送有限责任公司参与了雅芳项目的竞标，参加竞标的共有7家实力强大的物流（运输）公司，邮政总分第一。

3. 分拨中心的确定

雅芳公司从其战略角度考虑，决定在广州、北京、上海、重庆、武汉、郑州、沈阳、西安建立八大分拨中心，并选择3家物流配送公司作为合作伙伴，通过第三方物流服务商将雅芳产品直接从分拨中心配送至专卖店。为评估各方的实际配送能力和服务能力，雅芳公司将北京、重庆、武汉分拨中心的仓储、配送业务委托给中国邮政。事实表明，中国邮政的3个分拨中心运行情况良好，2002年11月，中邮物流参与了雅芳西北区配送项目的招标工作。

4. 配送体系的建立

物流项目不仅涉及到配送的问题，还涉及到雅芳公司内部业务流程的重新设计，该项目的成败对雅芳公司将来的扩张发展会造成较大的影响，所以雅芳公司管理层对该项目所作的每一个决定以及对雅芳公司内部业务的调整都是十分审慎的，前期对整个项目实施的可行性进行全面深入的分析与评估，包括对候选物流合作商的了解和选择，配送成本的分析，配送时间，货物在途信息的跟踪，货款的回收及服务可靠性的控制等等。因此，整个物流项目的设计与具体实施方案的推进是需要一个逐步成熟的过程，雅芳公司最终决定该项目的进度与各分拨中心的DRM系统的推进速度保持同步，因此中国邮政在北京、重庆、武汉分拨中心的实施采取先行市内及郊区县试点，待条件成熟后，再扩大辐射范围的方式进行，截止到今年10月底，中国邮政配送范围覆盖北京、河北、天津、重庆、四川、西藏、湖北等省，仓储年租金150多万元RMB，收入过百万，配送准时率95.7%，物品完好率100%，信息反馈率85.4%，客户满意率92%，基本达到国家局提出的要求，也得到雅芳公司的认可。自雅芳公司选取第三方物流供应商为其提供物流服务以来，雅芳全国各个分公司的管理成本呈现下降趋势，同时改变了专卖店店主上门提货、长途车取货等配送方式，服务质量、水平明显提高。专卖店对市场的快速反应、持续补货的能力也有所加强。雅芳公司与中国邮政协商，计划年底扩大配送范围至华北、西南、西北等省区。

5. 信息流的对接

在国家邮政局和雅芳公司的共同努力下，双方系统接口于2002年7月1日在重庆正式启用，启用后的系统自动转换雅芳公司单据为邮政内部单据，邮政物流部门无须录入物流单据，节省了大量时间；同时雅芳公司加强了每天信息反馈的要求，新增签收选项。由于雅芳公司系统与邮政物流系统实时对接，每日定时会取到邮政当日配送各种信息，这样对邮政内部信息维护人员提出严格要求，除每天及时录入配送信息外，还必须能够及时处理配送过程中的突发事件。此外，运费结算信息也在7月1日正式启用，系统在月底前就能够将本月的配送费用计算出来，方便了双方的资金结算工作。

6. 资金流的解决

雅芳公司已经在试点地区逐步实行专卖店网上订货、远程付款、将产品直接配送到专卖店的新型销售配送模式。为解决及时付款和收款确认，以便及时发货的问题，该公司希望能利用邮政储蓄卡全国联网通存通兑的功能及遍布全国城镇的营业网点，协助收取货款。2002年4月国家局网运部物流工作组、信息技术局、邮政储汇局会同雅芳公司就代收货款项目进行了首次接触，通过沟通，中国邮政对雅芳代收货款业务需求有了初步了解。随后中国邮政制定了一套业务需求解决方案并与雅芳公司通过邮政综合网电视电话进行了深层次的沟通，对雅芳的需求有了更进一步的了解。双方决定合作初期，通过广东银联支付网关与雅芳公司系统对接，利用邮政储蓄卡全国联网通存通兑的功能和遍布全国城镇的营业网点进行存款与扣款的方式暂时解决资金流问题，目前每月代理结算货款近千万元。同时双方的计算机技术人员着手系统接口源代码的编译工作，目前已经进行广东、四川、浙江三省联网测试。11月份，在测试结果稳定的基础上，能够在广东、四川两省实现网上支付系统的互联互通，雅芳代收货款项目可实现网下、网上两种支付方式进行，这对今后邮政为不同业务需求的客户提供不同支付方式打下了良好的基础。

思 考 题

1. 简述邮政发展现代物流的背景。
2. 物流按其作用可分为哪几类?
3. 简述邮政现代物流业务体系。
4. 简述物流的协议用户受理的含义。
5. 分析现代物流大客户的开发程序。

实践项目

1. 实地调查。选择一地、市邮政物流公司进行实地调研，重点了解该公司经营邮政物流业务的种类，业务发展状况，并对其大客户开发过程进行详细了解，写出调研报告。

2. 模拟训练。3~5人一组，针对一具体企业，为其制定物流服务运营方案。要求进行调研，小组成员要合理分工并进行讨论。

第四篇

国际邮政业务

第十四章 国际邮政业务基础

“世界邮政网，网络连天下”这是万国邮联行政理事会为2007—2009年世界邮政日选定的宣传主题。1874年10月9日成立的万国邮联，为国际邮政业务的发展奠定了基础，促进邮政业务在全世界的发展，引导着世界邮政发展的航向。本章主要介绍国际邮政业务的概念、分类，国际邮政的组织机构、相关法规以及国际邮政网，让大家对国际邮政业务有一个大致的了解。

第一节 国际邮政业务的概念、任务和特点

国际邮政是我国邮政的重要组成部分，也是我国涉外工作的一个方面。我国的国际邮政业务始于汉朝初期。永宁元年（公元120年）中国邮驿已通达缅甸、印度等国。大清邮政成立之后，由于当时中国还是半封建、半殖民地的国家，国际邮政业务一直受着帝国主义国家的操纵。在第一次世界大战结束之前，我国出口国际邮件全部通过“客邮”转递。1922年，各帝国主义国家宣布撤销在中国的“客邮”（日本在南满铁路地区的邮局和英国在西藏的“客邮”除外），但事实上中国邮政业务仍控制在英、美等帝国主义国家手中。中华人民共和国成立初期，我国重点发展了与苏联及其他社会主义国家的邮政服务。1972年我国恢复了在万国邮联的合法席位，我国的国际邮政业务进入了一个新的发展时期，与我国有直接通邮的国家和地区大幅度增加，国际邮政业务得到了迅速发展。

一、国际邮政的定义与分类

（一）定义

国际邮政业务是在国与国之间进行通信和物品寄递服务，是为各国用户提供跨越国界的邮政服务性业务。

国际邮政业务的运营构成了邮政的一个重要业务领域。国际邮政业务服务的内容包括我国邮政部门收寄、处理和转运寄往国外的邮件和接收、处理、运输、投递国外寄到我国境内的邮件，以及经转其他第三国过境的邮件。

要注意区别“国际邮政”与“世界邮政”两个不同概念，世界邮政是指世界各国邮政，而国际邮政特指国际邮政业务的经营过程的各种活动。

（二）分类

国际邮政业务分为国际邮件寄递业务和国际邮政金融业务。

国际邮件寄递业务又可分为国际函件业务、国际包裹业务和国际特快专递业务三类。其中国际函件业务是万国邮政联盟规定的基本业务。在《万国邮政联盟公约》中规定了国际函件的种类和处理规定。国际包裹业务是《万国邮政联盟包裹业务协定》

中规定的业务。包裹业务协定规定了国际包裹业务的种类,业务处理的规定等。包裹协定对参加包裹协定的会员国有效。邮联会员国可以选择是否参加包裹协定。国际特快专递业务是可选择性业务。

国际邮政金融业务主要有国际汇兑业务、国际代购业务和国际邮政支票业务。这3项业务处理规定分别由《国际汇兑业务协定》、《国际代收货价业务协定》和《国际支票业务协定》所确定。国际邮政金融业务是可选择性业务。

二、我国国际邮政的任务

我国国际邮政的基本任务是在我国独立自主、和平共处和改革开放的对外总政策的指导下,通过迅速、准确、安全、方便地传递国际邮件,沟通我国与世界各国人民的通信联系,发展同全世界人民的友好关系,促进相互间的政治、经济贸易、科学技术、文化的交流和发展,为我国的经济建设服务。

具体任务可归纳如下。

1. 为党和国家提供国际邮政服务

新中国成立以来,我国在和平共处五项原则的基础上,同世界上100多个国家建立了外交关系。随着我国国际地位的不断提高,同世界各国的政治、经济、文化交往日益广泛,国家需要的对外联系也更加频繁。党政各部门在进行对外事务联系中,都需要国际邮政部门为其提供服务。我国的国际邮政通信首先要保证党和国家对外邮政通信的需要。

2. 为国家对外经济贸易、科技和文化交流服务

国际邮政一直是国家对外进行经济贸易、科技和文化交流的工具之一。由于我国实行对外开放政策,特别是加入WTO之后,国际间经济贸易、科技和文化交流对国际邮政通信的需求不断增加,大量的商品货样、银行结算单、经贸合同、科技文件和货物等,需要通过国际邮政通信部门进行寄递和交换。我国的国际邮政通信,要为促进国际间的经济贸易、科技和文化交流服务,为我国的社会主义现代化建设作出应有的贡献。

3. 为公众提供国际间通信和物品寄递等邮政服务

随着我国在国际事务中的影响不断扩大,以及我国人民同世界各国人民之间的友好往来更加密切,相互之间的通信数量也随之增加。我国的国际邮政,要最大限度地满足中国人民和世界各国人民之间的通信需要。同时,便利海外侨胞同祖国人民之间的通信联系。中华人民共和国成立以来,党和政府非常关心侨居在国外的数千万同胞,支持他们的正当权利和利益,同时也非常关注侨胞的生活,使他们深感祖国的温暖和关怀,关心祖国的繁荣和经济建设。我国的国际邮政通信应当为海外华侨和外籍华人同祖国联系提供方便。

4. 经转其他国家和地区的邮件

国际邮件在传递过程中,往往需要经过一个或多个国家邮政部门的经转,才能传递到目的地。邮件转运自由是万国邮联的基本原则之一。我国发往世界各国的邮件需要经过有关国家转发。同样,其他国家的邮件也有一部分需要经过我国转发。因

此,经转其他国家的邮件,保障转运自由,也是我国国际邮政通信的任务之一。

5. 为中国邮政带来经济效益

国际邮政是中国邮政经营的重要领域,一些国际邮政业务是利润丰厚的高端产品,经营好国际邮政业务对中国邮政的发展有着重要意义。

三、国际邮政特点

国际邮政业务的经营与国内邮政业务相比有如下特点。

(1)国际邮政业务开办受制约的因素较多。一般性国际邮政业务在万国邮政联盟公约、协议等规定的范围内开办。一些业务的开办还需要两国之间签署协议。同时,国际邮政业务开办受到国与国之间政治、经济等关系的影响。

(2)国际邮政业务组织较为复杂。主要是涉及的环节多,各国有着不同的环境,造成业务组织的复杂性。

(3)国际邮政业务对从业人员的业务素质要求较高。从事国际邮政业务的人员一是要有一定外语水平,二是有较高的政治素质,三是有较高的邮政业务素质。

总之,国际邮政业务在业务分类、处理规则、生产组织过程等许多方面都与国内邮政业务有着一定区别,学习国际邮政业务要重点把握这些区别。

第二节　国际邮政的组织机构

国际邮政是在国家间开办的业务,这就需要成立国际性组织来协调、规范国际邮政事务。本节主要介绍万国邮政联盟、区域性邮政联盟以及其他邮政组织。

一、万国邮政联盟

(一)万国邮联的成立及沿革

万国邮政联盟(UPU,简称万国邮联)是联合国处理邮政事务的专门机构,也是各国政府间商定邮政问题的国际组织,总部设在瑞士伯尔尼。1874 年 9 月 15 日至 10 月 9 日由德国发起,邀请奥地利、瑞士、英、法等 22 国代表参加在伯尔尼召开的国际邮政会议,签订了《伯尔尼公约》,对国际邮件互换作了统一规定,次年成立了邮政总联盟。1878 年 5 月在法国巴黎举行第二次代表会议,改《伯尔尼公约》为《万国邮政公约》,“邮政总联盟”改为“万国邮政联盟”。1948 年 7 月 4 日,万国邮联与联合国签立协定,成为联合国的一个专门机构。万国邮联的宗旨是在世界范围内组成一个邮政领域,以便互相交换邮件,为组织和改善国际邮政通信、促进国家之间的邮政合作创造方便条件,并在力所能及的范围内给会员国以邮政技术援助。为了贯彻这一宗旨,万国邮联还制定了邮联的组织法规、邮政公约及实施细则、邮政业务协定及实施细则,并规定以法文为邮联正式语种,作为国际邮政往来文件通用文字。

万国邮联接收会员国,在 1948 年以前是采取自由参加政策,欲参加者只需作出单方面声明即可。自 1948 年 10 月份起,规定只有主权国家才能申请加入,并且至少有三分之二以上会员国同意方可。到 1979 年邮联组织法又进一步规定,凡是联合国会员国均可加入邮联,不是联合国成员则须经过三分之二以上会员国同意方可加入。截止

2005年,万国邮联已有190个会员国,中国于1914年3月1日加入万国邮联。中华人民共和国成立后,邮联合法席位于1951年被非法剥夺,直到1972年恢复我国在联合国合法席位后,万国邮联于当年4月13日通过决议,接受我国为合法会员国。万国邮联会员国还在各地区组成区域性邮联,目前共有九个。我国于1975年11月13日加入"亚洲及太平洋邮政联盟"(简称亚太邮联)。

(二)邮联的宗旨、法规和语文

根据邮联的组织法,邮联的宗旨是"以万国邮政联盟的名义组成一个邮政领域,以便互相交换邮件,组织和改善国际邮政业务,并在这方面便利国际合作的发展,以及在力所能及的范围内参与会员国所要求给予的邮政技术援助"。

邮联法规包括:组织法、总规则、万国邮政公约及其实施细则和7种业务协定及其实施细则。邮联的正式语文是法文。1994汉城邮联大会将法文和英文列为国际局的工作语文。

(三)邮联的组织机构

1994年汉城大会对邮联机构进行改革。邮联组织机构有大会、行政理事会、经营理事会和国际局。

根据万国邮联组织法规定,万国邮政联盟大会是万国邮政联盟的最高权力机构。在1964年万国邮联维也纳大会之前的体制下,邮联在法律上每届大会都需要更新一次,因为生效公约每次都要以新代旧。1964年维也纳大会将此前万国邮联公约中关于邮联的组织条例部分作了全面的修改,并独立编成法律文本,首创了万国邮联组织法。邮联有了一个永久性的法律基础。万国邮联代表大会主要任务是修订邮联法规、选举理事会、讨论国际邮政和世界邮政发展的重要议题等,1994年布加勒斯特会议之前,大会每5年举行一次。布加勒斯特大会通过协议,改为每4年召开一次邮联大会。

行政理事会是两届邮联大会之间主持邮联工作的万国邮政联盟的常设机构。简称行政理事会。1947年万国邮联巴黎大会决定成立万国邮联执行及联络委员会,由19个成员国组成。1964年万国邮联维也纳大会改称为万国邮联执行理事会。1994年万国邮联汉城大会决定,根据政企分开的原则,重新划分两个理事会的职责范围,并将执行理事会改称为万国邮联行政理事会。

万国邮政联盟邮政经营理事会,是两届万国邮政联盟大会之间,负责研究有关邮政业务的经营管理、技术和经济方面问题的万国邮政联盟常设机构。简称邮政经营理事会。1957年万国邮联渥太华大会通过万国邮联执行及联络委员会和荷兰的提案,决定成立邮政研究咨询委员会,并由20个理事国组成邮政研究咨询委员会管理理事会。1964年万国邮联维也纳大会,将该管理理事会理事国数增至26个。1969年万国邮联东京大会,决定撤销邮政研究咨询委员会,并以30个理事国组成的邮政研究咨询理事会,取代邮政研究咨询委员会管理理事会。1974年万国邮联洛桑大会,将邮政研究咨询理事会理事国增至35个,并通过了以"尽可能广泛地按照地区分配"的原则选举理事国。1994年万国邮联汉城大会,根据各常设机构新的职责分工决定成立邮政经营理事事会，以取代邮政研究咨询理事会。

万国邮政联盟国际局是万国邮联在瑞士伯尔尼设立的中央办事处，也是各会员国邮政主管部门的联络、信息交流和咨询机构。简称“国际局”。国际局是根据万国邮联伯尔尼条约创立的。该局实际创立于1857年9月15日。国际局成立初期，是在瑞士政府的最高监督之下的，瑞士政府以此名义，制定并定期修改有关国际局的组织、功能和活动监督的规章。这种情况一直延续到1972年。根据1969年万国邮联东京大会决定，由万国邮联执行理事会制定万国邮联的人事条例和财务规则。1979年万国邮联里约热内卢大会决定，放弃瑞士政府对万国邮联财政提供资金的服务，并选择一种类似于联合国专门机构的自筹资金的制度。1984年万国邮联汉堡大会决定，将“瑞士政府和最高监督”改为“执行理事会的最高监督”。1994年万国邮联汉城大会，改由万国邮联行政理事会负责“最高监督”。

（四）邮联面临的改革

世界邮政所面临的外部和内部环境发生着巨大的变化，各国邮政都面临着世界范围内的激烈市场竞争，都积极致力于邮政改革，世界邮政存在着从“一个邮政领域”向“一个邮政市场”转变的严峻挑战。邮联作为一个政府间的国际组织，其创立的基础是各国政府间在邮政事务上的相互合作，维系其存在的基石是“一个邮政领域”。新形势下，邮联必须确立新的国际合作准则，维系一个邮政领域，并确立其新的内容。邮联面临的改革主要包括以下问题。

1. 新时期邮政邮联的作用和使命问题

一个邮政市场的核心是经济实体间的国际竞争，维系各国邮政直接关系的将是标准的商业关系，国际邮政业务方面的协作必然要考虑服务质量、成本因素和市场因素，国家邮政之间的协作达不到各方满意时，必然会产生国家邮政与私营速递企业之间的协作。在私营速递公司参与市场竞争并且占有相当大的市场份额、邮政跨国经营已经成为既成事实、邮政与私营公司的合作越来越多的情况下，尽管邮联仍然强调一个邮政领域，但各国邮政间的关系、邮政与私营速递公司之间的关系已经开始发生实质性的变化。一个邮政市场的出现和最终确立将对邮联今后发展方向、前途产生重大影响。邮联所涉及的事务已经远远不限于政府间合作的官方事务，而是面临政府、国际组织、私营企业、用户等多种利益相关者多种事务互联互动的复杂局面。

2. 邮联内部组织机构的改革问题

由于邮政商业化运作的色彩越来越浓，官办机构的官僚作风和低效率、不讲经济效益的状况，已经不能适应环境的变化。邮联必须考虑自身机构的效率与效益，应率先进行机构改革、精简机构、节约成本、改进形象、保持活力，维护邮联在世界邮政事务中的决策地位。

3. 邮联的开放问题

非政府间国际组织、私营机构已经成为参与市场竞争、参与相关服务的世界邮政利益相关者的一个组成部分，非政府间国际组织、私营机构和一些发达国家邮政提出邮联应全面开放,1999 年北京邮联大会为此成立了咨询组,2001 年邮联决定成立咨询委员会。但这些还远远不够,在非邮政政府机构参与邮联的事务已经成为必然的情况下,参与邮联的成员范围、形式、在邮联的地位等问题,并没有从根本上解决,这些问题将会对邮联未来的发展产生重大的影响。

4. 邮联制定的发展战略

每届大会都制定未来邮政的发展战略。21 届邮联大会制定了“汉城战略”;22 届邮联大会制定了“北京战略”。第 23 届邮联大会提出了“布加勒斯特战略”。第 24 届邮联大会提出了“内罗毕世界邮政战略”。

“内罗毕世界邮政战略”是第 24 届邮联大会的一项重要成果,为 2009 年—2012 年全球邮政的发展指明了方向,它是在深入分析了世界邮政发展环境的前提下,制定了世界邮政发展战略,为今后几年世界邮政的发展规划了蓝图,提出了 4 大发展目标,即提高邮政网络的质量和效率,促进邮政行业的可持续发展,保障邮政普遍服务,促进邮政市场开发和业务发展。4 大目标共包括了 18 个项目。内罗毕战略充分考虑了如何发挥邮政三流合一的优势,促进全行业的可持续发展。同时更加注重各责任方在将来执行战略项目时的可操作性。在今后 4 年里,全球各邮政将参与万国邮联的具体项目,分阶段、按地区执行并实现该战略规划。

二、区域性邮政联盟

区域性邮联为某地区邮联会员国或它们的邮政所组成的组织。

目前,根据邮联组织法规定,被视为区域性邮联的组织有 9 个,分别是:亚洲及太平洋邮政联盟;阿拉伯邮政联盟;非洲邮政联盟;泛非邮政联盟;非洲邮电联盟;美洲和西班牙邮政联盟;北欧国家邮政联盟,欧洲邮电主管部门会议;中非邮电主管部门会议。

亚太邮联成立于 1961 年 1 月,其常设机构有亚太邮联执行理事会和亚太邮联总部,总部设在菲律宾的马尼拉。

三、其他国际邮政组织

面对全球邮政市场的变化,一些地区成立新的国际间邮政组织,与传统的地区邮政联盟不同,他们的合作重点在开发市场,提高经济效益上。以下仅以卡哈拉邮政组织为例介绍。

在澳大利亚邮政的倡导下,于 2002 年 6 月 19 日—2002 年 6 月 22 日在夏威夷卡哈拉东方饭店举行了由亚太地区主要的 7 个邮政(中国、澳大利亚、加拿大、香港、日本、韩国和美国)的首席执行官和高级官员 CEO 高峰会议。目的是组成一个邮政联盟(后称为卡哈拉邮政组织),共同讨论邮政未来发展中的机会,并构想邮政下一步的发展,如发展业务的新途径,以及如何通过联合确保邮政服务水平的提高。尤其是在日益激烈的市场竞争和亚太区广阔的市场前景时,各邮政如何加强合作,拓展跨境邮政业务。

卡哈拉邮政组织经过多次会议以多种形式进行详细分析,初步决定要在三个层次快递产品(卓越产品、标准产品、经济快件,简写为 SME)的经营运输方面进行合作。

第三节　万国邮政联盟邮联法规

一、邮联法规及其组成

邮联法规是调整国际邮政事务中各种关系的法律规范的总和。国际邮政事务中的社会关系主要有几方面：各邮政之间的关系；各邮政与用户之间的权利和义务关系；邮政与相关协作部门之间的关系。

邮联法规属于国际法范畴，其作用体现在为国际邮政用户的通信自由提供了具体的法律保证；为各邮政和用户双方的权利和义务提供了具体的法律根据；为调整各邮政之间关系提供了基本原则；为开办国际邮政业务提供了法律依据。

邮联法规包括：①万国邮政联盟组织法，它是邮联的基本法规，对所有会员国都有约束；②万国邮政联盟总规则，它列有确保实施组织法和开展邮联工作的各项具体规定，对所有会员国都有约束力；③万国邮政公约及其实施细则，它列有适用于国际邮政业务的共同规则和关于函件业务的各项规定，对所有会员国都有约束力；④万国邮联各项业务协定及其实施细则，它列有除函件业务以外的其他邮政业务的各项规定，仅对参加各协定的会员国具有约束力。

二、万国邮政联盟组织法

《万国邮政联盟组织法》（以下简称《组织法》）是万国邮联的基本法规，是需要经各会员国最高权力机构批准的外交法规。《组织法》是 1964 年维也纳大会首次确立的。

为了确保《组织法》的稳定性，该法规中列有基本的组织条款。《组织法》本身不得修改。如有修改，只能由大会作出决定，载入《附加议定书》。

《组织法》所列的邮联的组织条例中包括如下内容。

（1）万国邮政联盟的组成和宗旨，在《组织法》上签字的各会员国以“万国邮政联盟”的名义组成一个统一的邮政领域，以便互相交换邮件，其宗旨是组织和改善国际邮政业务，并在这方面便利国际合作的发展。

（2）加入或退出万国邮政联盟的条件和手续。

（3）万国邮联的组织机构设置。

（4）万国邮联的会址，万国邮联及其常设机构设在瑞士首都伯尔尼。

（5）邮联的正式语文。

（6）万国邮联的货币单位：万国邮联法规内所用的货币单位是国际货币基金组织的记账单位——特别提款权（法文缩写 DTS，英文缩写 SDR）。

（7）万国邮联的财务。万国邮联的活动经费由会员国按照《万国邮政联盟总规则》规定的分摊办法以会费的形式共同分担。每届大会确定以后 5 年的经费最高限额。国际局每年编制一年预算，经行政理事会批准后执行，并编制年度账目，经外部审计人员审核以后，报行政理事会审议。

三、万国邮政联盟总规则

同《万国邮政联盟组织法》一样，《万国邮政联盟总规则》也是 1964 年维也纳大会对《万国邮政公约》进行全面修改的结果。《万国邮政联盟总规则》(以下简称总规则)列有确保邮联组织法的实施细则。总规则的主要内容可以分为几个方面:①对“大会”的地位、职责以及行使的职权给予确定;②明确行政理事会的定位和职责;③明确邮政经营理事会的定位和职责;④明确国际局的定位和职责,并规定了国际局总局长的职责和权限。

四、万国邮政公约及其实施细则

《万国邮政公约》是国际邮政业务的基本法规,它是万国邮联最悠久的法规之一。1874 年在伯尔尼召开的第一次全权代表大会签署了《关于创立邮政总同盟的条约》(又称伯尔尼条约),并且制定了《程序性规定和细则》,以保证条约的规定得以执行。这就是万国邮政公约及其实施细则的前身。3 年后在巴黎召开的邮政总同盟大会将该组织名称改为“万国邮政联盟”,联盟条约也改为《万国邮政联盟(公约)》。1891 年维也纳大会又将此公约定名为《万国邮政公约》。1906 年罗马大会将《程序性规定和细则》改名为《万国邮政公约实施细则》。

万国邮政公约的重要内容包括国际邮政业务共同规则以及函件业务的处理规定等内容。

1. 国际邮政业务的共同规则

(1)转运自由。转运自由是保留至今的 1874 年伯尔尼条约中的基本内容之一。转运自由的原则要求各邮政对于其他邮政发来的总包和散寄邮件承担交由运输其本身的邮件所使用的最快邮路和最可靠运输工具予以发运的义务。它意味着邮件在经转过程中的不可侵犯性。公约规定,函件的转运自由在整个邮联的领域内得到保证,但不参加互换装有易腐烂生物品或放射性物品函件的会员国有权不允许这类函件以散寄的方式过境经转,对于信函、明信片和盲人读物以外的其他函件,如果不符合经转国关于出版和流通条件的法律规定,也可以同样处理。水陆路包裹的转运自由只在参加包裹协定的会员国领土上得到保证。航空包裹的转运自由在整个邮联的领域内得到保证,但未参加包裹协定的会员国可以不参加航空包裹的水陆路经转。为了保证转运自由的原则得到遵守,公约规定,如果一个会员国不遵守转运自由的规定,其他会员国可以取消与其办理的邮政业务。

(2)邮件的归属。任何邮件,除已按寄达国法令扣留以外,在投交收件人以前均归寄件人所有。

(3)资费和资费的免除。各类国际函件的资费原则上应与所提供的服务的成本相联系,但所实行的资费不能低于对国内具有相同特性的函件所实行的资费。除有特殊规定的以外,各邮政所收的资费均归其所有。资费原则上应在交寄邮件时由寄件人全额交付,但下列函件可免付资费:邮政公事函件、盲人读物和寄自或寄交战俘和被拘禁贫民的函件。

2. 国际函件业务的各项规定

国际函件业务是国家与国家(地区)之间信函、文件资料及少量物品寄递业务的总称。国际函件业务是万国邮政联盟成员国邮政部门必须经办的基本业务。因此,《万国邮政公约》对函件业务的分类、准寄范围、重量尺寸限度、封装标准等都作出了规定,是各国国际邮政业务运营的规范。《万国邮政公约》是我们在下一章学习函件业务的重要依据。

五、万国邮联各项业务协定及其实施细则

1999 年北京大会之前,万国邮联业务协定有《邮政包裹协定》、《邮政汇兑协定》、《邮政支票业务协定》和《代收货价邮件协定》。这些协定及其实施细则主要规定了该项业务开办及处理的各项规则和规程,是各缔约国在开办这些业务时所遵循的基本规定。1999 年在北京召开的第 22 届万国邮政联盟大会,将《万国邮政公约》和《邮政包裹协定》合并成单一的《万国邮政公约》,将《邮政汇兑业务协定》、《邮政支票业务协定》和《代收货价业务协定》改编合并为单一的《邮政支付业务协定》,原《代收货价业务协定》中的一部分条款改编至合并后的《万国邮政公约》,相应的实施细则也进行了修改。2008 年在瑞士日内瓦召开的第 24 届万国邮政联盟大会重新审议和修订了万国邮联《组织法》、《总规则》、《万国邮政公约》、《邮政支付业务协定》等邮联行政和业务性法规。

第四节　国际邮政网

国际邮件传递需要数个国家或地区的邮政协同配合、密切联系、连续作业才能完成。因此,这就需要具有国际间全程全网的通信网,我们称之为国际邮政网,它是国际邮政业务运营的重要基础。

国际邮政网的组织包括 3 个主要方面,即互换局和交换站的设置、直封总发关系的建立以及发运路由的选择。一般的组织过程是,先是根据本国情况以及外国通邮需要,设置国际邮件互换局和交换站,然后考虑各个互换局与国外那些互换局建立直封总包关系,并选择适当的发运路由。

一、互换局和交换站的设置

按照万国邮政联盟规定,国际间寄递的邮件,必须由各国制定的互换局对外进行封发和接收处理,其他局都不得与国外直接发生关系。据此,各国都要根据需要和具体情况设置一定的国际邮件互换局,以便进行国际通信交流。同时,各国应从自身需要出发,设置一定数量的国际邮件交换站,目的在于国际邮件总包直接交换。

(一)国际邮件互换局设置

国际邮件互换局(以下简称互换局)是指与国外邮政机构有直接封发和接受邮件总包关系的邮局。

互换局作为国际邮政通信网路组织中的重要环节,担负着国际邮件进出口的集散重任。互换局是国与国之间互换邮件的具体实施单位。

国际邮件互换局一般分为航空总包互换局和水陆路总包互换局。国际邮件互换局的功能主要体现在以下方面。

(1)向指定国外互换局封发各类国际邮件总包。

(2)接收、开拆各类进口国际邮件总包,处理进口和散寄经传邮件。

(3)通过缮发验单、简函和拍发电报,与国外互换局进行业务联系。

(4)根据邮件量变化情况,及时提出调整总包封发关系的意见和散寄邮件原寄国应向邮件寄达国直封总包的建议。

(5)搞好国际邮件总包的计划封发和发运工作,进行终端费特别统计和散寄航空函件的统计。

(6)参与国际账务结算工作。根据利用计算机处理国际邮政账务的需要,及时集中、准确输入各项原始数据,并将数据和相关资料按时传递账务结算中心。未设计算机终端的互换局,应按规定向指定互换局寄送原始资料;对国外邮政修改退回的各类账单,要认真复核,不符之处,要提供原始单据。

互换局的设立与取消均由中国邮政集团公司审定,各省局可根据实际情况提出增设或关闭互换局的建议。

设置国际邮件互换局的目的是进一步促进对外开放和地区经济的发展,并配合快速、高效干线邮运网路的建设,及时调整直封总包关系和发运路由,合理组织国际邮政通信网路,最终达到确保邮件安全、加快邮件时限、促进业务发展之目的。因此,设置国际邮件互换局要科学、合理、适量。一个国家的互换局不可太多,多了必将增加管理上的困难和经济上的负担;少了又会造成大量邮件的倒流、绕道和迂回现象,影响邮件的传递速度和服务质量。一般来说,国际邮件互换局的设置应以下列条件为依据。

(1)当地足够的与国外往来的业务量,这是设置互换局的首要条件。

(2)交通便利,这是设置互换局的客观条件。一般情况,互换局应该设置在海、陆、空港口城市。根据国际邮政的特征,设互换局最好是航空通航局,然后再结合水陆路交通条件综合考虑,以适应对内集散邮件和对外直封总包的需要。

(3)设有海关驻局办事处。总包的封发开拆和邮袋装卸转运必须经海关监管。海关是否在邮局设立办事处也是设置互换局的必要条件。

(4)拥有必要的场地、人员、设备,这是设置互换局的物质基础,否则投资成本高,难以实现网路组织中讲求经济效益的原则。

(二)国际邮件交换站设置

国际邮件交换站(以下简称交换站)是负责与国外或邮政的传输代理机构进行国际邮件总包交换的部门。

交换站的主要任务是根据国际航班、车次和海运班期及其进出港时间,安排各类国际进出口邮件总包和过境邮件总包的接收和发运。发现有积压情况,负责查明原因和责任,并与运输部门交涉、清运。

交换站不得开拆和封发国际邮件总包,但对袋皮破损、袋牌脱落、袋绳封志等发生异常情况的邮件总包,应会同海关、运输部门对其进行查验,重新进行袋封后发出。同时,将查验情况以验单形式通知原互换局、寄达互换局和经转互换局。

按规定，交换站在接受、装卸转运国际邮件总包时需在海关监督下进行。

交换站的设置与撤销和互换局一样，由中国邮政集团公司决定，各省局可根据实际情况提出增设或撤销的建议。根据交换站的任务，其主要设置在国际机场、海港、边境口岸等地理和交通条件便利的地方。国际机场、海港设置的国际邮件交换站，与运输部门——各航空公司、各轮船公司交换邮件总包；边境口岸设置的国际邮件交换站则直接与境外邮政机构互换邮件总包。

目前，我国国际邮件互换局、交换站共50个，其中35个是互换局兼交换站，9个互换局，6个交换站。

（三）省会局、指定经转局、设关局职责

我国规定，全国各县、市局收寄的出口国际邮件都必须通过省会局或者国际邮件指定经转局转往国内相关互换局汇总封发，按指定发运路由发运出口；外国发来的进口邮件总包由互换局开拆，发往各省会局或国际邮件经转局分转各县、市局投递。可见，省会局和国际邮件指定经转局在国际邮政通信网路中也起着重要作用。

省会局和指定经转局的业务职能基本相同，主要负责全省或指定地区内进、出口国际邮件质量检查和经转工作，对进口的用外文写收件人名址的邮件进行批译并对各局的国际邮件收集和投递工作进行业务指导。

设关局是海关对国际邮递物品进行查验的功能局，海关派出分支机构进驻邮政局，设置办事处、专门负责国际进、出口邮递物品（印刷品、小包、保价信函和包裹）查验、征税和放行工作，以实施海关对国际邮件的监管。多数设关局担负着互换局、省会局或国际邮件指定经转局的任务，只有个别设关局只有验单一职能。

二、直封总包关系的建立

（一）国际邮件总包及直封总包关系

国际邮件总包是两个国家（或地区）国际邮件互换局之间一次封往对方同类国际邮件的总称。具体地说，邮件总包是随同一封发清单寄往同一寄达互换局的一个或若干个邮件袋，即一个国际邮件总包有一袋或若干袋邮件以及不装袋的外走包裹组成。

根据运输方式，国际邮件总包分为以下几种。

（1）航空总包。利用航空邮路发运的总包。航空总包内可以装寄航空函件、优先函件和航空包裹。

（2）优先总包。利用水陆路邮路发运的航空函件或优先函件的总包。优先总包的发运与航空总包具有同等的优先权。

（3）空运水陆路总包。利用国际航班剩余运力运输，在原寄国和寄达国国内按水陆路邮件处理的内装水陆路函件、非优先函件和水陆路包裹的总包。

（4）水陆路总包。利用水陆路邮路发运的内装水陆路函件、非优先函件和水陆路包裹的总包。

另外，还有一类总包——大宗函件总包。它是指同一总包内寄发的同一寄件人交寄的大宗函件超过1 500件，或者在两周内同一寄件人寄发的大宗函件超过5 000件

时,寄达邮政有权要求对这类函件单独封成总包。这类总包成为大宗函件总包,大宗函件总包视其运输方式可以是航空总包,也可以是优先总包、空运水陆路总包或者水陆路总包。

一般来说,原寄邮政向某一寄达邮政封发邮件,可以有两种方式:一种为直封总包;另一种为由经转国散寄经转。

直封总包是指原寄邮政将寄往寄达邮政的邮件,直接封成一袋或数袋发往寄达邮政的传递方式。直封总包可以减少经转,加快邮件的传递。

散寄经转是指,当邮件不具备直封总包的条件时,将其封入寄往第三国的邮件总包内,以便转往寄达国的传递方式。

根据《万国邮政公约》规定,各邮政间可将散寄邮件经由第三国经转。这种邮件传递方式,使得原寄邮政减少了国际邮件传递过程中的人力、物力的投入,但很可能延长邮件传递的时间。同时,《万国邮政公约》还规定,如果经转国认为来自原寄国的邮件过多,给其工作带来影响,有权要求原寄国向寄达国直封总包。为了保证国家对外通信的需要,我国应同世界主要国家(或地区)建立相应的邮件总包关系。这种关系是随着我国的政治、经济和文化及对外关系的发展而发展的。

(二)直封总包关系的建立需考虑的因素

从整个国家来说,对哪些国家建立直封总包关系,并通过这些总包关系,将寄往其他各国的邮件用散寄方式转寄到寄达地,是一个需要统盘筹划的重要问题。它不但反映我国与各国之间的关系,同时也反映我国对外邮政通信网路的布局,影响着国际邮政通信网路结构的合理与否。过多的直封总包关系,会造成人力、物力和运费支出的浪费。相反,如果直封总包关系太少了,就要过多地用散寄过境方式寄发国际邮件,可能延长邮件传递的时间,是不适应国家通信需要的。一般说来,建立直封总包关系应当考虑的因素有以下几个。

(1)我国与寄达国之间通邮数量的大小。对邮件数量较大的寄达国都应当直封总包。

(2)我国与寄达国之间的交通状况及政治关系如何。对邻近国家和交通运输条件较好的国家和地区,均应建立直封总包关系。

(3)地区平衡因素。对每一地区的各国,即使邮件数量不是很多,也要选择关系好的或运输条件较好的国家建立直封总包关系。

以上只是在建立直封总包关系时应着重考虑的几个方面。直封总包关系确定合理并不是件容易的事。直封总包关系的确定还要受到互换局设置合理与否的影响,而且国际关系和业务量及世界各国交通联系等都是在不断变化发展的。因此,必须定期检查直封总包关系是否满足需要,应从实际出发,根据需要和可能及时调整各种直封总包关系。

至于在我国国内由哪个互换局或哪几个互换局向对方互换局封发总包,则需要根据邮件的业务量和发运路由考虑。总的要求是尽可能在我国境内减少邮件的倒流和经转。但这是相对的。由于国际通信的特点，受到处理程序和交通条件等方面的制约而造成的邮件在国内的倒流和经转，在许多情况下是不可避免的。

对某个国家建立、增加或停封某项总包，均由中国邮政集团公司决定。但是各省、自治区、直辖市邮政局和互换局都有责任根据实际需要和业务量的增减，提出自己的建议。

原则上，签署了万国邮政公约和各项业务协定的各国之间，实际上已建立了业务关系。所以，如果原寄邮政认为有直封总包的需要，它只需将此意图通知寄达国邮政，待其告知接收互换局以后，即可开始寄发直封总包。首次封发总包的日期和总包发运邮路应先通知寄达国邮政。另外，还应当将这项总包关系的建立通知原来承担散寄经转邮政和即将承担总包经转工作的邮政。

与非邮联会员国或未参加相关协定的国家建立直封总包关系，应采取两种方式：签订协定或换函取得协议。

我国互换局首次向国外某一互换局封发国际邮件总包，或收到某一互换局首次发来的国际邮件总包，都应将这项总包的对方互换局局名、总包的类别、封发（或接收）日期、袋数、重量以及发运路线等尽快详报中国邮政集团公司。停止向国外某互换局封发总包或国外某互换局停止向本局封发邮件总包时，亦应将末次总包的日期、号码等详报中国邮政集团公司。

未经中国邮政集团公司事先通知而收到邮联会员国邮政发来的邮件总包时，接收互换局可以开拆，然后按上述规定将有关情况详报中国邮政集团公司。

三、国际邮件发运路由选择

国际邮件的发运路由，应该包括国际邮件在国内的发运路由和跨国运输所经路由两部分。国际邮件在国内的运递，即进、出口；国际邮件在收寄局（投递局）、省会局或指定经转局及互换局之间的运输，国际邮件总包在互换局、交换站之间的运输，是同各相关局之间互换的国内邮件一起组织的。其所利用的路由是根据比照同类或可比的国内邮件路由来决定的。在不只一个互换局向寄达国封发总包时，省会局（指定经转局）应根据其地理位置和总包的发运路由，按照尽可能避免迂回运输的原则，将邮件发往最适合的互换局。

在这里，我们着重讨论的是国际邮件跨国运输所经由的路线，即国际邮路的选择问题。

国际邮路一般指利用各种运输穿越国境，经过一国（地区）或数国，运递我国出口国际邮件和第三国过境邮件所经由的路线。据此，国际路由的选择有两种含义，即邮件总包发运路由的选择；散寄邮件发运路由的选择。

国际邮件发运路由的选择是非常重要的，选择得是否适当，直接影响到邮件运递的安全和速度，并影响国家用外汇支付运费的负担，更影响到今后参与国际邮政业务竞争的能力。

根据万国邮政联盟的规定，国际邮件的发运路由应由总包原寄邮政根据迅速、安全和经济的原则制定。应以不给经转国邮政造成额外开支为前提,否则经转邮政有权提出修改意见。在此情况下,原寄邮政应予采纳。

所以,选择国际邮路的总原则和要求是:①能够确保邮件在运输途中的安全;②能够迅速转运,尽量减少经转环节;③能够做到运输费用经济合理。

在这里,第一点尤为重要。在安全基础上力求迅速,并尽可能的经济。为了选择、比较,就需了解经转国家的政治态度、国际交通网路情况、各条航线所属国籍、起始地点和停靠站、班次、航次和运费率等资料。在此基础上,可进行综合比较计算,挑选出适合我国需要的国际邮件发运路由。

具体来说,选择发运路由应考虑以下几点。

(1)尽可能利用最短、最直接的路线,把经转环节减少到最低限度。

(2)在同一路线上有我国运输工具和其他国家运输工具共同运行时,应优先利用我国运输工具(国际航班、远洋货轮等),然后考虑卸运口岸所在国的运输工具,尽量避免使用过路的第三国运输工具。

3. 在总包需经第三国经转时,选择经转国的标准应该是:①该国与我国和寄达国均有较频繁、稳定的运输联系,最好有互换直封总包关系;②该国国内邮政业务组织得较好,转发邮件安全、迅速且同我国邮政合作较好;③该国地理位置适当,邮件无需明显绕道,以保证运费开支合理;④不在我国明确规定不与之发生任何关系的国家或地区经转邮件;⑤水陆路邮件总包一般只用单一路由发运,以简化转运费的结算。

对于寄往没有直封总包关系的国家和地区的国际邮件,在选择封入哪个经转国家的总包时,还要考虑不要过多增加经转国的工作负担,并要注意几点:①相关总包的寄达国和散寄邮件原寄达国是邻国或较近,以免出现倒流严重等现象;②总包接受国(即散寄经转国)与邮件寄达国之间有直封总包关系,两国关系较好,并且有较便利的交通条件;③总包接受国与我国关系较好,相互间直接交换的邮件数量较大。

以上条件都是相对的,不一定能找到完全合乎条件的经转国。因此,需要作必要的分析比较,然后决定,并随时根据变化的情况作相应的调整。

中国邮政集团公司根据我国和世界各国的政治、经济关系和各个国家的互换局的通邮情况以及国际交通网路情况编有"国际邮件发运路由手册"。各互换局在封发各类国际邮件和处理散寄邮件时,都要按该路由手册所列的路由寄发,不得随意变更。各省会局或指定经转局在寄发出口邮件时,也要根据此路由手册,以不倒流和不增加经转为原则,把邮件发往相关的出口互换局,不得错乱。

由于国际关系和交通情况是不断变化的,所以路由手册也要随时修订。互换局在工作中要注意新的发运路由的实际效果,为确定最有利的路由和了解总包及散寄经转邮件的发运时限,互换局可向寄达局缮发 CN44 试单,每次调整路由或新建直封总包关系都应发试单数次。试单退回后,应该将情况汇总,报告中国邮政集团公司。同时,还应经常注意进口邮件散寄递路由的变更,随时向中国邮政集团公司提供信息和意见,以便供中国邮政集团公司调整国际邮政网路时参考。

阅读材料

万国邮联的诞生

公元 1874 年 9 月 15 日至 10 月 9 日，由德国、奥地利、匈牙利、比利时、丹麦、埃及、西班牙、美国、法国、英国、希腊、意大利、卢森堡、挪威、荷兰、葡萄牙、罗马尼亚、俄国、塞尔维亚、瑞典、瑞士和土耳其 22 国，在瑞士的伯尔尼召开了邮政联盟的会议。与会各国签署了《关于创设邮政总联盟条约》（又称《伯尔尼条约》），根据该条约，成立了邮政总联盟。1878 年 5 月，在巴黎召开的第二次代表大会上，邮政总联盟改名为万国邮政联盟。总部设在瑞士的伯尔尼。

万国邮联的宗旨是组织和改善国际邮政业务，便利国际合作的发展，并参与会员国所要求给予的邮政技术援助。1948 年 7 月，万国邮政联盟成为联合国负责国际邮政事务的专门机构。万国邮联大会每 5 年举行一次。

根据《伯尔尼条约》，1875 年 9 月 15 日，在万国邮联下设立国际局，是设在瑞士伯尔尼的万国邮联中央办事处。它的职责是各会员国邮政主管部门的执行、支撑、联络、信息交流和咨询机构。到 1984 年，万国邮联汉堡大会决定，国际局由总局长领导，受行政管理会的监督。总局长由邮联大会选出，至少任期 5 年，只能连任一次。万国邮政联盟大会是最高权力机构。在两届联盟之间还设有“万国邮联行政理事会”和“万国邮联邮政经营理事会”两个常设机构。会员国从成立之时的 22 国，到 1994 年发展到 189 个。

为纪念 1874 年 10 月 9 日万国邮政联盟创立日，在 1969 年万国邮联东京大会上通过决议，将每年的 10 月 9 日定为万国邮联日，1984 年更名为“世界邮政日”。

中国加入万国邮联始末

关于中国邮政申请参加万国邮联问题，据最早的文献资料记载，可追溯到清代海关试办邮政时期。负责主持海关邮政的赫德，曾在 1893 年 8 月 20 日致函中国海关驻伦敦办事处税务司金登干，对于中国加入“万国邮政公会”的事，提出 5 个问题，要金登干去伯尔尼有关方面了解。这 5 个问题是：加入的申请书怎样提出；中国和瑞士没有条约关系，能否直接联系；申请书由谁签字；入会后经费如何摊付；以及要求瑞士派熟悉国际邮政业务的人员来华工作等。同年 12 月，金登干曾去伯尔尼会见瑞士外交部长雷拉尼和国际邮政公署署长霍恩，数次会谈如何申请入会的有关具体问题，由金登干于 1893 年 12 月 8 日回复了赫德。但是赫德对中国邮政加入万国邮联的态度并不积极。他的理由是：“大清邮政虽已创办，中国各地的民信局还将继续存在，外国的‘客邮局’的利益也应得到‘迁就’，万国邮政公会无法帮助解决中国这种多元的邮政状况。因此只有一方面争取在原则上得到万国邮政公会的承认，另一方面则避免因加入该会而带来的责任。”赫德是 1908 年离职回到英国的，但就在前一年，即 1907 年 10 月 12 日（光绪三十三年九月初六日），他给税务处一份说帖中，专门就中国邮政未能加入邮政公会问题，写了四点原因，除了上述理由外，他还认为当时大清邮政还不完备，万一入了会，须与海关分离，所需经费较多等等。这份说帖一语道破天机，意思是大清邮政入会后会独立，须与海关脱离关系，所需费用不再由他所控制下的海关负担。因此，赫德在世时，大清邮政虽基本上遵守着万国邮联的章程和规定，却始终未能加入这一国际组织，而直到1914年3月1日，中国才加入万国邮政联盟。

新中国成立后，在1951年4月被无理剥夺了在万国邮联的合法权利。直至联合国第26届大会通过决议，恢复中国在联合国的合法地位后，万国邮联接着于1972年4月13日通过决议，承认中华人民共和国政府代表中国为在万国邮联的合法代表，结束了长达20余年的不正常关系。

万国邮联史上的里程碑

1999年是万国邮政联盟成立125周年。在这一年的8月23日至9月15日，在我国首都北京举行了第22届万国邮联大会。万国邮联国际局总局长利维说，这次大会"是本世纪世界邮政最重要的事件"。我国政府十分重视这次大会的召开。国家主席江泽民致词说："我确信，这次会议将在国际邮政史上留下美好的一章。"中国邮政于9月7日发行印有江主席题词："发展现代化邮政满足社会需要"的小型张1枚。

这次大会在万国邮联的历史上是出席会员国和人数最多的一次，有189个会员国、33个国际组织的2 300多位代表参加，同时还第一次让与邮政相关领域的代表，如消费者组织、大宗用户协会、邮政设备制造商以及私人团体和媒体等参加大会。在这次大会上，代表们感觉到，电子技术的发展，对传统邮政业是一个很大的挑战，部分传统邮政业务如信函和电报市场首当其冲。但代表们也看到一些高技术、高附加值的邮政业务迅速成长。

22届邮联大会的主要成果是通过了世界邮政普遍服务，采用"北京邮政战略"。要求政府和邮政管理部门，利用世界先进技术，去开发邮政新产品市场，鼓励邮政从政府代办向商业型转变，加大与相关行业的合作。为了实现更好的普遍服务，世界上有许多国家调整邮政经营管理方针，使部分邮政业务独立经营。同时鼓励邮政与相关行业合作，把信息技术引入邮政业务中。万国邮联国际局总局长利维满怀信心地表示，邮政能够利用信息技术在新的电子商务领域中发挥自身的优势。他认为"邮政将永远是进入世界经济的钥匙"。

这是万国邮联125年(到1999年)的历史上，第一次明确地把普遍服务的权利列入邮联法规。原国家邮政局局长刘立清说，北京大会是万国邮联历史上的一个里程碑。中国邮政在下一个五年内(即1999年—2004年)，担任邮联行政理事会主席，中国将在世界邮政舞台上发挥更加重要的作用。

思　考　题

1. 简述国际邮政任务。
2. 分析万国邮政联盟发挥的作用和面临的改革。
3. 简述万国邮政联盟法规体系以及主要法规涉及的内容。
4. 分析国际邮政网组织的三要素。

实践项目

1. 参观与调研。选择某省邮政国际局,到实地生产车间参观并进行调研,了解国际邮政业务的处理过程,感受国际邮政运营的氛围。

2. 分组讨论。3~5人一组,围绕近年来国际邮政的发展变化进行讨论,并选择一名代表讲解本组观点。

第十五章　国际邮件业务与管理

国际邮件业务是我国邮政开办的主要国际业务。其中国际函件业务是万国邮联成员国都要开办的业务，是万国邮联公约中详细规范的业务，是国际邮政的基本业务。我们要认识国际邮件业务的运营过程，了解国际邮件业务的基本规定，学会办理国际邮件业务。

第一节　国际邮件分类

邮件的分类反映了不同时代人们对邮政的认识，反映了不同的经营思想。传统的分类方法体现了邮政典型的"以自我为中心"的经营理念。随着邮政面临的环境变化，国际邮政函件分类方法也在不断改革。

一、传统国际邮件基本业务分类方法

(一)按照内件性质分类

按内件性质对邮件分类是最传统的方法。国际邮件按内件性质可分为国际函件和国际包裹。

1. 国际函件

按照内件性质，将国际函件分为 LC(信函、明信片、航空邮简)、AO(印刷品、盲人读物、小包、印刷品)、M BAG(印刷品专袋)等 3 类，其中印刷品专袋是指同一寄件人同时经由同一邮路寄交同一地址同一收件人的数件印刷品，可以封入一个或数个邮袋内寄发，叫做印刷品专袋。

2. 国际包裹

按照内件性质，国际包裹包括普通包裹、脆弱包裹和保价包裹。

(二)按照运输方式分类

按照运输方式国际邮件可分为航空邮件(Air Item)、水陆路邮件(Surface Item)和空运水陆路邮件(SAL Item)

1. 航空邮件

指利用航空邮路优先运递的国际邮件。

2. 水陆路邮件

指全程利用火车、汽车、轮船等交通工具运输的邮件。万国邮联成立初期，各会员国之间只办理水陆路邮件的互换，因此，国际水陆路邮件寄递业务是万国邮联内开办历史最悠久的国际邮件寄递业务。

3. 空运水陆路邮件

简称 SAL 邮件。指利用国际航班剩余运力运输，在原寄国和寄达国国内按水陆路

邮件处理的邮件。空运水陆路邮件是万国邮政联盟、国际民航组织和国际航空运输协会共同进行的一项称为“最大限度利用航空”的研究中产生的一种邮件。此类邮件是利用航空公司的剩余运力,以减低的运费率来运输水陆路邮件,是邮政部门和航空公司均有益的一项业务。鉴于是以减低资费利用剩余运力,所以此项业务必须由相关邮政与航空公司协商确定。

二、国际邮政邮件分类方法的变化

20 世纪 80 年代以来电信业务飞速发展和私营速递公司的崛起,对邮政业务带来了巨大的挑战。邮联各会员国认识到邮政函件业务原有的分类方法已经难以满足自身的发展,甚至有时会起到阻碍作用。面对来自电信和其他私营速递公司的替代竞争,各邮联会员国于 1989 年举行的华盛顿大会上,充分讨论了新的国际邮政函件分类改革方法,并最后形成了一套新的分类方法。国际邮政函件分类方法的改革体现了传统的“以自我为中心”向“以用户为中心”转移,有利于邮政内部操作,节约成本,强化管理。

(一)按寄递时限分类

国际邮件按寄递时限可分为普通邮件、快递邮件和特快专递邮件。

1. 普通邮件

普通邮件是指按一般时限规定传递的国际邮件。

2. 快递邮件

快递邮件是在到达投递局以后,尽快派专人投递(或采取其他措施加快投递)的邮件。各类邮件均可以按快递邮件交寄。

3. 特快专递邮件

特快专递邮件是目前传递速度最快的一种邮件。它是通过专门组织收寄、处理、运输和投递,来传递信函、文件资料和物品。

按寄递时限将国际函件分为优先函件和非优先函件。其中优先函件(Priority)是指以最快邮路优先发运的函件;非优先函件(Non - Priority)是指以较低资费交寄,因而运递时限较长的函件。

(二)按重量和大小、尺寸标准分类

国际邮件按重量和大小、尺寸可分为标准邮件和非标准邮件。

按重量和大小、尺寸标准将国际函件分为标准函件(Standardization)和非标准函件(Non - Standardization)。标准函件,其各类标准由各会员国根据具体情况自由制定。非标准函件(Non - Standardization),其各类标准也由各会员国根据具体情况自由制定。

三、我国国际邮件分类

国际邮件可分为函件、包裹和特快专递 3 类。

(一)国际函件按内件性质分类

函件分为信函、明信片、航空邮简、印刷品、盲人读物、小包。

国际包裹分为普通包裹、脆弱包裹和保价包裹。

(二)国际邮件按处理时限分类

国际邮件按处理时限可分为普通邮件、全球优先函件和特快专递邮件。其中特快专

递邮件分为信函类特快专递邮件、文件资料类特快专递邮件和物品类特快专递邮件。

优先函件和非优先函件是万国邮联范围内实行的另一种函件分类办法。我国出口国际函件未采用优先/非优先的分类办法。对于进口的优先函件,应按最快邮路发运处理;进口的非优先函件,应按水陆路函件处理。

(三)国际邮件按处理手续分类

国际邮件按处理手续分为平常邮件和给据邮件。

平常邮件是指邮局在收寄时不给收据,投递时不要收件人签收、不接受查询、不承担补偿责任的国际邮件。给据邮件是指邮局在收寄时编号、登记、出给收据,投递时需要收件人签收,接受查询,承担补偿责任的国际邮件。给据国际邮件包括挂号函件、保价函件、普通包裹、保价包裹和特快专递邮件。

(四)国际邮件按邮局所承担责任分类

给据国际邮件按邮局所承担责任的范围分为保价邮件和非保价邮件。

对保价邮件,邮局承担按照保价金额补偿的责任;对非保价邮件,邮局承担按万国邮联规定标准补偿的责任。但在各种情况下,邮局对可能造成的间接损失和未实现的利润均不承担责任。

(五)国际邮件按运输方式分类

国际邮件按运输方式分为水陆路邮件、空运水陆路邮件和航空邮件。

(六)国际邮件按纳费与否分类

国际邮件按纳费与否分为纳费邮件和免费邮件。

纳费邮件是按规定的资费标准付足邮费交寄的各类邮件。免费邮件是按规定享受免付邮资待遇的邮件。免费邮件包括邮政公事邮件、盲人读物邮件、战俘和被拘禁平民邮件。除邮政公事邮件以外,免费邮件按航空邮件交寄时应交付相应的航空附加费。

第二节　国际邮件的寄递过程

国际邮件传递过程是指自寄件人在邮局交寄国际邮件至寄达国邮局投交收件人的全部处理和运递过程。国际邮件传递过程包括国内传递和国外传递两个阶段。

一、国际邮件寄递过程的特点

国际邮件寄递生产过程具有以下特点。

(1)国际邮件的传递需要数个国家、地区邮政之间协同连续作业才能完成,具有国际间全程全网的特点。

(2)国际邮件的处理必须经过省会局(指定经转局)、国际邮件互换局和国际邮件交换站的处理和交换才能完成。

(3)国际邮件中物品类的邮件必须经过海关查验这一环节。

二、国际邮件寄递过程

国际邮件的寄递过程分为3个阶段:寄发邮政传递国际邮件的过程;接收邮政传递国际邮件的过程;经转邮政传递国际邮件的过程。

(一)出口邮件

出口邮件的处理过程参见图 15 – 1。

我国作为寄发邮政传递国际邮件的一般过程为:寄件人将邮件投入信箱、信筒或到营业窗口交寄,收寄局将邮件收寄并检查规格和资费,盖销邮票,按照航空和水陆路邮件封往省会局处理;对于设有海关窗口的营业局、所,还负责对邮递物品的验关,按航空和水陆路分别封成总包发往省会局(指定经转局);省会局对邮件负责把关,并按中国邮政集团公司规定的路由,将邮件发往相关出口互换局;互换局对全国各省会局(含互换局所在地邮局)发来的邮件,进行最终的查核,按中国邮政集团公司规定设置的寄达国互换局,分别封成总包,按中国邮政集团公司指定的出口路由编制路单。利用国际联运邮运火车或国际航班,运往寄达国邮政。

对出口国际邮递物品和国际邮件总包,应接受海关监管。对国际邮递物品,必须经海关查验放行后,邮局方可封发出口。对国际邮件总包,海关一般在互换局、口岸、机场或邮局边境交换站实施监督。海关对出口国际邮递物品的监管查验,应在设有海关窗口的邮政局、所,由寄件人直接送海关查验;用户在未设有海关窗口的邮政局、所交寄的国际邮递物品,应在设有海关驻邮局办事处的省会局(指定经转局)查验;用户在未设有海关的省内邮局交寄的国际邮递物品,应在互换局查验。

(二)进口邮件

进口邮件的处理过程参见图 15 – 2。

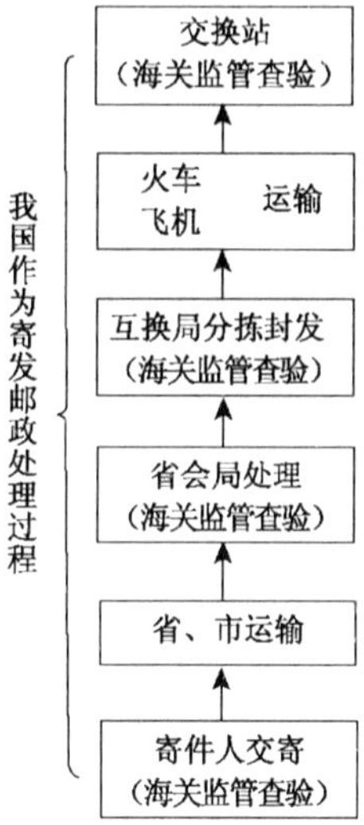

图 15 – 1　出口邮件的处理过程

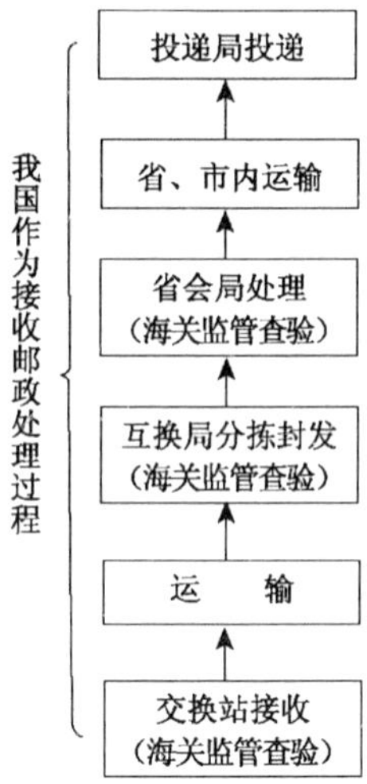

图 15 – 2　进口邮件的处理过程

我国接收邮件传递国际邮件的一般过程为:国际进口水陆路邮件总包,通过边境交换,邮政部门边境交换站接收、勾核后,按总包寄达互换局,分别编制路单,交运输部门运输;国际航空邮件总包,空运水陆路邮件总包,通过中国民航或外国航空公司代运至机场,机场邮件交换站与民航部门交接后,将邮件总包按寄达局分堆,连同路单一起交民航续运至寄达互换局;进口互换局接收总包,勾核、复称重量,开拆、分拣封发,并将邮件封往各省会局(指定经转局);省会局接收开拆后,对用外文书写的邮件译注中文,再将邮件封往投递局,由投递局将邮件投交收件人。

进口国际邮递物品和国际邮件总包,同样应接受海关监管。海关对进口国际邮件总包,在边境邮局交换站及进口互换局实施监管;互换局在接收、开拆邮件总包时,应请海关到场监管,对进口邮递物品,原则上海关在第一进口互换局开拆查验;如果省会局(指定经转局)设有海关,则由互换局将该省的进口国际邮件封至该省省会局(指定经转局)交驻局海关查验;如需验关邮件的投递局设有海关窗口,应通知收件人到邮局,海关与收件人当面验关。

(三)转口邮件

转口邮件的处理过程参见图 15-3。

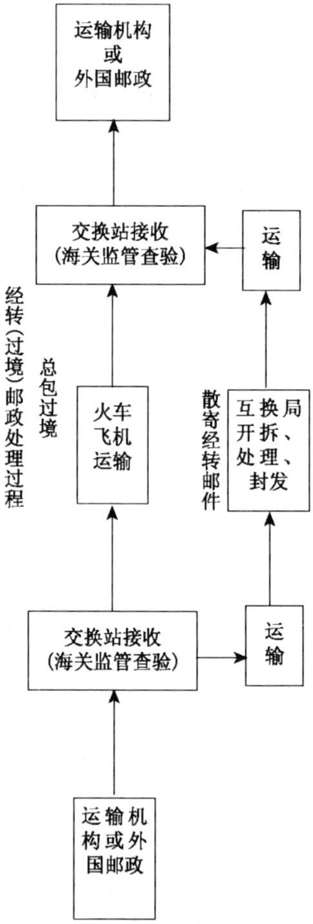

图 15-3　国际转口邮件的处理过程

经转(过境)国际邮件传递的一般过程分为总包过境及散件经转。总包过境即由经转国邮政将过境总包,转往寄达国;散件经转的国际邮件,经转国邮政应按本国出口国际邮件发运路由,将散件经转的国际邮件与本国出口国际邮件一起封成出口国际邮件总包,发往寄达国邮政。

对过境国际邮件总包,海关在最初进口交换站和最后出口交换站实施监管查验。

第三节　国际函件业务的处理

国际函件业务是最基本的国际邮政业务。本节主要讨论国际函件处理的相关规定。

一、国际邮件的书写规范

由于各国所使用的语言、文字不同,在各种语言中邮件封面书写习惯也有很大差异,为了保证国际邮件的正确分拣、迅速传递和准确投递,国际邮件的封面书写必须符合统一标准。

(一)使用文字

根据万国邮政公约及其细则的规定,国际邮件上的收件人姓名、地址必须用寄达国通晓的文字书写。为此,我国《国际邮件处理规则》中作了如下明确规定。

(1)国际邮件封面、报关签条、报关单及包裹多联单上的收件人姓名地址应用法文、英文或寄达国通晓文字书写(以下简称寄达国通晓文字)。如只用法文、英文以外的其他寄达国通晓文字书写收件人名址时,还应当用中文或法文、英文加注寄达国国名和地名。

(2)寄达国国名和寄达地名应另起一行,并用大写字母书写。

(3)除平常函件以外,寄件人名址亦应用寄达国通晓文字书写。平常函件上的寄件人名址完全用中文书写时,应用寄达国通晓文字译注我国国名和地名。

(二)书写格式

(1)国际邮件封面应按照万国邮联规定的格式书写。收件人的姓名、地址应当写在邮件封面中间靠右偏下的位置,与邮件的长度方向平行书写。收件人名址书写顺序是:第一行写收件人姓名,第二行写所在单位名称,第三行写街道名和门牌号码,最后一行写寄达地名和国名。收件人的邮政编码或邮政信箱号应写在寄达邮政规定的位置。寄件人的姓名、地址应当写在邮件封面的左上角或者写在邮件的背面,见图 15－4 和图 15－5。邮件上只能书写一个寄件人名址,大宗函件的寄件人地址必须在我国大陆范围以内。

(2)收、寄件人名址应打印或用钢笔、毛笔、圆珠笔书写,使用黑色或蓝色。

(3)寄往通晓中文国家和地区的邮件,如使用中文书写收、寄件人名址,除已在信封左上角印好寄件人地址的以外,应按中文习惯格式书写。

(4)使用透明窗信封交寄国际函件时,显示收件人名址的透明窗必须开在信封正面(即没有封口口盖的一面),形状为长方形,其长度一边必须与信封长度平行。透明窗的制作和所用材料应使收件人名址能透过该窗清晰可见。

二、国际函件的准寄范围

国际函件业务包括信函、明信片、航空邮简、印刷品、盲人读物、小包、印刷品专袋。以下是各类函件的准寄范围。

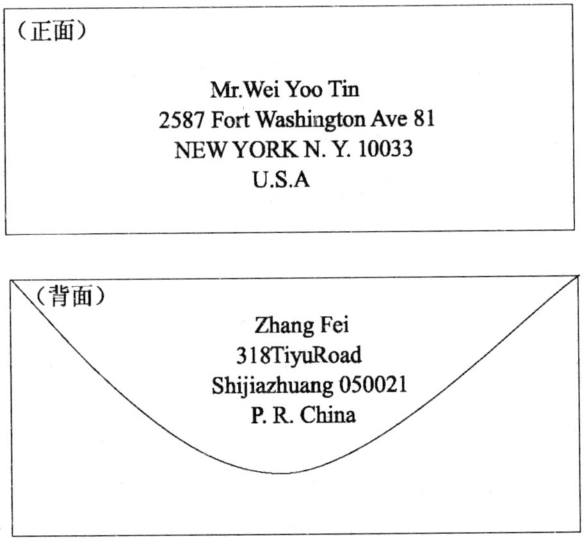

图 15－4　国际邮件封面书写规格之一

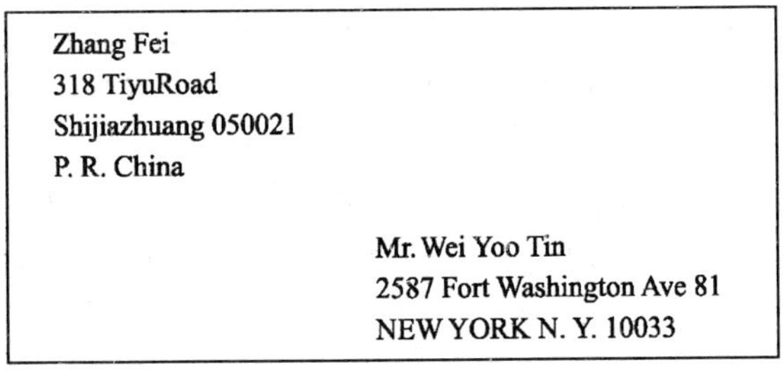

图 15－5　国际邮件封面书写规格之二

(一)基本业务

1. 平常信函

平常信函内可以寄递书面通信和公文。除寄达国另有规定外,已盖销或未盖销的邮票可以装入信函内寄递,但其价值不得超过海关的相关规定,并应在封面粘贴 CN22 绿色报关签条,向海关申报。

平常信函可以投筒或在邮局窗口交寄。

2. 明信片

明信片必须按照通信行业标准印制,正面上端明显印有“明信片”字样。明信片不可以附寄或附饰任何物品。明信片必须露封交寄,装入信封的应按信函收寄。

3. 平常航空邮简

航空邮简属于航空信函的范围,它由一张纸适当折叠构成,各边均应封合。航空邮简内不可装寄物品,也不可装入信纸。航空邮简由邮政部门发行,其他机关、企业、团体如因工作需要,在征得所在省公司批准后,可以依式仿制自用,但纸张的质量及其他规格必须与邮局发行的完全一致。

4. 平常印刷品

在纸张、纸板或印刷常用的其他材料上印刷的多份相同内容的复制品,可以作为印刷品寄递。包括书籍、报纸、期刊、广告及各种印刷的图文资料等。印刷品内允许附寄内件清单和收、寄件人姓名、地址签条。

5. 印刷品专袋

同一寄件人同时经由同一邮路寄交同一地址同一收件人的数件印刷品,可以封入一个或数个邮袋内寄发,称为印刷品专袋(简称 M 袋)。封入专袋的每一件印刷品都应该妥善封装,并逐件写明收件人姓名和详细地址。印刷品专袋的邮袋由邮局提供。印刷品专袋内每件印刷品不受印刷品重量和尺寸限度的限制,但每袋的重量应达到 5 kg,连同袋皮重量不可超过 30 kg。

印刷品专袋只限寄往同我国已建立出口航空或水陆路函件直封总包关系的国家和地区。

6. 盲人读物

供盲人所用的有凹凸字板的通信、书籍和文件。

7. 小包

各种小件物品,除属于禁止寄递和超过规定限量寄递的物品外,都可以作为小包寄递。小包内可以寄递与内件有关的发票、货物产地和原料注解、货物出厂日期、登记号码、价目说明、产品说明书和收件人地址签条等。

(二)特别业务

1. 挂号函件

信函、明信片、航空邮简、印刷品、盲人读物、印刷品专袋(美国和加拿大除外)和小包都可以作为挂号函件收寄。

2. 保价函件

除禁止寄递和超过规定限量的物品外,各种有价证券、贵重物品和寄件人认为重要的文件均可以按保价函件寄递。

我国每件保价函件的最高保价限额为人民币 10 000 元(现行比价为 876 特别提款权),当我国与寄达国或地区的最高保价限额不一致时,应以其中最低的保价限额为准。当相关保价函件需经由第三方邮政散寄经转时,还需考虑散寄经转邮政规定的最高保价限额,即执行我国邮政、寄达邮政和散寄经转邮政中最低的最高保价限额。

保价函件只限于寄往与我国互相通达此类函件的国家和地区,寄件人申报的保价额不可以超过所寄内件的实际价值,但可以只申报内件价值的一部分。

3. 航空函件

各类函件均可按照寄件人的要求作为航空函件收寄。收寄航空函件时,除按各类水陆路函件收取邮费外,还应按重量加收航空运费。筒、箱收寄的已付足航空函件资费但未粘贴航空标签或加盖航空戳记的,应由收寄人员补贴或补盖航空标志。

4. 全球优先函件

全球优先函件(简称GPM)是一项平常限时邮件业务。平常即不办理挂号、保价业务,限时即函件全程运递时限不超过7天。对于全球优先函件不专门组织邮路运输,它的快速和限时是通过各环节加快处理来实现的。为此,各省公司应根据从函件收寄之日起至到达出口互换局止的国内运递时限不能超过72小时的原则来确定此项业务的开办局。

全球优先函件适于寄递时限要求比较高,但内件性质不十分重要的信函和文件。从速度上,比特快专递邮件要慢,比一般航空信函要快;从资费上,比一般航空信函要高,比特快专递邮件要低。

全球优先函件只限寄往通达此项业务的国家和地区。

5. 国际商业回函

国际商业回函(Correspondance commerciale - Réponse internationale 简称CCRI——法文,或International Business Reply Service 简称IBRS——英文)是专为大宗商业用户提供的服务。用户随直销广告、货样等邮件将印好回函地址的信封、明信片寄给其客户,收件人用这类信封、明信片给寄件人回函,只需将其投入信箱(信筒),不必支付邮费,从而有效地提高回函率。

用户使用国际商业回函业务应事先与当地邮局订立合同,获得邮局特许号码。特许号码由9位阿拉伯数字组成,前3位表示合同顺序号码,后6位为发放特许号码邮局的邮政编码。

国际商业回函一律按平常航空函件收寄和处理,每件国际商业回函的重量不得超过50 g(根据双边协议,寄瑞典的商业回函重量可达250 g)。国际商业回函信封或明信片上收件人名址如有修改,不予寄发,作无着邮件处理。

6. 附回执函件

挂号函件和保价函件可以附寄回执,附寄的回执和相关函件一并称重计收邮费,并另按片收取回执费。

7. 存局候领函件

寄件人可以要求所寄的邮件在寄达地存局候领。交寄存局候领邮件时,寄件人应在封面上书写收件人姓名和寄达地地名、国名,同时用粗体字加注"Poste Restante"(存局候领)字样。

8. 合封函件

资例不同的各类函件,可以合封在一起作为一件交寄,但重量不得超过资例最高一类函件的重量限制,并整件按资例最高的一类函件计收邮费。

9. 国际回信券

每张国际回信券可兑换相当于一封寄往寄达国(地区)的航空平常信函最低邮资的邮票,也可兑换成等值的邮资信封和明信片,但不能兑换成现金。兑换回信券时要注意鉴别真伪,兑换后的回信券,应在其正面右下方加盖日戳作为现金上交。

我国于1995年恢复出售国际回信券,国际回信券由中国邮政集团公司统一向万国邮联国际局购买,各省公司可根据实际需要向中国邮政集团公司请领。未出售的国际回信券应按普通邮票管理。回信券必须按中国邮政集团公司规定的售价出售,出售回信券时,应在规定的位置加盖出售局日戳。各省公司可以限定回信券只在某些局、所出售。

10. 船上交寄的函件

港口邮局收到由船方代表交来的外国轮船在公海上收寄的已贴有这个船的所有国或隶属国邮票的函件时,应予接收。对所贴邮票用日戳盖销,并另在邮件封面上加盖专用戳记。

11. 直接进入业务。

直接进入业务是指境外邮政将符合我国邮政规定规格标准的国际函件以总包的形式运到指定的进口互换局,由其按规定查核、点收以后,直接送交国内函件处理部门转发、投递,或者通过指定经转局转发、投递。处理费用(或者叫终端费)按照我国国内同类函件的资费标准加9%计算。

三、国际函件重量、尺寸限度和封装要求

我国按照万国邮联的有关规定,制定了我国国际函件的重量、尺寸限度和封装标准。

(一)国际函件重量、尺寸限度

国际函件重量和尺寸限度见表15-1。

表15-1　国际函件重量、尺寸限度表

邮件类别	重量限度	尺寸限度 最大	尺寸限度 最小	附注
信函	2 kg	长、宽、厚合计900 mm,最长一边不得超过600 mm,公差2 mm 圆卷状的直径的两倍和长度合计1 040 mm,长度不得超过900 mm,公差2 mm	至少有一面的长度不小于140 mm,宽度不小于90 mm,公差2 mm 圆卷状的直径的两倍和长度合计170 mm,长度不得少于100 mm,公差2 mm	标准信封尺寸见相关文件
明信片	-	长度235 mm 宽度120 mm 公差2 mm	长度140 mm 宽度90 mm 公差2 mm	长度至少应相当于宽度的1.4倍,明信片的硬度应能使其毫无困难地经受各种处理
航空邮简	-	长度220 mm 宽度110 mm 公差2 mm	长度140 mm 宽度90 mm 公差2 mm	长度至少应相应于宽度的1.4倍
印刷品	5 kg	同信函	同信函	如果我国与寄达国有特别协议,应依照协议规定办理

续表

邮件类别	重量限度	尺寸限度		附注
		最大	最小	
盲人读物	7 kg	同信函	同信函	
小包	2 kg	同信函	同信函	
保价函件	2 kg	同信函	同信函	

(二)国际函件封装要求

对国际函件的封装要求见表15－2。

表15－2　国际函件封装要求

邮件类别	封装要求	附注
信函	信函应装入信封内并将封口粘固,无其他特别要求	不准使用已用过的信封或废旧纸张和有字纸张制成的信封装寄
明信片	不加封装	
印刷品	(1)封装应既能充分保护内件,又便于验看内件 (2)较重的用坚韧纸张包封;一包内装有数件的,应先用绳子牢固捆扎;书籍的上下要衬垫硬纸板等加以保护 (3)较轻的,可以装入带有长封舌的封套或者带有安全钮扣的纸袋。装入长封舌封套的,封舌要折入封套里面,夹住内件,以免漏出 (4)圆卷的,封皮应不短于内件;尺寸较长、内件容易折断的,应当内衬坚实的圆棍;重量较高,封皮易于破裂的,卷外应当用绳子箍扎 (5)如另用纸带书写收、寄件人姓名地址贴在封皮上的,应当先贴好,再捆扎	不准用报刊作为包装纸
盲人读物	同印刷品	
保价函件	(1)信封必须用坚韧、完整的纸张制成,不得使用完全透明或有透明窗的信封 (2)封装必须牢固,确保在邮件被拆动、内件被抽窃时,封皮外表能够留下明显的痕迹 (3)信封封妥后,必须在封口处用寄件人印章或专用标记加盖封志,封志的数目要能够封妥封口,各封志不可以相连。业务标签、邮票等也要分开粘贴、相互间留有空隙 (4)如果用透明胶条封保价函件,寄件人印章或专用标记应盖在信封上,然后再贴胶条 (5)内装贵重物品时,应先用结实的材料包封,再装入信封 (6)箱匣式保价函件的箱匣必须用坚实的瓦楞纸、钙塑材料、金属或坚实的塑料制成;箱匣盖、底应粘贴整张白纸,用以书写收、寄件人姓名、地址、申报保价金额、粘贴邮票、业务标签等,箱匣四壁合缝的地方,应用胶带密封,并加盖寄件人名章或专用标记,使名章一部分盖在胶带上,一部分盖在箱面上。也可以用整条结实的细绳十字交叉捆扎箱匣,绳的两头用火漆或铅志粘在一起,并在火漆上或铅志上加盖寄件人专用标记	

注:小包封装标准见包裹业务处理一节。

四、国际函件业务资费

用户交寄国际函件或办理与之有关的特别业务时所纳付的费用称为国际函件

资费。

国际函件资费包括国际信函、明信片、印刷品、航空邮简和小包资费。按其性质可分为基本资费和特别资费两类。通过水陆路寄递各类国际平常函件应交付的资费称为基本资费;需要使用特别业务而另加的资费称为特别资费。主要的特别资费有航空附加费、挂号费、确认投递费、快递费、保价费、存局候领费、查询费、撤回或修改更正收件人姓名和地址申请费等。此外,国际上还有一种把基本资费和航空附加费混合起来制定国际航空函件的资费的办法,这种资费称为混合资费。我国的国际航空邮简资费即属于这种资费。

万国邮联从成立之日起即对国际函件实行统一的资费和重量级别的制度,根据每件函件的重量级别和国际统一的资费标准计算应付的基本资费。1969 年东京邮联大会上将等差的重量级别改为不等差的重量级别,并制定了重量递增、资费增长幅度递减的资费结构。信函采用的重量级别为 20 克及 20 g 以内、20 g 以上至 50 g、50 g 以上至 100 g、100 g 以上至 250 g、250 g 以上至 500 g、500 g 以上至 1 000 g、1 000 g 以上至 2 000 g 7 个重量级别。1994 年汉城大会取消了 20 g 以上至 50 g 这一重量级别,因此,现行重量级别为 6 个。

国际函件的特别资费大多数按件收取,但航空附加费是以每 10 g 为一个重量级别计收;保价费参照寄件人申报的保价金额按比例计收。

(一)我国国际函件业务资费

(1)国际航空函件资费参见表 15 - 3。

表 15 - 3　国际航空函件资费　　单位:元

函件种类	重量级别	第一组	第二组	第三组	第四组
信函	20 g 和 20 g 以内	5.00	5.50	6.00	7.00
	20 g 以上每续重 10 g 或其零数加收	1.00	1.50	1.80	2.30
明信片	每件	4.50			
航空邮简	每件	5.00			
印刷品	20 g 和 20 g 以内	4.00	4.50	5.00	6.00
	20 g 以上每续重 10 g 或其零数加收	0.90	1.20	1.50	1.80
盲人读物	(基本资费免收)每项 10 g 收取航空运费	0.60	0.80	1.00	1.20
小包	100 g 和 100 g 以内	14.00	16.00	18.00	20.00
	100 g 以上每续重 100 g 或其零数加收	9.00	12.00	15.00	18.00
印刷品专袋	5 000 g 和 5 000 g 以内	325.00	425.00	475.00	550.00
	5 000 g 以上每续重 1 000 g 或其零数加收	65.00	85.00	95.00	110.00
全球优先函件	小号信封(限重 500 g)	40.00			
	大号信封(限重 1 000 g)	70.00			

在 15 - 3 中,各组适用的国家和地区如下。

第一组：部分亚洲邻国（朝鲜、蒙古、越南、日本、韩国、哈萨克斯坦、吉尔吉斯斯坦、塔吉克斯坦、乌兹别克斯坦、土库曼斯坦）。

第二组：其他亚洲国家及地区。

第三组：欧洲各国或地区、美国、加拿大、澳大利亚、新西兰。

第四组：美洲其他国家或地区、非洲各国或地区、大洋洲其他国家或地区。

（2）国际空运水陆空函件资费参见表15－4。

表15－4　国际空运水陆路函件资费　单位：元

函件种类	重量级别	第一组	第二组	第三组	第四组
信函	20 g和20 g以内	4.50	5.00	5.50	6.50
	20 g以上每续重10 g或其零数加收	0.50	0.60	0.70	0.80
明信片	每件	4.00			
印刷品	20 g和20 g以内	3.50	4.00	4.50	5.00
	20 g以上每续重10 g或其零数加收	0.50	0.60	0.70	0.80
盲人读物	（基本资费免收）每项10 g收取航空运费	0.30	0.30	0.40	0.50
小包	100 g和100 g以内	8.50	9.00	11.00	12.00
	100 g以上每续重100 g或其零数加收	5.00	6.00	7.00	8.00
印刷品专袋	5 000 g和5 000 g以内	200.00	225.00	250.00	275.00
	5 000 g以上每续重1 000 g或其零数加收	40.00	45.00	50.00	55.00

在表15－4中，各组适用的国家或地区如下。

第一组：韩国、日本。

第二组：塞浦路斯。

第三组：亚美尼亚、阿塞拜疆、格鲁吉亚、阿尔巴尼亚、德国、安道尔、奥地利、白俄罗斯、比利时、波斯尼亚－黑塞哥维纳、保加利亚、克罗地亚、丹麦、西班牙、爱沙尼亚、法罗群岛、芬兰、法国、直布罗陀、英国、希腊、匈牙利、爱尔兰、冰岛、意大利、拉脱维亚、列支敦士登、立陶宛、卢森堡、马其顿、马耳他、摩尔多瓦、摩纳哥、挪威、荷兰、波兰、葡萄牙、圣马力诺、罗马尼亚、俄罗斯、斯洛伐克、斯洛文尼亚、瑞典、瑞士、捷克共和国、乌克兰、梵蒂冈、塞尔维亚和黑山、美国、加拿大、澳大利亚。

第四组：科摩罗、亚速尔群岛和马德拉群岛、莱索托、圣多美和普林西比、安圭拉岛、阿松森岛、玻利维亚、巴西、格陵兰岛、百慕大群岛、圣皮埃尔和密克隆群岛、特里斯坦－达库尼亚群岛、美属维尔京群岛、巴拉圭、波多黎各。

（3）国际水陆路函件资费见表15－5。

表15－5　国际水陆路函件资费　单位：元

函件种类	重量级别	普通国际资费	亚太地区减低资费
信函	20 g和20 g以内	4.00	3.50
	20 g以上每续重10 g或其零数加收	0.50	0.40
明信片	每件	3.00	

续表

函件种类	重量级别	普通国际资费	亚太地区减低资费
印刷品	20 g 和 20 g 以内	3.00	
	20 g 以上每续重 10 g 或其零数加收	0.40	
盲人读物	(基本资费免收)每项 10 g 收取航空运费	免费	
小包	100 g 和 100 g 以内	7.00	
	100 g 以上每续重 100 g 或其零数加收	4.50	
印刷品专袋	5 000 g 和 5 000 g 以内	100.00	
	5 000 g 以上每续重 1 000 g 或其零数加收	20.00	

在表 15－5 中,对亚太邮联成员国实行减低资费具体适用的国家或地区有:阿富汗、澳大利亚、不丹、孟加拉、文莱、达鲁萨兰、柬埔寨、斐济、印度、印度尼西亚、伊朗、日本、韩国、老挝、马来西亚、马尔代夫、缅甸、瑙鲁、尼泊尔、新西兰、巴基斯坦、巴布亚新几内亚、菲律宾、新加坡、所罗门群岛、斯里兰卡、泰国、越南。

(4)特别业务资费见表 15－6。

表 15－6　特别业务资费　　单位:元

业务种类		计费单位	资费
全球优先函件		小号信封(限重 500 g)	40.00
		大号信封(限重 1 000 g)	70.00
出售国际回信券		每枚	12.00
挂号费		每件	8.00
印刷品专袋挂号费		每袋	40.00
保价函件保价费		每保 100 元或其零数	1.00
回执费		每件	5.00
撤回或修改收件人名址申请费		每件	10.00
进口欠资函件处理费		每件	3.00
存局候领费		每件	3.00
逾期保管费		每件每天	执行国内业务的相关规定
送交海关验关费		进口纳税包裹、保价函件、印刷品、小包	8.00
		进口纳税印刷品专袋	40.00
		非验关局收寄的出口包裹	8.00
保价包裹	保价费	每保 100 元或其零数	1.00
	手续费	每件	8.00

注:亚太地区无单独的特别资费,均按国际特别资费执行。

(二)资费纳付方式

除按照"寄件人总付邮费"办法交寄的邮件外,函件邮资数额应当由寄件人在函件封面上粘贴邮票或由收寄局打印邮资符志表示。

邮票应粘贴在封面的右上角或函件背面,不能分贴在函件正反两面,也不可以重叠粘贴或折叠粘贴在邮件封面的两侧。如果重叠粘贴，被遮盖的邮票应视作无效。但首日封、纪念封补贴的邮票可以视情况贴在信封背面。明信片的邮票必须贴在正面。

对按照“寄件人总付邮费”办法收寄的国际函件，由邮局收取现金，用邮资机打印邮资符志或粘贴邮资符志标签的方式表示邮资已付。

五、国际邮件的禁限寄规定及处理

为了保护各国（地区）政治、经济、文化、道德、宗教等方面的利益，保护邮政工作人员的人身安全，保证邮件、邮政等设备及运输工具的安全，便于邮政工作的顺利进行，万国邮联、各国邮政、海关、检疫部门、运输部门作出了关于国际邮件的禁限寄递规定。

（一）国际邮件禁限寄递规定

1. 一般规定

（1）信函内禁止寄递物品。信函以外的各类函件和包裹内不准寄递具有现实通信性质的文件，收、寄件人或与收、寄件人生活在一起的人之间的通信性质的文件以及档案类文件除外。

（2）印刷品和盲人读物内禁止寄递已盖销或未盖销的邮票。

（3）各类邮件内禁止寄递白银、黄金、白金、各国货币、旅行支票和各种不记名票据。

（4）除保价邮件以外，各类函件和包裹内禁止寄递金银首饰、宝石及其他贵重物品。

2. 各类邮件内禁止寄递的物品

（1）爆炸性、易燃性、腐蚀性、毒性、酸性和放射性的各种危险物品，如雷管、火药、爆竹、汽油、酒精、煤油、桐油、生漆、火柴、强碱、农药等。

（2）国际麻醉药品管理委员会规定的麻醉药物和精神药品，如鸦片、吗啡、可卡因等，或寄达国禁寄的其他非法药品。

（3）国家法令禁止流通或寄递的物品，如军火、武器等。

（4）容易腐烂的物品，如鲜鱼、鲜肉、鲜水果、鲜蔬菜等但经加工制作，已经干燥或者制成罐头的食品，不在此限（寄达国另有规定的除外）。

（5）妨碍公共卫生的物品，如尸骨（不包括附有证明已经焚化的骨灰）、未硝制的兽皮、未经药制的兽骨等。

（6）反动报刊书籍、宣传品和污秽或有伤风化物品。

（7）各种活的动物，但蜜蜂、水蛭和蚕以及医药卫生科学研究机构封装严密并出具证明交寄的寄生虫和供做药物或用以杀灭害虫的虫类以及国家承认的生物制药研究机构之间交换的果蝇不在此列。

（8）包装不妥可能危害人身安全、污染或者损毁其他邮件及邮政设施的物品。

（9）其他不适合邮寄的物品。

（二）发现禁限寄递规定物品的处理

违反规定寄递禁寄物品，邮局收寄后发现时，按下列规定处理。

(1)邮件中发现禁寄物品,一般不予转发。对危险品应进行隔离,另放一地,不要和其他邮件混在一起。寄递危险物品情节严重的应当与有关部门联系处理;不属于这种情况的,对其中必须马上销毁、以免发生灾害的危险物品,应即就地销毁;需消除污染的,应报请卫生防疫等部门处理,所需费用由寄件人承担;对其他危险品,可通知寄件人限期领回,逾期不领,作销毁处理。有关处理情况,应当备文报告主管省公司,并抄送收寄局的主管省公司。对邮件内装其他非危险品应当整理重封的随验单退回收寄局转退寄件人。

(2)发现军火、武器,应与当地公安部门联系处理;发现夹寄金银及反动报刊书籍、宣传品和毒品等,应移交海关处理;非验关局发现的,应将邮件随验单寄送验关局转交海关处理。

(3)妨碍公共卫生的物品、容易腐烂的物品,视情况或者通知寄件人限期领回或者就地销毁。

(4)邮件内装有其他禁寄物品或超过规定限量的物品时,应退回收寄局转退寄件人。

第四节　国际包裹业务的处理

一、国际包裹业务的特点

国际包裹业务是国家与国家(地区)邮政之间互寄的物品类邮件业务。

各国互寄的小型物品邮件与其他邮件在最初是混合处理的。后来由于数量增加而改为单独处理,成为一个新的业务种类。国际包裹都以双边协议方式办理。1880年在巴黎会议上签署了《非报价邮政包裹互换公约》,1924年改为《非报价邮政包裹互换协定》。之后,经修改成为各国办理国际包裹业务主要依据的《邮政包裹协定》。该协定只对签署国具有约束力。

我国于1898年开始收寄国际包裹,1904年开始与外国签署互换包裹协定,1947年开办国际航空包裹业务。中华人民共和国成立后,我国国际包裹通达范围、数量都有很大发展。我国的国际包裹业务具有以下特点。

(1)国际包裹的邮费要在参于其运输、处理的各国邮政部门间进行摊分。

(2)只有适于邮寄且不违反原寄国、寄达国及散寄经转国禁限寄规定的物品才可寄递,具有通信性质的信函不能作为包裹寄递,也不能在其中夹寄。

二、国际包裹的准寄范围

国际包裹类分为普通包裹、脆弱包裹和保价包裹。

1. 普通包裹

凡适宜邮递的物品,除属禁寄物品和超过规定限量寄递的物品外,都可以作包裹寄递。包裹内不准夹寄信函,但可以附寄包裹内件清单、发票、货单、与内件有关的产品说明书、使用说明书以及收、寄件人姓名地址签条。

国际包裹只能寄往通达此项业务的国家和地区。每件包裹的重量、尺寸限度不能超过我国规定的标准,但如果寄达邮政或散寄经转邮政规定的重量、尺寸限度低于我国的标准,则应以寄达邮政或散寄经转邮政的规定为准。

2. 脆弱包裹

装有易碎物品的包裹可以按照脆弱包裹交寄,但只能寄往同意接受脆弱包裹的国家和地区。

3. 保价包裹

除属禁寄物品和超过规定限量的物品以外,凡适宜邮递的贵重物品均可以作保价包裹寄递。

保价包裹只限于寄往与我国互相通达此类包裹的国家和地区(详见《国际邮件处理规则》)。我国每件保价包裹的最高保价限额为人民币10 000元(876特别提款权),当我国与寄达国或地区的最高保价限额不一致时,应以其中最低的保价限额为准。当相关保价包裹需经由第三方邮政散寄经转时,还需考虑散寄经转邮政规定的最高保价限额,即执行我国邮政、寄达邮政和散寄经转邮政中最低的最高保价限额。寄件人申报的保价额,不可超过包裹内件的实际价值,但可以只申报包裹内件实际价值的一部分。

三、国际包裹重量尺寸限度和封装标准

(一)国际包裹重量、尺寸限度

国际包裹重量、尺寸限度参见表15－17。

表15－7　国际包裹重量、尺寸限度

邮件类别	重量限度	尺寸限度		附注
		最大	最小	
包裹	31.5 kg	各类包裹尺寸、长度不得超过150 cm,长度和长度以外最大横周合计不可超过300 cm	长度不小于240 mm,宽度不小于160 mm	如果寄达邮政规定的最高重量或尺寸低于左列标准,应以寄达邮政规定的尺寸为准

(二)国际包裹封装标准

国际包裹封装标准参见表15－8。

表15－8　国际包裹封装标准

邮件种类	封　袋　要　求	附　注
小包和包裹	(1)应按照所寄物品的性质、大小、轻重、寄递路程远近和运输情况等,选用适当的包装材料妥为包装,以防止:①封皮破裂,内件露出;②伤害处理人员;③污染或损坏其他邮件或邮政设备;④因寄递途中碰撞、摩擦、震荡或压力、气候影响而发生损坏 (2)少量的柔软、干燥、耐压的物品,如衣服、袜子等,可用标准化的多层坚韧纸质封套包装 (3)其他物品,应以坚实的瓦楞纸箱或金属箱匣封装。如以胶合板制成的木箱装寄的,箱板厚度应不少于5 mm,此类木箱应用打包机加箍 (4)油腻、腥味和容易反潮物品,要先用塑料袋或腊纸等妥为裹扎,再用坚固箱匣盛装	不能用布封装(七联单及相关业务标志不能牢固粘贴)

续表

邮件种类	封袋要求	附注
	(5)易碎物品,应用坚韧的塑料或纸板制成的箱匣封装,内件与箱板之间用柔软物料充分填塞。如果内件不止一件,各件之间也应用适当的物料填塞,以防运输途中因碰撞而损坏 (6)流质和易融化物品以及染色性干粉,应装入完全密封的容器内,再套以金属、硬塑料或质地结实的瓦楞纸箱,在内外两层之间,须留有空隙,并用锯末、海绵或其他吸湿物料填塞,以备容器破损时能把流质吸尽 (7)干燥无色粉末物品,应首先采用结实的容器封装,然后再将这些容器置于坚固的包装盒内 (8)蜜蜂、家蝇、水蛭、寄生虫等应采用合适的封装盒,以避免发生危险 (9)木材、金属等成块物品无需进行包装,因为这不符合交易中物品包装的一般惯例。对于这类物品,收件人地址应直接写于物品之上	
保价包裹	(1)保价包裹,除按普通包裹封装规定封装外,还应在封口上加盖火漆或铅质封志,封志上要盖有寄件人的印章或专用标记。封志数量要足以保护内件,封志之间以及其他签条之间都应保持一定的间距 (2)如果保价包裹外用绳子捆扎的,应在绳扣上再加盖一枚火漆或铅质封志	

四、国际邮政包裹资费

邮寄国际包裹由寄件人交付资费称为国际包裹资费。资费包括基本资费、附加费;退回国际包裹应向寄件人收取包裹退回费,包裹退回费包括退回运递时产生的运费、寄达邮政不予注销的应向收件人收取的各种费用。

对收寄资费,我国实行的是一国一费制,并按包裹的重量级别或实际重量计算。计算国际包裹基本资费按重量分为6个级别。我国寄往每个国家各类包裹资费的具体数额由中国邮政集团公司确定并公布执行,用户交寄国际邮政包裹应纳付的费用标准称为国际邮政包裹资费。

通过水陆路邮路寄递国际普通邮政包裹应交付的资费称为基本资费;需要使用特别业务时另加的资费称为附加资费。国际包裹业务的附加资费与国际函件业务的特殊资费基本相同。国际包裹的基本资费由参与包裹运输和处理的各邮政应收的运费应得部分组成。这些运费应得部分包括原寄邮政的出口陆路运费应得部分、寄达邮政的进口陆路运费应得部分和经转邮政的陆路或海路经转运费应得部分。1969年东京大会将包裹的收寄资费与各有关邮政的运费应得部分相等,改为应与各有关邮政的运费应得部分相联系,使一些国家的邮政可以根据总收支平衡的原则按寄达国组制定平衡费率,并且可以不按重量级别而按每千克计收资费,简化了包裹资费表。

第五节　国际邮件业务的管理

一、国际邮件的特殊处理

(一) 无法投递邮件的处理

无法投递邮件是指因收件人地址欠详、拒收或逾期不领、海关不准进口等原因无法投递的国际邮件。

1. 进口函件

无法投递的进口函件,原则上应退回原寄邮政,即邮件上付费标记(邮票、邮资符志等)所显示的原寄国邮政。收件人拒收和明显无法投递的函件应立即退回;由于其他原因无法投递的,应保管一个月,在此期间内仍无人领取的,保管期满后退回。如果寄件人在邮件封面上要求提前退回,可以照办。但无法投递的进口平常印刷品,除书籍和寄件人在邮件封面上注明要求退回的以外,可不予退回。没有寄件人名址的进口无法投递的平常明信片,可不予退回。

2. 进口包裹

无法投递的进口包裹,应根据寄件人在包裹封面和包裹发递单上相关栏目内所注意见处理。未注明处理意见或所注意见互相矛盾的,可将包裹退回寄件人居住国。

退回的无法投递邮件,除航空信函、航空明信片、航空邮简外,一般由水陆路寄退。无法投递的航空邮件由水陆路退回时,应将航空标记划销。航空信函、航空明信片和航空邮简应利用最快邮路(通常为航空)退回,不收取退回的航空运费。无法投递的包裹如寄件人在邮件和发递单上批明要求航空退回,可以照办。各类包裹退回时无法注销的资费(如存局候领费、逾期保管费等),应批注在相关包面和封发清单上,以便互换局向对方邮政收取。

(二) 无着邮件的处理

无着邮件是指无法发运或按规定不予发运又无法退回寄件人的出口国际邮件和无法投递又无法退回或按规定不予退回的进口国际邮件。

无着邮件中进口小包和寄件人在包裹多联单上注明无法投递按放弃处理的进口包裹应交海关处理,其他邮件交无着邮件处理部门处理。

无着邮件处理部门由省公司指定,其他各局不得自行处理无着邮件。对无着邮件以及邮件中散落出的无着物品应建立登记保管制度。保管期一般为确认无法退回之日起 6 个月,在此期间如果有查询或其他线索可以确定收、寄件人的,应予投交。

(三) 国际邮件的撤回和修改更正名址

1. 出口邮件

各类邮件在交寄后,寄件人可向收寄局申请撤回或修改更正收件人姓名、地址。

出口邮件的撤回和修改更正名址以寄达国接受此项申请为限。申请撤回或修改、更正收件人名址应按件收取申请费,但对同一寄件人同时通过同一邮路寄给同一收件人的数件同类邮件,可以只填一份申请书,收取一次申请费。寄件人要求用电信方式告知处理结果的,不予接受。

(1)如相关邮件尚未发出,应按申请内容作下述处理。

申请撤回的,将相关邮件连同申请书答复部分一并退回寄件人。函件上寄件人所贴邮票尚未盖销的,应不予盖销;已经盖销的,不退邮费。包裹所收邮费退还寄件人,但保价包裹的保价手续费不退。

申请修改更正收件人名址的,将原来收件人姓名和(或)地址画掉,将申请书上的新姓名和(或)地址转录在相关邮件封面上,并在更正后的名(址)前加注"应寄件人要求改寄"字样。水陆路函件改址寄递,一律不退回或补收邮费。航空函件由低资费组别改寄高资费组别,应由寄件人补足资费差额,由高资费组别改寄低资费组别的,已盖销的邮票不再退费。包裹在原寄达国内改址寄递,不退/补邮费,改到其他国家和地区的,先审核是否符合新寄达邮政准寄条件,可以改寄的,应计算寄往新寄达国的资费,向寄件人补/退邮费,需要补收邮费的,应在寄件人补付以后,再寄发邮件。寄件人要求用航空改址寄递水陆路邮件的,应先支付资费差额。

(2)如果相关邮件已经由收寄局发往经转局和验关局,经转局和验关局按规定查找邮件。如果相关邮件尚未发出,应按上面一条规定处理。但对由低资费区改寄高资费区的函件,应比照欠资函件处理后转发,不得退回寄件人补收邮费。包裹邮件撤回时,应从已收邮费中扣除从收寄局到经转局和验关局往返程国内包裹资费,多余部分退还寄件人。包裹改寄应退/补邮费的,应通知收寄局补办手续后,再行转发。保价邮件撤回时,保价费和保价手续费不再退回。

(3)如果相关邮件已发往出口互换局,经转局和验关局应将申请书立即用传真发互换局办理,互换局应按规定进行处理,在此情况下,对撤回包裹应扣的邮费应为从收寄局到互换局的往返程国内包裹资费。撤回的邮件一般应用水陆路退回,但航空信函、明信片应用航空退回。改址寄递的邮件亦按原方式发运,但寄件人提出要求保证支付资费差额时,原定水陆路邮件的也可以按航空发运。

(4)如果相关邮件已由互换局发出,该局应将申请书的传真件用航空邮路尽快寄送邮件寄达局或邮件寄达邮政指定的机构处理。在此情况下,撤回的包裹邮费不退,还要补付由寄达国退回的相关费用(比照无法投递退回寄件人的包裹处理),改址寄递包裹从原寄达国寄往新寄达国的费用,将由新收件人付给新寄达邮政。

2. 进口邮件

原来是优先函件或航空函件的,用航空退回或改寄时不另外收取新航程的航空运费;原来是非优先函件或水陆路函件的,如寄件人要求用航空改寄或退回,应按同重量级别出口航空函件收费,按照欠资函件的方式,批注在邮件上,由投递局向寄件人或新收件人收取。

撤回或改寄的包裹,应比照无法投递退回寄件人或改寄包裹的收费办法,向寄件人居住国邮政收取退包费或向新的寄达邮政收取改寄费。在我国境内改寄的函件和包裹,一律不收改寄费。

二、国际邮件的查询处理

(一)出口邮件的查询

出口给据邮件从交寄的次日起6个月内接受查询,但在合理的运递期限内申请查询的,应向寄件人说明,请其缓查。查询一律免费受理。大陆与台湾地区互寄的给据邮件的查询有效期为邮件交寄次日起12个月。

查询给据邮件,由寄件人或其代理人凭交寄邮件收据或者交寄邮件收据的影印件向原收寄局申请,如交寄邮件收据丢失,收寄局确认后也可以受理。邮局应验视收据,在收据背面批注"××年××月××日申请查询"字样,加盖日戳和受理人名章后退寄件人。寄件人应依式详细填写查单。除查询寄往可以用中文书写收件人名址的国家和地区的邮件以外,查单应用寄达国通晓文字并用大写拉丁字母和阿拉伯数字书写,如有条件,应打印。查单上应注明查询原因、所查邮件类别、所查邮件号码、收寄件人详细地址及联系电话、交寄日期、收寄局名、包裹重量、邮件资费、保价金额、内装物品名称和邮件的外部封装情况等,并应尽量随附与原件地址书写相同的纸条。

寄件人或其代理人凭交寄邮件的收据或收据影印件要求查询在其他收寄局或其他国家(地区)交寄的给据邮件时,各局均应受理。在此情况下,除应按上条规定办理外,还应在相关CN08查单上加注"已验视××局××年××月××日出给的第××号收据"字样。相关查单应在受理登记后,立即寄送或用传真发邮件原收寄局续查,或通过相关互换局直接转发境外原寄互换局或原寄邮政指定的查询机构。收寄局受理查单以后,应进行编号、登记,然后在查单上另附批条,注明所查邮件发寄节目,在查单受理后2个工作日内,按邮件发运路由递查。

各类出口给据邮件查单必须尽快处理,在规定时限内查出结果,发下一环节续查或提出关于责任问题的报告。从收寄局受理查单到国内各环节完成查询,并由出口互换局向境外互换局发出查单应在10日内完成。

(二)进口邮件的查询

原寄邮政在查询有效期内发来的进口给据邮件查单由互换局按要求录入国际普邮综合信息系统,自动生成文号后将查单登入"给据邮件查单登记簿",并在收到查单后2个工作日内规定处理。

经转局接到互换局转来上述代用查单后,应进行登记并查明邮件转发节目,填注在查单上,并在必要时对收件人名址进行批译后,在2个工作日内转往投递局处理。

投递局收到进口邮件代用查单应登记,并在10个工作日内根据情况规定办法处理。投递局如果收到境外邮政直接发来的给据邮件查单,应先予试查,收件人已妥收的,在查单上"由寄达邮政填写的内容"部分填好投递日期,加盖经手人名章和日戳,查无结果的,附函说明。上述试查不论有无结果,均应将查单通过经转局转发相关进口互换局,不可直接答复境外邮政。

(三)电子查询

当条件具备时,各局可利用国际普邮综合信息系统提供的电子查单功能进行邮件的查询。

1. 出口邮件

由收寄局(电子化支局)将纸制或电子查单(连同相关附件信息)按邮件发运路由发送给指定的经转局进行续查。经转局接收核实纸制或电子查单后,将纸制查单转为电子查单,并在国际普邮综合信息系统中查询,若国际普邮综合信息系统提供的邮件信息无法答复,则由经转局录入相关经转节目,将电子查单发送出口互换局。出口互换局接收核实电子查单并录入相关经转节目后,将查单打印或转到国际查询平台发往境外邮政。境外邮政答复后,互换局从系统调出电子查单按原流程将查单答复返回给查询局,并将可结案的查单作结案处理。各局对于已经发送的查单在规定时间内没有接到答复,可进行催查。

2. 进口邮件

境外邮政提出查询后,若国际普邮综合信息系统提供的邮件信息无法答复,则由进口互换局受理并通过系统发出电子查单(连同相关附件信息)。进口互换局将电子查单按邮件发运路由发送给指定的经转局进行续查。经转局接收核实查单并录入相关经转节目后,将电子查单转发邮件寄达局进行续查。对于未上系统的寄达局,由经转局将电子查单打印后传真给寄达局进行续查。查单答复后在系统内录入答复信息并按原流程将电子查单(连同相关附件信息)返回进口互换局,进口互换局接收电子查单后审核答复信息,将答复结果(连同相关附件信息)回复境外邮政,并将可结案的查单作结案处理。各局对于已经发送的查单在规定时间内没有接到答复,可进行催查。

三、国际邮件的补偿

(一)责任的规定

各类国际给据邮件在寄递过程中发生遗失、短少或破损时,除《国际邮件处理规则》中规定邮局不承担补偿责任的情况以外,应由责任邮政担负补偿责任。对国际挂号函件的丢失,如原寄邮政未按规定使用 CN04 条码标签,则仅由原寄邮政承担补偿责任。在无法确定责任邮政时,应由各有关邮政平均分担补偿责任,但对无法确定责任的普通包裹,如果补偿金不超过 44.5 SDR(特别提款权)时,这笔补偿金只由原寄邮政和寄达邮政双方平均分担。

保价邮件在经转过程中发生遗失、短少或破损,且经转邮政未开办保价业务,则在经转邮政承担相应的补偿责任后,不足部分由原寄邮政承担。

国际给据邮件在我国境内丢失或损毁,应由确认收到邮件但无法确定转出或投递节目的责任局承担补偿责任。由责任局向主管省公司提出承担补偿责任的报告。主管省公司批复后,责任局在查单上注明邮件丢失或损毁以及主管省公司批复文号,将查单退回进口互换局,答复查询邮政。

进口和经转邮件在我邮政运输途中发生的丢失或损毁,责任无法查清的,应由相关局共同承担补偿责任。

对于下列情况,邮局不承担补偿责任。

(1)不可抗力事故造成的丢失、损毁,或由于不可抗力事故造成档案损毁,无法追查,而又没有其他证据确定责任的。

(2)邮件被寄达国按其国内法令扣留、没收或销毁。

(3)由于违反禁限寄规定而被主管机关没收或销毁的邮件。

(4)由于寄件人的疏忽或过失或者所寄物品的特性以及邮件封装不妥等原因造成邮件的遗失和损毁的。

(5)寄件人未在规定的时限内办理查询。

(6)未使用符合万国邮联标准的给据邮件条码标识的各类包裹,各邮政均可不承担补偿责任。

(7)包裹在寄达国业务范围内丢失或损毁,该寄达国声明对内装流质、易碎物品的包裹不承担补偿责任。

(二)给据邮件的补偿标准

挂号函件:每件最高 30 SDR。

挂号印刷品专袋:每袋最高 150 SDR。

保价函件和保价包裹:按损失比例补偿,每件最高不超过所申报的保价金额。

普通包裹:按损失比例补偿,每件最高不超过 40 SDR + 每千克 4. 50 SDR 的总和。

台湾地区的挂号函件、挂号印刷品专袋和包裹也按上述标准补偿。

(三)补偿金支付办法

互换局收到责任邮政同意承担补偿责任的答复后,应立即用简函通知经转局,转告收寄局补偿寄件人。逾期未复应同样办理,但应在通知中注明“在规定时期内未收到答复,暂按丢失补偿”字样。在国内丢失的出口邮件,经责任局的主管省公司核准承担补偿责任后,按上述规定办理。收寄局收到经转局的通知后,应立即通知寄件人来局领取补偿金和退还的邮费。补偿金的支付应在查询次日起 3 个月内完成。出口邮件补偿金,应以人民币支付,并由支付局列入业务损失出账。

补偿金应付给寄件人,经寄件人转让也可以付给收件人。

(四)补偿金的收回

在支付补偿金以后,原认为已经丢失的邮件又找到下落时,应通知寄件人退回补偿金,领取其邮件。向责任邮政收回补偿金和向境外邮政归垫补偿金,一律由集团公司结算中心统一办理,由各互换局提供结算数据。

(五)特殊情况处理

对于下列情况,邮局支付补偿金时,挂号费、保价费、保价手续费和送交海关验关费不退。

(1)由于挂号函件、挂号印刷品专袋、普通包裹和保价邮件丢失或内件完全被窃或完全损毁而支付补偿金时,寄件人所付的邮费应予退还,但挂号费、保价费、保价手续费和送交海关验关费不退。

(2)因不可抗力造成邮件丢失、损毁或无法确定邮件下落而不承担补偿责任时,所收邮费应退还寄件人，但挂号费、保价费、保价手续费和送交海关验关费不退。

阅读材料

我国现代国际邮件业务的发展

我国的现代邮政始建于1896年（清光绪二十二年），并于1914年5月加入了万国邮政联盟（以下简称万国邮联）。当时中国还是半封建半殖民地的国家，国际邮政业务一直受着外国帝国主义的操纵。在第一次世界大战结束以前，我国出口国际邮件全部通过“客邮”（帝国主义国家在我国开设的邮局）转递。1922年，各帝国主义国家宣布撤销在中国的“客邮”（日本在南满铁路地区的邮局和英国在西藏的客邮除外），但事实上中国的国际邮件业务仍控制在英、美等帝国主义国家手中。那时的国际邮件业务主要是为帝国主义和官僚买办服务，对外联系主要在与美、英、法、日等国之间，进出口邮件的70%左右是同英、美等国来往的，而当时与苏联交换的邮件不到国际邮量总量的2%。

中华人民共和国成立初期，我国重点发展了与苏联及其他社会主义国家的邮政业务联系，签订了一些双边邮政协定或邮电协定，建立或增加了邮件总包直封关系，并且恢复和扩大了与苏联的边境邮件交换。与此同时，我国还在平等互利的原则下，按照国际惯例，维持和发展了同社会制度不同的其他国家的直接通邮关系。

1972年，我国恢复了在万国邮联的合法席位，我国的国际邮件业务进入了一个新的发展时期。20世纪70年代末期以来，国际邮件的结构和流量流向都发生了深刻变化，原来国际邮件量很小的内地、边远省份，国际邮件业务迅速发展，国际邮件业务用户也从少数宣传机关、外贸企业迅速扩大到平民百姓。随着个人信函的增加，进、出口信函在进、出口国际邮件总量中所占比例迅速增加，从20世纪70年代末的1%～2%提高到20世纪90年代初的30%左右，接近了世界平均水平。另一方面，与我国有直接通邮关系的国家和地区也进一步增加。至1993年底，同我国有直封总包关系的国家和地区已达到139个。

在全世界范围内，邮件业务正面临着私营运输企业的激烈竞争，信息文件传递市场上邮政部门一统天下的局面已不复存在，在一些国家里私营企业已经占领了市场的90%以上。为了在竞争中求得生存和发展，各国邮政已经或正在进行深刻的体制改革。如实行政企分开，区分立法者和经营者职能；积极推行商业化经营战略，注重市场调查，掌握用户需要，及时开办各种符合用户需求的新业务，并利用价格策略，积极参与竞争等。特快专递邮件业务就是在这种形势下推出并迅速发展起来的。邮政部门企业化和商业化经营反映在国际业务方面，就是强调各邮政之间的商业伙伴关系，在保持“以万国邮政联盟的名义形成统一的邮政领域”互换邮件的同时，强调有偿服务，将函件终端费从入超邮件处理费用改为进口邮件处理费用，并将终端费率与处理成本联系起来，最终走向按照处理成本结算终端费的目标。为了提高全世界邮政网路的发运质量，增强国际邮件业务的总体竞争能力，万国邮联采取措施，加强在业务质量方面的技术合作。万国邮联设立了“挽救和加强国际邮政业务质量并使之现代化”的长期研究项目；每年召开市场研讨会；由国际局组织对世界邮政网路质量进行定期检测；派遣专家和地区顾问到发展中国家进行现场指导。在万国邮联和全体会员国邮政的共同努力下，国际邮件业务定将在竞争中不断得到改进和加强，为各国社会、经济、文化的交流和共同发展提供更加良好的服务。

思 考 题

1. 我国国际邮件业务是如何进行分类的？
2. 简述国际进口邮件和国际出口邮件的寄递过程。
3. 国际函件各类业务的准寄范围是如何规定的？
4. 国际函件的重量尺寸限度是怎样规定的？
5. 在哪些情况下，邮局不承担国际邮件的补偿责任？
6. 国际邮件的禁限寄规定有哪些？

◆ 案例分析

案例一：国际包裹为什么被退回？

某天，一位老人抱着一个大包裹来到邮局称，他的这个包裹是在一个月前用航空方式寄给远在意大利攻读法学博士学位的孙女的，邮费花了 800 多元。因孩子在国外急等着用这些东西，天天打电话问，一个月过去了。包裹非但没收到，还被退了回来。老人不满地说："我用的是邮局标准的包装箱，也付足了邮费，包裹为什么会退回来呢？"

营业员认真听取了老人的申诉，又看了看老人的包裹。老人的包裹封装得很结实，完全符合规格。寄件人和收件人姓名、地址也都是用外文写的，书写工整清晰，符合相关规定。营业员又看了看老人的包裹多联单，终于看出了问题，虽然单据上寄件人和收件人姓名、地址书写得都很规范，但包裹报关单内件名称、数量部分只填写了"衣物、个人用品"。原来，包裹被退回是因为包裹报关单内件名称、数量部分填写过于简单。要知道，国外海关不仅要求包裹内件名称和数量同样必须用英文、法文或者寄达国通晓文字书写，还要求必须详细分类填写，如实申报。否则海关无法验关，海关不放行，邮局就不能投递。

请结合案例分析收寄国际邮件时应该注意哪些问题？

案例二：SAL 包裹退回是谁的责任

某天，用户张先生刚从澳大利亚出差回来就来到了邮局，查询自己寄往国外的一件包裹是否被退回。当他得知包裹不但已被退回，而且还要付三百多元的退包费，比邮寄费还多了一百多元。张先生很生气，认为邮局的营业员应当承担责任。

一个多月前，张先生准备去澳大利亚出差，因要带的东西较多，他准备先邮寄一部分过去。于是他到邮局询问了寄往澳大利亚的空运水陆路包裹（SAL）需要多长时间到达。当班营业员告诉他，需要一个月。张先生了解到之后，把需要的物品按空运水陆路包裹寄往了澳大利亚，收件人的姓名是张先生本人。此后，张先生一直在外地出差办事。约在包裹寄出20多天后，张先生直接从外地去了澳大利亚。令他意想不到的是，到澳大利亚后，他并没有收到这个包裹，对方邮局称，这件SAL包裹在寄出的一周后就到了寄达国，经投递后因“查无此人”已被退了回来。

请结合空运水陆路包裹寄递的相关规定，分析案例中谁应该承担包裹退回的责任？

实践项目

1. 识别练习。认识国际邮件业务使用的业务单式。
2. 实训1。用电子化支局收寄国际函件。
3. 实训2。用电子化支局收寄国际包裹。

第十六章　国际特快专递业务与管理

国际特快专递业务是邮政业务中的高端产品，它有着丰厚的利润，是世界各国邮政都看中的业务，也是与私人寄递公司竞争最激烈的业务。

第一节　国际特快专递业务概念、特点与分类

国际特快专递业务也称 EMS－全球邮政特快专递业务，是各国邮政部门开办的一项特殊的邮政服务业务。该业务在各国邮政、海关、航空部门均享有优先处理权，它以高速度、高质量为用户传递国际、国内的紧急信函、文件资料、金融票据、商品货样等各类文件资料和物品。

国际特快专递业务是我国邮政通信工作的重要组成部分，其基本任务是通过提供迅速、准确、安全、方便的特快邮件传递服务，为沟通各国及各国人民间的联系，促进我国同世界各国间政治、经济、文化的交流和发展，为我国的经济发展和经济建设服务。

一、国际特快专递业务的定义及发展沿革

（一）定义

国际特快专递业务是国家与国家（地区）互寄的信函和物品采用最快发运方式、特别处理手段、以揽收和直投为主的一种保时业务。

（二）沿革

1971 年 6 月 20 日英国和美国间首先开办了此项业务。此后，开办国不断增加，至 1984 年达到 60 个。为推动国际特快专递业务的迅速发展，在与私人快件公司的激烈竞争中争取主动，1984 年汉堡万国邮政大会决定将国际特快专递业务发展问题纳入万国邮政联盟邮政研究咨询理事会（简称咨理会）的工作计划。在每年咨理会期间举行一次“国际特快专递业务研讨会”。万国邮政联盟制定了《特快专递业务标准协定》，相关邮政只要在承认此协定的基础上互换业务资料后，即可开办此项业务。1989 年华盛顿万国邮政大会将有关国际特快专递业务的基本规定纳入了万国邮政公约，成为邮联的一种正式业务。至 1992 年 6 月，已有 150 多个国家和地区的邮政开办了国际特快专递业务，形成了广泛的、具有统一名称、统一标识的世界特快专递邮政网路。

我国邮政于 1980 年 7 月 15 日首先与新加坡开办了国际特快专递业务。北京、上海、天津、广州、福州、深圳 6 城市办理国际特快专递邮件的收寄和投递。根据业务需要，通过签署双边协定或通过换函，不断扩大了通达国家。目前我国国际特快专递业务已与世界上 200 多个国家和地区建立了业务关系；国内已有近 2 100 个大、中、小城市办理 EMS 业务。使用 EMS 业务既可以到各邮电局交寄，也可以拨打 EMS“11185”服务电话，即有专人专车上门收寄。EMS 选用最快捷的交通运输工具赶班发运并由专人专车投递到用户手中。此外，EMS 还提供代客包装、代客报关、代收货款、代上保险等

一系列综合延伸服务。

特快专递是一竞争性很强的业务。目前，各国邮政在与私营公司竞争中正积极探索发展国际特快专递业务的新路子。大多数国家的邮政利用国内邮政网络，与他国邮政合作，组成世界邮政特快网络与私营公司展开激烈的竞争；少数国家的邮政则退出了国际特快专递邮件网络与私营公司合作成立合资公司办理特快件业务。

二、国际特快专递业务的特点

1. 时限要求较高

由于世界经济自20世纪70年代后处于高速发展时期，人们对信息和实物的传递速度有了更高的要求。国际特快专递业务依其最简捷的处理程序，高效的组织、快速的发运方式和手段，为国内外用户提供快捷的优质服务，帮助用户在各项经济活动、文化事业交流和通信联系方面得到方便。

2. 竞争性强

在国际上，国际特快专递邮件业务从开办起就面临着私营企业的强大竞争。敦豪国际快件公司(DHL)、联邦快递公司(FEDEX)等十几家大公司都拥有全球传输网络，有自主的先进运输手段和计算机跟踪查询系统，具备强大的经济实力和较完善的国际网络。非邮政快递公司除具有上述优势外，它们还享有充分的经营自主权，经营范围广，不受提供普遍服务的约束，内部机制也灵活。在用工、分配、投资、资费宣传、公关等方面拥有较多的自主权，能够以市场为导向，实施商业化经营，使其有较强的应变能力。

3. 服务的高质量

邮政EMS业务的高水平、高质量服务是其他邮政传统业务不可比拟的。邮政EMS业务的优势服务除依托和充分发挥邮政优势、为用户提供快捷可靠的传递邮件服务外，还体现在方便上。国际特快专递业务以上门揽收为主，实行“门到门”、“桌到桌”的商业服务；由专门机构处理、以最快发运方式、按邮件封面书写的收件人地址中最具体的地点，交收件人签章并注明接收日期、时间；微机查询，做好“售后服务”。我国通过万国邮政的国际邮政电信网已与一些发达国家联通，互换投递信息；在国内，全国大中城市配有最先进的电脑设备，计算机跟踪查询网络已建成，为国际EMS邮件的跟踪查询提供了方便。

三、国际特快专递业务的种类

(一)国际特快专递业务分类

国际特快专递业务分为“定时业务”和“特需业务”两种

1. 定时业务

邮件的收寄、处理、发运和投递均按照事先与寄件人签订合同时所确定的办法、时间进行处理的称为定时业务。定时业务受优惠资费待遇。

利用定时业务的寄件人应向邮局提出申请，填写“特快专递邮件业务合同”，与邮局商定交寄邮件的时间、地点、频次、每次交寄邮件的数量以及首次交寄邮件的时间等，寄件人还应提出邮件寄达、投递的时限要求。

定时业务的合同有效期至少为3个月。如果寄件人要求终止合同时应提前书面通知邮局,邮局收到通知一个月后即废止合同,但终止合同的申请只能在签订合同两个月后提出。如果寄件人(单位)申请对合同进行修改,涉及对方邮政的事宜必须按规定程序征求相关邮政的意见后方可修改。

定时业务可靠性强,寄件人对其邮件的发运、投递情况能做到心中有数。但由于签订合同手续较复杂,而且一切均按合同办理,灵活性较差,因此,国际上利用此业务的用户较少。

2. 特需业务

寄件人根据需要可随时交寄国际特快专递邮件的业务称为特需业务。

寄件人不需与邮局事先签订合同,可根据需要在邮局营业时间内到窗口交寄国际特快专递邮件,也可通过电话通知邮政速递部门上门揽收。

特需业务比定时业务具有较大的灵活性,各国的绝大部分用户均利用特需业务来寄发国际特快专递邮件。

(二)我国邮政还开办的其他特快专递业务

1. 中国速递国际快件业务

中国速递国际快件(简称"中速快件")是中国邮政与荷兰TPG集团(TNT)合作办理的一项国际快件业务。中速快件可通达200多个国家和地区,并在快件的重量和规格限制方面有较大的灵活性。中速快件的通达范围包括:中国邮政EMS非通达的国家和地区,以及部分邮政EMS服务、投递和查询质量不能满足我方需要的国家和地区,如南美、东欧、非洲、东南亚部分国家及地区。在特殊情况下,如邮路受阻、快件重量或规格超过邮政双边规定以及用户有特殊要求时,寄往上述通达范围以外的特快专递邮件,也可按中速快件收寄。

中速快件业务自2000年1月1日起已在全国范围内正式开办。中速快件优化了中国邮政国际特快专递业务的全球网络,现已成为邮政EMS国际业务的有力补充。

中速快件可分为"全球快递"、"经济快递"和"环球空运"等。

(1)中速全球快递业务(CHINA EXPRESS)。这是中速业务中速度最快的门到门服务,服务范围遍及全球220多个国家。中速全球快递由于是利用TNT国际快递网络进行传递,在时限、查询等售后服务方面有较为专业的支撑,是目前中速业务中使用较多的品种。

(2)中速经济快递业务(ECONOMY EXPRESS)。主要针对45 kg或以上的重件;提供'门到门'及追踪服务;价格较全球快递优惠;派送时间较全球快递多2至3个工作天;主要利用空运及陆路运送网络;派送范围包括亚洲、中东、美国及欧洲主要国家。

(3)中速环球空运业务(WORLDWIDE EXPRESS FREIGHT)。即航空重件业务,是指每票快件的重量超过100 kg或单件重量超过经济快件最高限重的单件或批量货物的快运业务。航空重件一般采取航空货运的方式受理。航空重件的资费标准、通达范围、时限要求和服务方式等需根据用户交寄的具体情况与TNT公司商定后办理。

2. 国际特快专递收件人付费(Pay by Addressee)业务

国际特快专递收件人付费业务简称“EMS 到付业务”,是我国邮政于 1996 年为满足用户特殊需求而推出的一项新的国际邮政速递业务产品。使用该业务的寄件人在交寄“EMS 到付”邮件时不交纳邮费,在邮件送达收件人时由收件人(或收件单位、公司)支付应付的全部费用。

该业务的特点是传递国际特快专递邮件所需的各种费用(如邮资、清关费等)由收件人支付,无需由寄件人承担,只是寄件人在交寄邮件时要填写一份“信用保证单”,承诺在遇有收件人拒收邮件或拒付费用等情况时,寄件人承担全部邮寄费用及所产生的一切相关费用。国际特快到付业务的收费标准与国际特快专递邮件的收费标准相同。

目前我国 EMS 办理至日本、韩国、中国台湾地区、中国香港地区、德国、瑞典等国家和地区的到付业务。

3. 留学速递

“EMS 留学速递”为中国邮政 EMS 推出的新型国际 EMS 文件类速递产品品牌,主要为有志于出国留学的人员、留学中介机构、留学培训机构、高校国际交流中心等向境外院校寄递所有留学申请材料提供优质的 EMS 速递服务。

目前国内开办该项业务的有 19 个城市:北京、上海、广州、天津、西安、南京、武汉、沈阳、大连、重庆、长春、哈尔滨、成都、杭州、济南、青岛、合肥、厦门、福州。

国际通达国家和地区有 17 个:美国、英国、加拿大、澳大利亚、法国、德国、新西兰、西班牙、比利时、意大利、瑞典、新加坡、日本、韩国、俄罗斯、乌克兰、中国香港地区。

4. 海峡两岸邮政特快专递业务

根据《海峡两岸邮政协议》的安排,中国邮政集团公司自 2008 年 12 月 15 日起,正式开办两岸邮政特快专递业务。业务种类包括文件类和物品类。每件限重 30 kg;最大尺寸规格为长度不超过 150 cm,长度及长度以外最大横周合计不超过 300 cm。

5. EMS 国际承诺服务

“EMS 国际承诺服务”是指中国邮政与指定国家和地区互寄 EMS 邮件,向客户承诺邮件传递的全程时限,对于因邮政原因造成实际传递投送时间超过承诺时限的邮件,用户可以要求返还已交付的邮件资费。

“EMS 国际承诺服务”的范围包括:澳大利亚、香港、日本、韩国、美国、英国和西班牙。承诺范围覆盖通达国家和地区全境。

“EMS 国际承诺服务”的承诺时限根据寄件人实际交寄邮件的时间、交寄地的邮政编码、寄达地邮政编码进行计算。因此,交寄承诺服务邮件必须提供收件人正确的邮政编码(香港除外)和地址;邮政部门对没有提供收件人邮政编码(香港除外)的邮件将不提供时限承诺服务。用户可以通过 EMS 的邮件跟踪与查询服务,可以实时了解交寄邮件的全程信息,对签约客户可以提供邮件实时信息的主动反馈服务。

第二节　国际特快专递邮件的寄递过程

国际特快专递邮件寄递过程(参见图 16 - 1)是国际特快专递邮件自寄件人交寄到

投交收件人各环节的处理运递过程。国际特快专递只能在各开办国(地区)间互寄。

互办特快专递业务的两个国家(地区)间按照预先约定的时间采取最快的运输方式发运,专人处理,专车投递。

一、国际特快专递邮件的收寄

(一)收寄方式

国际特快邮件均按给据邮件收寄。

邮件的收寄方式有营业窗口收寄、到户揽收、设置代办处(点)收寄3种。特快邮件以到户揽收服务为主,定点收寄为辅。

(二)收寄过程

寄件人用英文、法文或寄达国通晓的文字详细填写"国际特快专递邮件详情单"。如用英、法文之外的文字书写时,应用中文、法文或英文加注寄达国国名和地名、寄达国国名和地名应大写。

收寄人员检查是否符合寄达国及我国邮政和海关的有关规定,邮件按不同计费区和不同业务类别的重量计收邮费。收寄后邮件封交本省省会局(经转局),省会局按规定时限频次封经出口互换局。国际特快专递邮件在国内各环节使用国内特快专递单式,袋牌注"国际"字样。不得与国内特快专递邮件混封、混装。收寄方式与国内特快专递邮件寄递过程中的收寄方式相同。

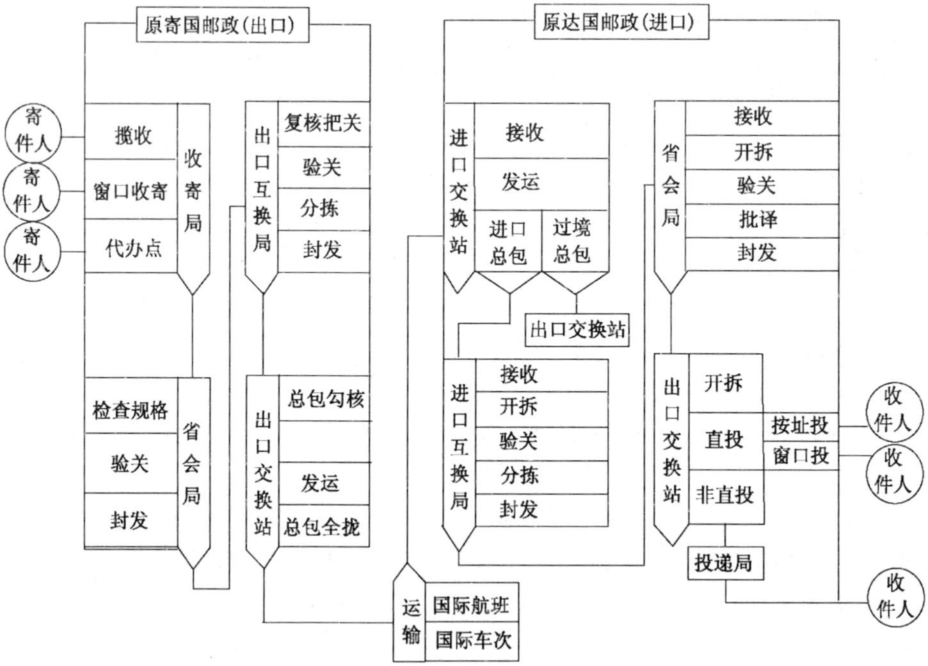

图16-1 国际特快专递邮件的寄递过程

二、互换局和交换站的处理

(一)出口互换局处理过程

出口互换局对省会局发来的邮件负责复核把关,未办验关的邮件送交海关查验。邮件经寄达互换局分拣后,登录"国际特快专递邮件封发清单"封成总包,连同"关单"随邮件总包发往国际邮件出口交换站。出口互换局依据中国邮政集团公司的规定选择最迅速最有效的航班、车次承运国际特快邮件总包。

(二)出口交换站处理过程

按路单所注航班(车次)发交航空公司(国际车次)运输,路单底页注明承运邮件班机的国籍和航班号(车次)。

(三)进口交换站处理过程

接收国外邮政或运输部门交来的国际进口特快专递邮件总包和过境国际特快专递邮件总包经验视无误后,签收。妥收的进口邮件总包登入"国内收发邮件路单"转往总包寄达互换局;妥收的过境邮件总包编造 AV7 路单交国际航线续运转往总包寄达互换局,或编造国内路单发往出口交换站转发。

(四)进口互换局处理过程

收到国际进口特快专递邮件总包查核"关单",逐袋验视、勾核,在路单上批注接收时间,加盖日戳及经手人名章,复称每袋重量,通知驻局海关到场监管。总包开拆后邮件与清单逐件勾核,海关依法查验。非本验关区邮件转发相关设关局办理验关手续。邮件按不同省会局(经转局)分拣封发,登录"国内特快专递邮件清单",与"关单"和邮件一起封入邮袋。省会局收到进口互换局转来的国际进口特快专递邮件逐件勾核,办理验关手续,批译收件人名址,发往邮件寄达局。

三、投递局处理过程

逐件验视勾核省会局发来的国际进口特快专递邮件。直投区以外的邮件赶班纳入普邮投递或通知收件人到局领取。

国际特快邮件原则上应由速递部门直接按址投交。国际特快邮件应投送至邮件封面收件人地址中所指明的最具体地点(如宾馆、饭店、写字楼的房间);但对寄给国内机关、企事业单位等的国际特快邮件,可投送到单位收发室。国内法定节假日和休息日照常投递。

国际特快邮件采用以下投递方式。

1. 按址投递

国际特快专递邮件均采取专人专车按址投递。第一次投不出时,应留便条,通知用户第二次投递的大致时间及联络电话。第二次仍未投出时,应即缮发盖有红色"国际"字样戳记的领取特快专递邮件通知单(邮特 1012),通知收件人来局领取。

2. 局内投交

属下述情况的国际特快邮件可按局内投交方式办理:①由于邮件出现不正常情况(如重量或内件短少)需要收件人到邮局领取的;②收件人需要到邮局办理海关查验手

续后领取的;③经按址投递二次,因收件人原因(如收件人他往等)无法投交的邮件。

窗口投交的邮件,投递时限应按第一次投递邮件或领取邮件通知单的日期计算。

第三节　国际特快专递业务的处理

一、国际特快邮件的准寄范围

国际特快邮件按内件性质分为信函邮件、文件资料类邮件和物品类邮件。《国际特快专递邮件处理规则》中对各类邮件的准寄范围作了具体的规定。

(一)信函类邮件

具有现时通信内容的文件应按信函类邮件寄递。国际特快信函内不得夹寄文件资料或物品。信函与文件资料或物品混封时,不得按信函交寄,应按文件资料邮件或物品类邮件收寄。

(二)文件资料类邮件

准寄商业合同、工程图纸、照片、照相复制品、金融票据、有价证券(不包括各国货币和无记名支票)、证书、单据、报表及手稿文件等全部用印刷方式印刷、复制的各种纸质制品。文件类特快邮件实行低于物品类特快邮件的资费标准。各国海关对文件类特快邮件一般均免验放行或优先验关放行。

(三)物品类邮件

凡适合于邮政寄递的各类物品(违反禁限寄规定的除外),如货样、商品、馈赠礼品及其他物品等均可作为国际特快专递邮件寄递。寄递物品类国际特快专递邮件必须向海关详细申报,在国际特快专递邮件报关单位置内的相关方格(货样、礼品或商品)中划“×”号,并详细注明物品的名称、数量和价值。必要时物品类国际特快专递邮件还应根据寄达国海关的要求填写 CN23 报关单及提供发票、进口许可证等文件。

二、国际特快专递邮件的基本规定

(一)国际特快专递邮件的规格标准

1. 封面书写要求

(1)国际特快专递邮件封面上的收、寄件人的姓名、地址、邮政编码以及我国和寄达国国名应用钢笔、圆珠笔以蓝色、黑色正确填写在“国际特快专递邮件详情单”内。字迹要工整、清晰、不可潦草、涂改。

(2)邮件详情单共 5 联:第一、五联粘贴在邮件封面上发往寄达国;第二联由收寄局留存;第三联为报关单;第四联由寄件人留存。收寄件人的电话号码或电传号码亦应填注在“邮件详情单”相关栏目内。

(3)“邮件详情单”上收、寄件人的姓名、地址应用法文、英文或寄达国通晓文字书写。如只用法文、英文以外的文字书写时,还应当用中文或法文、英文加注寄达国名或地名,寄达国国名和地名应当大写,寄件人名址如只用中文书写时,必须用英文或法文或寄达国通晓的文字加注我国国名和地名。寄往日本、韩国以及香港、澳门地区的特快邮件封面书写可以只用中文书写。

2. 国际特快专递邮件的重量、尺寸限度

国际特快专递邮件的重量、尺寸限度见表16－1。

表16－1　国际特快专递邮件重量、尺寸限度

<table>
<tr><th rowspan="2">邮件类别</th><th rowspan="2">重量限度</th><th colspan="2">尺寸限度</th><th rowspan="2">附注</th></tr>
<tr><th>最大</th><th>最小</th></tr>
<tr><td>物品类</td><td rowspan="3">20 kg（除寄达邮政另有规定外），整件无法开拆分装的物品邮件，可放宽至25 kg；易碎物品或流质物品的邮件，每件限重10 kg</td><td>（1）长度不超过1 050 mm，长度和长度以外的最大横周合计不超过2 000 mm，至少有一个面的尺寸不小于215 mm×130 mm
（2）圆卷形的：直径的两倍和长度合计1 040 mm，长度不超过900 mm</td><td>（1）长度为215 mm，宽度不小于130 mm
（2）圆卷形的：长度300 mm，直径为60 mm</td><td>公差为2 mm</td></tr>
<tr><td>文件资料类</td><td>（1）扁平形的：长度为324 mm，宽度为229 mm，公差为2 mm
（2）非扁平形的：按照物品类规定尺寸</td><td colspan="2">扁平形系指厚度一般不超过10 mm为限</td></tr>
<tr><td>信函类</td><td>长度为229 mm，宽度为162 mm，公差为2 mm</td><td colspan="2">信函只有一种固定规格，无最大或最小尺寸之分</td></tr>
</table>

3. 国际特快专递邮件的封装要求

国际EMS邮件的封装质量也是衡量EMS业务服务水平的重要标准之一。其基本要求必须做到：能防止封皮破裂内件露出；防止伤害处理人员、污染或损毁其他邮件及邮政设备；避免因寄递途中碰撞、摩擦、震荡或压力、气候变化而发生损坏现象。为此，国际EMS邮件的封装原则上应使用印有“EMS”业务字样的专用封装。

信封或包装箱封装。对用户自备的包装品必须严格把关，不符合规格质量标准的必须予以更换，否则不予收寄。

对于违犯EMS邮件封装要求而造成邮件丢失、损毁时，应由收寄局承担补偿责任。

国际EMS邮件的封装要求详见《国际特快专递邮件处理规则》。

（二）国际特快专递邮件资费

1. 资费的基本规定

国际特快专递邮件的资费标准由中国邮政集团公司审定并颁布实施。为简化资费的计算，方便营业窗口收寄和上门揽收工作，便利国际特快专递业务的账务结算，国际特快专递邮件资费采用划区资费制的原则核定资费标准。所谓划区资费制是指依据各寄达国（或地区）所处的地理位置，将全球划分若干个资费区，每个资费区包括若干个国家和地区，对寄往同一资费区内各国的同类国际特快专递邮件实行相同的资费标准。例如我国现行的国际及港澳台特快专递邮件资费中共划分10个资费区，其中第7资费区包括孟加拉、印度、老挝、巴基斯坦、斯里兰卡、土耳其以及马尔代夫、尼泊尔、也门共和国等9个国家，用户交寄上述9个国家的相同重量范围内的国际特快专递邮件,不分邮程远近,实行统一的标准计收费用。

国际特快邮件资费包括文件资料资费和物品资费。500 g 以下的特快邮件可统一实行文件资料资费。信函执行文件资料资费标准,文件资料和物品合封在一起交寄的,按物品计收邮费。“邮政公事”特快邮件免付一切邮费。

国际及台港澳特快专递、中速快件资费标准见表 16－2。

表 16－2　国际及台港澳特快专递、中速快件资费标准

资费区	起重 500 g		续重 500 g 或其零数
	文件	物品	
一区	90	130	30
二区	115	180	40
三区	130	190	45
四区	160	210	55
五区	180	240	75
六区	220	280	75
七区	240	300	80
八区	260	335	100
九区	370	445	120

注 1. 本资费分区与标准自 2010 年 4 月 10 日起执行。

注 2. 单件重量不超过 500 g 的物品类邮件可按文件类收取资费。

注 3. 中速快件的体积重量大于实际重量的必须按体积重量计收资费。体积重量按每 6 000 cm^3 折合 1 kg 计算。体积重量的计算公式为:体积重量＝(长×宽×高)/6 000。

2. 资费的纳付

国际特快邮件资费的纳费方式分为交付现金和资费总付两种。

无论采用哪一种方式,邮件封面上均不需粘贴邮票。计收邮费后打印邮资符志。邮资采用总付办法的,应按一个月交寄邮件的邮资向寄件人收取预付款,每月结算一次。各局应于每月 10 日前将上月应收邮费通知寄件人,并出具邮费总收据。

(三)国际特快专递邮件禁限寄规定及处理

1. 国际特快邮件禁止寄递的物品

(1)有爆炸性、易燃性、腐蚀性、毒性、强酸碱性和放射性的各种危险物品,如雷管、火药、爆竹、汽油、酒精、煤油、桐油、生漆、火柴、农药等。

(2)麻醉药物和精神药品,如鸦片、吗啡、可卡因(高根)等。

(3)国家法令禁止流通或寄递的物品,如军火武器、本国或外国货币等。

(4)容易腐烂的物品,如鲜鱼、鲜肉等。

(5)妨碍公共卫生的物品,如尸骨(包括已焚化的骨灰)、未经硝制的兽皮、未经药制的兽骨等。

(6)反动报刊书籍、宣传品和淫秽或有伤风化的物品。

(7)各种活的动物(但蜜蜂、水蛭、蚕以及医药卫生科学研究机构封装严密并出具证明交寄的寄生虫以及供作药物或用以杀灭害虫的虫类,不在此限)。

国际特快专递邮件除上述规定外,还应依照《中华人民共和国海关对寄自或寄往香港、澳门的个人邮递物品监管办法》和国家有关我国禁止和限制邮寄物品的推定,以及各寄达国(地区)邮政禁止和限制邮寄进口物品的规定办理。

2. 对违反规定物品的处理

违反规定寄递禁寄物品,收寄后于各环节发现时,按照下列规定处理。

(1)各种危险品:收寄局发现的,通知寄件人领回。运递途中发现的应停止发运,就地处理;投递局发现的不予投递,就地处理,情节严重的应当与公安部门联系处理,凡发现危险物品必须与生产现场隔离,另放一地;对可能发生灾害的危险物品可应地销毁。上述情况均应验知收寄局。情况严重的,应当报告主管省、区、市管理局。

(2)发现麻醉品、反动报刊书籍和淫秽物品以及军火武器,应与当地公安部门联系处理。

(3)设关局发现夹寄货币、金银等,应移交海关处理。其他局发现的,按《国际特快专递邮件处理规则》第5款规定办理。

(4)妨碍公共卫生的物品、容易腐烂的物品,应视情况通知寄件人限期领回或者就地销毁。

(5)邮件内装有其他禁寄物品时,应退回收寄局通知寄件人领回。

违反禁寄规定造成其他邮件、设施的损坏或使人员受到伤害时,应追究寄件人的经济、刑事责任。

第四节　国际特快专递业务的管理

一、国际特快专递邮件的特殊处理

(一)无法投递邮件的处理

国际特快邮件因收件人地址欠详、拒收或逾期未领等各种原因无法投交的,为无法投递邮件。

无法投递的邮件,应在邮件上粘贴CN15国际邮件退回批条(邮2608)并在相关退回原因前面的方框内画"×"。批条上如没有适用原因的,应另行填写。批条上应加盖经办人员和主管人员名单,并在邮件上加盖日戳。

对无法投递和拒收退回的进口邮件,除按《国际特快专递邮件处理规则》第166条办理外,还应办妥验关放行手续。对应税的邮件,报关局应向海关索回代垫的税款。非报关局应将退回的应税邮件转往相关进口报关局,以便向海关办理收回垫付税款的手续。

如果互换局收到国外邮政发来的国际特快邮件无法投递通知单,应用传真、电报或电话尽快通知收寄局，由收寄局尽快通知寄件人到邮局办理答复手续。寄件人接到通知后应于3日内到邮局办理答复手续。

（二）无着邮件的处理

既无法投交收件人又无法退回寄件人的特快专递邮件应视为无着邮件。

对按无着邮件处理的进口国际特快邮件，除物品类邮件应交海关处理外，其他各类邮件均应移交无着邮件处理部门处理。对送交海关处理的无着邮件，邮局应收费用在海关变卖所得款额中扣回。对按无着邮件处理的出口国际特快邮件，一律送无着邮件处理部门处理。

无着邮件处理部门由省公司批定，其他各局不得自行处理。无着邮件应当严加保管并按规定寄送、接收和开拆处理。各无着邮件处理部门应将妥投的无着邮件登列在接收无着给据邮件登记簿上。无着邮件的保管期限为3个月，在无着邮件保管期内，如有用户查询相关邮件，经核对无误后应将邮件转回特快邮件处理部门投交用户。

（三）国际特快邮件的撤回

国际特快邮件在发往国外之前，寄件人可以向收寄局申请撤回。

1. 收寄局受理

寄件人申请撤回邮件时，须出示邮件收据、详情单寄件人留存联和单位证明信（个人交寄的须出示本人的身份证件）。填写“国际特快专递邮件撤回、更改、查询申请书”一份。

收寄局受理撤回邮件申请时，收取“撤回邮件申请费”，并在原收据上加盖“撤回”戳记。

同一寄件人同时在同一邮局通过同一邮路寄交同一收件人的数件邮件，要求撤回时可只填写一份申请书，并按一件收取申请费。

2. 受理后的处理

（1）邮件未发出时，收寄局将邮件退交寄件人。请寄件人在申请书上签收。收回原邮件收据和邮件详情单第四联。开具退还/补收邮费收据，将所收邮费退还寄件人（但揽收服务费等已提供服务的费用不退）。

（2）邮件已发出时，收寄局应按照邮件发运路由向经转局或相关出口互换局发送撤回邮件的传真或电报。

（3）经转局或出口互换局收到撤回邮件电报后，应立即查明邮件处理情况。如果邮件尚未转发前途，应在邮件上加贴邮件批条，批明“寄件人要求撤回”，按特快邮件退回收寄局，并在出口邮件封发清单备注栏内注明“撤回”字样。同时将相关邮件退回的情况批注在撤回邮件的传真或电报上。传真或电报粘附在原进口邮件封发清单后面备查。

（4）邮件如已由互换局发往交换站或国外互换局，应将邮件发出的情况在24小时内用传真或电报通知相关省会局、经转局或收寄局，再转告寄件人。

撤回的邮件到达收寄局后,收寄局将所收邮费扣除同等重量的国内特快邮件资费后,将余款退回寄件人(但揽收服务费不退)。

二、国际特快专递邮件的查询处理

(一)出口邮件的查询

出口国际特快邮件自交寄次日起4个月内受理查询。

出口国际特快邮件的查询包括一般查询和特殊查询。一般查询指要求了解相关邮件的处理结果、投递日期及签收人姓名的查询,各局应一律免费予以受理。对于索取收件人签收凭证的特殊查询,应按件收取特殊查询费。

办理出口国际特快邮件的一般查询时,查询人应出示详情单第四联并填写国际特快专递邮件查单(邮特1017)。查单上应填明邮件号码、原寄局、寄达国及交寄日期。受理局应在查单上加盖日戳。

办理索取收件人签收凭证的特殊查询时,受理人员应验视交寄邮件收据及详情单第四联,在收据背面批注"查询"字样,加盖日戳和名章后退交寄件人。申请人应填写国际特快专递邮件查单,特别注意应在"索取收件人签收凭证"一栏前面的方格中画"×"。随后受理局应向申请人收取特殊查询费并出具收据。

(二)进口邮件的查询

对于所收到的一般查询的查单(包括未联网邮政发来邮件的查询以及虽已联网但对方邮政未能在我方提供的投递数据中找到相关邮件投递信息的查询),查询中心应自查询库中调出相关邮件的投递信息,并在24小时内利用传真、电传或特快邮件答复对方邮政。

对于各邮政发来的特殊查询的查单以及查询中心未能从查询库中找到相关邮件投递信息的一般查询的查单,查询中心将通知相关微机站点局和信息录入局提供相关邮件的签收凭证和投递信息。微机站点局和信息录入局应在24小时内予以提供。

三、国际特快邮件的补偿

(一)责任的规定

出口国际特快邮件,无论在国内或国外出现延误、丢失、损毁时,原寄局均应向寄件人补偿。但对间接损失和未实现的利益不承担补偿责任。

下列情况邮局不负担补偿责任。

(1)由于不可抗力事故造成邮件的丢失、损毁、延误,或由于不可抗力事故造成档案损毁,无法进行追查,而又没有其他证据确定责任的。

(2)邮件被寄达国按其国内法令扣留、没收或销毁的。

(3)由于邮件违反禁限寄规定而被主管机关没收或销毁的。

(4)由于寄件人的过失或者所寄物品的特性以及邮件封装不妥等原因造成损毁的。

(5)寄件人未在规定的期限内办理邮件查询的。

(6)由于寄件人或收件人的原因(如收件人名址书写有误、欠详或收件人未及时办理报关手续等),致使邮件延误的。

(二)补偿标准

1. 出口国际特快邮件的补偿标准

(1)通过查询证实相关邮件确已延误且寄件人要求补偿时,应退回所收取邮费的50%作为延误补偿。

(2)对丢失、损毁邮件的补偿标准:

对丢失、损毁的信函、文件资料邮件,每件的补偿金为人民币400元;

对丢失、损毁的物品邮件应按详情单上申报的实际价值补偿(未申报价值的按每件400元人民币予以补偿),但最高补偿金额不得超过下述公式计算出的数额:500元/件+60元/千克×W,公式中的W表示特快邮件的重量,计算时一律采用千克整数,小数点后面的零数应进为1 kg。

(3)对于内件部分丢失、损坏的物品邮件,应按实际损失补偿,但最高不超过规定的最高补偿限额。

(4)寄往港澳地区的特快邮件的延误、丢失、损毁的补偿也按本条第(1)、(2)、(3)项的规定办理。

收寄局根据本节规定补偿寄件人。

2. 进口国际特快邮件的补偿

(1)根据对等原则和与其他邮政所签定双边协定的规定,我国邮政对进口国际特快邮件的延误、丢失、损毁不承担补偿责任,由原寄邮政按其规定向寄件人办理补偿事宜。

(2)进口国际特快邮件在我国内发生丢失、损毁和延误时,应查明原因和责任局,报告相关省公司作为对相关开办局的质量考核内容。

(三)补偿金支付办法

补偿金应尽快支付给寄件人,最迟应于确定我国邮政应予补偿后的一周内予以支付。收寄局对丢失和损毁邮件向寄件人进行补偿时,已收取的邮费和特殊查询费应予退还。

向国外邮政支付或收回补偿金时,由邮政集团公司统一对外办理。补偿金由我国邮政支付时,收寄局一律付给人民币。出口国际特快邮件在国内发生丢失、损毁或延误时,由责任局在确定责任后的一周内向收寄局归还已垫付的补偿金。由于对方邮政的责任(包括逾期不答复查询)致使我国邮政需承担出口特快邮件的丢失、损毁或延误补偿责任时,各局应根据查询中心的通知予以补偿。补偿金由相关收寄局承担。

思 考 题

1. 分析国际特快专递业务的特点。
2. 我国开办的国际特快专递业务有哪些?

3. 简述国际特快专递邮件的寄递过程。
4. 国际特快专递邮件重量限度是怎样规定的?
5. 国际特快专递邮件的补偿是怎样规定的?
6. 分析我国的国际特快专递业务面临的竞争形势。

◆ 案例分析

案例一:620 元的补偿是否正确?

2009 年圣诞节前夕,客户小刘购买了价值 1 000 多元的饰品,作为圣诞礼物用特快专递邮件寄给在国外的一位好朋友。该邮件的重量是 1 950 g。没想到邮件在寄达国丢失,小刘为此非常生气。虽然收寄局给予他 620 元人民币的补偿,但小刘称,他所寄的物品价值 1 000 多元,交寄时在特快专递邮件详情单上申报的也是 1 000 元,为什么只付给 620 元的补偿金呢?

请问:该邮件在寄达国丢失,是否应该由我国邮政补偿?该邮件的补偿金是如何计算的?

案例二:营业员的做法是否正确?

有一 40 多岁男子到某局代办所交寄 1 件国际特快邮件,重量为 0.19 kg,内件为一双童鞋。由于该用户以前经常在该所邮寄物品,均未发现可疑迹象。营业员看到该用户所寄的是童鞋,且邮件又是寄到幼儿园的,就没有对鞋子进行细致检查,遂将邮件封装收寄。该邮件在通过深圳机场安检时发现该邮件内件异常,经检查,发现童鞋内藏有 1 小包药丸、1 包药粉。经鉴定,药丸为摇头丸,109 粒;药粉为 K 粉,50 g。

请问对这类物品的寄递邮局是如何规定的?该营业员的做法是否正确,为什么?

实践项目

1. 分组讨论。3 ~5 人一组,收集国际特快专递业务的相关资料,并围绕一个主题写出一份报告,各组陈述自己的观点。

2. 实训。学习填写“国际特快专递邮件详情单”,用电子化支局系统练习收寄国际特快专递邮件。

3. 参观。组织到本地区一家私营速递公司参观,而后组织讨论,比较邮政速递与私人速递公司的优、劣势。

参考文献

[1]赵栓壳,邢迎春.邮政业务与管理[M].中国科学技术出版社,2005.
[2]王为民.邮政通信组织[M].北京:北京邮电大学出版社,2008.
[3]赵栓亮.论“传统与现代完美结合”的中邮物流服务品牌建设[J].邮政研究,2004(6).
[4]赵栓亮.用科学的发展观思考中国邮政的发展战略[G]//《中国邮政》专刊.首届中国邮政发展论坛获奖征文集.2004-12.
[5]赵栓亮.企业化运作:世界邮政的改革方向[N].中国邮政报,2004-06-29.
[6]赵栓亮.邮政政企分开需把握的几个关键问题[J].邮政研究,2004(1).
[7]赵栓亮,龚传信,韩京才,等.邮电分营与中国邮政的发展[J].改革与战略,2000(11).
[8]赵栓亮,邢迎春.从国外邮政看邮政专业化经营战略的回归[J].中国邮政,2005(2).
[9]赵栓亮.BIU建设创新商函经营模式[J].中国邮政,2009(9).
[10]赵栓亮.函件可持续发展离不开价值管理[J].中国邮政,2009(3).